# 문화적인 것과 인간적인 것

제2판
# 문화적인 것과 인간적인 것

**포스트 글로브 시대의 철학 에세이**

김용석 지음

푸른숲

| 글 앞에 |

## 책을 위한 서문

  수놈은 그 빨간 혀끝으로 암놈의 몸 구석구석을 애무하고 있었다. 그러고는 그 정성의 끝에 마침내 아무 저항 없이 늘어진 암컷의 몸을 양날개로 감싸줄 수 있었다. 놀랍게도 둘은 서로 마주본 자세로 황홀의 끝을 향해 달려가고 있었다. 가냘픈 다리로 나뭇가지 끝에 거꾸로 매달린 채, 피가 솟구칠 양, 땅을 향해 있는 그들의 머리만큼이나 현기증 나는 순간이었다.

  …….

  암컷은 거꾸로 매달린 채로 힘을 주기 시작했다. 지구 중력과 반대 방향으로 무엇인가 이루어낸다는 것은 무척 힘든 일이다. 그래도 그녀는 끈질기게 힘을 주고 있었다. 숨이 끊어질 것 같은 고통을 감내하면서.

  한순간, 그녀의 하복부 끝에서 해맑은 점액 같은 것이 프리즘처럼 태양 빛을 반사했다. 그러곤 벌건 용암 같은 핏덩이가 하나 솟아오르기 시작했다. 그것은 솟아오르는 것이었다. 그녀는 터질 것 같은 몸, 그 안의 마지막 에너지로 만유인력을 어기는 힘을 주고 있었다.

안간힘을 주느라, 몸에 밀착해 잔뜩 오그리고 있던 양날개가 순간 크게 날갯짓을 했다. 핏덩이는 격발된 탄환처럼 자궁을 빠져나왔다. 그러곤 솟구치다 밑으로 떨어졌다. 지어미의 머리를 향해, 그것을 지나칠 듯 추락했다.

아 그 날갯짓! 어미는 양날개로 이제 막 태어난 새끼를 감싸며 잡아안았다. 그녀가 전율하듯 마지막 출력을 보내며 날갯짓을 한 이유를 알았다. 나무 밑에서 게걸스레 침을 흘리던 하이에나는 멋쩍은 듯 자리를 떴다.

## 박쥐에게 무슨 죄가 있나

몇 년 전, 네덜란드의 헤이그에 있는 친구 집에서 여름 휴가를 보낼 기회가 있었다. 어느 날 저녁, 나는 평생 잊지 못할 동물 다큐멘터리를 한 편 보게 되었다. 주인공은 박쥐였다. 그 박쥐의 교미와 해산 장면은 지금도 내 뇌리에 생생하다. 특히 박쥐의 '거꾸로 낳기'는 환상적이었다. 그리고 감동적이었다. 나의 묘사는 그 감동의 일부도 제대로 전달하지 못한다. 지구상의 어떤 동물이 만유인력을 어기면서 그렇게 통쾌한 거꾸로 낳기를 해낼 수 있는지 묻고 싶다.

하지만 박쥐만큼 구박과 천대를 많이 받은 동물을 찾기도 쉽지는 않다. 이솝 우화에서부터 현대의 동화에 이르기까지 박쥐는 쥐도 새도 아니라는 것 때문에 따돌림을 당해왔다. 독수리 황제와 사자 대왕 사이의 싸움에서 박쥐는 이쪽에 붙었다 저쪽에 붙었다 하는 기회주의자로 취급당

했고, 스파이 누명까지 썼다. 동물학자들은 박쥐를 포유류로 분류하면서도 이상한 녀석이라고 별도의 설명을 붙인다.

그러나 언제 박쥐가 어느 한 편에 속하고, 어느 한 종류에 편입되기를 원했나? 박쥐는 이것도 저것도 아닌 얼치기가 아니다. 박쥐는 박쥐이다. 그 어느 쪽에도 속하지 않는 **자신의 세계**를 가지고 있는 것이다. 독수리 황제와 사자 대왕 같은 기득권자들이 세상을 제멋대로 둘로 나누고 자기 편이 아니면 적이라고 하는 것이다. 박쥐는 포유류에 속하고 싶지 않다. 박쥐류면 좋다. 아니 박쥐는 종(種)이니 류(類)니 하는 것 따위에는 관심이 없다. 능력이 뛰어난 자는 어디에도 속하지 않는 자유를 즐긴다.

박쥐를 악마의 상징으로 삼는 미신을 만들어내는 자들, 박쥐가 소름끼치게 생겼다고 하는 자들, 박쥐가 해충을 잡아먹는지도 모르고 집 근처에만 오면 학대하고 잡아 죽이는 자들에게 묻고 싶다. 박쥐에게 무슨 죄가 있나? 박쥐의 비행이 웬만한 새들보다 훨씬 더 민첩하게 공기의 흐름을 이용한다는 것을 관찰이나 해보았나? 0.3밀리미터 정도 떨어진 물체도 구분하는 박쥐의 음파탐지 능력이 최첨단 디지털 소나(sonar)보다 몇 배나 더 정교하다는 것을 알기나 하나?

별로 특징도 없고 뛰어난 능력도 없어서 종과 류로 쉽게 분류되는 동물들은 시기심에서 박쥐를 비난하고 따돌린다. 하지만 박쥐는 그 정도는 아랑곳하지 않는다. 자기의 세계가 있기 때문이다. 박쥐는 오늘도 독수리 황제와 사자 대왕의 금지령을 비웃으며 그들의 세계를 넘나든다. 그리고 자신들의 애낳는 법이 '거꾸로 낳기'가 아니라 사실은 '바로 낳기'라고 자기들끼리 마주보며 미소짓는다.

## 양서류 같은 책

　나는 박쥐 같은 책을 쓰고 싶다. 만유인력을 어기듯이 대세(大勢)를 어기는 용기와 지혜로 세상을 논하고 싶다. 힘있는 자들이 자의적(恣意的)으로 여기저기 그어놓은 경계선을 자유롭게 넘나들고 싶다. 세태 위를 민첩하게 날면서 진실을 관찰하고 싶다. 뻔뻔함으로 나대고 목소리 큰 사람이 이기는 세상에서, 미약해서 묻혀버리는 소리들을 포착해서 알려주고 싶다.

　그러나 내 욕심이 지나치다는 것도, 내 힘이 지금 모자란다는 것도 잘 알고 있다. 이 세상에는 용기는 있어도 지식이 모자라고 체력이 못 미쳐 할 수 없는 일들이 많이 있다. 가로지를 능력도 없으면서 가로지르다가는 걸려 넘어지기 십상이다. 그래도 흉내는 내고 싶고 노력을 해야겠기에 이 책을 쓴다. 이 책은 '양서류 같은 책'이 될 것이다. 내 눈에 박쥐처럼 매력적이지는 못하지만, 두꺼비나 개구리 같은 양서류(兩棲類)는 말 그대로 서식하는 곳이 물과 뭍 양쪽이다. 박쥐처럼 넘나들기에 익숙한 동물들이다.

　내가 '양서류의 이름으로' 넘나들고자 하는 것은, 요즈음 한국에서 부쩍 유행하는 분야 넘나들기가 아니다. 방법론적 넘나들기다. 문화와 인간을 논하고자 할 때에는, 한편으로 철저한 학술적 접근을 필요로 하지만, 다른 한편으론 그 논지가 사람들에게 설득력 있게 전달되고 그 내용이 널리 보급될 수 있는 방법을 필요로 한다. 또한 이러한 문화 담론과 인간론은 세대를 넘나들며 수용될 수 있으면 좋다. 다시 말해 청소년에서 노년까지 읽힐 수 있으면 좋다.

　전문가들끼리는 전문 술어를 사용하면 편하다. 개념에 대한 암묵적 동의가 있거나 협약이 되어 있는 말 한마디로 수많은 설명을 생략할 수 있기 때문이다. 하지만 다른 사람들을 위해서는 거름 장치가 필요하다. 그렇다고 배알 없이 타협하는 것은 아니다. 전문성과 대중성이라는 대립 구조를 설정해놓고 그 범주 아닌 범주를 자기 편한 대로 이용하는 것도 더 이상 도움이 안 된다. '양서류 같은 책'은 전문가나 이른바 대중에게가 **아니라 사람들에게 말을 걸기 위해서** 택한 방식이다. 그것은 '다가감'과 '끌어당김'을 동시에 이루어내기 위한 노력이다.

그런데 양서류들은 징그럽고 못생겼다고 한다. 하긴 사람들은 두꺼비 같은 양서류뿐만 아니라, 박쥐, 거미, 전갈 같은 동물들을 모두 추하고 끔찍스럽다고까지 한다. 이러한 동물들의 공통점은 자신의 세계가 독특하고 별난 능력들을 가지고 있다는 것이다(거미의 집짓기, 전갈의 공격 자세, 두꺼비의 헤엄치기와 걸음걸이를 한번 상상해보라). 그래서 확실한 범주로 구분해놓은 것들을 '익숙한' 눈으로 보면 그들이 이상스럽게 보인다. 이에 미신과 신화의 편견이 이들을 혐오스럽게 해왔다. 그러나 그들은 미(美)의 조건이라는 조화를 누구보다도 잘 갖춘 동물들이다. 다만 '이상한' 요소로 이루어진 조화가 그들의 파격적 조화의 비밀일 뿐이다.

그래도 '양서류 같은 책'의 고민은 남는다. 바로 그것이 그 자체로 얼마나 조화를 잘 이루어내는지 문제로 남기 때문이다. 디자이너들이 계절 패션쇼에서 도대체 입고 다니지도 못할 옷을 대표 작품으로 내놓는 것은 장난이 아니다. 그들은 익숙지 않은 조화가 조화스러울 수 있는지 예술가로서 자신의 이름을 걸고 시험하는 것이다. 즉 '익숙의 미신'이 혐오스럽다고 하는 것이 아름다울 수 있는지 철저히 준비된 모험을 하는 것이다. 문제는 흔히 말하듯 '코디'에 있다. '코-오디네이트(co-ordinate)'는 넘나들기를 시도하는 사람들의 필수 조건이다. 코디 없는 넘나들기는 폭력적 혼란이고, 넘나들기 없는 코디는 별로 다룰 필요가 없다.

이 '양서류 같은 책'이 정말로 양서류를 닮아갈지는 미지수다. 멋진 '코디'까지는 몰라도 무거움과 가벼움, 깊이와 피상, 뭍의 의연함과 물의 신선함 사이에서 애써 잡은 균형이 좀 어색하고 계면쩍지만 혐오스럽지 않기를 바랄 뿐이다. 언젠가 '박쥐 같은 책'도 쓸 수 있게 되기를 기대하면서, 이 책이 독자들에게 양서류적 독서를 즐기는 한 계기가 되기를 바란다.

## '문화의 책'과 '인간의 책' 읽기

갈릴레오 갈릴레이(Galileo Galilei)는 그의 대표적 천문학 저서인 《두 가지 주된 우주 체계에 관한 대화》의 헌정문(獻呈文)에서, 철학이 '자연의 책(libro della natura)'에 눈을 돌릴 것을 촉구하였다. 그가 활동했던 16세기 말과 17세기 초는 자연법칙의 탐구가 인간 사고의 주된 과업이었다. 이에 빗대어 말하면, 인간의 창조 능력과 생산 행위에 대한 연구가 숙제인 오늘날은 '문화의 책'에 눈을 돌려야 할 때라고 할 수 있다.

지금 우리는 문화라는 말의 홍수 속에서 살고 있다. 그것은 주요 이슈로서, 21세기의 세계적 과제로서, 국가가 이루어야 할 목표로서, 무한 경쟁 시대의 상품화 전략으로서, 전문가들의 학술적 담론으로서, 예술의 본질과 현실적 감각의 창구로서, 인생 설계의 지표로서, 개인의 심리적 요소로서, 그리고 일상적 대화의 화두(話頭)로서 현대인의 삶에서 차지하는 바가 엄청나다. 우리가 그 말을 만들어 사용하고 있지만, 그 말은 반대로 우리에게 무엇인가를 집요하게 요구하고 있다.

이것은 문화가 이미 하나의 힘으로 작용하고 있다는 뜻이다. 그것은 우리가 사용할 수 있는 힘일 수도 있고, 우리를 억압하는 힘일 수도 있다. 모더니티의 여명기에 '아는 것이 힘'이라고 했듯이 포스트모던의 이론적 병앓이를 겪은 지금 '문화가 힘'이란 말은, 의욕적이고 능동적 표현일 수 있다. 반면 문화의 힘이 사람들에게 휘둘려질 때, 그 권력 행사는 가히 전제주의적이자 전체주의적이 될 수 있다. 이때에 사람들은 수동적 피해자가 된다. 그래서 우리는 문득 인간 자유의 소재와 문화 생활이 주는 행복의 진의에 대해서 자문(自問)하게 된다.

실로 우리는 '권력'의 '함의적 형용사'가 바뀌는 시점에 서 있다. 이제까지 권력의 함의적(含意的) 형용사는 정치였다. 다시 말해, 권력이란 단어는 부가설명이 없는 한 '정치권력'과 동일하게 인식되어왔다. 자본주의 사회에서 한때 경제가 그 자리를 노렸으나 인식의 맥락에서는 그다지 성공한 것 같지 않다. 그러나 이제 문화가 권력의 함의적 형용사의 자리를 차지하려 하고 있다. 세상의 중심이 가히 정치권력에서 문화권력으로 이동함을 피부로 느끼는 것 같다. 물론 문화권력 형성의 비결은 있다. 현대 문화가 '경제와 정략(政略) 결혼'을 했기 때문이다. 그것은 문화가 정(政)·경(經)의 차원을 흡수했다는 뜻이다. 이제 그 힘을 활용할 장소와 대상만 찾으면 될 듯 보인다.

갈릴레이가 서둘러 '자연의 책'에 눈을 돌릴 것을 촉구하고 그와 동시대 인물인 베이컨(F. Bacon)이 '아는 것이 힘'이라고 했을 때, 그들은 이후 약 4세기에 걸친 역사에서 인류가 지구 자연을 소진(消盡)할 위험의 가능성을 연출할 줄은 상상하지 못했다. 그것은 인류가 자연의 책만 잘못 읽었기 때문이 아니다. 자연의 책과 함께 '인간의 책' 읽기를 소홀히 했기 때문이다. 이제 우리는 문화의 책에 눈을 돌리자고 하며 또 다시 '지식이 힘'이라고 한다.

우리가 오늘날 문화의 책에 눈을 돌릴 것을 촉구하는 것은, 문화의 힘과 문화의 이름으로 또 무엇인가를 소진하자는 뜻이 아니다. 그 반대로 문화의 책을 잘 읽기 위한 방법을 찾고 그 과업에 동참하자는 뜻이다. 그 방법은 '인간의 책'을 함께 읽으라는 것이다. 오늘의 상황에서 볼 때에, 자연의 책 읽기는 인간의 책 읽기를 동반하는 데 실패했다. 아니면 적어도 너무 많은 페이지를 잘못 읽고, 잘못 이해했다. 자연의 착취는 '자연 없는 인간'의 위험을 초래하고 있다. 문화의 생산은 '인간 없는 문화'를 가져올 가능성을 배태하고 있다. 중요한 것은 자연의 착취든 문화의 생산이든 인간이 하는 일이라는 것이다.

'문화의 책'과 함께 '인간의 책' 읽기는 왜 문화학이 인간학에 접목하는지를 알려줄 것이며, 왜 문화 담론이 인간론과 함께 대화의 산책을 해야 하는지를 일깨워줄 것이다. 자연을 개발하던 시대에 '자연이 함께하는 인간의 세계'를 바랐듯이, 오늘 우리는 '문화적인 것'과 '인간적인 것'에 대한 이해와 감동을 바탕으로 한 '문화 있는 사람'이자 '인간 있는 문화'의 세계를 바란다. 이것의 현실적 가능성은 '인간의 책' 읽기를 동반하는 '문화의 책' 읽기에 달려 있다. 여기에 이 책의 제목과 1, 2부의 구성이 갖는 진정한 의미가 있다.


### 책은 살아 있다

현재의 문화 트렌드로 보아 책으로 무엇인가를 이야기하고 전달하는 날도 얼마 남지 않았는지 모른다. 더구나 이 책에서처럼 '탈지구성(Post-globality)'이나 '이상시(理想時, Uchronia)'의 시대 등 미래 구상적 내용을 책이라는 매체로 전달하는 것은 아이러니하기까지 하다. 많은 사람들에게 책은 이미 구시대의 산물이 되어버렸다. 서둘러 책의 종언을 선포한 사람들도 있다.

책의 죽음은 이제 돌이킬 수 없는 대세인 것 같다. 지난 수천 년 동안의 인류의 거대한 문화적 성취는 그 막을 내려야 할 때가 온 것 같다. 이제 문자 문화의 소멸과 함께 변화해갈 것들을 정리하고 예측하는 일만 남았는지도 모른다. 한때 알파벳이 상형문자에 대항하여 승리했듯이, 오늘날은 디지털 코드들이 자모음 코드들에 대항하여 곧 항복을 받아낼 준비를 하고 있는 듯하다. 디지털 문화의 전도사들이 예측하듯 이 싸움은 그리 오래 걸리지 않을지도 모른다. 디지털적 사고와 전략은 훨씬 더 빨리 승리를 이끌어낼지도 모른다.

하지만 책이 지금까지 살아온 역정을 돌아보면, 책이 인류에게 남겨 놓은 것도 많다. 책은 휴대하는 문화 전달매체의 원조였다(책을 얘기하면서 나는 벌써 과거형을 사용하고 있다). 그것은 잠자리에까지 가지고 가는 문화 매체다(앞으로의 디지털 인터페이스도 이 점을 전용하려고 눈독을 들일 것이다). 적지 않은 사람들에게, 잠자리에서 애무하듯 손가락 끝으로 정성스레 책장을 넘기며 읽은 책이 책상에 앉아 읽은 책보다 많을 수도 있다. 그리고 책 읽기는 교육적 차원에서 개인주의를 가능하게 했다. 전적으로 대면적 대화를 기본으로 하던 교육 제도에서 책은 스승으로부터 독립을 가능하게 했다. 책의 상징성이 가지는 위력은 디지털과 컴퓨터 시대에도 미친다. 우리는 휴대용 소형 PC를 '노트북(note**book**)'이라고 부른다. 여기에서도 책의 잔영(殘影)은 볼 수 있다.

그리고 오늘날 이미 우위를 점하기 시작한 매체와의 비교에서도 책의 특징은 두드러진다. 이미지 중심의 상호 소통적인 멀티미디어는 상상력의 여지를 별로 남겨두지 않는다. 영화 같은 영상매체에서 전달되는 이야기는 특정한 표상의 연속들로 이루어지기 때문에 비교적 협소한 상상의 틈새만을 남겨둔다. 이와는 대조적으로 책에 쓰여진 이야기는 상상력을 자극하고 책의 내용에서 전이된 이미지를 창조하게 한다. 사람들은 책을 읽으면서 글자를 보지만 머리 속에서는 색깔, 소리, 냄새, 맛, 동작을 연출해낸다. 책 읽기는 머리를 호흡하게 하고 마음의 눈을 좀더 활짝 열어 줄 수 있다.

이것은 어쩌면 이미 사망 선고받은 책을 위한 안쓰러운 변명일지 모른다. 책의 죽음은 사이버 시대의 '가상 현실적' 죽음일 뿐이라고 위안을 해도, 오늘날 책의 죽음을 예견하지 않기란 더욱 어려운 일이 되었다. 다만 책이 죽어 가는 것은 노환(老患) 때문이 아니라는 것을 알 필요가 있다. 책의 3천 살은 인간의 서른 살 정도밖에 해당되지 않는다. 책은 아직도 애무의 욕구를 불러일으킬 만큼 젊고 매혹적인 자태를 지니고 있다.

책은 환경이 바뀌고 영양이 부족해서 얻은 병 때문에 사망 선고를 받고 시한부 생명을 살고 있을 뿐이다. 그런데 지금 우리는 책의 죽음에 대해서 논쟁을 하거나, 책이 사라지는 것이 아쉬워서 발을 동동 구르고 있을 뿐이다. 어느 누구하나 죽어가는 책을 위해 무엇을 할 것인가 생각하고 실행에 옮기지 않고 있다. 그리고 냉정하게 책의 사망을 단정한 사람들은 지금이 책의 장점을 이용하고 책의 혜택을 받을 마지막 기회라는 것을 의식하지 못할 만큼 실용적 감각도 없다. 그들은 지금이 이제 곧 다시 만나보지 못할 책이 남기고 갈 보석 같은 말들을 들을 마지막 기회라는 것을 잊어버리고 있는 것이다.

책의 죽음이 선고되었는데도 책을 쓰거나 책을 읽는 사람들은 도대체 무엇하는 사람들인가? 이런 비웃음 속에서도 우리가 해야 할 일은 있다.

그것은 억지로 책의 목숨을 연장시키는 것도 서둘러 안락사시키는 것도 아니다. 지금 책에게 필요한 것은 사랑의 마음과 손길이다. 그리고 책은 자신이 남길 마지막 말들을 누군가 들어주길 바라는 것이다. 죽어버린 자에게는 사랑을 줄 수가 없다. 그리고 말기 암환자가 들어둘 만한 소리는 많이 하는 법이다.

    이제 우리는 이렇게 말하지 않겠다. "책은 영원불멸하다. 책에게 경배를!" 그리고 너무 성급하게 "책은 죽었다. 책 만세!" 같은 아이러니를 말하지도 않겠다. 지금 우리는 이렇게 말하고 싶다. "책은 죽어가고 있다. 책에게 사랑을……." 그리고 그날이 오면 이렇게 말할 것이다. "책은 죽었다. 책에게 영광을……."

    그러나 오늘밤도 책은 살아 있다. 책은 죽어가고 있을 뿐이기에. 한 팔을 곱게 펴고 비스듬히 누운 나신(裸身), 애무를 기다리는 열정으로 책은 살아 있다.

| 제2판 서문 |

# 21세기의 첫 십년기를 보내며

갈릴레이가 '자연의 책'을 읽으며 《우주 체계에 관한 대화》를 썼던 것에 빗대어, 나는 '문화의 책'을 읽으며[1] 《문화적인 것과 인간적인 것》을 썼다. 이 책은 지금으로부터 10년 전인 2000년 1월에 출간되었다. 나는 이 책을 1997년 늦가을에서 1999년 초여름 사이에 집중적으로 집필했다. 물론 책에 담긴 생각은 그 이전의 사유 과정을 정리한 것이었다. 대체로 1980년대 말에서 90년대 말 사이에 있었던 문화와 인간에 대한 성찰의 결과들이었다.

20세기 말 당시 사람들은 다가오는 21세기를 '문화의 세기'라고 정의했다. 디지털 문화의 확산 속에서 신세기, 아니 신천년기(new millenium)의 도래를 기다리며 미래를 전망하고 문화적 변동을 앞당겨 성찰하고자 하는 열정이 대단했던 때였다. 지금 그 열정은 많이 식었지만 문화와 그것을 창출하는 인간에 대한 성찰의 필요는 그 어느 때보다 증가하고 있다. 일상생활의 미시적 변화에서 우주 진출의 거시적 확산에 이르기까지 인간의 기예적 산물은 더욱 풍부해지고 있기 때문이다. '문화의 책'은 꾸준히 두꺼워지고 있다.

우리는 지금, 21세기의 첫 '십년기(decade)'를 보내는 시점에 있다. 인간은 계기를 필요로 하는[2] 나약하지만 흥미로운 동물이다. 십년기 같은 작은 계기도 소중하다. 그런데 지난 20여 년 간의 사유 과정을 담고 있는 책이 오늘날 이런 계기에 성찰의 도구로 적극 활용될 수 있을까? 최근 1년 동안 내 머릿속을 맴돌던 물음이었다.

이 물음에 답하기 위해 책을 다시 꼼꼼히 읽어보았다. 그러고 나서 책의 내용이 현재진행형이라는 것을 발견했다. 책의 기본 내용을 살리면서 형식과 문장을 다듬어 개정판을 내기로 결심했다. 책을 다듬는 과정에서 몇몇 미래 예측적 표현을 현재 확인적 표현으로 고쳐 쓰면서 중요한 사실을 다시금 확인했다. 그것은 황혼 녘에야 날갯짓을 시작하는 부엉이임을 자임하는 철학의 겸허(?)에도 불구하고, 철학적 사유가 미래의 새벽빛을 보며 '여명에 비행하는 부엉이'[3]의 역할을 할 수 있다는 확신이었다.

《문화적인 것과 인간적인 것》은 '철학 에세이'라는 부제가 달려 있음에도 발간 당시 철학계보다 다른 예술계의 관심을 더 받았다. 문학, 건축, 디자인 분야 전문가들의 관심은 적극적이었다. 도시 개발 프로젝트에 참여한 전문가들이 이 책에서 아이디어를 얻고자 했을 때, 문화철학의 주제들이 우리 삶에 얼마나 깊고 넓게 퍼져 있는지 실감했다. 무엇보다도 보람 있었던 것은 이 책이 당시 문화이론 전공의 석·박사 과정에 있던 젊은 연구자들에게 논문 주제와 연관해 영감을 주었던 일이다. 철학계에서의 관심은 많지 않았지만 중요한 것이었다. 동료 철학자의 오래된 서평 한 편은 몇 해 동안 절판 상태에 있던[4] 책을 다시 펴내고자 하는 데 자극제가 되었다.[5] 그가 이 책을 '현재의 철학' 또는 '우리 철학의 탄생'으로 평한 것은 책의 내용이 현재진행형이라는 확신에 힘을 실어주었다.

책의 각 장이 제시한 주제는 이 책이 지니는 '현재적 의미'를 구체적으로 보여준다. '제1부 문화적인 것에 대하여'에서 다룬 다섯 가지 주제는 오늘날 문화 연구 또는 문화학이 지속적으로 탐구해야 할 것이다. 그것은 동시에 문화 연구 방법론의 준거가 될 수 있는 것들이다. '제2부 인간적인 것에 대하여'에서 다룬 다섯 가지 주제는 문화 속에서 드러나는 인간성을 보여준다. 창조성에 초점을 맞추고 있는 주제들은 그 자체로 인간의 문화적 특성을 보여준다. 이 주제들은 결국 자신의 피조물을 통해 자신에게 다가가는 존재이자 자신을 탈피함으로써 자신일 수 있는 인간의 미래 전망을 그리고 있다. 여기서 각 장의 주제가 핵심적으로 전달하고자 했던 점들을 다시 상기하며, 이들 주제가 앞으로 어떤 문화적 화두와 인간론적 문제로 생각의 가지를 뻗어나갈 수 있는지 살펴본다.

이런 점에서 이 글은 책의 초판을 읽은 독자에게는 내용의 '정리'와 그것에 이은 사유의 확장을 위한 것이며, 책을 처음 읽는 독자에게는 내용의 '요약'과 지식에 대한 호기심 유발을 위한 것이다.

1.

열림과 닫힘의 차원에서 안데르센의 동화 《미운 오리새끼》를 해석한 것은 '전설'이 되었다. 적어도 몇몇 사람에게는 그런 모양이다. "작품의 해석이 전설이 되다." 이것은 술자리에서 한 지인이 함께 웃자고 한 말이지만, 그에게 "미운 오리새끼의 여정은 닫힌 사회에서 출발하여, 닫힌 사회를 거쳐, 닫힌 사회에 안주한 것이다"라는 해석은 충격적이었다고 한다. 그래서 그런지 이 해석은 여러 해 동안 나를 따라다녔다. 이 작품에 대한 해석이 '열린 사회의 역설'을 폭로하는 데서 '닫힌 사회와 그 친구들'의 비밀을 캐는 것을 넘어 다른 문학 작품과의 비교 연구를 거쳐 그 깊이와 넓이를 더해갔지만, 사람들의 기억 속에 오래 남은 것은 오리-백조의 이야기에 은폐된 진실을 폭로한 것이었다. 물론 이 짧은 길이의 동화를 '열린 사회-닫힌 사회'의 주제로 일관되게 천착함으로써 그 과정에서 이 주제가 오히려 다양한 철학적 문제들에 연계되는 경험을 한 것도 사실이다.

이와 함께 학술적 차원에서 각별히 중요한 것은, **텍스트 분석이 문화 연구의 중요한 방법론**이어야 한다는 사실이다. 이 책에서 우리는 《미운 오리새끼》라는 텍스트를 분석하면서 안데르센의 생애에 대한 지식, 시대적 배경, 저술 의도 등의 맥락에 대한 탐사 없이 텍스트의 서사적 논리 구조를 분석하는 것만으로도 텍스트의 어떤 '진실'을 파헤칠 수 있음을 확인할 수 있다. '텍스트로서의 문화' 그리고 '문화로서의 텍스트'는 문화 연구의 핵심 과제이다.

'열린 사회의 신화'를 통해 내가 강조하고 싶었던 것은 이런 점이다. 삶의 틀 안에서의 조화·안정·질서를 지향하는 '닫힌 사회'가 전근대의 신화였다면, 틀 안에서의 변화뿐만 아니라 틀 자체에 대한 부정을 시도하고 틀 밖의 다른 세계와의 관계 형성을 지향하는 '열린 사회'는 오늘날의 신화이다. 하지만 열림이 자기 모순에 빠지지 않으려면 닫힘에 대해서도 열려 있어야 한다. 열린 사회의 신화가 인간 의식의 지평을 넓혀주려면 탈신화화된 닫힌 사회에 대한 본질적 배척과 영원한 망각을 경계해야 한다. 곧 닫힌 사회의 망령(亡靈)을 안고 가야 한다.

그리고 열림과 닫힘의 문제가 '나-너-우리'를 이루어가는 방식의 문제라면, 현실적으로 존재하는 것은 추상적 열린 사회가 아니라, 개개의 특성을 지닌, 그러나 열 줄 아는 개체들로 구성된 다원화 사회이다. 이러한 사회는 '다차원적 복수 문화'에 의해 가능하다. 이에 엮을 행하는 각 개인의 사회·문화적 성숙도가 더욱 요구된다.

문화적 차원에서 앞으로 닫음의 현상이 두드러질 가능성은 많다. 그 가운데 하나로 '디지털 나르시시즘'을 들 수 있다. 디지털 기기들은 점점 '개인화'하고 있다. 우리들이 사용하고 있는 멀티미디어 기기들은 개인적 만족도를 향상시키기 위해 진화하고 있다. 현대인은 자신과 한 몸이 되어가는 디지털 기기와 함께 자기 만족의 나르시시즘에 빠질 가능성이 높아지는 문화 환경에 살고 있다. 이런 점에서 현대의 개인주의를 증가시키는 것은 사회적이기보다 문화적이다.

다른 하나는 좀더 근본적인 이유라고 할 수 있다. 동물로서 인간에게는 '안정성'과 '정상화'의 욕구가 거의 본능처럼 잠재한다. 진화생물학에서도 '진화적으로 안정된 전략(evolutionary stable strategy)'과 '정상화 선택(normalizing selection)'을 생명 진화의 중요한 요소로 받아들이고 있다. 진화적 안정 전략이란 개체에게 최선의 전략은 개체군의 대부분이 행하는 전략이라는 뜻이다. 정상화 선택은 어떤 개체군의 정상적인 변이 범위를 벗어나는 변이체는 자연선택에 의해 제거되는 현상을 가리킨다. 이런 점에서 본능은 안정성과 정상화를 지향하며 이것은 사회 문화적으로도 영향을 미칠 수 있다. 다른 한편 개체군 내의 다양성은 생존의 가능성을 높여줄 수 있다. 외부의 위험에 다양한 방식으로 대처할 수 있기 때문이다. 다양성은 엶과 열림이 보장한다. 인간의 삶은 본능적이고 자연적이자 또한 문화적이다. 엶과 닫음은 삶의 곳곳에서 갈등한다. 그것은 《미운 오리새끼》에서도 보았듯이 자연의 법칙이라는 닫힘에 대한 거부의 시도를 포함한다. 그것이 사실 이 텍스트의 심연이다.

또한 엶과 닫음은 '형평적 상반관계'에 있는 것처럼 보이지만 사실은 그렇지 않기 때문에 엶의 과제는 더욱 미묘하고 어렵다. 닫음은 엶을 완전히 부정할 수 있다. 닫는다는 행위 자체가 엶을 원천적으로 배제해도 자기 모순은 없다. 그러나 엶은 닫음을 원천적으로 배제하거나 부정할 수 없다. 엶의 행위는 닫음의 행위에도 열려 있어야 하기 때문이다. 이는 엶의 행위가 갖는 비극적 운명인지도 모른다. 그렇기 때문에 엶의 행위가 더욱 인간적인지도 모른다.

2.

다차원적 복수 문화의 사회에서는 각 개인과 사회 소집단들의 욕구가 다양한 형태를 띠면서 양적인 증식을 계속한다. 현대사회와 앞으로 다가올 사회가 풍요하다는 것은 '욕구의 풍요'를 의미한다고 볼 수 있다. 복합적인 현대사회에서는 '유도(誘導)된 필요성'이 개인과 집단의 구체적 욕구와 깊이 연관되어 있으며, 이것은 경제적인 문제이기도 하지만 무엇보다도 **문화적인 문제**이다. 물질의 생산에서부터 의미(意味)와 상징(象徵)의 생산에 이르기까지 현대인이 복합적 '생산의 사회'에 살고 있기 때문이다. 인간의 창조력이 중요시되면서 이 문제는 더욱 부각된다. 이제 인간의 필요와 욕구가 문화 추이와 연관하여 지속적으로 증가하고 있다는 사실을 하나의 현상으로 받아들이지 않을 수 없다.

내가 서구 학자들의 '소비 사회' 이론을 비판하면서, **'생산의 사회'**에 주목할 것을 주장했던 것은 지금 보아도 옳다. 20세기 후반 미래학자들이 탈산업사회(post-industrial society)를 전망하면서 인류가 생산 중심의 사회에서 벗어나리라고 한 것도 짧은 생각이었다. 탈산업사회가 탈자본주의를 의미하지는 않기 때문이다. 생산 없는 자본주의는 생각할 수 없다. 소비는 생산이 유도해낸 필요성과 이에 따른 욕구를 따른다. 이런 점에서 자본주의 사회의 특성으로 욕구가 생산에 의존하는 것이 아니라 생산이 욕구에 의존하는 것임을 간파한 마르크스 철학의 유용성은 오늘날도 인정된다. 경제적 차원에서든 문화적 차원에서든 마르크스 이론을 재조명한다면, 바로 이 점에서 출발하는 것이 학술적으로 도움이 될 것이다.

농본사회에서 산업사회로 넘어오면서 생산이 필요를 유도한다는 것은 진정한 의미에서 패러다임 전환이었다. 그것은 절대, 이상, 관념, 일체성, 일원화, 선별, 귀족적인 것, 내적인 것, 목적 등에 기울었던 중요도의 축(軸)이 상대, 실제, 경험, 복수성, 다원화, 개방, 대중적인 것, 외적인 것, 수단 등으로 기우는 것과 보조를 같이 했다. 엘빈 토플러(Alvin Toffler)가 주장했던 '제3의 물결'이 이것을 대체하는 패러다임을 총체적으로 제시하고 있는 것 같지는 않다. 어쩌면 제3의 물결 이론이 등장하는 것도 객관적 지식의 생산 욕구 때문일지도 모른다. 그렇다면 그것은 '제2의 물결'의 산물이다. 생산의 사회가 제시하는 패러다임은 소비 주체에게 필요성으로 부각될 뿐 아니라, 그의 의식에 '필연적 논리'로 자리 잡는다. 그 논리는 사람들의 일상에서 '불변의 구조'로, 더 나아가 하나의 '존재론적 세계'로 자리 잡으려 한다. 이러한 의미에서 유도된 필요성이 이끄는 문화 양식은 하나의 '형이상학적 체계'라고 볼 수도 있다.

현대적 생산이 인간 사회에서 위력을 발휘하는 이유는 그것이 단순히 기존의 재화와 서비스의 양적 증가 및 질적 향상을 가능하게 하기 때문이 아니다. 그것은 그레이엄(K. Grahame)의 동화 《버드나무에 부는 바람》의 주인공 토드의 경우에서 보듯이 신기함, 진기함, 호기심 유발 등 복합적 의미에서 '새로움(novelty)'을 제시하는 능력과 연관되어 있기 때문이다. 이에 유도된 필요성과 문화적 효과의 관계를 고찰하는 것이 필요해졌다. 곧 '새로움의 제시'로서 사물의 지속적 생산이라는 엄연한 사실이 존재한다는 것을 인정하고 관찰하는 것이 필요해졌다.

장 보드리야르를 비롯한 서구 학자들은 '현대적 소외'의 대표적 양태로서 소비와 소비자를 비판 고발해왔지만, 진짜 비판해야 할 대상은 '유도된 필요성'이라는 권력을 발휘하는 생산이다. 소비에 대한 비판은 대중을 고발하는 것이지만, 생산에 대한 비판은 권력 행사자를 고발하는 것이다. 소비라는 거울의 뒷면인 생산이 중요한 이유는 경제적인 것뿐만 아니라 문화 행위의 욕구와 연관되어 있기 때문이다. 짐멜(G. Simmel)은 이미 그의 시대에 문화적 욕구를 자극하는 대중 소통과 전달의 수단을 비롯하여, 과학, 기술, 예술 분야 생산물의 양적 팽창이 문화적 '경작'이라는 말이 무색할 정도라고 했다. 그리고 이러한 생산물들은 상징적 구조를 갖게 됨으로써 인간의 일상을 둘러싸고 있다고 간파했다.

지금 시점에서 보면, 창의력을 바탕으로 하는 정보와 지식, 아이디어의 사회에서는 이러한 특성이 단순히 유지되는 것을 넘어 더욱 강조될 것이다. 더욱이 기술적 창의력은 대중문화 형태와 조류 형성에 곧바로 연계된다. 그것은 영화, 뮤직비디오, 비디오게임, 다양한 사이버 문화의 양상 등을 보아도 알 수 있다. 20세기 말에 이미 예견되었고 오늘날 보편화한 사용자 제작 콘텐츠(User Created Contents/User Generated Contents)는 이런 경향의 한 예일 뿐이다.

좀더 거시적으로 보면, 우주 시대의 본격적인 시작은 생산의 사회에 '우주적 생산'의 패턴을 도입하는 계기가 될 것이다. 이런 생산 패턴은 우주 산업에 머무는 것이 아니라, 인류의 생산 체계 전체에 패러다임 전환을 유도하면서 일상생활 곳곳에 영향을 미칠 것이다. 인류의 우주 진출은 생산의 사회를 획기적으로 풍부하고 다양하게 할 것이며 새로운 욕구를 유도해낼 것이다.

3.

나는 '일상의 미학'을 위해 다음과 같은 가설을 제시했다. 일상이 현대인의 의식에 중심 주제로 부각될 수 있도록 가시적 조건을 형성해준 것은 일상의 정치·경제적 차원이 아니라 **일상이 지니는 미적 차원**이다. 19세기 후반과 20세기 초에, 총체적 관심의 대상으로서 일상생활의 위상을 바꾸어놓은 것은 '미학혁명(Aesthetic Revolution)'이었다. 제한된 소수만이 즐길 수 있었던 '미적인 것'이 이 시기에 일상에 깊고 폭넓게 침투할 수 있는 계기가 마련되었으며, 이러한 현상은 또한 일상의 삶을 미화(美化)해갔다. 이 모든 것은 인간 실존의 '미학적 전환'이라고 부를 만한 것이었으며, 미(美), 예술, 예술 작품 등의 고전적 개념이 그 의미를 상실하지 않기 위해 전통적 정의(定義)의 요새 안에 은신하느냐, 아니면 개념적 변신을 하느냐 하는 선택의 문제를 제기했다. 현대 대중문화의 형성과 발전도 이러한 미학혁명의 파장 안에 있다. 대중문화는 미가 일상화되는 과정의 산물이라고 할 수 있다. 또한 미의 일상화 및 대중화와 함께 **예술의 과학화, '+α'의 문화, 소유의 미**의 확산은 기예적 작품 활동에서 예술의 전통적 적자(適者)들과 현대적 서자(庶子)들 사이의 교제(交際)를 가능하게 했다.

미적 조건의 관찰과 미학적 이해는 현대의 일상생활과 대중문화의 이해를 위해 필수적이다. 17세기의 과학 혁명은 19세기 전반까지 인간 삶의 정치·경제·사회적 차원에서 변혁을 가속화했다. 19세기 후반에는 예술과 과학-기술의 만남이라는 획기적인 사건이 현실화했다. 특히 현대 과학은 예술의 형태와 개념까지도 변화시킬 수 있는 기술을 개발해냈다. 그것은 예술 작품의 기술적 복제(複製) 능력이었다. 예술의 과학화는 미적 요소의 일상화를 가속화했다. 과학이 예술에게 선물한 복제 능력은 정확성과 정밀성을 바탕으로 한다. 그것은 사진과 영화뿐 아니라 일반 회화나 조각 작업의 테크닉에서, 그리고 음의 복제, 즉 음반 생산 등 수많은 현대 예술에서 기술적 패러다임이 되었다.

미시적이고 부가적인 차원에서도 미의 일상화와 일상의 미화에 대중적인 동시에 개별적인 침윤의 방식으로 영향을 주는 분야들이 있다. 그것은 바로 패션, 디자인, 인테리어 분야이다. 이들 역시 현대 과학기술과 미적인 것의 결합을 자본주의 경제체제가 매개하면서 일상에 침투하게 된 분야이다. 예술 작품의 복제가 항상 있어왔듯이 패션, 디자인, 인테리어의 속성도 인류 생활사에서 지속적으로 존재해왔다. 차이점은 현대사회에서 그것의 성격과 기능이 바뀌었다는 것이다. 그러한 성격과 기능을 결정하게 한 구체적 요인들은 산업화와 상품화의 과정이었다. 그리고 현대인들은 수용자로서 '미적 선택'을 할 수 있게 되었다. 즉 '기능 +α'라는 선택의 조건이 제공된 것이다. 현대인은 어쩌면 '+α'의 문화 속에 살고 있는지도 모른다. 이러한 분야들은 예술의 서자(庶子) 취급을 받아왔지만, 패션은 변화의 미학, 디자인은 기호의 미학, 인테리어는 배치의 미학이라는 새로운 관점들을 제시하기도 했다. 이러한 관점들의 전용(轉用)은 고전 예술 또는 장르로서 인정받는 대중 예술의 구성 요건들을 형성한다는 것을 간과할 수 없다. 대중 예술은 물론이고 고전 예술의 작품들은 예술의 서자들이 그동안 생산해낸 효과로부터 자유로울 수 없다. 이 모든 것은 과학-기술-미-경제가 동맹하면서 나온 결과이다. 그것은 흔히 '숨어 있는' 그러나 '영향을 주는' 일상의 힘을 앞세워 미와 예술의 개념이 변신하기를 요구하고 압박하는 요소들이다.

현대사회에서 '일상의 미'를 제공하는 패션, 디자인, 인테리어 등은 각 개인이 소유할 수 있는 대중문화 생산물들이다. 아니 각 개인에 소유

되기 위해 생산된 것이다. 이러한 생산물의 미적 요소는 '기능 +α'의 자격으로 있다. 따라서 상품에 붙어 다니는 미적 요소라고 할 수 있다. 물론 그것의 효과는 상품의 내재적 가치도 변화시킬 수 있으며 그 자체로 미적 작품이 될 수도 있다. 또한 복제의 일반화는 예술 작품을 간접적으로 소유할 수 있도록 했다. 아름다움을 바라보고 즐긴다는 것에서 아름다운 것을 만지고 소유할 수 있다는 것으로의 전환은 획기적이었다. 그리고 자기 마음에 드는 것만 선별해서 소유하며 즐길 수 있다는 가능성도 현실화되었다. 칸트의 미학 이론에도 '아름다움'의 정의에는 '좋아하는 것', '마음에 드는 것'이라는 의미가 바탕에 깔려 있다. 그러나 아름다움을 소유한다는 것은 아주 현대적인 것이다.

버밍엄 학파를 비롯한 현대의 문화 연구가들은 예술의 비평적 읽기가 사회의 '체감 생활 지수'를 알게 해준다는 점을 강조한다. 사람들은 예술을 통해서 풍부한 복잡성과 다양성을 띤 삶을 지속적으로 재창조해내기 때문이다. 인류 사상사의 총체적 관점에서 보아 고전 예술과 미학적 바탕의 위기는 형이상학의 위기라는 일반적 상황의 한 측면이다. 형이상학적 태도가 자신의 과업을 '거창한 원칙'에서만 찾지 않고 미시적 시각으로 일상의 조그만 변화에서도 발견하고자 하는 노력으로 위기를 극복하려 했듯이, 미학적 사고는 미적 경험이 작품의 복제 가능성과 대중문화의 시대에서 맞게 된 꼭 부정적이지만은 않은 의미에 대해 진솔하게 문을 열어야 한다.

4.

갈릴레이는 수학이 자연의 언어라고 믿었다. 수학이 자연의 언어라면, 관찰 기록은 자연의 몸짓이다. 그러므로 갈릴레이는 추상적인 수학 개념이 어떻게 구체적인 관찰 및 세심한 측정과 하나가 되어 자연을 이해하는 참된 길이 될 수 있는지를 보여주기 위해서 끊임없이 노력했다. 갈릴레이의 이런 인식론적 가르침은 인문학자와 사회과학자들에게도 중요하다. 자연과학자는 저 멀리 있는 별들을 관찰하기 위해 그들에게 '가까이 가는 방법'을 개발한다. 망원경을 사용한다는 것은 관찰 대상에 가까이 다가가는 방법에 다름 아니다. 현미경을 사용하는 것도 아주 미세한 대상에 가까이 다가가는 방법이다. 인문·사회과학은 우리 주위의 사회 현상, 경제 현상, 문화 현상 등을 연구한다. 쉽게 말해 인간의 일상적 삶을 연구한다. 그러므로 사람들의 일상생활에 가까이 다가가야 한다.

　자연과학에서 하는 것처럼 망원경과 현미경으로 관찰 대상을 '끌어당김'으로써 '가까이 가는' 효과를 가질 수는 없으므로, 탐구하는 자가 직접 일상생활에 가까이 다가가야 한다. 자기 자신을 연구의 성실한 도구로 삼아야 한다고도 표현할 수 있다. 연구자 스스로 생동하는 도구가 되는 것이다. 자연과학자들이 시시각각 천체의 변화를 관찰하듯이 인문·사회과학자들은 직접 꾸준히 일상생활의 변화를 관찰해야 한다. 그럼으로써 수학과 관측이 하나가 되어 자연을 이해하는 참된 길을 발견하듯, 사변과 현장 관찰이 하나가 되어 사람을 이해하는 참된 길을 찾을 수 있다. 그런데 우리 학자들은 사람들의 일상생활을 관찰하는 일에 얼마나 성실한지 자문해볼 필요가 있지 않을까? 이것이 내가 문화 연구에서 일상성을 특별한 주제로 다루게 된 이유 가운데 하나이다.

　일상을 삭제하거나 포기할 수 있는 삶의 형태는 존재하지 않는다. 그러나 그것이 의미 있는 삶의 조건인가 하는 물음이 제기될 때, 일상에 대한 비판과 담론의 필요성은 부각된다. '예술의 과학화', '미적 요소의 대중화와 일상화', '오락 문화의 재평가와 산업화'에 따른 현대 문화의 발전은 일상생활의 무료함보다는 문화 향유의 양적 팽창과 소화불량이라는 문제를 가져왔다. 하지만 이런 '문화 신드롬'이 실재(實在)하는지는 일상을 관찰하고 그 의미를 다시 짚어봐야 알아볼 수 있다.

현대인들은 과학과 기술의 힘을 빌려 미(美)를 일상화함과 동시에 환상의 세계를 일상으로 끌어들이려는 시도를 계속하고 있다. 현대의 오락과 놀이 문화는 '환상의 세계를 일상화한다'는 목표를 추구한다. 이에 오늘날 환상의 세계가 '인간 정신의 일시적 상상의 대상인가, 아니면 인간 감각의 일상적 접촉의 대상인가?' 하는 물음이 제기된다. 또한 혹자는 '환상의 세계는 정말로 언제나 우리와 같이 하는 것인가, 아니면 영원히 사라져버렸는가?' 하고 자문할지도 모른다.

현대 대중문화의 발달은 일상이 지배적인 개념으로 부각하는 데 큰 역할을 했다. 반면 **비일상의 존재와 의미**에 대한 회의를 갖게 하였다. 비일상이란 무엇이며, 인간의 삶에 어떻게 존재하는가? 그것은 단순히 일상의 반대 의미로서만 존재하는가? 아니면 비일상적인 것이 일상생활을 조건 지울 수 있는가? 더 나아가 비일상적인 것이 일상생활을 바꿀 수 있는가? 하는 물음들이 대두되었다.

비일상적 행위는 일상적 삶에 변화의 동기를 준다는 점에서 일상과 밀접하다. 다시 말해 신선한 충격과 같은 피드백 과정을 이루면서 일상에 스며든다고 할 수 있다. 긍정적 의미에서의 비일상적 행위는 양적 기준의 사회와 문화에서 벗어날 수 있는 가능성을 제시하는 것이다. "일상의 색깔을 보고, 일상의 소리를 들으며, 일상의 접촉을 느끼는 것, 다시 말해 일상의 시인(詩人)이 되는 것"은, 일상에 쉽게 안주하라는 말이 아니라 일상 속에 숨어 있는 비일상적 가능성을 찾으라는 뜻이다. 그리고 그 가능성이 생명력 있는 일상의 삶에 보탬이 되도록 노력하라는 의미이다. 이러한 관점에서 보면 일상과 비일상은 구분되어 있으면서도 같이 있는 것이다.

다양한 문화 요소들이 혼재하는 사회에서 각 개인은 일상성에 매몰되지 않기 위해, 정신을 가다듬고 새로운 상황에서 인간을 위한 새로운 권리를 계속적으로 주장할 수 있어야 한다. 이것이 오늘 그리고 미래의 휴머니즘적 자세일 것이다. 앞으로의 사회에서 특별히 부각될 수 있는 인본적 권리들은, 단순한 물질적 복지를 넘어서 보다 의미 있게 살 수 있는 존재의 권리, 전통적 평등권이 아니라 누구나 평등하게 차이를 주장할 수 있는 권리, 타인과 함께 공동체적 환경을 이루고자 하는 욕구가 개인의 자유와 책임을 바탕으로 보호받을 수 있는 권리 등이 될 것이다. 이러한 권리 주장의 능력은 '일상이란 무의미한 것들의 집합체가 아닐까?'라는 물음에 대답을 가능하게 하는 현실적 조건이다. 즉각적 해답은 없지만, 그렇다고 포기할 수도 없는 '일상의 의미' 추구는 거대한 일상의 위용을 보면서도 일상의 틈새를 노려야 하고 일상의 사이로 들리는 소리에 귀 기울여야 가능하다.

5.
한 나라의 고유어에는 특별한 멋과 맛이 있다. 우리말 '사이'는 다른 어떤 나라 말에서도 이에 상응하는 단어를 쉽게 찾아볼 수 없을 만큼 고유한 성격을 지니고 있다. '사이'는 복합적인 뜻을 지니고 다양하게 사용되면서도, 각각의 의미를 관통하는 하나의 공통분모를 지니고 있다. 사이의 뜻풀이에서 내가 특별히 관심을 둔 것은 '사이'가 서구어에서 '관계 맺기'의 의미(inter)와 '환경 형성'의 의미(intra)를 모두 포함한다는 점이다. 예를 들어 '너와 나 사이'에서 사이는 '인터(inter)'의 의미이지만, '우리 사이'에서 사이는 '인트라(intra)'의 뜻이다. 너와 나가 관계를 맺으면 우리라는 환경을 형성한다. 우리말에서 '사이'가 두 가지 뜻으로 모두 사용되는 것은 그 단어가 지니는 포괄적 의미 전달력을 나타낸다. 의미 창출이라는 차원에서 보면, 개체(個體)로서의 '너', '나', '그 사람', 또는 통합체로서 '우리'보다는 인터의 의미가 부각된 '너와 나 사이', 인트라의 뜻이 강조된 '우리 사이'가 오늘날 문화적 주제이며 앞으로 점점 더 문화적 지향점이 될 것이다. 이 점이 바로 우리말 **사이**를 문화 담론의 중심 화두로 삼는 이유다.

인류는 20세기 후반에 '사이'가 일으키는 기운과 그 의미에 집중적으로 관심을 갖기 시작했다. 그리고 그것에서 효용을 창출하려고 줄기찬 노력을 해왔다. 21세기 내내 '사이'라는 무형의 기운은 점점 더 세계 형성의 중심 개념이 되고 인류의 총체적 발전에서 주도적 역할을 하게 될 것이다. **사이의 문화**는 인간 삶의 각 분야에서 부각되고 있는데, 그것은 '서로의 사회', '간(間)의 미학(美學)', '인터(Inter) 효과', '인트라(Intra) 환경' 등의 주제를 포함하고 더 나아가 '우리'가 아닌 '우리 사이'라는 '세계 만들기'의 목표를 제시한다.

'서로의 사회'라는 주제는 오늘날 커뮤니케이션-미디어 환경이 사회화 과정에 끼치는 영향을 다루면서 '소통 양식(Mode of Communication)'의 개념을 제시하고, '사이버 공간 밖은 무엇인가?'라는 질문을 제기한다. '간(間)의 미학(美學)'은 '여백의 미'와 본질적 차이를 보이면서 미적 상황을 미학(aesthetics)의 어원적 의미에 가까이 가도록 한다. 즉 감각과 느낌의 중요성을 부각한다. '세계 만들기'의 주제는 지구(Globe)의 의미와 세계(World)의 의미가 언제나 일치하지 않는다는 것을 일깨워 주며, 사이버 문화와 우주적 공간 확장 시대의 특징인 이상시(理想時), 곧 유크로니아(Uchronia)의 유혹을 조명한다.

실용적인 차원에서도 '사이'의 의미를 발견한다는 것은 부가가치가 높은 창조 행위이다. '사이'는 가시적이지도 않고 쉽게 감지할 수 있는 것도 아니지만, 그 존재를 발견하고 그것에 의미와 역할을 부여한다면, 곧 그것을 '창조'한다면 사이를 숨기고 있는 가시적 현상을 본질적으로 변화시킬 수 있고 세상을 전혀 달라 보이게 할 수도 있다. '사이'는 주체나 객체 등 각 개체를 전제하고 인정하지만 그것을 넘어설 수 있는 개념이다.

    문화 패러다임으로서 사이는 두 얼굴을 지니고 있다. 그것은 억압의 조건일 수도 있고 새로운 해방의 기획일 수도 있다. 이 두 가능성 가운데 어느 것을 더 현명하게 실현할지는 우리가 미래에 해결해야 할 과제이다. 사이의 의미 도출과 사이의 실제적 이용이 '인간 친화적'이기 위해서는, '사이 문화'의 인터와 인트라적 요소가 구체적으로 상호성과 호혜성(互惠性)을 어떠한 방식으로 내포하고 있는지 다각적으로 검토해볼 필요가 있다. 어떠한 네트워킹과 멀티미디어도 사람을 직접 연결하지는 않을지라도, 항상 사람과 연관되어 있으며 '사람 사이'를 구성하고 사람을 위한 것이어야 하기 때문이다.

    더불어 사는 삶을 위해서는, 미디어가 지속적으로 변혁하고 있는 오늘의 세상이 각 개인에게 '서로의 사회'로서 존재하는지 질문해야 한다. 커뮤니케이션-미디어 환경을 대할 때에는, 넓은 의미로 새로운 형태의 복합적 '인간관계 맺기'와 '사회화 과정'이 일어난다는 인식이 있어야 한다. 물론 뉴미디어를 대하는 자세에는 넓은 의미로 새로운 형태의 인간관계 맺기와 사회화를 창출하는 역할에 참여한다는 의식이 있어야 한다. 이와 함께 뉴미디어와 사이버 공간이 제공하고 약속하는 '상호성'이 어느 정도까지 보장되는지, 또한 멀티미디어 조건에서 수용자가 어느 정도까지 '능동적'일 수 있는지를 살펴보는 것도 중요하다.

    내가 '간(間)의 미학'을 제안한 것은 미와 예술의 역사가 오랫동안

'체(體)의 미학'에 집중되어왔기 때문이다. 간의 미학은 '탈중심적 미학'이며, 모호성과 동시에 간단성의 미학이라고 할 수 있다. 하지만 그 미적 효과는 체의 미학에 못지 않으며, 적용 가능성은 더 넓을 수도 있다. 이는 마치 비트(bit)같이 단순한 이진수의 디지털 시스템이 적용의 효율이 높은 것과 마찬가지다. '디지털적인 미'에 가장 가까운 것이 '간의 미'라면 오늘날 그것을 재발굴하는 것도 우리 삶에 도움을 줄 것이다. 예술 작품 자체가 사람의 생활을 위한 미적 공간을 조성하고 미적 상황을 연출한다는 사실은 사람들을 미의 감각학적 의미에 더 가까이 가도록 했다. 그러한 미적 상황은 아름다움이라는 관점에서도 볼 수 있지만, 지각, 감각, 감성, 더 나아가 취향 등의 개념으로 더욱 적절하게 설명될 수 있기 때문이다. 이러한 의미에서 '간의 미학'은 생활의 미학이자 환경의 미학이라고도 할 수 있다. 생활과 환경에서의 미적 경험은 관조보다는 감각을 통해 더 얻어지기 때문이다.

여기서 주의해야 할 점은 '간의 미'가 흔히 말하는 '여백의 미'와는 전혀 다르다는 것이다. 두 경우 모두 공간을 가리키지만, 각자가 지니는 공간의 의미는 본질적으로 다르다. 여백의 미에서는 아직 중심적인 지위를 누리는 체가 존재하며 그것의 입장에서 여백을 허용한다. 그러나 간의 미에서는 중심적인 체가 부재하다. 아니 중심 자체가 부재하다. 간의 미는 '열림의 미'라고 할 수 있다. 그것은 중심으로서의 자신을 지키면서 여백을 남겨두는 것이 아니라, 존재의 중심 자체를 제공하는 것이다. 곧 자기 자신을 제공하는 것이다. 그럼으로써 존재 중심으로서의 자신은 소실된다.

사이의 문화가 궁극적으로 지향하는 문제는 공동체이다. 즉 '어울려 사는 세계'인 것이다. 조화가 잘 된 세계는 또한 '아름다운 세계'이다. 서로의 사회와 간의 미학이 지향하는 것도 바로 이 점이다. '사이 문화'의 관점에서 보면, 그것은 '우리'가 아니라 '우리 사이'를 만드는 문제이다. 인류의 역사는 한 편으로 '땅 따먹기'의 역사였지만, 역사의 진정한 소리는 사실 이러한 공동체적 '세계 만들기'를 위한 열망의 소리였다. '서로의 사회'를 위한 노력이 사회적 공간을 확충해주고, '간의 미학'이 아름다움의 공간을 보장한다면, '인터 효과(Inter Effect)'와 '인트라 환경(Intra Environment)'을 동시에 내포하는 '사이의 문화'를 바탕으로 한 세계 만들기의 가능성은 높아질 것이다.

6.

현대 문화에서 미(美), 예술, 예술 작품의 개념 변화가 진행되고 있듯이, 고전적 의미의 창조 개념도 변신의 진통을 겪고 있다. 역사의 변천과 함께 창조라는 말은 구성과 해체, 성과, 형상, 의미성체(意味成體), 발명, 생산 등의 개념들과 연관을 지으면서 개념적 변신을 겪고 있다. 따라서 창조성의 다양한 얼굴을 살펴볼 필요가 있다. 5백 년을 사이에 둔 두 명의 레오나르도(다 빈치와 디카프리오)를 비교해보면 그 변천의 역사를 실감하게 된다. 이 둘 사이의 비교를 '작품의 신화'와 '인물의 신화'라는 개념으로 비추어본 것은 지금 보아도 일리가 있다. 더구나 오늘날 문화의 창조적 영역에서 인물의 신화가 끼치는 영향의 폭은 점점 더 넓어지고 있다.

창조의 의미는 '전혀 새로운 것'의 발현을 내포하고 있다. 그러나 **인간의 창조 행위는**—예술적 창작이든 과학적 발명이든 아니면 이론의 개발이든—무엇인가 주어진 것을 가지고 또 다른 무엇인가를 만들어내는 과정이다. 따라서 그 성과가 전혀 새로운 것일 수는 없다. 사람의 창조 행위는 사실 무(無)에서 창조가 아니라, 항상 기존의 것(따라서 존재론적으로 이미 결정되어 있고 조건화되어 있는 것)을 사용하여 변화를 주는 일이다. 인간의 창조가 새롭다고 하는 것은 일반적으로 그 형상(形象)의 새로움을 의미한다. 더 나아가 만들어진 형상에 대한 의미 부여의 새로움을 뜻한다. 고도의 기술을 이용한 현대과학의 발명품들도 절대 창조가 아니라, 기존의 이론을 더욱 발전·응용하여 기존의 질료와 에너지 등을 변용·조합한 결과이다. 고대의 우주 생성 신화에서 현대 종교에 이르기까지 조물주의 창조는 창세(創世), 곧 '세상의 창조'이다. 그러나 인간의 창조는 '세상 안에서의 창조'인 것이다.

인간의 창조가 기존의 형상을 모방하는 것이라고 해도 변용과 완성도를 추구하는 노력에 의해 이차적 창조성이 가미된 형상을 취하고 이에 새로운 의미가 부여된다. 형상과 의미 부여는 창조 행위로서, 곧 인간 창조성의 구체적 발현으로서 문화의 성과이다. 또한 이차적 창조자로서 인간은 자기 생명력의 발현을 이러한 창조 행위로 경험한다. 문화의 성과와 인간의 생명력 있는 삶은 상호 상승적 변증 관계에 있다고 할 수 있다. 다시 말해, 생명력은 문화적 성과를 이루도록 하고, 이것은 삶에 새로운 생명력을 불어넣으며, 그것은 다시 문화적 창조 작업의 원동력이 되는 과정을 지속하기 때문이다.

문화적 성과로서 의미성체는 현실적으로 두 가지 역할을 한다고 볼 수 있다. 첫째, 사회적 맥락에서 지속적인 공동의 나눔을 가능하게 한다. 의미성체를 통한 소통 행위는 물적 나눔보다도 정신과 마음의 나눔이 되기 때문이다. 둘째, 문화적 성과를 접하는 사람들에게 호기심을 불러일으키는 역할을 한다. 진리와는 달리 의미에는 정답이 없기 때문이다. 의미성체로서의 예술 작품은 정답을 감추고 있을 수도 있다는 메시지를 전할 뿐이며, 그것이 오히려 작품의 매력이다.

현대 문화는 예술적 창조성에 발명과 생산의 특성을 접목함으로써 자신의 영역을 확대해왔다. 이러한 접목의 과정에서 나타난 특징은 생산성(productivity)이 창조성(creativity)을 대치하고자 했다는 점이다. 완전한 왕위 찬탈은 이루지 못했지만, 창조성을 귀양 보냈다. 창조성이 문화 활동에서 제자리를 지키기 위해 꼭 필요한 것이 있다면 그것은 '작가의 자유'이다. 구체적으로 말하면 **작품 활동의 독립성**이다. 복합적인 사회에서 완전한 독립성은 항상 어려운 이야기이지만, 적어도 독립적인 창조 행위를 위한 노력이 창조성을 가능하게 한다. 그것은 다양한 창조 행위가 보장되기 위해서도 필요한 것이다. 그에 따라 문화적 성과는 풍부해질 수 있으며, 각각의 성과는 **문화 환경**에 '균형의 추' 역할을 하게 된다. 이는 '문화 환경 균형론'의 관점에서도 중요하며, 이러한 의미에서 인간 창조성의 궁극적 역할과 능력은 바로 '삶의 균형적 조화'라는 **작품**을 만들어내는 데에 있다. 구체적으로는 인간이 자신의 존재적 균형을 위해서 끊임없이 자신의 문화 환경을 재창조해가는 데에 있다. 이런 의미에서 창조성은 인간 이해의 지평이자, 지속가능한 인간 실존의 조건이다.


7.

문화가 인간의 창조 행위의 과정과 성과이며 그에 따른 의미 소통의 세계를 반영하는 것이라면, 그러한 창조 행위의 구체적 결과이자 의미 소통의 직접적 통로인 피조물의 성격과 그것이 인간의 세계와 갖는 관계를 알아보는 것은 인간과 문화를 이해하는 데 필수적이다. 나는 콜로디(C. Collodi)의 동화 《피노키오》를 통해서 창조자와 피조물의 관계, 인간이라는 창조자의 한계, 피조물의 불완전성, 피조물이 발휘하는 힘과 능력의 아이러니 등을 유비적으로 설명하고자 했다.

'기존의 것'을 사용하여야만 한다는 이차적 창조자로서 인간의 한계는 그가 원초적 창조에 전혀 참여하지 않았으므로 기존의 것에 대한 완전한 지식과 완벽한 통제력을 갖지 못한다는 것을 의미한다. 야스퍼스(K. Jaspers)의 표현을 빌리면 인간은 이미 존재하는 것들의 완전한 암호(Chiffre)를 독해할 수 없다. 따라서 기존의 것들을 이용해 무엇인가 창조할 경우 자신의 피조물이 어떠한 작용과 행동을 할지 완전한 예측도, 그에 대한 완벽한 통제도 불가능하다. 인간의 창조 행위는 창조의 위험부담을 원천적으로 지니고 있는 것이다. 창작 행위가 끝나자마자 작품은 작가의 손을 떠난다. 그뿐 아니라 인간의 피조물은 언제 어디서 자신의 창조자를 골탕 먹일지도 모를 일이다. 사회 관계와 문화의 양상이 복합적인 시대에는 그러할 가능성이 더욱 높다. 제한된 이차적 창조자로서 인간이 염두에 두어야 할 것은 피조물 자신이 획득한 힘으로 창조자를 자신에게 예속시킬지도 모른다는 점이다. 인간이라는 제한된 능력의 창조자에게는 피조물의 변덕조차도 큰 위험부담이다. 그렇다고 피조물을 완전히 제거할 수도 없다. 세상을 창조한 자는 세상을 없앨 수 있지만, 세상 안에서 창조를 행하는 자는 세상의 일부조차도 없앨 수 없기 때문이다.

언급했듯이 이론적으로 보면 문화의 성과와 인간의 생명력 있는 삶은 상호 발전적 변증 관계에 있다. 즉 생명력은 문화적 성과를 이루도록 하고, 이것은 삶에 새로운 활력을 불어넣으며, 그것은 다시 문화적 창조 작업의 원동력이 되는 과정을 지속하기 때문이다. 그러나 이러한 순환의 과정이 무리 없이 진행되도록 항상 보장되어 있는 것은 아니다. 이러한 순환의 고리가 끊기거나, 아니면 변형적으로 나타날 때 비극적 상황은 가시화될 수 있다. 그리스 비극에서부터 오늘날까지 인간의 나약함, 실존의 부조리, 두려움, 연민, 모순 등이 비극적 사건을 이루는 요소들이었지만, 무엇보다도 인간 **비극성**의 본질을 이루는 것은 인간 자신이 스스로 비극적 존재임을 '인정'하는 것이었다. 그것은 신(神)들의 비열함과 숙명의 무자비함에 대항하여 역설적으로 인간이 자신의 존재 의미를 정당화하는 방법이었다.

창조의 비극성과 연관된 인간 조건의 영향은 가시적이지 않을 뿐이지 잠재적 가능성은 항상 지니고 있다. 이러한 관점에서 보면, **오늘의 문제**는 어떠한 구체적 상황에서 문화적 갈등과 충돌이 현실화할 수 있는 가능성이 높은지를 관찰하는 데 있다. 나는 문화적 생산이 '체제'를 이루거나 지배적 '힘'을 바탕으로 하는 경우 그러한 가능성은 높아지고, 그에 따른 위험부담도 훨씬 더 커진다는 것을 가정한다. 인간이라는 자기 한계를 가진 창조자는 그 비극적 조건을 벗어날 수는 없지만 비극적 상황이 현실화할 가능성은 줄일 수 있다. 그러기 위해서는 문화산업 자본주의의 대세 속에서도 체제와 권력으로부터 자유로운 예술적 창조 행위를 지속해야 한다. 이러한 관점에서 오늘날 중요한 문제는 대중문화의 순수한 미적 평가나 작품성보다는 작품이 이루어지는 방식의 문제라고 할 수 있다. 예측불허의 창조적 진화와 그 성과가 인간을 속박하는 것을 피하고 더 넓은 자유를 향한 지속적 해방의 길을 가기 위해서는 창조성의 발휘를 위한 영역(예를 들면 문화 예술 영역)을 획일화의 물결에서 보존할 필요가 있다. 그것이 **인간 자기 보존**의 한 방법일 것이다. '문화 환경 균형론'과 함께 '인간 자기 보존론'은 문화학의 주요 주제이다.

그러기 위해서는 '놀이', '호기심', '경이감'을 바탕으로 하고, '한가로움'과 '아름다움'이 있는 창조 행위를 적극적으로 보장할 필요가 있다. 다시 말해, 인간의 삶 안에 몰이해적(沒利害的)이고 탈목적적(脫目的的)인 활동을 위한 '여유'를 놓아두어야 한다. 왜냐하면 이해타산과 목적 달성으로부터 자유로운 창조 행위의 과정에서 파생될 수 있는 '아이디어'들이, 철저한 과학적 합리성과 실리적 목표 추구 아래에서의 활동과 생산에서 생기는 문제를 해결해줄 수 있기 때문이다. 또한 그러한 아이디어는 인간이 이해타산적이고 합목적적으로 창조한 피조물과의 충돌과 갈등 사이에서 완충적 기능을 할 수 있기 때문이다.

놀이, 호기심, 경이감은 각각 세 가지의 창조적 활동의 원천이자 과정이다. 놀이는 '예술을 위한 예술'에서, 호기심은 '과학을 위한 과학'에서, '경이감'은 '명상을 위한 명상'에서 몰이해적이고 탈목적적인 창조 행위를 가능하게 함과 동시에 그 행위 과정 자체이다. 다시 말해, 예술은 놀이 그 자체이고, 과학은 호기심 그 자체이며, 명상은 경이감 그 자체라고 할 수 있다. 즉 그 자체 외의 무엇을 목적으로 하거나 그 외의 무엇을 위해 쓰여지기 위한 것이 아니다. 또한 놀이, 호기심, 경이감이 어우러질 수 있듯이, 이 세 가지 활동은 설명을 위해 구분해보는 것이지 사실 서로 혼재(混在)할 수 있다. 이렇게 혼재하는 것을 아울러 '문화 놀이'라고 부를 수 있고, 또한 '문화적 즐김'이라고 할 수 있다. 이것은 삶의 '한가로움'에서 삶의 '아름다움'을 즐기는 것이다. 이른바 '호모 루덴스(homo ludens)'의 진정한 의미는 여기서 찾아야 할 것이다. 이상의 활동은 이 세상의 제약을 최소한으로 받음으로써 가장 창조적인 면을 드러내며, 인간 존재의 본질적 의미를 그 자체로 반영하는 것이다. 이것은 인간이 지구를 떠나 우주의 어느 곳에 가더라도 생명체로서의 인간과 함께하는 창조적 삶의 조건일 것이다.

8.
인간의 욕구, 열망, 자아실현 등은 자유의지로써 외적으로 표출되며, 그것은 함께하는 삶에서 궁극적으로 사회성과 문화 형성의 조건을 배태한다. 이러한 주제들을 짚어가면서 자유의 의미에 접근하고, 현대사회와 문화라는 구체적 컨텍스트에서 자유와 비자유의 현상들을 살펴보는 일은 중요하다. 먼저 자유의지 표출의 한 방식으로서 '자아실현'이 '개인-사회'라는 이분 구조에 제3의 요소로 개입함으로써, 이제까지 사회성과 상호성으로만 다루어진 사회의 문제에 문화적 차원을 등장하게 한다는 것을 주목할 필요가 있다.

이에 개인과 사회, 이기(利己)와 이타(利他)라는 양분 구조에 제3의 요소로 개입하는 '자아실현'이 어떻게 객관적 가치와 객관적 이상(理想)을 지향하고 실현하는 것인지, 또한 이것이 **문화적 관점**에서 어떻게 '……로부터의 자유'에서 '……를 위한 자유'로, 다시 말해 소극적 자유에서 적극적 자유로의 전환과 관계가 있는지를 살펴볼 필요가 있다. 이러한 차원에서 바움(F. L. Baum)의 《오즈의 마법사》는 흥미로운 문화철학적 주제를 제시하고 있다.

자아를 실현하고 자기 세계를 갖는다는 것은 현대 문화 활동의 중심을 이루고 있다. 현대 문화를 향유하는 젊은이들이 추구하는 바가 상당수 그것이고, 오늘날의 문화적 조건은 그것을 가능하게 하는 것처럼 보인다. 문제는 '그렇게 보일 뿐인가 아니면 실제로도 그러한가' 하는 것이다. 이에 대한 관찰과 이해는 문화 연구의 주요 과제이다.

절대자에 대한 믿음에서 일상생활의 문제에 이르기까지 자유의 개념과 현대 문화의 문제를 연계하는 담론에 의미를 주는 것이 있다면, 그것은 바로 비자유가 존재하는 만큼 어떤 형태로든 인간의 자유가 존재한다는 것과 문화의 발전은 현실적으로 '비자유의 조건'을 형성할 가능성을 항상 배태하고 있다는 사실이다. 현대 문화는 본질적으로 과학-기술 사회의 성과를 바탕으로 한다. 국경과 인종을 넘어서 인류의 삶에 유일한 공통분모로 강하게 자리매김한 것은 기술 사회와 그에 따른 경제 체제 및 문화 구조이다. 이는 '기술 왕국'의 등장이라고 할 만한 현상이다.

기술 왕국이 인류에게 가져온 것은 '유도된 필요성'뿐만 아니라 '유도된 한계'이다. 곧 자신의 진행 방향과 맞지 않은 가능성의 추구와 창조를 제한하는 것이다. 이는 현대 문화가 열린 사회의 이름 아래 감추고 있는 '닫힌 문화'적 성격의 일면이다. 이것이 기술 왕국이 현대인에게 가하는 가장 위험한 **문화적 비자유**이다. 이것은 더 나아가 삶의 의미의 가능성을 허무로 환원하는 것이다. 만일 문화적 비자유 속에서 의미 추구의 문제를 부정한다면, 그 결과로 오는 것은 의미의 추방이 아니라 현실의 삭제이다. 의미 추구의 의미를 일축하는 기술 왕국에 바탕을 둔 현대 문화의 허무주의의 진실은 이렇다. 인간이 생각할 수 있는 것도 없고, 인간에 대해서는 생각할 것도 없다고 주장하는 것이다. 곧 사람과 생각을 철저히 분리하는 것이다. 능력과 권력, 곧 힘으로서의 문화는 실존적 문제로서 문화 비판의 가능성을 없애려 한다. 그러나 의미 추구의 인간은 지속적으로 묻는다. 나는 누구인가? 이 모든 것을 창조하고 발전시켜온 나 인간은 도대체 무엇인가? 이제 의미의 질문은 인간 정체성을 보고자 한다. 의미의 물음과 의미 추구 속에서 인간은 자기 자신에 대한 물음으로 돌아온다.

그리고 모든 의미가 허무로 환원된 상황이 오면 상처 입은 자기 자신을 초월하고자 한다. 사회 문화적 조건 속에 갇힌 삶 속에서 그것과 다를 수 있는 가능성과 능력을 찾고자 한다. 곧 비자유의 조건을 살펴볼 수 있는 능력을 찾고자 한다. 이때, 아직도 물을 수 있는 자유가 있다는 것을 의식한다. 의미는 일축할 수 있어도 자유는 일축할 수 없기 때문이다. 인간은 또 한 번 묻게 된다. 나 자신을 비추어주는 거울은 있는가? 그 소재는 어디인가? 이제 인간은 자신의 자유로 진리의 비밀을 묻는다. 자유와 진리 사이에는 무척이나 먼 길이 놓여 있는 것처럼 보인다. 그 사이에 현실의 인간이 할 수 있는 것은 의미의 추구와 포착이다. 의미 추구는 자유의 표현이고 의미 포착은 진리의 편린을 모으는 것이기 때문이다. 자아를 가진 자유의 인간은 자유의 행위로 이루어지는 모든 것이 자신에게 그리고 타인에게 무슨 의미가 있는지 알고 싶어 한다. 사람들은 자유와 진리 사이에서 의미 추구의 현실적 활동을 하게 되는 것이다. 서로를 허무의 인간으로 방치할 것인가, 자아와 자유 그리고 진리에 대한 믿음을 가진 인간으로 동행할 것인가는 무조건 진리를 외치는 것이 아니라, 서로 **자유와 진리 사이에서 의미의 틈새**를 제공하는 능력에 달려 있다. 허무의 유혹과 폭력을 벗어나 의미를 위한 지속적인 이니셔티브를 창조하는 능력이 자유의지의 표현이기 때문이다. 또한 자유의지로 의미를 찾아내고, 모든 가능성 추구가 금지된 '유도된 한계'의 세계에서도 가능성을 찾아내는 것이 진정한 문화적 창조이기 때문이다.

9.

21세기에는 '합리적 동물'보다는 '감각적 인간'이 문화 담론과 인간론의 주제가 되는 경향이 있다. 이것은 문화적 변화에 따른 시대적 요구이다. 특히 '사회 속의 가면무도회' 같은 현대 대중문화의 성격은 인간학적 관점에서도 감각적 인간과 오락적 인간에 대한 이해의 지평을 넓힐 것을 요구한다. 그것이 더욱 중요한 이유는 오늘날의 이른바 대중문화는 이미 **대중이라는 범주**를 위한 문화가 아니고, 모든 **사람**을 대상으로 하는 문화가 되었으며, 사람들의 모든 감각에 지속적으로 '문화라는 이름'의 메시지를 보내, 이른바 '문화 활동'을 하도록 하기 때문이다.

대중 속에서 개인의 자아는 **가면**을 쓰고 행동하는지도 모른다. 그러나 현대사회에서 '자아의 가면'은 대중 속의 개인이 일정한 사회적 틀 안에서 해낼 수 있는 자기표상의 가능성이자 능력일 수도 있다. 지적 인간의 이성적 주관만을 강조하는 입장에서는 이러한 선택을 부정할지 모르나, 감성적 주관의 선택 기능을 감안한다면 마치 **사회 속의 가면무도회** 같은 현대 대중문화의 성격을 이해할 수도 있다. 현대 대중문화는 인간학적 관점에서도 감각적 인간(homo sentiens)과 오락적 인간(homo ludens)에 대한 이해의 지평을 넓힐 것을 요구한다. 문제는 현대 대중문화가 인간의 감각적 욕구와 오락적 차원이 표현될 수 있는 사회적 공간을 제공한다 할지라도, 그것이 생산적인 자본주의 사회의 소비적 인간이라는 차원과 연관되어 있다는 점과 대중문화와 연결된 정치 경제적 이해관계가 각 방면에 상존한다는 점이다.

그렇다면 대중의 이름으로 모든 '사람들'을 겨냥하는 '사람들의 문화'가 실질적으로 추구하는 것은 무엇인가? 그것은 출판, 영화, 음반, 게임, 사이버 관련 사업 등과 이에 연관된 총체적 엔터테인먼트 비즈니스가 무엇을 겨냥하고 있는지를 보면 알 수 있다. 그것은 '사람들을 가만히 놓아두지 않을' 구체적 방식을 찾아내는 것이다. 사람들의 모든 감각에 지속적으로 '문화라는 이름'의 메시지를 보내 이른바 '문화 활동'을 하도록 하는 것이다. 이에 문화 담론도 '사람들의 문화'를 대상으로 하며, 그것이 '사람들을 위한 문화'인지를 논하고 비판하고자 한다. 즉 문화가 사람들을 위한 것인지를 지속적으로 묻고자 한다. 이 점에서 문화 담론은 인간론에 접목하게 된다.

형이상학적·존재론적 물음의 틀이었던 **'존재냐 비존재냐'**를 원용(援用)한 '존재냐 소유냐'라는 실존적 질문이 산업사회의 주된 화두였다면, 후기산업사회, 정보지식사회, 오락 활성화 사회에서는 '존재냐 활동이냐'가 주된 물음이 되고 있다. 첫 번째 질문이 근본적 존재에 관한 것이라면, 두 번째 질문에는 명백히 경제성이 가미되어 있으며, 세 번째 질문은 문화성을 그 바탕에 깔고 있다. 물론 활동하지 않는 인간은 상상할 수 없다. 그러나 인간의 감각적 활동이 오늘날 특정한 의미 또는 지배적 의미를 갖게 되었다는 점이 다르다. 바꾸어 말하면 현대사회가 자신의 **특정한 문화성**을 갖게 되었다는 뜻이기도 하다.

비합리성과 감각적 차원의 중요성이 증가하는 만큼 합리적 태도와 이성적 차원의 필요도 늘어난다. 감각적 활동과 함께 생각, 명상, 한가로움의 순간 등이 필요해진 것이다. 이것은 활동의 의미를 깨닫고 감각적 활동의 쾌락을 지속적으로 보장하기 위해서도 필요하다.

인간의 삶은 거의 활동으로 이루어져 있고 그것이 삶의 균형을 이루는 활동이면 된다. 존재에 대한 인식은 순간적일 뿐이고 그래야만 한다. 다만 그러한 순간 순간들이 삶 속에 최소한 보장되어야 한다. 이성이 깨어 있어야 하는 현실적인 이유는 감성을 비판하기 위해서가 아니라, 다른 이성적 태도를 이해하고 비판하며 경계하기 위해서다. 사람과 생각을 분리하고자 하는 이성적 권력이 존재하는 시대에 각 개인의 이성적 판단은 그 어느 때보다 중요하다.

이성과 감성은 서로 공생(共生)하는 생물과 같다. 우리는 복합적 사회에 살고 있을수록 이성의 불을 켠다. 그것은 모든 감성적인 것, 사람의 마음에서 나오는 모든 것을 잘 보기 위해서다. 인간의 감성이 안테나와 같이 모든 지평에 열려 있다면, 인간 이성은 모든 지평에 대해 열려 있기 위해서 노력해야 한다. 이에 감성은 이성이 노력하도록 자극제가 되는 것이다. 이제 비합리성과 합리성, 우연과 필연, 감성과 이성은 구분되어 있을 뿐 떨어져 있는 것이 아니라는 것을 다시금 깨달아야 할 때다. 중요한 것은 감성과 이성을 겸안으며 인간과 인간의 삶을 둘러싸고 일어나는 일들이 어떠한 상황에서 어떻게 일어나는지 의식하고 있어야 한다는 점이다. 그러한 일들이 일어나는 지평은 매우 널리 퍼져 있기 때문이다.

10.
'탈인간적 인간'이라는 말은 얼른 모순처럼 들릴 수 있지만, 사실 인간의 특성을 아주 잘 보여주는 말이다. 인간은 인간적이기를 바라면서도 '지금 이 순간의 인간과 다를 수 있는 가능성'을 상상하며 구체적 실현 방법을 모색한다. 인간은 '인간 밖'으로 나가고자 한다. 이것을 일종의 **탈인간화**의 시도라고 할 수 있다. 이는 사실 인류 역사 속에서 줄기차게 지속되어온 경향 가운데 하나이며, 앞으로의 문화적 상황에서는 더욱 가시화될 것이다.

현실적 삶에서 인간성에 대한 물음은 인간 자체에 대한 질문뿐 아니라, 인간 존재 이유와 인간이 바라고 지향하는 것에 대한 질문도 포함한다. 그것은 물론 역으로 비인간적인 것에 대한 질문도 내포한다. 우리는 일상생활에서 흔히 '인간적이다', '비인간적이다'라는 말을 자주 한다. 인간성에 대한 질문은 이러한 말들이 어느 정도까지 정당한가를 묻는다. 인간과 인간적인 것은 등식이 아니다. 인간은 변함없는 실체로 남아도 인간적인 인식과 행동은 변할 수 있으며, 반대로 인간적인 것은 변함없는 추구의 대상이지만 인간이라는 실체는 변할 수 있다. 변함없는 인간성이 20세기까지의 인문학적 화두였다면, 실체적으로 변하는 인간은 21세기 내내 인간학적 화두가 될 것이다.

탈인간화의 한 현상은 인간이 인간으로서의 능력을 **벗어나는** 어떠한 힘을 얻고자 할 때에 나타난다. 그것은 대부분의 경우 인간의 초인간적 욕망을 투영한다. 인류 역사에서 초인간적 모델은 수없이 많았다. 그들이 만화, TV, 영화 등 현대 문화의 주류를 이루는 분야에서 다수의 사람들에게 '인기'를 끌고 있다는 사실은 초인간성을 향한 탈인간적 욕구가 현대 문화에서는 **일상화된** 경향임을 엿보게 한다. 사람들은 현재 인간의 능력을 뛰어넘는 우월한 힘을 상상하고 그것을 경험해보고 싶어 한다. 강력하고 우월한 힘에 끌리는 인간이 당연한 것 같지만 사실은 인간성의 적지 않은 수수께끼를 품고 있으며, 아주 뛰어난 인간이 인간 세상에서 어떻게 살아갈 수 있는지의 문제도 제기된다. 또한 사람들은 인간성에 대한 이상향을 지니고 산다. 그것은 인생의 황금시대에 대한 향수이며, 지속적으로 돌아오는 신화적 매력을 지닌다. 회귀 욕구를 유발하는 어떤 인간적 본질, 그것은 그 스스로 끊임없이 돌아오는 인간적 특성이다.

나는 비(非)인간성, 초(超)인간성, 환(還)인간성 등 인간의 탈(脫)인간성을 화두로 인간성을 비추어보았다. 이들은 지금까지의 인간학이 그 연구 대상으로 삼는 데 인색했지만, 21세기의 문화적 토양에서는 '만인을 위한 인간론'을 구성하는 간과하지 못할 요소들이다. '벌레로 변한 남자'와 '돼지로 변한 여자'의 이야기는 인간의 비인간성을 폭로하고, 《타잔》과 《투명인간》의 비극은 초인간성의 아이러니를 드러내며, 제임스 배리(James M. Barrie)의 《피터 팬》은 '아이의 신화'라는 환인간성을 보여준다.

이 모든 탈인간적 차원은 이미 인간에 대한 질문과 사고에 내포되어 있다. 이에 '탈인간적 인간'이라는 겉보기에 모순적인 단어 구성의 의미가 있다. 인간에 대한 물음이 아프도록 어려운 것은 그것이 자기 밖의 대상에 대한 질문이 아니라 자기 스스로에 대한 질문이기 때문이며, 질문자와 질문의 대상이 항상 같이 있음으로 피할 수 없는 질문이기 때문이다. 칸트가 자신의 철학적 과업의 '네 번째 질문'으로 설정한 '인간이란 무엇인가?'는 사실 인간에게 '첫 번째 질문'인 것이다.

앞으로 그 질문은 다른 차원과 요소들을 흡수할 것이다. 오늘날의 문화적 상황 속에서는 인간이 '인간 밖'으로 퍼져 나가면서 자신의 정체성을 찾고자 하는 시도 역시 점점 그 영역을 넓혀간다. 이러한 의미에서 인간을 벗어나고자 하는 탈인간적 상상과 시도는 점점 다양해진다. 무엇보다도 21세기에 인간이 본격적으로 우주에 진출할 경우, 인간의 성격과 자질이 바뀔 가능성은 매우 높다. 그것은 인간이 실체적으로 우주에 진출할 때에 이미 변해 있거나, 우주의 상황이 인간을 획기적으로 변하게 할 것이기 때문이다. 우주적 패러다임이 인간을 빨아들인다는 것은 이를 의미한다. 아니면 적어도 인간이 그 패러다임에 적응적 변화를 해야 할 것이다. 이것은 인간의 지속적 생존과 실존적 자각을 위해 필요한 것이다.

이러한 관점에서 오늘날 인간과 외계 존재와의 만남에 대한 상상이 갖는 의미를 재조명해볼 수 있다. 그것은 사실 인간 자신이 미래의 어느 시점에서 현재의 인간을 벗어나 그것과 **다를 수 있는** 가능성과 희망을 투영하는 것이라고 볼 수 있다. 나와 다른 존재와의 만남은 내가 다를 수 있다는 것을 의미하며, 그 만남을 준비하는 과정에서 나는 이미 '지금의 나'와 '다른 나'가 되어 있을 수 있기 때문이다. 외계인에 대한 상상과 가설은 변할 수 있는 나의 정체를 자각하기 위한 의식의 몸부림이다.

인간의 탈인간적 성향은 또 다른 차원에서 우리에게 깊이 있는 성찰을 요구한다. 그것은 인간이 자신을 닮은 존재를 창조하고자 하는 성향에서 찾아볼 수 있다. 곧 인간의 '인형(人形)' 창조가 그것이다. 인간은 자신을 닮은, 하지만 자신보다 완벽한 자아이자 동시에 타자를 만듦으로써 탈인간적 욕구를 성취하고자 한다. 사이보그와 인공지능을 지닌 로봇은 이러한 성향의 구체적 성과이다. 인간은 **넓은 의미에서의 인형**을 창조함으로써 자신을 벗어나려는 존재이다. 이것은 21세기의 철학이 '새로운 타자성'을 사유하고 성찰할 준비를 해야 함을 뜻한다. 그러기 위해서 칸트의 물음은 다음과 같이 새롭게 제기되어야 할 것이다. 인간은 무엇이 되고 있는가?

문화 담론과 미래 담론을 접목하는 것은 이제까지의 문화 연구가 소홀히 했던 것이다. 미래에 관한 이론 전개는 신중한 역사 의식과 함께 상식을 뛰어넘는 상상력을 필요로 한다. 그것은 과거를 탐구해서 미래를 내다보는 것이 아니다. 그것은 **현재의 세계**라는 텍스트를 천착하여 그에 대한 통찰력을 가짐으로써 과거를 재인식하고 미래를 오늘로 불러오는 시대의 네트워크를 운용하는 것과 같다. **포스트-글로브(Post-Globe)**의 시대를 논하는 것도 마찬가지다. 그 개념과 통찰의 네트워크는 우리 일상생활에까지 매우 현실적으로 펼쳐 있다. 그러나 현재가 시간의 흐름 속에서 불안정하게 존재하는 것과 마찬가지로 그 통찰력의 기운 역시 불안정한 에너지이다.

'제2판 서문'에 나는 '21세기의 첫 십년기를 보내며'라는 제목을 붙였다. 내 입장에 스스로 시간적 제한을 가한 것이다. 내가 제안하는 어떤 개념과 지식도 매우 제한적이라는 것을 깊이 인식하기 때문이다. 그것이 십 년 후에는 아무 가치도 없는 것이 될 수도 있다. 그때에 가서 판단해 살아 있는 지식의 씨앗이라면 계속 가꾸어볼 것이다. 하지만 지식에 대해서는 미리 소실(消失)의 비문을 써놓는 것이 좋다.

2010년 1월
김용석

[ 제2판 서문 주석 ]

1) '자연의 책'과 '문화의 책'은 은유이다. 그 의미에 대해서는 본서 초판 서문인 '글 앞에' 10쪽을 참조하기 바란다.
2) '계기를 필요로 하는 동물'은 인간을 비추는 또 하나의 정의이다. 이것은 인간의 미래 예측적 욕구와도 밀접하다. 본서 '부록' 378쪽 참조.
3) '여명에 나는 부엉이'의 아이디어는 졸저 《깊이와 넓이 4막 16장》(휴머니스트, 2002)에서 공식적으로 처음 제안했고, 나의 다른 글들에서도 간단히 언급한 바 있다. 그것은 '사후(事後)의 사유'에 집착한 헤겔을 비판한 것이었고, '사전(事前)의 사유'를 위한 철학적 전환을 예고하는 것이었다. 앞의 책, 389~391쪽 '여명(黎明)에 귀소(歸巢)하는 부엉이' 참조.
4) 책이 2년여 절판 상태에 있었던 것은 출판사의 책임이 아니다. 몇몇 대학과 대학원에서 교재로 쓰기 위해 출판사에 출고를 요청했어도, 필자인 내가 이 책을 대체하는 책을 쓰고자 하는 계획만으로 출판사에 인쇄 중지를 부탁해놓고 있었기 때문이다.
5) 2009년 6월, 나는 전혀 본 적도 없는 충북대학교 철학과의 정세근 교수로부터 메일을 받았다. 메일에 첨부된 파일은 그가 2000년 초에 《문화적인 것과 인간적인 것》에 대해 쓴 서평이었다. 정교수는 메일에 이 서평을 당시 학술지에 실으려 했었고 그 후로도 시도해 보았으나 여의치 않았음을 설명하면서, 저자가 방안을 찾아볼 것을 청했다. 그의 서평이 내 졸저의 개정판을 출간하는 데에도 자극제가 되었으므로, 여기에 그 내용을 발췌해서 싣는다.

---

현재의 철학
- 김용석, 《문화적인 것과 인간적인 것》, 서울: 푸른숲, 2000. 1

2003. 3. 17
정 세 근 (충북대 철학과)

1. 지성의 향연

텔레비전의 시끌벅적한 강의 때문에 심난해하고 있을 때, 나에게 세 권의 책이 배달되어 왔다. 한 출판사의 것은 텔레비전 강의에 대한 비판이었고, 또 다른 출판사의 두 권의 책은 현대 문화에 대한 분석과 판단이었다.

그런데 그 가운데 한 책이 우리 철학의 천박성에 대한 나의 우울한 심정을 넉넉히 달래주었다. 저자도 들어보지 못한 이름이었고, 그 내용이나 용어도 생경했다. 그러나 나는 이 책을 통해 우리 철학함의 현재적 성숙도와 미래적 가능성을 너무도 맛나게 즐길 수 있었다. 아직도 내 마음의 절반은 그 책의 글자 사이에서 놀고 있다. 좋은 책은 함께 보는 법, 이 자리에서 우리 철학의 탄생을 깊은 마음으로 기다리며 강호제현의 일독을 권한다.

이 책은 결코 쉬운 책이 아니다. 쉽사리 눈에 들어오지도 않고, 들어왔더라도 지은이의 의도가 무엇인지 파악하기 위해서는 한두 번쯤은 앞뒷장을 오가야 할는지도 모른다. 그러나 지은이—비록 자신은 모호성을 내세우지만—가 보여주는 개념의 정확성, 의미의 확실성은 조금도 의심할 여지없이 분명하다. 많은 개념들이 개입되어 있지만 여느 철학서처럼 난삽함과 과시성은 찾아보기 어렵다.

그 판단의 기준은 간단하다. 말이 앞서고 뜻이 어쩔 수 없이 좇아가면 현학이며, 뜻이 넘치는데 말이 알맞게 담아주면 철학이다. 그런데 지은이는 정말로 할 말이 많다. 그래서 그 관념을 실을 개념을 철학사와 철학자를 통해 찾아내고, 그래도 안 되는 것은 적당히 비판적 관점에서 서술하거나 아니면 아예 새로 만들어서 쓰고 있는 것이다. 앞으로 우리는 지은이가 제시한 '이상시(理想時)과 대비되어 理想時 : 유토피아utopia와 대비되어 유크로니아 uchonia)' 또는 '사이(間)의 미학'을 미래의 철학사 속에서 만나야 할지도 모른다. 그것도 한국철학사 속에서.

1999년 12월에 포항공대에서 고별강연을 한 박이문 교수의 학문적 풍부함과 정력을 우리는 기억한다. 그는 앞으로 한국 현대철학사의 일정 부분을 차지할 것이다. 그러나 그의 세련된 해석과 제시에도 불구하고 우리가 아쉬워했던 것은 그 주장의 논거가 대부분 서양철학의 전통에 머물러 있기 때문에 '오늘'의 문제라기보다는 '저곳'의 문제라고 여겨지는 데 있었다.

2000년 1월에 나온 이 책의 지은이도 마찬가지여서 그러한 위험성을 완전히 버리고 있지는 못하지만, 다행히 그의 문제는 오늘도 '정말 오늘'에 있기 때문에 저곳보다는 '이곳'으로 받아들여진다. 다시 말해, 그는 현대문명의 첨단에 서 있고 우리 또한 그러한 시공 속에서 살고 있기 때문에 그의 주장은 '구미의 것'이면서도 '우리의 것'으로 느껴질 수 있다는 것이다. 나아가 그의 해결 방안조차 비판의 대상은 서양의 것이면서도 제시된 내용은 '우리말'이거나 '새로운 말'이기 때문에 '우리 모두'의 것으로 생각된다. 그런 점에서 그는 한국철학의 한 모범을 보여주고 있다.

## 2. 총 열 장의 문화론과 인간론

이 글은 문화론 다섯 장과 인간론 다섯 장으로 이루어져 있다. 각 장 모두 지은이의 주장이 강하게 실려 있으며, 그것들이 모여 문화와 인간에 대한 지은이의 이해를 이룬다. 매 설명마다 철학자들에 대한 냉철한 비판이 실려 있으며, 동화나 소설과 같은 구체적인 작품을 통해 예증한다.

제1장은 이른바 '열린 사회의 닫힘'을 꼬집는다. '나'에서 '우리'로의 발전은 언뜻 관용적인 것 같지만 '너'가 빠져 있다. 열린 사회는 정말 열려야 하는데 '우리'로 닫히고 만다. 안데르센의 《미운 오리새끼》에 나오는 '우리'는 늘 자기들이 곧 '세계'라고 생각한다. 하다못해, 미운 오리새끼인 백조조차도 마찬가지다. "그의 여정은 다름 아닌 닫힌 사회에서 출발하여, 닫힌 사회를 거쳐, 닫힌 사회에 안주한 것이다."(79쪽) 지은이는 열린 사회가 또 다른 신화화가 아니길 바라고 있다. 바람직한 만남은 회전문의 자세가 아니라 여닫이 문의 자세이다. 여닫이 문의 돌쩌귀는 통제적 기능의 중심에 있지 않기 때문에, 기다림을 용납한다. 〔중략〕

제10장은 '사람 밖'으로 나가고자 하는 사람을 그린다. 인간은 늘 탈인간적이다. 비(非)인간성, 초(超)인간성, 환(還)인간성 등이 그것이다. 카프카의 《변신》에서 비인간적임은 사실 반(反)인간적이고, 인간적임은 친(親)인간적임에 불과하다. 타잔의 경우, 초인간성은 일상의 일이 아니고 인간성은 일상의 일이기 때문에, 그는 동물들 사이에서는 의미 없는 (짝짓기조차 못하는) 슈퍼맨이며 인간사회에선 적응 실패자다. 매정하고, 책임질 일 없고, 오만한 피터 팬은 후크에 비해 너무도 무정함에도 우리는 현재의 자기의 모습을 벗어나고자 그를 그리워 한다. 칸트는 76세 되던 해 유명한 세 가지 물음에 하나를 더 첨가했다. 그것은 '세계시민적 의미'에서 '인간이란 무엇인가?'라는 질문이었다. 미래에 인간이 외계의 존재를 만날 수도 있고, 인간이 우주로 나갈 수도 있다. 이때 '지금의 나'는 '다른 나'가 되어 있을 수도 있다.

## 3. 지은이의 거점

방대한 지은이의 학식은 어디로 분명히 귀결되지 않는다. 그러나 철학을 공부한 사람이라면, 그가 결국은 칸트의 《영구 평화론》에 그의 이상을 두고 있음을 어렵지 않게 알 수 있다. 그 이외에 그의 사유에 큰 영향을 준 사람은 독일의 문화철학자인 짐멜과 현대철학의 이단아로 과학철학자인 파이어아벤트이다. 실제로도 칸트와 짐멜은 가장 많이 인용되었고, 파이어아벤트가 남긴 사유의 흔적은 곳곳에서 읽힌다. 그의 목표는 칸트에, 내용은 짐멜에, 방법은 파이어아벤트에 기대고 있다. 문화의 의미는 짐멜에, 전통의 부정은 파이어아벤트에, 인간의 발견은 칸트에 많은 빚을 지고 있는 것이다. 그러나 지은이는 현대의 문제를 이야기하고 있지, 결코 그들을 말하고 있지 않다. 그들은 하나의 단계석(段階石)에 불과하다.

이 글을 읽는 재미 가운데 빼놓을 수 없는 것은 서양철학자들에 대한 단순한 소개를 넘어 그들에 대한 촌철살인(寸鐵殺人) 격의 비판이다. 철학사를 꿰뚫고 있지 않다면 불가능한 일이다. 게다가, 그의 예증은 우리들이 쉽게 알 수 있는 동화나 소설 그리고 영화에 빗대어 이루어지고 있어, 흥미를 가중시킨다. 젊은이라면 모를 리 없는 장 피에르 주네 감독의〈에일리언 4〉(1998)의 여주인공 리플리가 인조인간에게 말한 "너는 인간보다 더 인간적이다"라는 대화를 통해 '인간과 인간적인 것은 등식이 아니다'(334쪽)라는 명제를 끄집어내기도 한다.

이 책이《문화와 인간》이 아니라《문화적인 것과 인간적인 것》이라는 다소 거추장스런 제목을 취한 까닭은 바로 "인간은 변함없는 실체로 남아도 인간적인 인식과 행동은 변할 수 있으며, 반대로 인간적인 것은 변함없는 추구의 대상이지만, 인간이라는 실체는 변할 수 있다"(335쪽)는 판단에서 비롯된 것이다. 지은이는 전통적인 인간 본성론에 대해 호감을 갖고 있지 않다. 그는 인간 본성의 변화나 특수한 상황에서의 발현을 인정하며, 그보다도 "인간의 본성이 불변이라고 할지라도 인간 본성에 대한 지식은 변하기"(358쪽, 결론) 마련임을 적극적으로 긍정한다. 다시 말해, 그의 인간론은 '지금, 여기'에 충실하다. 그 때문에 그는 줄곧 오늘의 우리와 관련된 비유를 통해 논지를 전개한다.

지은이의 탈지구성 이야기가 마치 공상과학(SF)처럼 들리는 것은 무리가 아닐지도 모른다. 그러나 우리는 다가올 그 미래에 대해 말하지 않을 수 없다. '신천년기를 맞이하는 인간'이라는 제목의 부록에서 말하는 것처럼, "미래 예측의 경우 의도적으로 유비무환의 전략을 사용함으로써 예측의 결과는 적중하지 않지만 반대로 미래에 일어날 수 있는 재앙을 미리 차단하는 효과를 노리기도 한다."(383쪽) 환경오염이나 Y2K의 예처럼 걱정은 안전의 어머니다.

이러한 주장이 서구적 패러다임의 붕괴와 결부되어 이야기되면 그것은 철학적이지 않고 민족적, 국수적, 호소적으로 들리기도 한다. 그런데 지은이의 초점은 세계는 변하고 있고, 변하지 않으면 세계는 존재하지 않는다는 데 있다. 한강이 흐르지 않으면 한강은 없는 것과 같다. 이를테면, "전지구성(globality)은 탈지구성(post-globality)의 전단계인 것이다."(386쪽)

지은이가 외국에서 오랫동안 살았다는 사실 때문에 그의 반성의 토양은 결국 한반도가 아닐 수 있다는 우려는 가능하지만, 그의 대안도 그러할 것이라는 예상은 하지 않아도 좋다.

오히려 그의 대안은 너무도 동양적인 것이다. '사이[間]'의 미학이 그러했고, '조용히 꿰뚫는 생각'이 그러했다. 재밌게도, 나는 앞의 것에서 도가적 '무(無)'를 느꼈고, 뒤의 것에서 성리학자들의 '활연관통(豁然貫通)'을 보았다. 더 좋은 길을 찾고자 한다면, 지은이에게 동양 고전의 일독을 권하는 수밖에 없다.

그런데 나는 이 책을 읽으면서 못내 아쉬운 것이 있었다. 그것은 지은이의 지나치다시피 확고한 낙관주의였다. 그도 자신이 선천적으로 낙관적이며, 비판조차 낙관적이기 위해서 한다고 밝히고 있다. 낙관주의자란 이 세상이 얼마나 슬픈 장소가 될 수 있는지 이미 알고 있는 사람이라는 철학자 피터 유스티노프의 말과 같은 맥락도 아니다. 지은이에게 이 세상은 즐거운 장소일 뿐이다. 하지만 나는 철학을 하는 사람은 '우는 철학자'로서의 본분을 쉽게 잊어버려서는 안 된다고 생각한다. 우리가 찡찡대야, 남들이 웃을 수 있는 것이다. 지은이의 낙관성은 모든 존재의 인정으로 발전되고, 그러한 이 세계 또는 우주의 완벽함—적어도 그렇게 인식된—은 우리로 하여금 지나치게 현실을 용납하게 만들어, 결국 인간은 스스로 고통을 자초하는 것 아닌가 하는 질문을 끊임없이 들게 한다.

사람들이 현대 문명에 보수적인 것은 자신의 행복을 지키기 위해서라기보다는 미지에 대한 불확신 때문임을 잊어서는 안 된다. 지은이는 우리가 이미 그러한 불확신 속에 한쪽 발을 들여놓은 상태라고 하겠지만, 적지 않은 사람들은 나머지 발을 마저 들여놓기보다는 차라리 빼고 싶어 할지도 모른다. 우리가 원하는 것은 그 구덩이의 어쩔 수 없음이 아니다. 비록 그것이 인간의 운명과 결부되어 아무리 비관적이라 할지라도, 우리는 그것을 정확히 알고 싶을 뿐이다.

[ 일러두기 ]

* 이 책은 두 개의 부(部)로 대별되고, 각 부는 다섯 개의 장(章)으로, 각 장은 다섯 개의 항(項)으로 되어 있다. 항 이하는 나누지 않았으나, '5장'과 '10장'의 경우 항의 길이가 비교적 길므로 예외로 항 밑에 번호 없이 소항목을 두었다.
* 주석에 나오는 외국 학자명과 참고 서적명은 되도록 그 저자가 사용한 원어로 적었다. 본문 중에 간혹 이해를 돕기 위해 괄호 안에 외국어를 써넣을 경우도, 인용된 사람의 모국어를 사용했다. 그 외에 특정 저자와 관계없이 명시할 때에는 주로 영어를 사용했으며, 간혹 인문학에서 통용되는 '상식적' 수준의 라틴어를 사용한 경우도 있다. 잘 알려진 고전을 인용할 경우는, 일반적으로 학계에서 협약되어 있는 대로 쪽수를 표시했다.
* 책장을 대충 넘겨보아도 알 수 있듯이, 이 책의 특징 가운데 하나는 주석(註釋)이다. 필자는 개인적으로 책 편집의 역사에서 주석(각주 및 미주)의 개발은 중요한 의미를 갖는다고 본다. 무엇보다도 주석의 중요성은 정보를 공유하는 데 있다. 주석에 참고 문헌과 각종 자료의 출처를 명시하는 것도 이 때문이다. 또한 주석은 본문의 내용을 보충하고 어떤 부분에 대해 부가 설명을 하며 특별한 코멘트를 할 때에도 쓰인다.

이 책에서 필자도 대개 앞서 언급한 목적으로 미주를 사용했다. 좀 특이하다고 할 수 있는 것은 주의 양이 '좀' 많다는 것이다. 이 점도 '양서류 같은 책'이 갖는 특징인데, 주의 상당수는 인문학과 사회과학 분야를 공부하는 사람들을 위한 것이다. 원래 본문에서 일반인들에게 조금 어렵거나 난해할 수 있는 부분을 주로 돌렸기 때문이다. 주에는 물론 부가 설명이나 특별한 코멘트도 있으며, 특히 용어 설명이나 한국적 상황을 언급할 때, 또는 별도의 미래 예측적 견해를 내놓을 때에 사용하기도 했다.

따라서 관심이 있는 사람은 미주를 같이 읽고, 주 읽기가 거북한 사람은 본문만 읽어도 문장은 무리 없이 이어지므로 '양서류적' 선택이 가능하도록 했다. 하지만 인문학과 사회과학 등에 특별한 관심을 갖고 있지 않더라도, 미주를 읽으면 '문화학(文化學)'적 이해에 도움이 되고 인간과 문화를 대하는 다양한 관점을 접할 수 있을 것이라고 생각한다.

글 앞에 – 책을 위한 서문 · 5
제2판 서문 – 21세기의 첫 십년기를 보내며 · 16
글 안으로 · 57

# 제1부 문화적인 것에 대하여

### 1장 | 열린 사회의 신화 · 71

신화의 이름으로 · 72
닫힌 사회: 《미운 오리새끼》의 우화 · 75
열린 사회: 돌쩌귀의 비밀 · 80
열린 개체와 다차원적 복수 문화 · 83
오후 5시의 티 타임 · 86

### 2장 | 유도된 필요성으로서 문화 · 91

욕구의 인간 · 92
유도된 필요성 · 95
문화적 효과: 두꺼비 '토드'와 자동차 · 99
생산의 사회 · 103
제2의 물결 · 108

### 3장 | 미학혁명과 일상의 미학 · 117

일상의 현대적 의미 · 118
미(美)의 일상화와 대중화 · 121
예술의 서자(庶子)들 · 123
'관조의 미'에서 '소유의 미'로 · 126
현대 대중문화는 '예술의 적자'들을 추방했는가? · 128

4장 | 일상성과 문화 신드롬 · 135

일상의 속박: '어린 왕자'의 혹성 여행 · 136
일상으로부터의 도피: '앨리스'의 신기한 나라 · 139
일상과 비일상: '거지'와 바뀐 '왕자' · 144
매일 아침 8시 반의 드라마 · 147
일상의 사이로 들리는 소리 · 149

5장 | '사이'의 문화와 21세기 · 155

'사이'의 뜻풀이 · 157
문화 패러다임으로서 '사이' · 159
'서로'의 사회 · 170
간(間)의 미학(美學) · 179
'세계' 만들기 · 187

제2부  인간적인 것에 대하여

6장 | 인간의 창조성 · 207

레오나르도, 레오나르도 · 208
인간의 창조 행위 · 215
창조 행위의 문화적 성과 · 217
창조성의 유배(流配) · 220
'문화 환경 균형론'의 관점에서 · 224

7장 | 창조자와 피조물의 변증법 · 233

'피노키오'의 알레고리 · 234
피조물의 도전과 반란 · 239
'창조의 비극'으로서 문화 · 242
비극성과 인간 실존, 그리고 오늘의 문제 · 246
'인간 자기 보존론'의 입장에서 · 252

## 8장 | 자유의 인간과 문화적 비자유 · 264

'사자를 그리는 사슴'의 고행 · 266
서로 비비며 살다 · 268
'오즈'를 찾아서: 자아실현을 위한 여행 · 272
기술 왕국의 허무주의와 유도된 한계 · 277
자유와 진리 사이: 의미를 위한 틈새 · 282

## 9장 | '합리적 동물'과 '감각적 인간' · 293

범주로서 대중과 대중문화 · 295
'사람들의 문화' · 301
'존재냐, 활동이냐' · 305
이성과 감성을 껴안으며 · 309
'사람의 이름'이 명멸하는 지평 · 315

## 10장 | 탈(脫)인간적 인간 · 327

변신(變身) 이야기들 · 329
초인간화(超人間化)의 아이러니 · 335
돌아오는 신화: '피터 팬'의 웃음소리 · 342
네 번째 질문 · 351
당신은 사람을 보았습니까? · 355


글 밖으로 · 367
부록 – 신천년기를 맞이하는 인간 · 377
글 뒤에 – 시대를 위한 후기 · 395
인명 색인 · 403
사항 색인 · 408

| 글 안으로 |

 황노인은 땀에 흠뻑 젖은 채 또 한 번 언덕빼기를 향해 걸어 올라가며 중얼거렸다. "이제 두 번만 더 구르면 꼭 백 번이지. 오늘은 백 번만 구르고 내일 또 굴러야지."……황노인은 모르고 있었다. 자신의 몸이 얼마나 지치고 상처투성이인지를.

## 삼 년 고개의 비밀

 얼마 전 '삼 년 고개'가 일본에서 아동극으로 공연되었다는 소식을 들었다. 이 이야기는 초등학교 교과서에도 나오는 한국의 대표적인 민화다. 어느 동네에 고개가 하나 있는데, 그곳에서 넘어지면 삼 년밖에 못 산다는 전설이 있다. 어느 날 한 노인이 발을 헛디디며 고개에서 굴렀다. 그 노인은 삼 년밖에 못 산다는 사실을 알고는 시름시름 앓으며 죽어갔다. 그런데 한 영리한 소년이 나타나 한 번 구르면 삼 년을 산다고 했으니, 두 번 구르면 육 년을 살 것이고, 구를 때마다 삼 년씩 더 살게 된다고 일러주었다. 노인은 그 말을 듣고는 병석에서 벌떡 일어나 당장 삼 년 고개로 가서, 절로 신명이 나 쉴 새 없이 계속 굴렀다는 이야기다.

그 '삼 년 고개' 이야기의 속편은 이렇다. 성이 황(荒)씨이고 이름은 당한(唐恨)인 그 노인은, 소년에게서 삼 년 고개의 비밀을 들은 뒤 밤을 꼬박 새워 고개에서 꼭 백 번을 구르고는 삼백 년은 더 살 수 있다는 확신과 만족감 속에서 집으로 돌아왔다. 하지만 그때까지 그는 정신없이 구르느라 자신이 온몸에 타박상을 입었고, 관절이란 관절은 속으로 곪았으며, 무엇보다도 기력이 모두 소진했다는 사실을 전혀 느끼지 못하고 있었다.

황노인은 다음 날 잠자리에서 일어날 수가 없었다. 백 번은 아니더라도 열 번, 아니 한 번만이라도 더 고개에서 굴러야 한다는 생각에 일어나려 했지만, 몸이 천근같이 무거웠다. 갑자기 노인은 무엇인가에 당한 것 같다는 생각이 들어서 분통이 터졌다. 노인은 고개의 신령에게, 어쩌면 소년에게, 어쩌면 자기 자신에게 당하기는 당한 것이었다. 노인은 시름시름 앓더니 며칠 후 숨을 거두었다. 삼 년 고개의 비밀을 가르쳐주었던 소년은 동네에서 쫓겨났고, 삼 년 고개는 아무도 못 다니게 가시덤불로 울타리가 쳐졌다.

속편의 다른 버전에 따르면, 황노인이 삼백 년을 살기는 하였는데, 거동을 제대로 못한 채 '영원한 노인'으로 그 긴 세월을 보냈다고 한다. 동네 사람들이 장수하신다고 부러운 듯 칭찬의 말을 던지면, 그는 "인생의 행복은 영생(永生)이 아냐, 영원한 젊음이지"라고 대답하곤, 침을 한번 꿀꺽 삼키며 "어디에 한 모금 마실 때마다 삼 년씩 젊어진다는 샘물이 있다던데, 자네 혹시 아는가?"라고 묻곤 했다는 것이다. 황노인이 그 샘물을 찾아, 샘물을 계속 마시면 젊어지다 못해 어린아이가 되고 나중에는 아이 '이전'으로 돌아간다는 것을 잊어버리고 물을 계속 마시지는 않았는지, 그 이후 이야기는 전해오는 것이 없다. 어쨌든 황노인의 삶은 참으로 그 이름에 걸맞은 것이었다.

그런데 오늘날의 문화는 황당한(荒唐恨) 옹(翁)의 전설적 이야기와 유사한 점이 참 많다. 그것은 '삼 년 고개' 이야기같이 신화적 요소가 많다는 것, 해답 아닌 해답이 숨겨진 비밀스런 암호를 풀어야 한다는 것, 자신의 존재를 부정할 정도로 쉴 새 없이 활동해야 한다는 것, 그래도 부족하여 무엇인가를 바란다는 것, 그러한 가운데서도 인간의 지혜는 번뜩인다는 것 등이라고 할 수 있다. 그리고 덧붙인다면, 이제는 과거의 것이 된 줄 알았던 삶의 부조리와 모순이 현대 문화 속에서도 그 질긴 생명력을 그대로 유지하고 있어서, 사람들은 그것을 안고 가거나 최소한 옆에 끼고 가야 한다는 것이다. 버리고 갈 수는 없다는 것이다. 참으로 현대 문화는 알다가도 모를 것으로 가득 차 있는 것 같다.

흥미로운 것은, 황당한 현실 자체가 우리의 현실이라는 것이다. 그것은 우리가 극대화된 현실(hyper-reality), 또는 가상현실(virtual reality) 등의 단어에 익숙해지고 있는 것을 보아도 알 수 있다. 빠르게 변하는 세태 속에서 현대인은 자신이 처한 현실에서 열심히 활동하며, 그 현실을 즐기거나 아니면 즐기도록 강요받고 있는 사이에, 그 현실에, 아무것도 아닌 양, 익숙해지고 있다. 그것은 능동적이든 수동적이든 상황에 적응하는 인간의 능력이 어느 동물보다 뛰어나다는 것을 의미할 수도 있다.

## 투명한 상대

또한 현대 문화는 '블랙홀'과 같아서 '모든 사람'을 끌어들이는 괴력을 지니고 있다. 아니면 적어도 거머리 같아서 '모든 사람'에게 달라붙는 성질을 가지고 있다. 그래서 오늘날의 문화는 모든 사람을 대상으로 하는 '만인의 문화'인 것이다. 이 같은 현대 문화의 총체적 흡인성 또는 다식성(多食性)은, 한때 막연히 존재했던(상당수 사람들에게는 지금도 확실히 존재하지만) '대중문화'라는 카테고리를 별로 쓸모없게 만들었다. 따라서 오늘날의 문화를 대할 때에는 범주 나누기에 연연하지 말고 '사람들의 문화'를 다룬다는 생각으로 임할 필요가 있다.

1999년 여름에 개봉된 조지 루카스(G. Lucas) 감독의 〈스타워즈-에피소드 I〉에서 이완 맥그리거(Iwan McGregor)는 컴퓨터 그래픽을 이용한 특수 촬영을 위해 허공에 대고 있지도 않은 적과 광선검으로 대결하는 연기를 해야 했다. 그때 그는 허공에 대고 혼자서 칼을 휘두르다 보니 황당했고 이상야릇했지만, 재미도 있었다고 고백했다. 현대 문화 현상을 대할 때는 마치 투명한 상대를 대하는 것 같다. 그것은 물론 부재(不在)를 의미하지 않는다. 그것은 너무나 명백하고 당연해서 투명해 보이는 것이다.

현대 문화는 한편으론 블랙홀과 같고 다른 한편으론 투명한 상대다. 현대 문화가 제시하는 강한 흡인력과 투명하기까지 한 명백함의 장치들 속에서 '활동'할 때에는 별로 문제가 되지 않는다. 빨려들어가 같이 놀아주고, 거칠 것 없는 공간에서 내 멋대로 놀면 된다. 그러나 현대 문화를 '관찰'하고자 할 때는 순간 아무것도 보이지 않아서 당혹스러워진다. 오히려 그 깜깜함과 투명함 때문에 아무것도 보이지 않기 때문이다. 그것은 황노인이 삼 년 고개에서 구르고 있을 때는 문제를 느끼지 못하고 즐겁기만 한 것과 마찬가지다. 모든 것이 명백한 동시에 모든 것이 숨겨져 있기 때문이다. 다만 아침 잠자리에서 일어나지도 못할 정도로 지친 몸으로 진실을 보고자 할 때에 문제가 되는 것이다.

　이른바 문화평론이 말은 많으나 아무 말도 하지 않은 것처럼 되어버리는 것은, 바로 평론 자체가 문화의 흡인성 및 투명성과 함께 놀고 있기 때문이다. 따라서 평론을 읽는 독자는 문화와 말놀이를 하고 있는 평론의 놀이와 놀고 있는 것이다. 호모 루덴스가 문화의 세기에 다시 부각되는 것은 이 점에서 더 타당성을 얻을지도 모른다. 논다는 것은 즐거운 것이다. 그리고 사람에게 좋은 것이다. 누구든 평생 놀기만 했으면 좋겠다는 희망을 한 번쯤은 가져보았을 것이다. 하지만 평생 놀고만 있을 수는 없다. 사람은 '가상적 정지'의 순간들을 필요로 한다. 그것은 전체 생애의 아주 적은 부분을 차지하고 있지만, 인간의 생존을 위해 반드시 필요하다. 문화와 놀면서도 문화에 대해 생각할 시간이 필요하다. 그래야만 문화와 다시 더 재미있게 놀 수 있기 때문이다.

　지금 여기서 논하고 있는 문화는 소위 대중문화도 아니고, 이른바 고급문화도 아니다. 간단히 말해 오늘의 문화를 보고자 하는 것이다. 이미 언급했듯이 현대 문화의 문화 창출 의도는 생산에서 전달까지 '모든 사람'을 대상으로 한다. 적어도 일단 모든 사람을 대상으로 할 것을 전제한다. 19세기 중반 이전까지의 문화와 그 이후의 문화를 구분하는 기준점이 있다면, 그것은 바로 문화 전달 '대상의 범주성'과 '대상의 총체성'의 차이일 것이다. 그것은 의미 있는 유일한 기준점일지도 모른다. 더구나 오늘날같이 사람과 사람 사이가 어떤 형태로든 네트워킹되어 있는 사회에서는 말할 나위도 없다.

　이에 사람의 생각이 문화를 자신의 주된 표적으로 삼는 이유가 있다.

대상의 총체성을 전제하는 문화 창출은 많은 사람들에게 혜택을 주는 반면 권력을 갖기 십상이기 때문이다. 이미 경제와 정략 결혼한 문화는 권력으로 사람에게 외통수를 걸려고 하겠지만, 사람은 생각으로 문화에 외통수를 거는 지혜를 발휘할 것이다. 권력은 생각을 결정적으로 굴복시키지 않는 한, 생각 옆에서 항시 불안해하는 법이다. 사람이 문화와 재미있게 놀면서도, 문화와의 게임에서 상대의 단수(單手) 걸기를 피하며, 역으로 외통수를 걸고자 하는 데에 놀이의 진짜 묘미가 있다. 이것이 생각하며 놀 줄 아는 사람이, 블랙홀의 흡인력을 가졌으면서도 불가시성(不可視性)의 투명한 상대, 한마디로 막강한 상대에게 걸 수 있는 묘수 같은 정석(定石)인 것이다.

## 개념의 꼬투리

그래서 우리는 생각하고자 한다. 생각하기 위해서는 언어와 언어의 논리적 구성인 개념이 필요하다. 감각·감성·이미지를 숭상하는 시대에 이성·논리·개념화 작업은 한편으로 밀려나 있는 것이 사실이다. 하지만 그것은 수천 년 인류 역사에서 항상 그래왔다. 감각·감성·이미지는 일상생활 속에 쉽게 있지만, 이성·논리·개념화 작업은 '가상적 정지'의 순간에 주로 이루어지는 작업이기 때문이다. 오늘의 변화를 호들갑을 떨면서 볼 필요는 없다.

현실에서 이성은 감성의 친구가 되기 위해서 존재한다. 이성은 다른 이성적 태도가 감성을 이용하려는 시도를 경계하고, 감성을 위한 자리를 마련하기 위해서 존재한다. 개념화 작업을 위해 노력하는 것은 감성적 혼란이나 이미지적 현란함을 정리하기 위한 것이 아니라, 개념적 혼란과 남용을 경계하고 감성 및 이미지와 소통하기 위해서다. 한 예로 고급문화와 대중문화를 대립시키는 개념적 혼란과 남용은 개념의 재정리로 그 허구를 엿볼 수 있다.

개념적으로 대중문화는 고급문화의 반대말이 아니다. 고급문화의 반대는 저급문화이며, 대중문화의 반대는 소수문화이거나 특수계층문화이다. 전자를 구분하는 기준은 문화의 질(質)이며, 후자를 구분하는 기준은 문화 수용자들이기 때문이다. 즉 각기 다른 기준으로 구분된 개념을 같은 선상에 놓고 대립시켰기 때문에 문제가 된 것이다. 질적인 가치를 높이면 고급화하는 것이고, 향유 대상을 넓히면 대중화하는 것이다. 개념적 바탕이 없는 범주 구분은 쓸모가 없을 뿐 아니라, 진실을 은폐하기 위한 전략의 하수인이 되기 쉽다.

물론 개념은 나무를 단번에 자르기 위해서 날을 세우는 도끼와 같지 않다. 아무리 엄밀하고 철저한 작업을 거친 개념이라도 현실적 문제에 쉽게 해답을 주지는 않는다. '콩과 식물의 열매를 싸고 있는 껍질'을 꼬투리라고 한다. 그 안에는 콩이 몇 개 들어 있다. 개념은 현실의 조각 몇 개를 감싸고 있는 꼬투리에 지나지 않는다. 생각하는 사람이라면, 현실은 개념보다 항상 더 복합적이고 개념은 현실 앞에서 너무 쉽게 무력해질 수 있다는 것을 잘 안다. 개념은 개념 '밖'을 전제하는 것이다.

꼬투리가 아니라 아무리 멋있고 널찍하게 현실을 위한 개념의 집을 지어도, 개념은 현실의 이론적 숙소일 뿐이다. 따라서 한번 지어진 개념의 집에 현실이 머무는 것은 일시적이다. 현실을 맞이하기 위해서 개념은 자신의 집을 지속적으로 개조하고 새롭게 단장해야 한다. 이것이 현실 앞에 선 개념의 메타모르포시스(metamorphosis)적 운명이다. 개념은 현실이 영원히 안주할 집을 짓는 데는 항상 실패하기 때문이다. 따라서 하나의 개념은 다른 개념적 가능성들을 갈구한다. 그리고 한번 설정된 개념은 지속적으로 '대화의 장소'와 '논쟁의 상황'을 제공해야 한다. 아니 개념의 집이 바로 그러한 대화의 장소 자체이다.

그러기 위해서 개념은 이 세상의 소리를 듣고 이 세상의 숨결을 느껴야 한다. 속세의 아주 미세한 흔적들도 소홀히 해서는 안 된다. 현미경적 시선으로 그것들을 쉬지 않고 찾아야 한다. 아주 작고 본질적이지 않은 것처럼 보이는 것들을 위해서도 자리를 남겨두어야 한다. 이것이 개념이 꼬투리 신세에서 벗어나는 방법이다.

나는 지금 문화가 무엇인지 확실히 정의하지 않은 채로 이야기를 계속하고 있다. 인간이 무엇인가 하는 정의에 대해서는 더더군다나 침묵하고 있다. 이 같은 태도는 이 책이 끝날 때까지 계속될 것이다. 이유는, 이 책의 목적이 바로 독자들 스스로가 문화와 사람에 대한 개념화 작업을 해 나갈 수 있도록 자료를 제공해주는 데 있기 때문이다. 내가 제공하는 자료들은 필요한 것 중 일부분에 지나지 않지만, 유익하고 의미 있는 것들이기를 기대한다.

개념의 창조도 인간의 중요한 문화 행위 가운데 하나라면, 독자들에게는 보람 있는 문화 참여일 수 있다. 그것은 간접적 참여가 아니라 직접적 참여인 것이다. 독자 스스로 아름다운 '개념의 집'을 짓는 일이다. 훌륭한 생각은 아름다울 수 있다. 그렇게 해서 얻은 것은 물론 '인간과 문화가 무엇인가'라는 질문에 대한 정답은 아닐 것이다. 이러한 맥락의 문화 활동은 진리를 생산하는 것이 아니라, 의미를 도출하는 것이기 때문이다.

## 지식과 언어의 무도회 속으로

이탈리아 영화 감독 난니 모레티(Nanni Moretti)는 그의 자전적 영화 〈나의 즐거운 일기(Caro diario)〉에서 직접 사십 고개를 맞는 주인공으로 출연하는데, 영화에서 반복되는 대사가 "나는 춤을 잘 추고 싶다!"다. 그는 마치 평생 소원을 말하듯 계속 큰 소리로 외친다. 그 말이 상징하는 것은 무척이나 껄끄러운 이 세상과 춤추기가 가능한가 묻는 것이다. 시시각각 사람을 몰고가듯 거세게 변하는 세태와 춤을 추듯 살 수 있으면 참 좋을 것이다.

나도 춤을 잘 추고 싶다! 내 소원은 언어와 지식을 춤추듯 대하는 것이었다. 하지만 지식과 언어도 춤추기에는 사실 무척이나 껄끄러운 상대다. 문학작품이 아니고 학술적인 글로 언어 및 지식과 함께 춤추기를 이끌어내는 것은 내 능력을 벗어나는 일이라고 생각한다. 하지만 독자들은 언어와 지식의 무도회에서 춤추듯 문화와 인간의 의미를 찾아가기를 바란다. 이 책에서 나는 춤곡을 반주하는 정도의 역할을 할 것이다. 철학적 사고의 과업은 사람들의 이해를 돕는 데에 있다. 그것은 사람들이 무도회같이 열린 마당에서, 춤을 추듯 생각의 유희를 이어가도록 보조하는 것이다. 말과 앎 그리고 삶이 춤을 추듯 어우러지면 아름답다.

지식과 언어를 위한 무도회의 반주곡으로 나는 특별히 새로운 것을 준비하지 않았다. 변화를 앞세운 오늘의 세태에서 새로움은 곧 낡은 것이 되기 쉽다는 것을 잘 알고 있기 때문이다. 그리고 그 새로움도 상당수 묻혀 있던 것을 발굴해내는 것임을 잘 알고 있기 때문이다. 다만 항상 다시 들어도 새롭게 해석될 수 있고 감동을 주는 것들을 골랐다. 새로움을 창조하는 방식은 다양하기 때문이다. 그리고 정말 환상적인 춤은 반주 없이도 동작의 율동이 주는 기운에 휩싸여 계속될 수 있기 때문이다. 한번 발동이 걸린 생각은 생각의 기운이 주는 에너지로 스스로 몰입해갈 수 있기 때문이다.

이해를 돕고 생각에 자극을 주기 위해서 빌려오는 남의 지식과 언어들도, 최근 많이 다루어지는 20세기 중·후반의 사상을 주로 하지 않았다. 이 책에서 빌려온 남의 말들은, 주로 오늘날의 언어철학, 기호학, 포스트모더니즘, 후기구조주의, 해체주의, 뉴미디어이론 등이 지나쳐버렸거나 흘리고 온 것들 중에서 일부를 주워온 것이다. 그 이유는 독자들에게 편식이 아닌 다양한 사고의 가능성을 제시하기 위해서이기도 하지만, 무엇보다도 지금 세계를 지배하는 서양 사상 체계가 고대로부터 지금까지 철저하게 맥을 이루고 있기 때문이다.

나는 한국에서 어떤 철학자가 "서양 사상의 기존 개념을 뒤집었으며", 또 어떤 사상가는 "기존 사고의 틀을 철저히 부수었다"는 식으로 너무 쉽게 말하는 경우를 많이 보아왔다. 팬 클럽은 스타를 필요로 한다. 나는 그렇게 평하는 사람들에게 서양인들이 새로운 이론을 개발하는 것 못지않게 얼마나 사상적 패러다임 의존도가 높은 사람들인지 생각해보라고 권하고 싶다(그들의 학계에서 역설적으로 '패러다임 이론'이 발달한 것은 우연이 아니다). 그리고 몰려다니는 팬 클럽이 '띄운' 학자의 사상과 이론을 대할 때, 반드시 철학사 등 서양 사상사를 다시 조명해보기를 권하고 싶다. 그리고 사람들에게 '그것을 모르면 바보'가 되는 것처럼 겁을 주는 학자들의 말에 눈썹 하나 깜짝할 필요 없다고 말하고 싶다.

현대의 서양 사상가들이 그 이전의 사상 체계를 완전히 뒤집은 적도 철저히 부순 적도 없다. 아직 그때는 오지 않았다. 그것은 앞으로 우주적 패러다임이 들어올 때 가능할 것이다. 탈(脫)지구성의 실질적 실현과 탈

(脫)인간화의 구체적 시도와 함께 그때는 올 것이다. 이 책은 이 점에 대해서도 간단히 언급하고 있지만, 깊고 넓게 다루고 있지는 않다. 그것은 별도의 연구 노력과 전문적 작업을 필요로 하기 때문이다. 그것은 내가 소원하는 '박쥐 같은 책'이 될 것이다.

이 책은 크게 두 개 부(部)로 나누어서, '제1부 문화적인 것에 대하여'에서는 현대 문화의 특성을 다루고, '제2부 인간적인 것에 대하여'에서는 인간 이해의 지평을 다루고 있지만, 사람과 문화의 이야기는 상호 침투적이다. 그 안의 각 항(項)에서 다루는 소주제들도 서로 끼여들기를 삼가지 않고 있다. 사람과 문화의 이야기는 말과 앎 그리고 삶의 춤에서 어우러지는 율동이 함께 표현해내야 하는 것이기 때문이다.

# 1부
# 문화적인 것에 대하여

문화 담론은 문화라는 대상에 관한 담론이라기보다, 문화라는 화두(話頭)를 통한 담론이라는 성격이 짙다(독자들이 이 조금 수수께끼 같은 말을 이 책의 끝까지 안고 가기를 바란다). 따라서 1부에서 제시하는 것은 오늘날 문화 그 자체라기보다는, 다각적인 차원에서 현대 문화를 특징적인 것으로 부각시키는 문화적인 요소들이라고 할 수 있다. 그것은 문화라는 화두가 자신을 비추기 위해 불러모은 것들이다.

이에 문화론의 첫 장(章)에서 '사회(열린 사회의 신화)'에 대해서 이야기하는 이유가 있다. 이와 마찬가지로 '유도된 필요성', '미학혁명', '일상성', '사이의 문화' 등도 현대 문화의 특성을 이해하는 데 도움이 되는 현실적 배경과 이론적 관점이다. 특히 '사이의 문화'에 대한 인식은 새로운 세기에 더욱 중요한 것으로 부상할 것이다. 물론 이러한 것들이 현대 문화를 설명하는 데 충분한 것은 아니다. 이것은 '문화의 현주소'를 찾아가기 위한 지도에 비유될 수 있다. 오늘날 문화의 위치와 지형을 보여주는 것이다. 곧 '문화의 조감도'라 할 수 있다. 나침반과 이동 수단은 아닌 것이다.

독자들이 '문화적인 것에 대하여' 마지막 장(章)을 읽고 나서 '현대 문화가 무엇인가'를 아는 것이 아니라, '오늘날 문화가 우리의 삶에서 어떤 작용을 하며, 어떠한 의미가 있는지' 깨닫는 데 도움이 되기를 바란다. 그래야만 '객관적 지식'을 아는 것에 머물지 않고, '삶을 위한 양식'을 얻어낼 수 있기 때문이다.

# 1

## 열린 사회의 신화

 '열다'와 '닫다'라는 동사는 문(門)을 연상하게 한다. 누군가가 이러한 질문을 했다고 가정해보자. 문은 무엇 때문에 존재하는가? 닫기 위해서 있는가, 아니면 열기 위해서 있는가? 문은 분명 열림과 닫힘 모두를 위해서 존재한다. 계속 닫혀 있는 문이 무기능적이고 무의미하듯이, 계속 열려 있는 문도 그 존재 의미와 가치가 없다. 문이 있다는 것은 일정한 공간과 함께, 그와 다른 외부 공간의 존재를 인정하는 것이며, 동시에 두 공간 사이의 차단과 소통의 가능성을 의미한다. 이는 존재의 독립성·정체성과 함께, 그것이 타존재와 유지하는 관계와 연대(連帶)를 상징하는 것이기도 하다.

 1980년대 이후 지금까지 한국 사회에 널리 퍼져 있으며 당연한 가치로 받아들여지고 있는 이념 중 하나는 '열림'의 가치일 것이다. '열린 사회', '열린 마음', '열린 교육', '열린 음악회', '열린 장터' 등, 책의 제목에서 공연과 행사의 명칭에 이르기까지 열린 것을 지향하는 것이 당연시

되고 있다.[1] 이것은, 모든 분야에서 열려 있는 자세가 실제 상황일 수도 있고, 아니면 현실에서 결여되고 부족한 것에 대한 역설적 갈망의 표현일 수도 있다는 것을 암시한다. 어찌 되었든, 이 모든 것은 '열림'이 바로 이 사회가 지향해야 할 가치라는 강한 믿음을 보여주는 현상임에는 틀림없다.

인간 공동체가 내세우는 지향점에 대한 사회적 믿음과 그 믿음의 일상화는 신화(神話)를 창조하는 인간 특유의 전통이다. 신화는 신(神)의 이야기이기도 하지만, 그보다는 인간의, 인간에 의한, 인간을 위한, 인간 주변에 관한 이야기와 믿음이기 때문이다. 삶의 틀 안에서 조화·안정·질서를 지향하는 '닫힌 사회'가 전근대의 신화였다면, 틀 안에서 변화뿐만 아니라 틀 자체에 대한 부정의 시도 및 틀 밖의 다른 세계와의 관계 형성을 지향하는 '열린 사회'는 오늘날의 신화이다. 그리고 그것은 현대 문화의 특성에 따른 역사적 선택일지도 모른다.

## 신화의 이름으로

철학자 소크라테스는 사형선고를 받은 후, 그 집행까지 여러 날을 감옥에서 기다려야만 했다. 신화에 의하면, 아테네의 영웅 테세우스는 크레타 섬의 반인반우(半人半牛) 괴물 미노타우로스를 죽이고 당시 미노스 왕에게 조공으로 데리고 갔던 일곱 명의 소년 소녀들을 구출하여 아테네로 돌아온다. 아테네 시민들은 그들이 무사히 귀환하게 되면, 델로스 섬의 아폴로 신께 매년 성물을 바치기로 약속했었는데, 약속대로 그 의식은 오랫동안 계속되었다.

소크라테스에게 사형이 선고되기 전날도 성물을 바치기 위한 배가 델로스 섬을 향해 떠났고, 당시 법에 의하면, 떠난 배가 무사히 아테네로 귀환할 때까지 아테네 시는 피로 더럽혀지는 일이 없어야 했다. 따라서 모든 사형 집행은 일시 정지되어야 했다.[2] 소크라테스의 목숨은―신화적 사실의 재현을 위해 법으로 제정된 의식(儀式)이 어김없이 행해짐으로써―신화의 이름으로 연장되었던 것이다. 다시 말해, 도시국가(polis) 아테네 법체계의 바탕에 스며들어 생존해왔던 태고의 신화가 역설적으로, 폴리스 시민의 고착된 의식(意識)에 저항했던[3] 한 철학자의 목숨을 연장해주는 역할을 한 것이다.

이렇듯 신화는 제도와 법 속에 스며들어 살아남아왔다. 더 나아가 인간의 의식과 일상생활에도 침윤되어 있다. 이는 신화의 실체나 그것의 역사적 실재 여부에 대한 연구와 논쟁보다는, '신화적 틀'과 '신화적 정신'이 어떻게 인간사(人間事)에 작용하고 있는지 살펴보는 것이 더 중요한 사실임을 일깨워준다. 다시 말해, 사회·문화·정치·경제 등의 분야에서 신화적 기능에 대한 관찰이 오늘날의 세상을 이해하는 데 더 유용할 것임을 의미한다. 고대 신화의 신들은 이미 신학의 대상이 아니라, 문학·철학·역사학·심리학·사회과학 등의 대상이다.

헝가리의 종교사가이자 신화학자인 케레니(K. Kerényi)는 신화에는 우주적 요소와 인간적 요소가 같이 스며 있으나 신화는 초인간적인 것이 아니라 인간을 표상한다는 입장을 취한다. 또한 인간이 신화적 요소들을 모델링(modelling)하는 작업은 인간 고유의 능력이며, 마치 인간이 음악을 창조해내는 능력에 비유될 수 있다고 본다. 이러한 의미에서 인간은 '신화의 예술가'이다. 그에 의하면 신화화(神話化, mythologize)의 능력은 인간에게 매우 긍정적으로 작용한다. 왜냐하면 그것은 인간에게 '의식의 확장'을 가능하게 하여 인간 자신에 대한 비전을 제시하고 좀더 활력 있는 휴머니즘을 이루어가도록 자극하기 때문이다.

반면 신화화의 부정적 기능은 '신화의 기술자'들에 의해 이루어질 수 있다는 것을 케레니는 또한 경고한다.[4] 정치적 목적에 이용하기 위해 조작되고 이데올로기화한 신화는 초월적인 존재의 비밀을 감추고 있는 것처럼 가장된다. 그것을 조작하는 정치적 기술자들은 인간 앞에 예언자로 행사한다. 그럼으로써 의식의 지평을 넓히는 대신에 '신화적 예언'의 틀 안으로 인간 의식을 가두어두려 한다.

롤랑 바르트(Roland Barthes)도 사회문화적 관점에서 신화를 이데올로기적 도구로 본다. 그는 신화가, 역사적 진행의 결과를 자연의 법칙과 혼동하도록 하며, 우연성을 필연적이고도 영원한 것으로 환원시키는 기능을 수행한다고 본다.[5] 이것은 신화가 세계를 고정시키는 역할을 한다는 아도르노(T. W. Adorno)의 입장과 유사하다. 또한 현대의 신화화 과정이란 일정한 계층의 문화를 사회 전체의 보편적인 것으로 둔갑시키는 것이다. 따라서 신화 개념에 대한 연구와 신화화 과정의 관찰은 이러한 '거짓 자연스러움'의 가면을 벗기는 역할을 한다.

현대의 신화 연구가들 사이에는, 그 접근 방식에는 차이가 있지만 공통된 점이 있다. 그것은 신화가 '인간의 신화'라는 것, 신화가 인간 세상의 정치·사회·문화적 틀의 구성(이러한 구성은 구체적일 수도 있고 이상적일 수도 있다)에 참여한다는 것, 그리고 신화는 역사의 얼굴이라는 것이다.[6] 그래서 그들은 신화를 해체하면 신화적 구성 의도의 단초를 찾을 수 있다는 입장을 취한다. 그러나 탈신화화(de-mythologize) 작업은 기존 신화를 해체하겠지만, 다른 방향의 신화화 과정으로 환원될 수 있다. 또한 해체주의라는 방법론 자체가 신화로 재탄생될 수도 있다. '닫힌 사회'

의 신화가 해체되어야 한다면, 그러한 해체를 주도한 '열린 사회'에 대한 믿음과 그 구성 의도는 또 다른 신화화 과정일 수도 있다.

따라서 역사의 흐름을 신화화와 탈신화화의 교체적 전개 과정이라 볼 수도 있다. 신화화와 탈신화화는 동전의 양면이다. 어느 것이나 '역사의 선택'이고 '상황에 동반된 것'이며, '제한된 시대의 정신'과 '가설에 대한 한시적 믿음'을 가지고 진행되는 과정이다. 중요한 것은 '열린 사회'의 신화가 인간의 시야를 확장해주고 인간 의식의 지평을 넓혀주려면, 즉 의식의 자유를 구속하지 않으려면, 탈신화화된 '닫힌 사회'에 대한 본질적 배척과 영원한 망각을 경계해야 한다. 말하자면, 닫힌 사회의 망령(亡靈)을 안고 가야 하는 것이다.

포퍼(K. R. Popper)가 주창한 '열린 사회'가 그의 적(敵)들을 모두 사형시키거나, 오늘날 다수가 **당연한** 것처럼 추구하는 열림이, 비판이 아닌 본질적 배타성을 가지고 닫힘을 대하는 열린 자세라면, 그것은 '거짓 열림'이다. 그것은 '거짓 당연함'이거나 '거짓 자명함'일 뿐이다. 다시는 자명함을 내세운 역사적 폭력이 반복되어서는 안 된다. 현대 문화도 절대적인 열림의 경향을 띠고 있다. 열림이 **절대 명령**이므로 이 문화의 산물이 간혹 폭력성을 표출하는 것이다.

## 닫힌 사회:《미운 오리새끼》의 우화

모두가 열림을 추구하는 분위기에서는, 다시 말해 '모두가 열림을 지향하는 닫힌 사회'에서는, 닫힘을 논하는 것조차도 이단아의 객기나 이방인적인 태도, 이상한 것으로 간주될 수 있다. 곧 '미운 오리새끼'가 될 수 있다. 안데르센(Hans C. Andersen)의 우화는 '닫힌 사회'의 특성을 다양한 차원에서 보여준다. 나아가 '닫힌 사회-열린 사회'의 역설을 보여줘서 더욱 흥미롭다.

너무나 유명한 작품이므로 《미운 오리새끼》의 줄거리는 잘 알고 있으리라 생각한다. 우연히 오리알들 사이에서 태어난 아기 백조는 다른 생김새 때문에 엄마 오리를 제외한 모든 오리들에게 구박을 받고 무시당한다. 그뿐 아니라 닭·칠면조 등 저 잘난 맛에 사는 이웃들에게도 놀림감이다. 그야말로 자기 주위의 모두에게 따돌림을 당하는 것이다. 더 나아가 이유 없는 폭력을 감수해야 한다. 그것은 한마디로 고통이다. 철새인 기러기가 조금 동정심을 베푸는가 싶었는데 사냥꾼의 총에 맞아 죽는다. 그러던 어느 날, 아기 백조는 무리에서 떨어져 한 농가에 숨어든다. 그곳에는 할머니와 고양이 한 마리, 암탉 한 마리가 살고 있는데, 다행스럽게도 오리알을 얻을지도 모른다는 할머니의 기대감 때문에 얼마간 그들과 함께 머물 수 있게 된다. 그러나 미운 오리새끼, 아니 아기 백조는 집안에 이득이 되는 일은 하나도 못하면서, 자기가 여태까지 본 다른 세상의 이야기를 해주며 말참견을 하려 한다. 한술 더 떠 물 위를 헤엄쳐 다닌다거나 물 밑바닥까지 잠수하는 것이 얼마나 신나는 일인지를 이야기한다. 그러나 암탉과 고양이 입장에서는 허황되고도 건방진 이야기일 뿐이다. 그 바람에 따돌림을 당해 그 집에서 나온다. 그리고 또 다른 방랑 생활을 겪는 사이에 세월은 흘러 겨울은 가고 새봄이 온다. 이제 그는 더 이상 새끼가 아니고, 어느새 성숙해져 아름다운 백조가 된다. 그리고 백조 무리 속에서 인정받고 자기 자신을 찾게 된다.

이 우화에서 두 가지 형태의 닫힌 세상을 관찰할 수 있다. 첫째는 오리 무리인데 자연적 성격의 닫힌 세상이라고 볼 수 있다. 둘째는 할머니

안데르센의 《미운 오리새끼》는 '닫힌 사회-열린 사회'의 역설을 보여준다. '미운 오리새끼-아기 백조'의 여정은 오리들의 닫힌 사회에서 출발하여, 농가의 닫힌 사회를 거쳐, 백조들의 닫힌 사회에 안주하는 과정이었다.

의 집으로 사회적 성격의 닫힌 세상이라고 볼 수 있다. 양쪽의 공통점은 '다른 것'을 수용하지 않는다는 것이다.

오리들은 태어날 때부터 자기들과 모습이 다른 아기 백조를 받아들일 수 없다. 그와 직접적인 연관이 없는 오리의 이웃들도 다른 것이 섞인 부조화를 그냥 보고 넘기지 못한다. 곧바로 뒤따르는 것은 무시와 폭력이다. 다르다는 것이 폭력을 정당화한다. 또한 다르다는 것은 미적(美的)으로 낮은 가치와 동일시된다. 그래서 그는 밉다. 이제 그가 할 수 있는 것은 무리를 떠나는 것뿐이다(엄마 오리도 나중에는 미운 오리새끼가 "차라리 어디 먼 곳으로 가버리는 게 낫다!"[7]라고 포기해버린다). 그에게 무리는 문을 닫고 있는 것이다. 사실 그는 태어날 때부터 문 밖에 있었던 것이다. 그것은 자연적 필연성을 깬 우연적 사건이 겪어야 하는 비극일지도 모른다.

할머니의 집에 사는 할머니, 암탉, 고양이는 자연적 조건과 모습이 서로 아주 다르다. 그러나 그들은 서로의 이해관계 때문에 같이 산다. 암탉은 달걀을 낳고, 고양이는 쥐를 잡고 귀여움을 떨며, 할머니는 먹을 것과 따스한 잠자리를 제공한다. 그들은 '사회'를 형성한 것이다. 이렇게 이해관계로 엮인 사회의 틀은 그들이 진리라고 믿고 주장하는 것들에 의해 더욱 견고해진다. 할머니는 이 세상에서 제일 지혜로운 어른이고, 암탉과 고양이는 그들이 사는 곳이 최고의 세상이며, 세계의 반을 차지한다고 믿는다. 그들은 항상 "우리와 세계(We and the world)"[8]라는 구호를 외치며 으스댄다.

미운 오리새끼는, 모든 것을 다 알고 있다고 믿는 그들에게 아무런 의견도 제시할 수 없다. 그는 '우리'에서 제외되어 있는 것이다. 그가 '우리'의 하나로 인정받으려면, 암탉과 같이 달걀을 낳거나, 고양이같이 애교를 떨고 눈에서 야광을 발해야 한다. 그 외의 말이나 행동은 '쓸데없는 것'이거나 '이상한 것'이 되며, '미친 짓'이라고 비난받는다. 아기 백조는 자신을 본질적으로 개조하거나, 아니면 그 사회에서 나올 수밖에 없다. 그는 잠시 그 사회의 문 안에 들어갔으나 전혀 적응할 수 없었던 것이다. 아니 그 사회가, 사회의 진리와 다르다는 이유로 그에게 적응의 기회를 주지 않은 것이다.

미운 오리새끼로 태어나 다 자란 아름다운 백조가 될 때까지 그가 경험한 것은 닫힌 세상뿐이었다. 그리고 자신의 차이성 때문에 그는 많은 고통을 감내해야 했다. 하지만 어느 날 성숙한 백조가 되어 자신의 정체성을 찾았을 때에 그를 받아준 곳도 사실은 백조들의 **닫힌 사회**였다. 백조로서 그의 정체성(identity)은 자연적으로 주어진 조건으로, 백조들 사이에서는 즉각적으로 동일화(identification)될 수 있었다.[9]

그의 여정은 닫힌 사회에서 출발하여, 닫힌 사회를 거쳐, 닫힌 사회에 안주한 것이다. 그 자신에 맞는 '우리'를 찾은 것이다. 이 세상 곳곳에서 쉽게 만날 수 있는 수많은 사회는 '우리'라는 이름의 닫힌 사회들이다. 이들은 백조의 무리가 백조를 받아준 것처럼, 자신들의 동일성이 요구하는 '우리'의 조건에 맞는 자에게만 열린 사회이다. 각각의 닫힌 사회는 마치 하나의 소우주(micro-cosmos)처럼 존재한다. 그것은 코스모스(cosmos)의 어원이 보여주듯이 그 안에서의 조화, 안정, 질서를 '주어진 조건'으로 유지하려는 사회이다. 이 세상 곳곳에는 수많은 닫힌 사회가 있다. 그렇다면 열린 사회의 추구는 무엇을 의미하는가?

## 열린 사회: 돌쩌귀의 비밀

20세기에 들어서, 전체주의적 이데올로기에 저항하는 반유토피아(anti-utopia)적 사상을 문학 형식을 빌려 표현한 효시적 인물은 러시아의 작가 예브게니 자미야찐(Evgenij I. Zamjàtin)이다. 그가 미래 세계의 전체주의적 모델을 상상하여 1922년에 쓴 소설의 제목은 바로 《우리》이다.[10] 소설 《우리》에 묘사된 미래 사회에는 개인주의와 자유가 철저히 금지되어 있다. 포퍼의 저서 《열린 사회와 그 적들》도 사실 '우리'의 문제를 다루고 있다. 그는 "마술적 사회나 부족사회, 혹은 집단적 사회는 닫힌 사회라 부르며, 개개인이 개인적인 결단을 내릴 수 있는 사회는 열린 사회"[11]라 부른다. 그가 집단과 개인을 대치적으로 설정한 것은 '우리'와 '나'의 관계를 주제로 하고 있다는 뜻이다.

이것은 우리와 나를 상반된 것으로 본다는 뜻이 아니다. 이것은 열림과 닫힘의 문제가, '나'라는 개체들이 '우리'를 이루어가는 방식의 문제라는 뜻이다. 또한 '우리'가 새로운 개체를 어떻게 맞이하느냐 하는 문제이다. 이는 또한 '만남'의 문제이다. '우리'의 문제는 개체들 간의 만남 때문에 생기는 문제이다. 그러한 개체는 개인일 수도 있고 일정한 사회일 수도 있다. 다시 말하면 개인을 포함하여—데모크리토스는 "인간은 소우주다"라고 했다—소우주들 사이의 만남은 '열림'과 '닫힘'의 문제를 야기한다. 이것은 자기 정체성을 유지하는 문제이자 동시에 타자를 인정하고 수용하는 문제이다. 각각의 소우주들의 '열림'으로 이루어진 사회는 좀더 큰 '열린' 소우주이며, 이는 또 다른 만남을 준비하고 기다린다. 오늘날의 세상은 이러한 만남들의 연속으로 이루어져 있다.[12] 따라서 지금까지 역사의 흐름은 열림의 중요성을 부각시키는 쪽으로 진행되어왔고 진행되어가고 있다고 볼 수 있다.

중요한 것은 만남을 어떠한 자세로 대하느냐는 것이다. 상징적으로 이야기하면, 만남을 '회전문'의 자세로 대하지 말고 '여닫이문'의 자세로 대해야 한다는 것이다. 그것은 두 문이 타자(他者)를 대하는 방식에 있어서 서로 매우 다르기 때문이다.

회전문의 축은 중심에 있다. 축을 중심으로 통상 네 짝의 문이 계속 돌게 되어 있다. 마치 계속 열려 있는 듯한 착각을 주지만, 사실은 네 짝의 문이 계속 안과 밖을 차단하도록 만들어져 있다. 실질적으로는 열려 있는 순간 없이 계속 닫혀 있는 것이다. 또한 회전문을 이용하는 사람은 회전문의 구조와 운동 메커니즘에 맞추어야 실수 없이 문을 통과해 안으로 들어갈 수 있다. 어린아이, 장애인, 또는 민첩성이 없는 노인은 쉽게 그것에 맞출 수가 없다. 맞이하는 사람의 방식과 틀에 들어오는 사람을 맞추도록 하는 열림은 진정한 열림이 아니다. 그것은 회전문 축의 구조처럼 맞이하는 자가 모든 것의 중심에 군림하려 하고 타자의 개별적 특성을 고려하지 않기 때문이다.

반면 여닫이문은 말 그대로 열고 닫을 수 있다. 뿐만 아니라 열어놓을 수도 있고 닫아놓을 수도 있다. 들어오는 사람이 원한다면 반쯤 열고 중간에 서 있다가 들어올 수도 있다. 이렇게 다양한 방식이 가능한 것은 바로 여닫이문의 축이 맨 가장자리에 있기 때문이다. 축이 주변에 비껴 있기 때문에 문의 기능은 원활하고 다양하지만, 막상 문설주에 붙어 있는 '돌쩌귀'는 눈에 띄지도 않는다. 돌쩌귀가 제공하는 기축(機軸)성은 열림과 닫힘을 가능하게 하면서 표가 나지 않는다. 이는 그가 문을 지지하고 운동을 가능하게 하는 '기축'의 기능을 가질 뿐이지 통제적 기능을 지닌 '중심'에 있지 않기 때문이다.[13] 그리고 돌쩌귀는 열고 닫을 때마다 자신에게 힘이 실리는 것을 고스란히 감내한다.

사회는 각 개인의 여닫이 운동으로 이루어져 있다고 볼 수 있다. 개인은 자기의 정체성과 특성을 유지하기 위해 닫음을 필요로 할 때가 있고, 타자를 인정하고 수용하기 위해 엶을 행할 때가 있다. 이 세상에서 완전하고 영원한 닫힘과, 완전하고 영원한 열림은 존재할 수 없다. 수없이 많은 열고 닫음이 있을 뿐이다. 그러면 이러한 여닫이를 무리 없이 행하는 데 각 개인이 기댈 수 있는 것은 무엇일까? 곧 각 개인에게 여닫이문의 돌쩌귀는 무엇일까?

포퍼는, 개개인이 개인적인 결단을 내릴 수 있는 열린 사회를 받쳐주는 것은 이성이라고 믿는다.[14] 포퍼는 열린 사회를 이루기 위한 행위는 이성에 기초해야 한다는 것을 여러 번 강조한다. 그러나 이성에 기초해야 한다는 것은 이성의 능력이라는, 완벽하게 검증될 수 없는 것에 대한 믿음이란 뜻이다. 이러한 의미에서 이성을 바탕으로 한 결정은 "이성에 대한 하나의 비합리적 신앙"[15]을 전제한다. 이성은 물론 인간이 삶을 영위하기 위해 필요한 아주 훌륭한 도구이다. 이성의 존재에 대한 인식과 믿음 그리고 일상의 선택과 결정에서 이성적 행위를 의식(意識)하는 것은 필요하다. 그러나 그것으로 충분하지 않다.

열고 닫음의 모순적 공존 관계를 감내하고, 수없는 여닫이 운동에서 오는 고통을 참으며, 자신이 하는 일을 자랑하거나 내세우지 않는 것은 사랑의 마음이다. 여닫이문의 돌쩌귀가 될 수 있는 것은 사랑이다. 사랑은 자애심(自愛心)을 가짐과 동시에 자신과 다른 타자를 포용하며, 이성이 진실을 밝히려 하고 진리의 길을 찾아가려 하는 것을 보고 기뻐한다. 20세기 철학계의 이단아 파이어아벤트(P. Feyerabend)가, 말기 암환자의 고통 속에서도 자신이 이 세상을 떠난 후 무엇인가 생존해 있기를 바라며 남긴 말은 가슴에 와 닿는다. 그가 바란 것은 "지성적 생존이 아니라 사랑의 생존(not intellectual survival but the survival of love)"[16]이었다.

## 열린 개체와 다차원적 복수 문화

앞에서 보았듯이 열린 사회와 닫힌 사회는 각 개인의 '여는 행위'와 '닫는 행위'를 전제로 한다. 어쩌면 열린 사회란 너무 추상적인 표현일지도 모른다. 자신의 정체성과 특성을 유지하면서 타자를 향해 개방성을 지닌 개체들이 '우리'를 이루었을 때에, 열린 사회는 그 결과로 온다. 바꾸어 말하면, '나'가 '너'를 거쳐서 '우리'를 인식하고자 할 때에 '나-우리'의 이항대립 구조는 극복될 수 있다. 즉 나와 우리의 연결고리는 '너'인 것이다.

지금까지의 역사에서, '너'에 대한 의식 없이 '나'에서 '우리'로 즉각적 인식의 전이가 이루어졌을 때에 많은 문제가 일어났다고 본다.[17] 또한 '우리' 속에서 '나'와 다른 것에 대한 인식이 결여되는 것도, 나와 우리를 동일화함과 동시에 '너'에 대한 의식이 개입되지 않기 때문이다. '우리'는 추상적이지만, '너'는 실체적이다. 이러한 의미에서 실질적으로 존재할 수 있는 것은 추상적 열린 사회가 아니라, 개개의 특성을 지닌 그러나 열 줄 아는 개체들로 구성된 다원화 사회이다.

이러한 사회는 다차원적 복수 문화에 의해 가능하다. 미운 오리새끼의 우화에서 보았듯이 자연의 법칙이 지배하는 사회는 내재적 조화와 질서 정연함을 바탕으로 하며, 그것이 깨지지 않음으로써 행복을 보장하는 닫힌 사회이다. 자연적 요소가 우월하면 닫힌 사회의 필요성이 부각되고,

반면 문화적 요소가 우월하면 열린 사회의 필요성과 함께 그 가능성이 더 부각된다고 할 수 있다. 네덜란드의 역사가 호이징가(Johan Huizinga)가 말했듯이 문화는 사회의 조건이다. 더 나아가 문화적 발전과 그에 대한 반응에 따라 사회의 성격은 변화한다. 포퍼도 기술의 발전이 닫힌 사회에서 열린 사회로의 전이를 가속화했다고 본다. 기술은 중요한 문화적 요소이다. 문화가 제시하는 조건 때문에 열린 사회가 불가피해진 것이다.

현대사회는 수많은 다양한 문화 요소를 수용해야 한다. 이는 문화적 창조력과 그 성과가 다방면에서 급속도로 발전하고 있기 때문이다. 이제 각 개인은 직접적으로 다차원적 복수 문화를 접할 수 있으며(대중매체의 다양화와 사이버 공간은 이를 더욱 가속화할 것이다), 열린 개체들로 이루어진 다원화 사회의 구성원으로서 역할을 요청받고 있다. 물론 이것도 다양화란 이름의 획일화를 가져올 수 있다. 그러나 인류는 현재 그러한 모순적·복합적 상황에서 무엇인가 해야 한다.

주어진 조화·질서 및 통일성을 바탕으로 하는 닫힌 사회는, 현재의 역사 진행 방향과 세계 전체적 관점에서 볼 때에 점점 인류의 추억이 되어가는 것 같다. 그것은 좋았던 한때일 수도 있다. 그러나 인간은 억지로 그곳으로 돌아갈 수 없다. 포퍼가 말했듯이, 이제 "자연의 조화된 상태로 되돌아갈 수는 없다. 만약 우리가 되돌아간다면, 우리는 길 전체를 다 가야만 한다—우리는 금수로 돌아가야 한다."[18] 포퍼의 표현은 극단적이다. 그러나 현실적으로 고통과 희생을 강요하는, 억지로 돌아가고자 하는 시도의 위험성은 상존한다. 우리가 돌아가고자 한다면, 그 길목마다 핏자국을 남기는 고통을 지르밟고 가야 한다. 누군가가 그것이 궁극적으로 인류의 진정한 행복을 위한 길이라고 주장한다면, 나는 그것을 부정하는 증거를 예시(豫示)할 수가 없다. 나는 그런 엄청난 일을 내다볼 수 있는 예언자가 아니기 때문이다. 그러나 그것이 이성적 판단이 아님을 알며, 사랑의 행위도 아님을 느낄 수 있다.

그러면 이제 무엇을 할 것인가? 현대 문화가 다차원적 복수 문화이며 각 개인이 보다 열린 자세를 취해야 이러한 상황에 적절히 잘 대처할 수 있다는 것은 현대인에게 주어진 조건이다. 문제는 이 조건을 인간에게 도움이 되도록 잘 이용하는 데 있다. 사회적 관점에서 볼 때에도, 닫힘의 필요성은 대체로 '주어지는' 것이고, 열림의 필요성은 '제시되는' 것이며 그 실현 가능성은 '찾아가야' 하는 것이다.

파이어아벤트는 죽기 얼마 전 마지막 과업으로 인식론의 차원을 포함하여 문화의 다양성과 풍요로움을 주제로 한 《풍요로움의 정복(Conquest of Abundance)》이라는 저서를 계획했었다.[19] 그의 표현을 전용(轉用)하면, 현대인이 해야 할 일은 다양한 문화적 풍요로움을 억지로 축소시키는 것이 아니라(그렇게 할 수도 없지만), 그것을 어떻게 효과적으로 차지하며 효율적으로 서로 나누어 즐기느냐는 것이다.

이것은 '감각적 인간' 및 '상징적 인간'을 포함하는 인간의 다양한 차원의 욕구 실현을 위해, '합리적일 수 있는 동물(animal rationabile)'인 인간이 인간 자신에게 해줄 수 있는 일이다. 그리고 지속적으로 번식하는 문화의 다양한 형태는 서로 공존함으로써 어느 정도 스스로 질서를 잡아갈지도 모른다.[20] 현대 문화가 다양하고 다차원적이라는 것은 자칫 혼란이라는 불안감을 줄 수 있다. 그러나 그것을 복합성이라고 본다면, 인간 행위에 있어서 선택의 여지가 많다는 것이며, 선택의 여지가 많다는 것은 우연한 위험에 대한 방어의 수단과 가능성도 다양하고 많다는 뜻일 수 있다. 문제는 각각의 경우에 따라 이러한 다양성을 어떻게 잘 이용해서 대처하느냐에 있다. 이러한 상황을 '희망적'이라고 표현하고 싶지는 않다.

다만 "두려워 말자!"라고 말하고 싶을 뿐이다.

## 오후 5시의 티 타임

헨리 제임스(Henry James)의 소설 《여인의 초상》에는 다음과 같은 말이 나온다. "오후의 티 타임이라고 알려진 의식(儀式)에 할애하는 시간보다 더 즐겁고 마음 내키는 시간은 인생에서 별로 찾아볼 수 없다."[21]

이는 이상적인 '우리'의 상황을 묘사하는 것이라고 볼 수 있다. '마음 내키는(agreeable)' '우리'의 상황이란 '나'와 '너'가 살아 있는 분위기라는 뜻이다. 소설에서 묘사되었듯이 개인의 프라이버시가 요란스럽게 주장되지 않고 담담히 유지되며, 만남의 자리가 부담스럽지 않은 상황이다. '우리'를 이루어주는 '만남'과 '모임'에 함께하는 것에 마음이 내킬 때, 기꺼운 행동이 나오며 즐거울 수 있는 것이다. 그러한 상황은 제임스의 말처럼 '분위기 그 자체로 즐거운(situation in itself delightful)' 것이다. 하지만 이러한 만남과 모임은 사회문화적 성숙함이 있을 때 가능하다.

열림과 닫힘의 주제는 앞서 다각적으로 조명해보았듯이, '나-너-우리'의 연계적 상황을 다루고 있다. 그렇기 때문에 매우 무거운 주제일 수 있다. 특히 열림과 닫힘이 '형평적 상반 관계'에 있는 것처럼 보이지만, 사실은 그렇지 않기 때문에 더욱 미묘하고 어려운 것이다. 닫힘은 열림을 완전히 부정할 수 있다. 닫는다는 행위 자체가 열림을 원천적으로 배제해도 자기 모순은 없다. 그러나 열림은 닫힘을 원천적으로 배제하거나 완전히 부정할 수 없다. 여는 행위는 닫음의 행위에도 열려 있어야 하기 때문이다. 그러지 못하면 자가당착적 결론에 빠진다. 이는 여는 행위가 갖는 비극적 운명인지도 모른다. 그렇기 때문에 엶의 의도와 행위가 더욱 인간적인지도 모른다. 여는 행위가 닫음에 대해서도 열려 있어야 하는 것은, 마치 '원수를 사랑하라'는 말처럼 역설적이며 모순적인, 매우 힘든 과제이다. 그래서 열림을 위해서는 이성의 명민함과 함께 '돌쩌귀'로 상징되는 사랑이 필요하다. 또한 열림을 행하는 자의 사회문화적 성숙도가 더욱 요구된다.

그렇다고 열림의 과제가 주는 심각함과 무거움에 주눅들 필요는 없다. 가벼운 마음으로 담담하게 일상 안에서 느끼고 익숙해져야 한다. '거대한 주제'일수록 일상의 가벼움과 친근함에서 그 비밀의 열쇠를 찾을 수 있다. 마치 티 타임의 분위기가 '나-너-우리'의 관계를 거칠지 않게 설명해주듯이, 일상의 관찰은 우리에게 많은 해답을 줄 수 있다. 또한 사회문화적 성숙도도 '마음 내키는' 티 타임의 분위기를 일상에서 만들어보고 실제로 느껴보면서 길러질 수 있다.

칸트가 자신의 《영구 평화론(Zum ewigen Frieden)》의 화두를 '손님 맞이하기'의 방식에서 찾아내듯이, 일상은 인간의 깊은 고뇌를 반영하기도 하지만, 부담스럽지 않고 담담하게 지혜와 사랑의 화두(話頭)를 제공하기도 한다. 활력 있으나 거칠지 않은 우아함의 휴머니즘을 위해 현대인이 갖추어야 할 문화적 자질은 일상의 색깔을 보고, 일상의 소리를 들으며, 일상의 접촉을 느끼는 것이다. 다시 말해 '일상의 시인'이 되는 것이라 할 수 있다.

일상생활을 이야기하는 것은, 곧 너와 나, 우리 사이의 나날의 삶을 이야기하는 것은, '열린 사회'가 그 신화의 권위를 행사하는 것으로만 그치지 않기를 바라는 마음에서다.

[ 1장 주석 ]

1) 한국에서 '열린 사회'에 대한 의식이 구체화한 데에는 K. R. Popper의 저서 《열린 사회와 그 적(敵)들》(The Open Society and Its Enemies I, II, George Routledge & Sons, London, 1945)도 한몫했을 것이라고 생각한다.
2) Platon, Phaidon, 58 a-c 참조.
3) 소크라테스는, 신화의 내용이 사실이냐는 아테네 젊은이의 질문에 "그것을 있는 그대로 안 믿어도 이상할 것 없다"는 합리주의적 해석의 입장을 자신 특유의 반어적 표현으로 은연중 비춘다(Platon, Phaidros, 229 c 참조). 또한 자기 아버지를 고소하러 법정으로 가던 사제가 신화(크로노스는 아버지 우라노스를 거세했고, 제우스는 아버지 크로노스를 왕좌에서 쫓아냈다는)를 근거로 자기 행동을 정당화하려 하자, 소크라테스는 "당신은 이 일들이 정말로 일어난 일이라고 믿고 있소?"라고 반문한다.(Eutyphron, 6b 참조).
4) K. Kerényi and C. G. Jung, Einführung in das Wesen der Mythologie, Zurich, 1941 ; K. Kerényi-C. G. Jung-P. Radin, Il Briccone divino, Milano, 1965, 서문(Prefazione) 참조('신화의 예술가'나 '신화의 기술자'는 케레니 자신이 직접 쓴 표현은 아니다. 그의 이론을 해석하기 위해 편의상 필자가 만들어낸 말이다).
5) R. Barthes, Mythologies, Paris, 1957 참조.
6) Georges Dumézil은 다른 구조주의 신화 연구가(예를 들면 C. Lévi-Strauss)와는 달리, 유사한 문화 간의 신화적 자료는 사회종교적 '구조'를 반영하지만, 이는 구조주의에서 말하는 보편적 구조가 아니라, 그것의 개별적·특수적·부분적 성격을 보여준다는 의미에서 신화는 '역사의 개별적 증거'라고 주장한다(Mythe et épopée, I, II, III, Paris, 1968~1973 참조).
7) H. C. Andersen, Fairy Tales, Penguin(Popular Classics), London and New York, 1994, 140쪽.
8) 같은 책, 142쪽.
9) 이것은 안데르센의 우화에 묘사된 대로, 다른 백조들이 그를 보자마자 한 행동을 보아도 알 수 있다. 그들은 "깃을 세우고 급히 그에게 다가온" 것이다: "They saw him and hurried toward him with ruffled feathers."(앞의 책, 146쪽).
10) E. I. Zamjàtin의 《My(우리)》는, 일반적으로 잘 알려진 Aldous L. Huxley의 《멋진 신세계(Brave New World)》(1932)보다 앞서고, George Orwell의 《1984》 (1948)보다는 한 세

대나 먼저 쓰였으며, 전체주의가 구체적인 역사 현실로 확실히 부각되기 이전의 작품이라는 면에서 중요하다. 1924년에 영어판, 1928년에 프랑스어판이 나왔으나 크게 주목받지 못했다. 소설《우리》는 과학과 기술이 고도로 발달된 미래 사회에 대한 예견을 담고 있다. 과학적으로 완벽히 조직된 미래 사회와, '수학적으로 정확히 계산해낸 행복의 양'을 전달해주기 위해 운행하는 '유일 왕국'의 우주선 '인테그럴'의 혹성 간 여행에 대한 풍자적 어조는 사실 현대인의 미래 세계에 대한 희망과 함께 불안과 공포를 내포하고 있다.

11) K. R. Popper, *The Open Society and Its Enemies*, 한국어판,《열린 사회와 그 敵들》, 민음사, 서울, 1982, 241쪽.

12) 포퍼가 비판했던 닫힌 사회들이 과거 역사에 많았던 이유는 과거에는 '만남'이 적었기 때문이다. 포퍼 자신도 닫힌 사회를 붕괴시킨 가장 큰 원인으로 해상 교통과 상업의 발달을 들고 있다. 교통과 통상이 만남을 촉진시킨다는 것은 어렵지 않게 이해될 수 있다. 플라톤의 시대에도 교통과 통상이 있었지만 폴리스는 현대사회에 비해 다양한 만남의 기회가 훨씬 적은 사회였다. 그들의 소우주 폴리스는 '물려받은' '주어진' 조건에서 조화와 질서를 지켜가는 사회였다. 그리고 그것은 역사적 선택이었다.

13) 기축성은 주변성과 최소성을 내포하며, 이는 21세기 문화의 중요 주제가 될 것이다. 이것은 또한 현대적 의미의 '문화 개념'을 이해하는 것과도 연관되어 있다.

14) K. R. Popper, 앞의 책, II, 14장 참조.

15) 앞의 책, II, 321쪽.

16) P. Feyerabend, *Killing Time*, The University of Chicago Press, 1995, 181쪽.

17) 그것은 정치·경제·사회·문화·종교 등 실제 현상에서 일어나는 문제일 뿐 아니라, 현상 해석과 이론의 문제이기도 하다(필자는 포퍼도 이 점을 간과했다고 생각한다).

18) "There is no return to a harmonious state of nature. If we turn back, then we must go the whole way—we must return to the beasts." (K. R. Popper, 앞의 책, I, 271쪽).

19) P. Feyerabend, 앞의 책, 179쪽 참조. 책은 파이어아벤트가 작고한 지 5년 후, 부인 Grazia Borrini-Feyerabend의 도움으로 Bert Terpstra가 편집해서 펴냈다: P. Feyerabend, *Conquest of Abundance. A Tale of Abstraction versus the Richness of Being*, Edited by B. Terpstra, The University of Chicago Press, Chicago-London, 1999 참조.

20) 그러나 앞서 언급했듯이 다양화라는 이름 속에는 획일화의 위험이 항상 도사린다. 획일화의 방식 또한 다양하고 다층위적이며, 획일화의 과정은 파상적(波狀的)일 뿐만 아니라 구조적 침윤으로 진행될 수도 있기 때문이다. 또한 열린 사회가 곧바로 다양성을 보장하

지 않는다는 사실도 염두에 둘 필요가 있다. 왜냐하면 열린 사회의 이름 아래에서도 어떤 획일화의 요소가 구조적 지배력을 행사할 경우 다른 다양성의 요소들이 동등한 권리로 공존할 가능성이 줄어들기 때문이다. 특히 '개방화'와 '전지구화'가 동시에 일어나고 있는 오늘날의 상황에서는 현실적으로 문화 추이의 다양한 차원과 획일적 차원을 구분해내는 지혜가 필요하다.

21) H. James, *The Portrait of a Lady*, Penguin(Signet), New York-London, 1996, 5쪽: "Under certain circumstances there are few hours in life more agreeable than the hour dedicated to the ceremony known as afternoon tea." 전통적인 영국 가정에서는 이러한 티 타임을 위한 모임을 대개 오후 5시경에 갖는다.

# 2

## 유도된 필요성으로서 문화

앞 장에서 우리는 '다차원적 복수 문화'가 현대 문화의 특성이라는 것에 대해 살펴보았다. 이러한 현상은 현시대가 '열린 사회'를 지향하기 때문에 가능하다. 열린 사회는 사회 각 구성원의 욕구 표출을 최대한 보장하고, 가능한 한 최대 다수의 욕구를 충족시키기 위해 이념·정책·제도·기능 등의 분야에서 다각적 배려를 한다는 것을 또한 의미한다. 물론 이것은 거의 모험적이라고 할 만큼 어려운 과제이다.

현시점에서 한 가지 확실한 것은 역사의 흐름이 이미 이러한 모험의 파도를 타기 시작했다는 것이다. 다만 어떠한 모험이든지 모험의 동참자들에게 상당한 만족감을 줄 수 있고 멋진 모험이 될 수 있지만, 그들이 그 모험으로 지불해야 할 대가 역시 상당하다는 것을 항상 염두에 두어야 한다.

다차원적 복수 문화의 사회에서는 각 개인과 사회 소집단들의 욕구가 다양한 형태를 띠면서 양적인 증식을 계속할 것이다. 현대사회와 앞으로 다가올 사회가 풍요하다는 것은, 단순히 물질적 풍요나 정신적 고양을 뜻하기보다는 '욕구의 풍요'를 의미한다고 볼 수도 있다. 욕구가 있기 위해서는 무엇인가 필요한 것이 존재해야 한다. 한때 학자들은 원초적이고 근원적인 필요성이 욕구를 유발한다고 생각했다.

그러나 이 글에서 논하고자 하는 것은 복합적인 현대사회에서는 '유도(誘導)된 필요성'이 개인과 집단의 구체적 욕구와 깊이 연관되어 있으며, 이것은 경제적인 문제이기도 하지만 무엇보다도 문화적인 문제라는 것이다. 왜냐하면 이것은 물질의 생산에서부터 의미(意味)와 상징(象徵)의 생산에 이르기까지 현대인이 복합적 '생산의 사회'에 살고 있기 때문이며, 이른바 문화의 세기라고 불리는 21세기에는 인간의 창조력이 중요시되면서 이 문제가 더욱 부각될 것이기 때문이다.

## 욕구의 인간

사회학이나 심리학에서 일반적으로 사용될 경우, 욕구(needs)라는 말은 일정한 주체(그것은 개인일 수도 있고 집단일 수도 있다)에 필요한(necessary) 것이 결여되었을 때 그것을 위해 발생하는 동기 유발을 의미한다.[1] 그 필요한 것은 물질적인 것일 수도 있고 비물질적인 것일 수도 있다. 무엇인가 필요한 이유는 현재 상태보다 더 나아지거나 또는 현재 상태보다 더 못해지지 않기 위한 것일 수도 있고, 아니면 전혀 다른 것이나 전적으로 새로운 것을 추구하기 위한 것일 수도 있다. 필요한 것이 현실적으로 결여되었을 때 일어나는 충동, 즉 욕구를 느끼거나 의식하며 예측하는 것은 주체의 자발적 행위에 의한 것일 수도 있고 타자에 의한 것이거나, 다른 매체를 통한 것일 수도 있다.

인간 욕구를 연구하는 방법론들은 여러 가지 유형으로 분류될 수 있다. 하지만 크게 나누어서 본질적이고 근원적인 관점에서 욕구를 이해하고자 하는 경향과, 인간이 속한 환경과 상황에 연계하여 관찰하고자 하는 경향으로 구분할 수 있다.

전자의 입장은 유기체로서 인간의 존재 조건과 연관된 육체적·심리적 필요성과 욕구를 소위 '근본적 욕구(basic needs)'라는 주제로 풀어나가려 한다. 이러한 욕구는 자기 보존의 본능을 포함한다. 예를 들면, 의식주 및 성(性)에 대한 필요와 욕구 등이 그것이다. 문화인류학자 말리노브스키(B. Malinowski)는 이것들 외에 휴식·안전·운동·성장 등을 첨가하기도 한다.[2] 어쨌든 이것들은 인간 자체, 즉 행위 주체에서 발생하는 필요와 욕구라고 볼 수 있으며, 그 충족의 가능성은 자체적으로 얻어내거나 외부 환경이 제공하는 자원이나 외부의 대상으로부터 얻어낼 수 있다. 이에 덧붙여, 역시 인간 자체에서 나오는 욕구로 이른바 '인간이란 이미지'에 연관된 욕구들이 있다. 예를 들면, 우정·사랑·자기실현, 그리고 자기표현 및 게임과 오락에 대한 욕구들이 그것이다. 앞서 말한 이른바 근본적 욕구가 생존과 자기보존을 위한 욕구라면, 이것은 인간적인 실현 가능성을 위한 욕구라고 할 수 있다.

인간의 삶이 영위되는 환경 및 상황과 연계하여 인간의 필요와 욕구를 관찰하는 입장에서 보면, 욕구는 사회화 과정과 문화 현상에 의해 그 구체적 모습을 드러낸다. 이 입장에 따르면, 아주 극단적인 경우를 제외하고는 이른바 본능적이고 원초적이라고 알려져 있는 충동과 욕구도 사실은 지배적인 문화 형태와 사회 관계가 제공하는 대상에 대한 필요로서 발현(發現)된다는 것이다. 예를 들면, 취사 욕구도 막연히 음식에 대한 일반적인 필요에 의해서 느껴지는 것이 아니라, 문화에 의해 규정되고 내면화되어 받아들여진 음식의 양태와 취사 방식의 필요에 따라 느껴질 수 있다는 것이다. 또한 성생활의 만족감이나 쾌감조차도 문화적 내면화 요소들의 영향을 받지 않을 수 없다는 것이다. 이러한 이론적 입장은 주거에 미치는 문화적 양식의 영향에 대해서도 많은 예를 들고 있다. 그 외에 인간의 자기실현을 위한 욕구가 내면적인 요인과 더불어 사회문화적 요인과도 깊이 연관되어 있다는 것은 그리 어렵지 않게 이해될 수 있을 것이다.

그러나 사실 이러한 이분법적인 해석도 분석 방법과 접근법의 문제라고 볼 수 있다. 현대 문화에 대한 비판(특히 소비문화에 대한 분석과 비판에서)의 주류를 이루었던, 욕구에 대한 사회학적·심리학적 논쟁들은 흔히 다음과 같은 이항대립적 명제들을 설정했었다. 일차 욕구-이차 욕구, 본질적-비본질적, 실질적-가상적, 의식적-무의식적 욕구 등이 그것이다. 그러나 이것은 접근법의 하나이자 이해를 돕기 위한 구분이지 실증적이고 경험적으로 증명될 수 있는 것은 아니다. 자신의 종교적 믿음이나 정치적 신념을 지키고 관철하기 위해서, 인간에게 본능적 욕구라고 인정되는 것조차도 포기하는 사람에 대해 어느 것이 본질적이고 일차적 욕구이며, 어느 것이 비본질적이고 부차적 욕구인가를 쉽게 단정할 수 있겠는가?

또한 이른바 포스트모더니즘 계열의 사회학자들이 주장하는 것처럼 소비의 욕구가 기호의 교환이 무수히 이루어지는 현대사회에서 '단순화된 소비자'(즉 소비자가 소비자인 한에 있어서)의 무의식적인 발현이라고 단정하기도 쉽지 않다. 인간의 욕구에 관한 '일반 이론'을 세우는 것만큼 어려운 일도 없을 것이다. 왜냐하면 무엇보다도 행위 주체인 인간 자신이 자신에게 필요한 것과 자신에게 결여된 것, 즉 자신의 욕구를 완벽하게 인식하고 구체적으로 인정할 능력을 갖고 있지 않기 때문이다.

그리스의 철학자 데모크리토스도 기원전 5세기에 이미 동물과 사람이 욕구를 갖는다는 점에서는 똑같지만, 동물이 '욕구의 척도'를 알고 있는 반면, 사람은 그렇지 못하다는 것을 지적한 바 있다. 여타 동물과는 달리 인간이 '욕구의 척도'를 무시한다는 것은, 어쩌면 인간에게 문화적 성취를 가능하게 하는 요인 중 하나일지도 모른다. 또한 인간에게 욕구의 척도가 결여되었다는 사실은, 인간 문화가 궁극적으로 비극적 성격을 내포하고 있다는 의혹을 품게 하는 이유일지도 모른다.[3]

## 유도된 필요성

현대사회에 와서 새로운 욕구가 끊임없이 늘어나고 있다는 것은 어렵지 않게 관찰될 수 있다. 새로운 욕구들이 순전히 외부로부터 행위 주체에게 부여된 욕구인지, 아니면 행위 주체의 내부에 잠재적으로 있던 '근본적 욕구'가 일정한 상황을 맞아 구체적으로 발현된 것인지의 여부를 밝혀내는 것은 쉽지 않다. 다만 인간의 필요와 욕구가 문화 추이와 연관하여 지속적으로 증가하고 있다는 사실은 받아들이지 않을 수 없다.

문화적 관점에서 관심을 끄는 것은, 왜 현대에 와서 수많은 욕구가 증대했는지와 이러한 현상이 현대인의 삶과 어떤 관계가 있는지를 살펴보는 것이라고 하겠다. 이러한 관찰은 이른바 현대 대중문화를 이해하기 위해서도 필요하다. 왜냐하면 대중문화를 이해하는 열쇠 중 하나가 바로 대중의 욕구가 어떻게 유발되고 형성되는지를 살펴보는 것이기 때문이다. 그리고 대중적 욕구 증대 경향이 미래에 어떤 방향으로 진행할 것인가에 대한 물음도 문화적 관심의 대상이다.

헤겔(G. W. F. Hegel)은 근현대 사상에서 욕구 이론의 체계를 세우고자 했던 학자 가운데 한 사람으로, 자신의 법철학에서 현대 시민사회 이해를 위한 요소로서 '욕구의 시스템(System der Bedürfnisse)'을 분석한다.[4] 헤겔은 욕구를 시민사회(Bürgerliche Gesellschaft) 구성의 원초적 요인으로 인식하며, 경제를 욕구 충족을 위한 시스템으로 이해한다. 그에 의하면, 욕구는 사유재산 및 노동과 연관되어 있으며, 욕구의 충족은 소비 행위와 연관되어 있다. 이것은 욕구를 사유재산의 자연적 기초로 인식함과 동시에 시민사회의 법적 구조 형성의 기초로 보는 입장이다. 이상은 헤겔의 욕구 시스템 이론에 대한 일반적인 해석이다.

그러나 문화적 관점에서 헤겔 이론을 해석해보면 다음과 같은 문화 이해의 요소를 추출해낼 수 있다. 첫째, 시민사회와 경제조직의 발달로 욕구와 그 충족 수단이 지속적으로 증가한다는 것, 둘째, 그 결과 '자연적 욕구'와 '문화적 욕구'의 경계가 모호해진다는 것이다. 이를 다시 해석하면, 인간의 삶이 자연적이든 문화적이든 수없이 많은 '필요성'에 둘러싸이고, 각 개인이 그 필요성의 일부가 결여됨을 감지함에 따라 개인의 욕구가 지속적으로 늘어난다는 것이다. 그리고 그 결과 증가된 필요성에 대한 사회 구성원들의 총체적 의존도도 점점 높아진다는 것이다.

마르크스(K. Marx)의 욕구 이론도 헤겔의 이론적 입장에 그 단초를 두고 있다. 물론 마르크스는 욕구 이론을 좀더 체계적이고 구체적으로 전개한다. 중요한 것은 그의 욕구 이론이—청년기의 《헤겔 법철학 비판》에서부터 《자본론》에 이르기까지 일관되게—소비의 관점에서가 아니라, '생산의 역사'라는 관점에서 전개된다는 것이다. 그 이론의 핵심을 해석하면, 전근대적 사회에서는 필요한 것을 생산함으로써 욕구를 충족시켰다. 다시 말해, 무엇인가 사용 목적이 있었고 그 목적에 맞게 소비하기 위해 생산을 했다. 반면 자본주의 사회에서는 생산이 필요와 욕구를 유발한다는 것이다. 즉 소비시킬 목적으로 생산한다는 것이다. 마르크스의 표현을 빌리자면, 자본주의 사회에서는 생산력의 발달이 욕구를 증가시키며, 욕구는 생산 메커니즘에 의해 규정된다.[5]

이를 해석하면 생산이 욕구에 의존하는 것이 아니라, 욕구가 생산에 의존하는 것이라고 말할 수 있다. 생산과 욕구의 관계는 '생산의 욕구'이자, 또한 '욕구의 생산'인 것이다. 마르크스의 이러한 관점은 그의 자본 순환 이론과 소외 이론 등의 바탕을 이루고 있으며, 그 이후의 경제학과 사회학에 많은 영향을 주었다.[6] 그러나 이러한 관점은 사실 그의 다른 이론적 주장에 비해 소홀히 다루어져왔다. 또한 상당수의 현대 사회과학 이론들이 주로 소비에 중점을 두어 사회문화 현상을 분석하고 연구하려 했기 때문에, 이러한 마르크스의 이론적 입장은 그 중요성에 비해 충분히 강조되지 못했다.

현대사회, 또한 앞으로의 세계에서 이른바 대중문화가 그 중요성을 더해갈 것이라는 점에는 대부분 동의한다. 이제 대중문화의 형성과 발전은 '필요성의 생산'에 상당수 의존한다는 사실에 주목해야 한다. 바로 여기에 헤겔과 마르크스의 욕구 이론을 전용(轉用)하는 의미가 있다.

앞서도 말했지만 사람들이 욕구를 갖기 위해서는 무엇인가 필요한 것이 있고, 그것이 일정한 상황에서 결여되어 있는 상태가 부각되어야 한다. 현재의 진보된 자본주의 생산 체제는 각 개인이 본질적이라고 느낄 정도의 '필요한 것들'을 무수히 생산해내고 있다. 그것은 재화일 수도 있고 서비스일 수도 있다. 또한 미적 쾌감과 오락성을 제공하는 것일 수도 있으며 지식과 정보일 수도 있다.

중요한 것은 그렇게 생산해낸 것들이 현대인의 삶에서 '본질적 필요성'으로 유도되면서 그들의 문화생활에 스며든다는 것이다. 굳이 텔레비전, 영화 등 영상문화 산업의 예를 들지 않더라도 이러한 '유도된 필요성'이 현재 우리 삶을 지배하고 있다는 것은 곳곳에서 감지할 수 있다(한국에서 TV 드라마를 보는 것이 세끼 밥 먹는 것보다 더 중요한 일이 되었다는 풍자는 단순히 웃어넘길 일만이 아니다). 가장 최근의 현상에서 예를 들면, 컴퓨터에 대한 의존도는 PC의 보급과 컴퓨터 게임 및 인터넷의 필요를 거의 의식주의 필요만큼 유도해내었다고 해도 과언이 아니다. 유도된 필요성의 세계가 새로운 현실을 제작해내고 있는 것이다. 아니 그 필요성 자체가 새로운 현실이 된 것이다.

혹자는 대부분의 미래학자들이 주장하듯이 인류는 이미 탈산업사회(post-industrial society)에 접어들었으므로 생산 중심의 사회에서 벗어나고 있다는 주장에 귀를 기울일 것이다. 그러나 탈산업사회가 탈자본주의를 의미하지는 않는다. 생산이 없는 자본주의는 생각할 수가 없다. 소비는 생산을 따라오는 것이다. 조금 더 구체적으로 말하면, 소비는 생산이 유도해낸 필요성과 이에 따른 욕구를 따르는 것이다. 물론 유도된 필요성이 지닐 수 있는 본질적이고 근원적인 성격을 완전히 부정하는 것은 아니다. 앞서도 말했지만, 잠재적인 상태에 있는 본질적 필요를 유도해낼 수도 있다.

중요한 것은, 본질적이든 부여된 것이든 소비 주체에게 필요성으로 부각될 뿐 아니라, 그의 의식에 '필연적 논리'로 자리 잡는다는 사실이다. 이러한 의미에서 유도된 필요성이 이끄는 문화양식은 하나의 '형이상학적 체계'라고 볼 수도 있다. 왜냐하면 유도된 필요성의 필연적 논리는 인간의 일상에서 '불변의 구조'로, 더 나아가 하나의 '존재론적 세계'로 자리 잡으려 하기 때문이다.

세기말과 세기초의 전환기에서 회자(膾炙)되고 있는 이른바 지식정보사회에서는 유도된 필요성이 개인에게 더 직접적으로 다가온다. 왜냐하면 그것은 '창(window)'으로 들어오기 때문이다. 문화적 관점에서 보면, 현대사회의 유도된 필요성들은 주로 '사각의 틀'을 통해 들어왔다. 대중소비를 위한 쇼윈도(show window)가 그러하며, 영화관의 화면과 TV, 비디오, 컴퓨터 모니터가 그러하다. PC의 모니터는 21세기의 쇼윈도가 될 것이다. 그것은 사물뿐 아니라, 정보와 아이디어, 이념과 예술적 감각의 전시장이자 매장이 될 것이다. '사각의 공간'이 주는 상징성 앞에서 인간은 쉽게 순종적이 되는 것일까?[7]

이제 사이버문화의 시대를 이해하기 위해서도 유도된 필요성을 이해하는 것이 얼마나 중요한지 알게 될 것이다. 물론 이러한 이해를 위해서는 추상적 논쟁을 할 것이 아니라, 각 개인이 열어놓은 사각의 창(窓) 앞에서 그것을 통해 들어오는 수많은 유도된 필요성을 감지하고 이에 따른 욕구를 갖게 될 앞으로의 세대들의 행동 방식과 그들이 맞게될 다양한 상황들을 구체적으로 관찰하고 연구해야 할 것이다.[8] 왜냐하면 그러한 상황 속에서 대중문화의 성격을 이루는 일상적 요인들이 생성될 것이기 때문이다.

## 문화적 효과: 두꺼비 '토드'와 자동차

'유도된 필요성'이 물질에 연관된 것이라 할지라도 단순히 물질적 차원만을 갖는 것은 아니다. 그것은 이기(利器)와 서비스가 주는 편안함,

습관적 안주, 탐닉성을 넘어서는 차원을 가짐으로써, 폭넓은 의미에서 문화적 관심의 대상이 된다. 헝가리의 철학자 루카치(G. Lukács)는 인간의 생존과 기초적 생활 영역을 위해 필요한 물질적 조건을 넘어서는 차원이 문화의 개념에 포함될 때에 문화를 논하는 의의가 있다는 입장을 취했다.

문화가 다차원적이듯 문화적 효과도 다차원적이다. 20세기의 상당수 발명품들은 이기(利器)로서의 기능만을 수행함으로써 단순히 사람들에게 욕구를 유발하는 것이 아니라, 사람들에게 열정 또는 정열(passion)을 가져옴으로써 가히 문화적 효과를 낳게 한다. 어떤 생산물은 사람이 그것을 '열렬히 사랑하게' 만드는 것이다. 각 시대별 문명 이기의 대표적인 예가 20세기에는 자동차였으며, 21세기에는 사이버 제품, 첨단 통신 제품, 그리고 우주 산업의 부산물들일 것이다. '유도된 필요성으로서 문화'라는 맥락에서 보면, 인류는 21세기의 문화 행태(行態)를 위한 예비 연습을 이미 20세기에 충분히 한 것이다.

케니스 그레이엄(Kenneth Grahame)의 동화 《버드나무에 부는 바람》은 유도된 필요성이 어떻게 '아무도 못 말리는' 열정과 정열을 동반하는지를 잘 보여준다. 이 동화에 의인화된 주인공으로 등장하는 두꺼비 '토드'는 자동차에 대한 정열로 삶의 대전환기를 맞으며 끝없이 이어지는 새로운 모험을 경험한다.

토드(Toad)는 강둑에 사는 이웃 친구들인 '모울(Mole)', '래트(Rat)'[9]와 함께 여행 도중 난생처음으로 도로에 들어섰는데, 그곳에서 "한마디로 자신의 앞날에 엄청난 영향을 끼칠"[10] 사건을 맞게 된다. 그 사건의 주인공은 흙먼지 구름에 휩싸여서 믿을 수 없는 속도로 돌진하며 그를 스치고 지나간, 번쩍거리는 유리와 값진 가죽으로 치장한 커다란 쇠뭉치, 바로 자동차였다.[11] 그 순간부터 토드는 숨막히는 열정을 불러일으키는 이 엄청난 에너지의 쇠뭉치에 사로잡히게 된다. 친구들의 말대로 그는 단단히 홀린 것이다. 이 괴상한 쇠뭉치에 홀린 토드는 마침내 친구도, 집도, 고향도 버리고 오로지 그것을 향한 정열로 새로운 삶, 새로운 모험, 그리고 새로운 고생의 길에 들어서게 된다. 또한 새로운 희열을 맛보기도 한다.

그가 자동차의 존재를 알지 못했더라면 그에게는 아무 일도 일어나지 않았을 것이다. 그가 자동차를 본 그날부터, 아니 자동차가 그의 눈길을 빨아들인 그 순간부터 그의 삶은 달라졌고 여러 가지 문제가 생기기 시작한 것이다. 자동차가 토드 앞에 나타나지 않았더라면, 그는 문제를 일으키거나 말썽을 피우지도 않았을 것이고, 고생도 하지 않았을 것이다. 반면에 사랑하는 자동차를 향한 정열이 주는 쾌감과 삶의 의미도 경험하지 못했을 것이다.[12]

그가 자동차를 알지 못했더라면 모든 것은 평상시와 같았을 것이다. 특별한 불편을 느끼지도 않았을 것이며 별난 아쉬움도 없었을 것이다. 그러나 토드는 '그것을' 이미 '알아버렸기 때문에' 그것을 향한 아무도 못 말리는 정열을 갖게 된 것이다. 자동차를 알기 전까지 토드는 호화롭게 단장한 마차를 제작하는 등 마차를 타고 여행하는 데 아무런 불편도 없었을 뿐 아니라, 마차 여행의 '대단한' 의미를 친구들에게 역설하기도 했다.[13] 그러나 자동차를 알게 된 순간, 삶의 의미를 온통 담고 있던 사랑스럽고 자랑스러운 마차는 지긋지긋하고 보잘것없는 것이 되어버렸다.[14]

새로운 것의 존재를 알아버렸다는 사실이 어떻게 그에 대한 열정과 욕구를 불러일으키는지는, 사납기 짝이 없는 자동차에 치일 뻔한 사건의 그 혼비백산한 상황에서도 토드가 중얼거린 독백에 잘 나타나 있다. "아내가 이걸 모르고 있었다니!—토드는 꿈꾸듯 멍한 어조로 말을 이었다—지난 세월은 아무짝에도 쓸모없는 나날들이었어. 난 아무것도 몰랐어. 꿈

그 멋진 자동차는 모든 이들의 정열을 불러일으키듯 온 땅과 하늘을 집어삼키면서 쏜살같이 지나갔다. 토드는 꿈꾸는 듯한 어조로 중얼거렸다. "아, 내가 이걸 모르고 있었다니! …… 나는 아무것도 몰랐어. 꿈조차 꾸지 못했지! 하지만 이제는…… 하지만 이제는 알았어, 이제는 완전히 알아버렸다고!" 케니스 그레이엄의 《버드나무에 부는 바람》 1908년 판에 실린 어니스트 쉐퍼드(Ernest. H. Shepard)의 삽화는 자동차를 처음 본 순간, 혼이 나기는 했지만 자동차를 향한 정열에 불이 붙기 시작한 토드의 상태를 묘사하고 있다.

조차 꾸지 못했지! 하지만 이제는…… 하지만 이제는 알았어, 이제는 완전히 알아버렸다고!"[15]

필요가 밖으로부터 온 것이다. '나' 밖의 대상이 필요성을 유도한 것이다. 그리고 토드의 경우처럼 그 필요성에 따른 욕구가 아주 오래 간직해왔던 정열인 양 "몸과 혼을 송두리째" 휘감아버릴 수도 있는 것이다.[16] 인류는 18세기 이후 이러한 대상을 다양하게 다량으로 끊임없이 생산하기 시작했다. 그리고 그렇게 생산된 것들은 단순한 기계나 제품의 기능만 하는 것이 아니라 복합적 문화 현상으로 나타났고, 상당한 문화적 효과를 불러일으켰다.[17]

## 생산의 사회

오늘날 현대 자본주의 사회와 문화를 이해하기 위해 현대인의 소비 행태와 패턴에 초점을 맞춘 연구는 많다. 그리고 앞으로의 대중문화가 소비자 결정 시대로 전환할 것이라고 소리 높여 주장하기도 한다. 그러나 서양 언어에서 문화가 '경작(라틴어 동사 colo와 그 명사형 cultura)'이라는 어원적 의미를 가졌고 창조를 내포하는 것임에도 불구하고, 문화에 대한 연구를 생산에 초점을 맞추어 이론을 전개한 경우는 드물다. 사회학자들 사이에서 이미 현대 자본주의 사회와 문화 비판의 고전 중의 하나가 된 보드리야르(J. Baudrillard)의 《소비의 사회》도 제목 그대로 소비에 초점을 맞춘 연구의 예 가운데 하나이다.

보드리야르는 자신의 저서에서 "자본의 기호하에 생산성이 가속도적으로 상승하는 과정 전체의 역사에서 도착점이라고 할 만한 소비의 시대는 근원적인 소외의 시대이기도 하다"[18]라고 했다. 하지만 그는 현재 역사의 흐름이 소비의 시대를 도착점으로 하지 않고, 생산의 시대를 끊임없이 돌아오는 새로운 출발점으로 한다는 것을 간과하고 있다.[19]

현대적 생산이 인간 사회에서 위력을 발휘하는 것은, 그것이 단순히 기존의 재화와 서비스의 양적 증가와 질의 향상을 가능하게 하기 때문이 아니다. 그것은 토드의 경우에서 보았듯이 신기함과 진기함, 호기심 유발 등 복합적 의미에서 '새로움(novelty)'을 제시하는 능력과 연관되어 있기 때문이다.

더구나 후기 산업사회에서 주목해야 할 점은 총체적 소비의 경향은 유지되거나 증가하더라도, 생산 단위당 소비량은 줄어들 가능성이 높다는 것이다. 다시 말해 다양한 상품의 개발이 소비를 증가시킨다는 것이다. 오늘날 기업 경영자들의 주된 과제가 '신제품 개발'이라는 것은 이를 잘 입증해준다. 또한 이러한 경향은 사이버 문화의 영역에서 더욱 두드러지게 나타나는데, 새로운 소프트웨어의 지속적인 개발과 생산이 소비를 유도적으로 증가시키는 것을 보아도 알 수 있다. 이에 오늘날 사이버 문화의 확산은 생산이 다시 주요 논점으로 부각되는 데 하나의 계기가 되었다고 할 수 있다.

물론 '현대의 소비'는 생산이 있어야 가능하고[20] 생산은 소비를 전제한다. 그러나 생산이 단순히 소비를 전제하는 과정임을 넘어서 소비를 유도한다는 것이 현대사회의 특징이다. 생산은 소비라는 유리의 뒷면에 칠해진 수은과 같은 것이다. 그것은 소비가 거울로서 역할을 하도록 하는 것이다. 사람들은 '소비의 거울'을 보면서 소비자가 되고 소비의 이론가가 되지만, 거울을 가능하게 하는 유리 뒷면의 수은, 즉 생산의 은폐를 쉽게 관찰하지 못한다. 더구나 오늘날에는 생산이 기술 개발과 발명이라는 훈

장으로 미화되기 때문에 사회적 비판의 화살을 쉽게 피할 수 있는 것이다.

여기서 강조하고 싶은 것은 '새로움의 제시'로서 사물의 지속적 생산이라는 엄연한 사실이 존재한다는 것을 인정하고 관찰할 필요가 있다는 것이다. 소비의 대상으로서 사물의 체계, 소비자의 심리, 소비의 사회에서 일어나는 기호의 교환과 상징 체계에 관한 복합적 접근에 앞서 구체적 사실로서의 생산에 관심을 둘 필요가 있다.

보드리야르가 소비에 관해 선전 광고의 기능을 집중 분석하고, 그 중요도를 강조하며 그 기만적 성격을 폭로하는 것도(그에 따르면, 모든 선전은 '의미'를 갖고 있지 않다. 다만 '의미 작용'을 전달할 뿐이다) 필요하지만, 이 모든 것은 '새로운 것의 생산'과 '생산물'을 사실로든 가식으로든 전제해야 한다. 더구나 '지식 자본'의 사회에서는 지속적인 아이디어와 기술 혁신 없이 광고 자체의 의미를 무한정 과장할 수도 없고, '생산물 없는 광고'를 내세울 만큼 무모할 수도 없으며, 복합적이고 가속화된 변화 속 사물의 세계를 보드리야르식(式) '모사(simulation)' 이론이나 '하이퍼 리얼리티(hyper-reality)'의 개념으로 쉽게 설명할 수 있는 것도 아니다.

정보지식사회의 소비자들은 보드리야르가 말하는 것처럼 무의식적이고 비조직적이며, 전적으로 수동적이지만은 않을 것이다. 그들이 생각보다 훨씬 더 공격적이고 영악스러우며 간교할 수도 있다는 것을 염두에 두어야 한다. 보드리야르의 '소비 사회' 이론은—아직도 적지 않은 학자들이 그 이론을 현재의 상황에 적용하려는 시도를 하고 있지만—탈구조주의 및 언어학과 기호학의 다양한 개념 도입에도 불구하고 주로 1960년대의 서구 자본주의 사회의 소비 패턴에 중점을 둔 연구가 지니는 한계를 지니고 있다.

보드리야르의 연구는 이른바 후기 산업사회, 또는 정보지식사회에서의 생산의 기능과 효과, 의미를 미처 천착하지 못한 것이다. 따라서 소비의 거울에 비친 이미지에 현혹되었다가 경각심을 갖게 된 보드리야르는 '현대적 소외'의 대표적 양태로서 소비와 소비자를 비판 고발하고 있다. 그러나 진짜 비판되어야 할 것은 '유도된 필요성'이라는 권력을 발휘하는 생산일 것이다. 소비에 대한 비판은 대중을 고발하는 것이지만, 생산에 대한 비판은 권력 행사자를 고발하는 것이기 때문이다. 실용적 관점에서 보아도, '소비자 보호 단체'의 소비자 보호는 사실 소비로부터 소비자를 보호하는 것이 아니라, 잘못된 소비를 유도하는 생산과 생산품으로부터 소비자를 보호하는 것이다.

언급했듯이, 소비라는 거울의 뒷면인 생산이 중요한 이유는 경제적인 맥락 때문이기도 하지만, 사실은 문화 행위의 욕구와 연관되어 있기 때문에 더욱 그러하다. 일찍이 19세기 말에 짐멜(G. Simmel)은 개인의 내적 성장을 지칭하는 '주체 문화(subjektive Kultur)'에 비해, 외적 사물의 생산을 지칭하는 '객체 문화(objektive Kultur)'의 급속한 성장을 현대 문화의 특성으로 파악하였다. 이미 그의 시대에 문화적 욕구를 자극하는 대중 소통과 전달의 수단을 비롯하여, 과학·기술·예술 분야 생산물의 양적 팽창은 문화적 '경작'이라는 말이 무색할 정도라 하였다.[21] 그리고 이러한 생산물들은 상징적 구조를 갖게 됨으로써 인간의 일상을 둘러싸고 있다고 간파했었다.[22]

짐멜은 그것이 생산의 문제라는 것, 곧 인간의 창조력의 문제라는 것을 자신의 여러 저서에서 누차 강조한다. 그리고 이러한 객체 문화의 생산물과 그 상징성에 둘러싸인 현대인의 상황을, 초기 프란체스코회 수도사들이 모든 사물로부터의 완전한 자유를 영적 구원의 길이라고 믿으면서 내세웠던 모토인 "아무것도 갖지 않음으로써 모든 것을 소유한다

(Nihil habentes, omnia possidentes)"를 뒤집어놓은 "모든 것을 가짐으로써 아무것도 소유하지 못한다(Omnia habentes, nihil possidentes)"[23]라는 말로 묘사하고 있다.

이것은 인간의 소외 상태에 대한 극단적 표현일 수 있다. 그러나 상에 맛있는 것을 푸짐하게 차려놓고 그 앞에 아이를 앉힌 다음, 먹지 말라고 한다거나 좋은 것만 골라 먹으라고 한다면 그 아이는 어떻게 하겠는가? 더구나 인간의 '감각적 차원'이 중요시되는 현대사회에서는 젊음을 강하게 지향하고, 더 나아가 '어른의 아동화'가 빨리 진행되며, 동시에 이러한 경향 자체를 긍정적으로 보고자 하기 때문에, 이것은 아이와 청소년에만 해당되는 현상이 아니라 사회 구성원 모두에 연관된 일인 것이다.

열린 사회와 다차원적 복수 문화의 딜레마는 여기에 있다. 그것은 모든 필요성과 욕구에 열려 있어야 한다는 것이다. 유도된 필요성이라고 파악되는 것도 이에 포함된다. 상당수 대중문화는 유도된 필요성을 소비한다. 이것은 물론 긍정적인 필요성일 수도 있고 부정적인 필요성일 수도 있다. 다만 그것을 판단하는 책무가 점점 더 개인에게 주어진다는 것이 현대 문화의 흐름이다. 선진국에서 현대 문화의 흐름에 발맞추어 교육의 중요성을 더욱 내세우는 이유를 알 만할 것이다.

1997년 가을, 외설 시비의 대상이 되었던 한 한국 영화의 선전 문구가 "불량 식품이 더 맛있다"라든가, "맛없는 우량 식품보다 맛있는 불량 식품이 더 좋다"라는 것이 무엇을 의미하는지 심각히 생각해볼 필요가 있다. 물론 이러한 경향에 대해 무조건적 방어의식을 고취하자는 뜻이 아니다. 이제야말로 현대 문화에 대처할 수 있는 인간학적 인식을 갖기 위해 서로 머리를 맞대고 고심해야 할 때라는 뜻이다. 인간의 창조력을 최대한으로 보장하는 사회에서는 무엇인가 끊임없이 생산된다. 곧 사람들이 '생산의 사회'에 살고 있다는 뜻이다. 그리고 생산물의 상당수는 대중문화 속에서 '객관적 필요성의 세계'로 우리에게 다가온다.

## 제2의 물결

미래학자 토플러가 인류의 문명을 농업 단계인 제1의 물결, 산업 단계인 제2의 물결, 그리고 현재 진행되고 있는 제3의 물결이란 아주 간단한 3단계로 나눈 것은[24] 잘 알려져 있다. 이것은 토플러 자신도 인정했듯이 매우 도식적인 구분이며, 거시적인 관점에서 나누어본 것이다. 토플러의 말대로 역사의 진행 과정을 12로 나누는 것도 가능하며, 38로도 157로도 나눌 수 있다. 또한 크게 구분한다면 간단히 둘로도 나눌 수 있을 것이다. 여기서 중요한 것은 토플러식 제2의 물결과 제3의 물결의 주된 구분점이 산업사회와 탈산업사회이며, 생산 양식과 소유 형태의 변화라는 것이다.

그러나 토플러는 제2의 물결 시대와 제3의 물결 시대의 공통점이 생산 중심의 시대라는 것을 충분히 파악하거나 강조하지 않았다. 필자의 생각으로는 제1의 물결에서 제2의 물결로의 전환을 특징짓는 것은 '생산의 주도'라는 것이다. 다시 말해 필요에 의해 생산을 하던 시대에서 생산이 필요를 유도하는 시대로 바뀌어갔다는 것이다. 이러한 경향은 제3의 물결 시대에도 계속될 것이다. 아니 더욱 강화될 가능성이 높다.

토플러에 의하면, 제3의 물결에서는 제1의 물결에서처럼 토지같이 유형적이고 물질적인 것, 또는 제2의 물결에서처럼 건물·공장·자본 등의 생산 수단이 아닌, 첨단 기술 및 정보와 아이디어가 중요한 소유 형태가 되고, 가치를 창출하며, 더 나아가 행복의 조건이 된다. 이러한 예견을 그대로 받아들이면, 제3의 물결도 '생산 주도'의 세상이라는 것을 곧 간파할 수 있다.

기술과 정보, 지식과 아이디어를 가지고 인간은 무엇을 하는가? **창조력을 발휘한다.** 지금까지의 경향으로 미루어보면 갖가지 생산을 증대시키는 데 노력을 경주할 것이다.[25] 말하자면, 수없이 많은 유도된 필요성을 창출해낼 것이다. 이러한 관점에서 보면 제3의 물결이라고 **인식적으로 유도되고** 있는 시대도 제2의 물결의 연장이며, 그 파도 위에 있는 것이다.[26]

생산이 필요를 유도한다는 것은 진정한 의미에서 패러다임 전환이었다. 그것은 절대·이상·관념·일체성·일원화·선별·귀족적인 것·내적인 것·목적 등에 기울었던 중요도의 축(軸)이 상대·실제·경험·복수성·다원화·개방·대중적인 것·외적인 것·수단 등으로 기우는 것과 보조를 같이했다. 제3의 물결이 이것을 대체하는 패러다임을 총체적으로 제시하고 있는 것 같지는 않다. 어쩌면 제3의 물결 이론이 등장하는 것도 짐멜이 지적하였듯이 객관적 지식의 생산 욕구 때문일지도 모른다. 그렇다면 그것은 제2의 물결의 산물이다.

앞으로의 시대에도 '유도된 필요성'과 '생산의 사회'라는 특성이 유지된다면, 그것은 제2의 물결의 연장이다(아니면 '제3의 물결'은 '제2의 물결'의 부분적 파랑이라고 볼 수도 있다). 현시점에서 보면, 창의력을 바탕으로 하는 정보와 지식, 아이디어의 사회에서는 이러한 특성이 단순히 유지되는 것을 넘어서서 더욱 강조될 것이다. 더욱이 문화의 관점에서 보면, 기술적 창의력은 대중문화 형태와 조류 형성에 곧바로 연계될 것이다. 그것은 영화, 뮤직비디오, 다양한 디지털 문화의 양상 등을 보아도 알 수 있다.

현대 문화의 문제를 고전적 문화의 개념, 또는 고급문화의 개념만을 가지고 관찰하고 연구할 수 없는 이유가 여기 있는 것이다. 수없이 생산된 유도된 필요성들은 각 개인이 열어놓은 다양한 공간의 창을 통해 끊임없이 들어올 것이다. 이것은 열린 사회와 다차원적 복수 문화를 즐길 수 있는 통로를 제공하기도 하지만, 또한 그것들을 위해 지불해야 하는 대가를 전제하기도 한다. 이러한 상황에서 개인은 정말로 어느 정도 보장되는가,[27] 또 유도된 필요와 욕구 충족의 풍요 속에서 각 개인과 소집단의 정체성은 어떻게 인식되며 어떻게 유지될 것인가, 그리고 자유가 '욕망으로부터의 해방인가' 아니면 '욕구의 완벽한 실현인가' 하는 실존적 물음들은 지속될 것이다.

[ 2장 주석 ]

1) 현재 한국에서는 욕망·욕구·필요 등의 술어 정립이 불확실하며, 서양어 번역에서도 협약된 것이 없는 것 같다. 유럽 언어들 사이에서는 나름대로 구분이 있어서 혼돈의 여지가 적다. 욕망·욕구·필요는 영어로는 각각 desire, needs, necessity이며, 독일어로는 Begierde, Bedürfnis, Notwendigkeit이고, 프랑스어와 이탈리아어로는 각각 désir, besoin, nécessité와 desiderio, bisogno, necessità이다. 일부 사회학자나 경제학자들(예를 들면, A. Marshall)이 구체적인 요구나 수요를 나타내기 위해서 needs 대신 wants를, Bedürfnis 대신 Bedarf를 쓰기도 하나, 일반적으로 위와 같이 구분하여 사용하는 데 큰 문제가 없다. 이 글에서도 이러한 구분을 기준으로 한다.
2) B. Malinowski, *The Group and the Individual in Functional Analysis*, 《American Journal of Sociology》, XLIV, 1939 참조.
3) '문화의 비극성'에 대해서는 제7장에서 자세히 다룰 것이므로, 여기서는 간단히 언급하는 것으로 그친다.
4) G. W. F. Hegel, *Grundlinien der Philosophie des Rechts*, Berlin, 1821, 3장, 2항 참조.
5) K. Marx는 이미 청년기 저작인 *Zur Kritik der Hegelschen Rechtsphilosophie. Einleitung*(1844)에서 국가와 시민사회에 대한 헤겔 이론의 비판을 위해 '욕구'의 개념을 도입했으며, 생산이라는 맥락에서의 욕구 이론 전개도 *Ökonomisch-philosophische Manuskripte aus dem Jahre 1844*에서부터 확연히 관찰된다.
6) 예를 들면, J. Baudrillard의 소비사회 이론은 K. Marx의 욕구 이론의 영향과 그를 극복하기 위한 노력 없이는 생각할 수 없으며, 그가 자기 이전의 사회심리학자와 경제학자들을 비판하기 위해 거론한 '욕구의 조건 지어짐(conditionnement des besoins)'이라는 문제도 사실은 마르크스의 이론적 틀에서 빌려온 것이다(*La société consommation. Ses mythes ses structures*, Éditions Denoël, Paris, 1970 참조). 보드리야르는 지금으로부터 30년 전에 소비사회이론을 전개하면서, 인간 욕구에 관한 이론이 "옛날 우화의 케케묵은 명백함을 갖고 무한히 반복된다"고 했다. 하지만 오늘날 이 문제는 오히려 쉽게 망각의 그늘에 감추어져 있기도 하다. 또한 그것이 우화적 명백함이라 했지만, 사실 우화의 사회적 기능은 필요에 따라 반복되는 데에 있다. 필자가 이 글의 제1항에서 '욕구의 인간'을 다룬 것도 이러한 '케케묵은 우화적 기능'을 염두에 둔 의도적 시도였다.

7) 문화의 전달과 수용의 역사에서 '시각의 상징성'이 갖는 의미와 문화적 효과를 짚어본다면, 우선 책의 경우를 들 수도 있다. 하지만 '책의 세계'는 오락성, 게임적 성격, 대중성이라는 점에서 '모니터의 세계'와는 많이 다르다. '독서의 안내'와 'TV 시청의 탐닉성', '컴퓨터 작동의 재미' 등을 비교해보아도 그들 사이의 차이점을 쉽게 관찰할 수 있다.
8) 그중의 하나가 '습관'에 관한 연구가 될 것이다. 습관과 대중문화 수용은 아주 밀접한 관계에 있다. 이는 또한 대중문화 연구에서 인간학적 차원이 다시 그 중요성을 갖는다는 의미이다. 보드리야르는 현대 문화 연구의 인간학적 접근에 대해서도 회의적이었지만, 그가 기호와 상징 교환의 이론을 도입하면서 환상과 이미지의 차원을 중요시하고, 이론 전개의 축을 욕구에서 '욕망(désir)'으로 옮긴 것은 사실 인간학적 접근을 더욱 강화한 것이라고 볼 수 있다.
9) K. Grahame의 *The Wind in the Willows*(1908)에는 두꺼비(Toad), 두더지(Mole), 물쥐(Water Rat), 오소리(Badger) 등이 의인화하여 등장하는데, 각 동물의 일반 명사가 바로 각 등장인물의 고유 이름이기도 하다. 따라서 그들은 Toady, Moly, Ratty 등의 애칭으로 불리기도 한다.
10) K. Grahame, *The Wind in the Willows*, Wordsworth Classics, Hertfordshire, 1992, 37쪽: "simply overwhelming in its effect on the after-career of Toad."
11) K. Grahame은 '토드'가 처음 보게 된 자동차를 이렇게 묘사하고 있다: "the magnificent motor-car, immense, breath-snatching, passionate, with its pilot tense and hugging his wheel, possessed all earth and air for the fraction of a second." (같은 책, 39쪽) 그레이엄의 동화는 1908년에 출간되었는데, 그때는 19세기 후반 발명된 자동차가 본격적으로 실용화되던 시기였다. 미국의 헨리 포드를 '자동차 왕'으로 만든 'T형' 자동차의 개발도 1908년에 있었다.
12) 같은 책, 139, 241, 251쪽 참조. 그레이엄의 동화에서 Toad의 행동은 매우 복합적인 면을 보여주고 있다. 아동 문학가들이 흔히 말하는 '어린이의 본성'을 숨김없이 나타낸다든가, '말썽쟁이 아이'의 대표 명사라는 관점에서 볼 수도 있지만, 사실 이 동화의 작은 비밀은 등장 인물 Rat, Mole, Toad 등이 모두 '아이 어른'이자 '어른 아이'라는 것이다.
13) 같은 책, 30~33쪽 참조.
14) 같은 책, 42쪽: "What carts I shall fling carelessly into the ditch in the wake of my magnificent onset! Horrid little carts—common carts—canary-coloured carts!"
15) 같은 책 41쪽: "And to think I never knew!" went on the Toad in a dreamy monotone. "All those wasted years that lie behind me, I never knew, never even dreamt!

But now—but now that I know, now that I fully realise!"
16) 같은 책, 138쪽 참조: "the old passion seized on Toad and completely mastered him, body and soul." 그레이엄의 동화는 밖으로부터 오는 필요성이 어떻게 각자를 열정에 사로잡히게 하는지를 여러 각도에서 보여주고 있다. 이 동화에 등장하는 의인화된 주인공 가운데 하나인 Water Rat도 어느 날 동네를 지나던 길손인 Sea Rat의 여행기를 듣고는 억제할 수 없는 열정으로 모든 것을 버리고 여행을 떠날 차비를 한다(같은 책, 187~216쪽 참조). 새로운 것을 대하는 태도에 따라 자연적 조건에 머무는 동물과 문화적 활동을 하는 인간의 차이를 구별해볼 수도 있는데, 동물은 새로운 것을 보면 도망을 친다. 사납고 용감해 보이는 맹수도 익숙지 않은 것 앞에서는 항상 몸을 사리고 두려워한다. 그러나 사람은 진기함·신기함·놀라움 등 넓은 의미에서의 '새로움'에 대해 거부감을 갖기도 하지만, 그것을 향한 정열에 사로잡히게 되는 경우가 많다. 더구나 과거와는 달리 현대인은 '익숙지 않은 것'에 미치도록 매혹당하는 데에 '익숙해' 있다.
17) 20세기 인류에게 자동차는 사실 단순한 문명 이기가 아니었다. Sam Peckinpah 감독의 영화 〈The Ballad of Cable Hogue〉(1970)의 주인공은 사막의 불모지에 어렵사리 개척한 역마차 간이역을 운영하는데, 어느 날 도시로 떠났던 애인이 자신을 찾아 다시 돌아온다. 그때 그녀가 타고 온 것은 역마차가 아니고 말의 도움 없이 스스로 움직이는 네 바퀴 달린 기계였다. 주인공은 우스꽝스러운 사고로 애인이 타고 온 자동차 밑에 깔리고, 결국은 그것이 화근이 되어 재회의 기쁨도 만끽하지 못한 채 죽는다. 이는 역마차의 시대 19세기가 서로 공존할 수 없는 자동차의 20세기 앞에서 무력하게—하지만 자기 시대의 낭만과 감상을 안고—스러져가는 모습을 상징적으로 묘사하는 것인지도 모른다. Martin Brest 감독의 〈Scent of a Woman〉(1992)의 주인공은 삶의 의미도, 살아야겠다는 욕망도 상실한 초로(初老)의 퇴역 장교다. 그의 마지막 소원은 이탈리아제 초고속 스포츠카 페라리(Ferrari)를 몰아보는 것이다. 어처구니없게도 그는 시각 장애자다. 그는 죽기 전에 자동차의 신화 페라리를 몰아봄으로써 자기 개인의 신화를 남기고 싶었는지도 모른다. 19세기 인류에게 역마차가 가졌던 의미하고는 또 다른 차원에서, 자동차는 20세기 인류 정신과 낭만의 문화적 표상이었다.
18) J. Baudrillard, 앞의 책 한국어판, 《소비의 사회》, 문예출판사, 서울, 1997, 296~297쪽.
19) J. Baudrillard가 소비를 현대사회와 문화 이해의 중심 개념으로 삼는 것은 생산력과 생산관계, 노동 등의 요소로 구성되는 마르크스의 이론을 극복하기 위해서였다. 즉 그의 표현을 빌리자면 경제적 가치를 넘어선 영역을 발견하기 위해서는 서구의 형이상학이 반사되는 '생산의 거울'을 깨야 한다는 것이다(*Le miroir de la production ou l'illusion critique*

du matérialisme historique, Casterman, Tournail, 1973 참조). 그는 라캉(J. M. Lacan) 심리학의 '거울의 단계'에서 빌려온 '거울 영상계'의 관점을 적용해, 인류의 역사를 해석하는 데 사용된 '생산', '노동', '가치' 등은 생산의 거울을 통한 상상적인 것이고, 인류는 이 상상적인 것 속에서 자신을 해독해왔다고 주장한다. 그의 이런 입장은 이미 《기호의 정치경제학 비판을 위하여》(*Pour une critique de l'éonomie politique du signe*, Gallimard, Paris, 1972)에서 구체적으로 시작되었으며, 그가 마르크스의 표현을 흉내 내어 "정치경제학 비판은 근본적으로 종료했다"고 주장하는 데에서도 확연히 나타난다. 문제는 그의 이론적 입장이 그 이전의 정치경제학과 마르크스 이론 내지는 후기 마르크스 이론들까지도 완전히 대체하여(보완적인 역할을 하는 것이 아니라) 새로운 비판 사회 이론의 틀을 제공하려는 지나치게 의욕적인 시도였다는 데에 있다. 보드리야르는 화려한 이론가이다. 그의 이론은 '화장을 많이 한 여인'에 비유될 수도 있는데, 상황에 따라서는 가끔 화장을 닦아낼 필요가 있다. 생산의 거울을 깨뜨리는 것은 야심찬 시도이지만, 가끔은 깨진 그 거울의 조각으로 '소비의 이론적 기획'을 다시 비추어볼 필요가 있다. 과거의 이론을 극복하면 모든 것이 명백해지고 새 이론이 반드시 설득력이 있으리라는 것은 단순한 사고이다.

20) 야생 열매를 채취하여 먹거나 사냥의 포획물을 음식물로 소비하는 경우는 생산을 전제한 소비가 아니다. 인류학자들의 구분대로라면 정착한 농경사회 이전이나 목축 발달 이전 수렵기의 인류는 상당 부분 식생활에서 '생산 없는 소비'를 했다. 이에 비해 그 이후의 역사는 '생산된 것만을 소비하고, 상품을 위한 것만 생산한다'라는 말로 대변될 수 있는 사회로 전이해온 과정이라고 볼 수도 있다.

21) G. Simmel, *Philosophie des Geldes*, Leipzig, 1907, 505쪽과 그 이하 참조.

22) 짐멜의 이러한 입장은, 그 이후에 보드리야르가 소비에 대해 순수 경제적인 면보다는 기호와 코드, 상징 교환에 관한 독해를 시도한다거나, 에코(Umberto Eco)가 "사회의 형성은 기호의 거래가 있을 때에 가능하다"(*Segno*, Mondadori, Milano, 1980, 92쪽)는 입장을 갖는 것 등과 일맥 상통한다. 최근 한국에서도 이미지가 현실을 모방하는 것이 아니고 현실이 이미지에 비추어져 제작된다는 관점과 현대의 대도시 문화를 기호들이 명멸하는 장소라는 입장에서 현대 문화를 분석해보려는 시도를 하는데, 이는 앞서 말한 학문적 경향 및 방법과 그 맥을 같이하는 것이다.

23) G. Simmel, *Der Begriff und die Tragödie der Kultur*, 《Logos》 2호(1911/12), Tübingen, 23쪽 참조.

24) A. Toffler의 *The Third Wave*는 지금으로부터 20여 년 전인 1970년대 후반부에 쓰여져

서 1980년에 그 초판이 발간된 저서이며, 당시 미국 사회에서의 변화를 분석의 주된 대상으로 삼았다는 점을 염두에 둘 필요가 있다.

25) Peter F. Drucker 같은 학자가 '자본주의 이후의 사회'를 예견하고(*Post-Capitalist Society*, HaperCollins, New York, 1993 참조), A. Toffler는 "21세기의 본질은 지식과 정보 싸움이고, 디지털 기호로 구성된 지식과 정보가 자본을 대체한다"고 주장하고 있지만, 자본주의 종언의 진의와 그 구체적 현상에 대해서는 심사숙고해야 할 것이다. 오히려 Lester C. Thurow처럼, 전통적인 Physical Capital과 기술・교육・지식 등 Human Capital을 구분하면서 '소유할 수 있는 자본이 없는 자본주의'라는 입장이 더 설득력 있고 솔직한 표현일 것이다(*The Future of Capitalism*, William Morrow, New York, 1996 참조). 또한 '탈자본의 시대'가 '탈생산의 시대'를 의미하지는 않는다는 것도 염두에 둘 필요가 있다(드러커는 앞의 책에서 자본과 노동이 퇴색하고 지식이 유일한 '생산' 요소로 등장하는 사회를 예견하는데, 이는 생산이 여전히 중심 과제로 남는다는 사실을 함의하고 있다). 이는 각 개인에게도 해당되는 말인데, 한 예로 사이버 공간에서는 '인터넷의 모든 사용자가 정보를 생산한다'는 표현도 이미 새롭지 않다. 또한 소비할 것을 자기 스스로 생산한다는 프로슈머(pro-sumer, producer와 consumer의 합성어)의 등장도 생산의 사회를 대변하는 요소이다. 더구나 앞으로의 시대에는 생산에 참여하고 생산을 주도하는 데에, 틴에이저 층도 가세하는 경향이 확산될 것이므로 '온갖 생산의 시대'는 목전의 현실이다. 소위 '벤처 기업'의 기치 아래, 현재 미국뿐 아니라 각 나라에서 10대 기업가가 속출하고 있다. 한 예로 게임 소프트웨어를 제작하는 미국의 Tenader Software사 G. Miller 회장은 10세에 창업했다. 쉽게 말해, 아이 어른 할 것 없이 무엇인가 만들어내는 데에 동참하는 시대인 것이다.

26) 한편으로는, 토플러의 《제3의 물결》이 역사 진행 방향의 예측이 아니라 현재 지배 국가인 미국에서 일어나고 있는 현상을 외부에 인식시킴으로써 그 필요를 유도하는 것이라는 의혹을 가져볼 수도 있다. 토플러는 한때 '제3의 물결'의 개념을 규정하고 인식시키는 '예언자'에서, 최근에는 "만약 제3의 물결을 타지 못하는 나라는 낙후되고 오랫동안 그 결과에 시달릴 가능성이 매우 높다"며 은근히 겁을 주고 그 실행을 종용하는 제3의 물결의 '전도사'가 되어버렸다. 언젠가는 또 다른 학자가 나타나 '제4의 물결'을 주장할는지도 모른다. 그러나 그도 '제2의 물결'의 패러다임이 끝났다는 것부터 설득력 있게 설명할 수 있어야 할 것이다. Eric J. Hobsbawm의 말대로 이미 시작된 일정한 경향의 시기가 완료되었다고 결론 내릴 수 있는지를 판단하기란 매우 어려운 일이다. '물결'이라는 말을 좋아하는 사람들은 토플러의 아이디어에 자극받아, 논리적 전개의 연관성이 미약해도 벌써

유사한 제목을 만들어내기 시작했다. 예를 들면, 이미 출간된 책으로 H. B. Maynard Jr. & S. E. Mehrtens 공저의 *The Fourth Wave: Business in the 21st Century* (Berrett-Koehler Publishers, San Francisco, 1993)가 있으며, 한국의 모(謀) 출판사는 J. Naisbitt의 *Megatrends*를 저자의 의도를 무시한 채, 《제4의 물결》이라는 제목으로 출판하기도 했다.

27) 토플러는 전달 매체의 고급 기술화와 정보화가 계속되면, '대중전달 매체'의 발달과 그 사회적 확산 자체가 '대중사회'를 넘어서는 단계에까지 전개될 것이라는 예견을 했다. 즉 방송 프로그램 선택과 정보 접속의 가능성을 대중적으로 최대화함으로써, 개인의 선택 기회와 권리가 보장되어 오히려 '탈대중화(de-massification)' 시대가 올 것이라는 것이다. 그러나 이탈리아 사회학자 F. Ferrarotti가 지적하였듯이, 이러한 낙관적 '자기 치료법'은 치명적 결점을 하나 지니고 있다. 그러한 단계는 너무 늦게 찾아올 수 있다는 것이다. 현재의 멀티미디어화와 정보사회화가 앞으로만 진행하는 돌이킬 수 없는 과정이라면, 그러한 때가 올지라도 '죽은 자식 무엇 만지기'가 될 가능성도 배제할 수 없다. 페라로티의 표현대로 'praesente cadavere', 즉 '죽을 때가 돼서야' 그 실현의 순간이 올 가능성이 상존한다는 것이다(F. Ferrarotti, *La perfezione del nulla: Promesse e problemi della rivoluzione digitale*, Laterza, Bari, 1997 참조).

# 3

# 미학혁명과 일상의 미학

'열린 사회'의 추구와 '생산 사회'의 도래 및 '유도된 필요성'의 지속적인 증가에 따라, 현대인의 일상에는 많은 변화가 왔다. 그리고 이러한 것들이 일시적 현상이 아니라 사회 구조를 밑에서부터 바꾸어가는 지속적인 과정이라는 것을 생각해볼 때, 일상의 삶이 실천적 과업이 행해지는 장소일 뿐 아니라 인간 이해의 지평을 넓힐 수 있는 이론적 자료의 보고(寶庫)라는 인식이 과거 어느 때보다도 필요해졌다.

그러나 일상의 중요성과 그 가치를 의식하는 것은 쉽지 않다. 왜냐하면 바로 일상이라는 반복성·습관성·당연성 때문에, 그것이 일상생활을 하는 사람들의 의식에 중요하고 특별한 것으로서 파고들기가 쉽지 않기 때문이다. 사람들은 루이스 캐롤(Lewis Carroll)의 동화[1]에 나오는 주인공 앨리스(Alice)처럼, '이상한 나라'로의 여행을 경험하고 싶어 하며 그것을 잘 기억하지만, 일상이라는 '당연한 나라'에 쉽게 눈을 돌리지는 않는다. 이것이 일상의 역설이다. 일상은 모든 사람들의 '생명의 장(場)'이지만, 또한 **일상은 숨어 있다.** 그러나 일상이 사람들의 망각의 그늘에서 시들지 않고, 진정한 생명력이 넘치는 시간과 공간이기 위해서는 일상을 사는 것으로 족하지 않고, 일상을 '보는' 것이 필요한 것이다.

일상이 현대인의 의식에 중심 주제로 부각될 수 있도록 가시적 조건을 형성해주는 것은 일상의 정치·경제적 차원이 아니라, 일상이 지니는 미적 차원이다. 19세기 후반과 20세기 초에, 총체적 관심의 대상으로서 일상의 위상을 바꾸어놓은 것은 '미학혁명(Aesthetic Revolution)'[2]이었다. 이 시기에, 제한된 소수만이 즐길 수 있었던 '미적인 것'이 일상에 깊이 그리고 폭넓게 침투할 수 있는 계기가 마련되었으며, 이러한 현상은 또한 일상의 삶을 미화시켰다.

이 모든 것은 인간 실존의 미학적 전환이라고 부를 만한 것이었으며, '미', '예술', '예술작품' 등의 고전적 개념이 그 의미를 상실하지 않기 위해 전통적 정의(定義)의 요새 안에 은신하느냐, 아니면 개념적 변신을 하느냐 하는 선택의 문제가 제기되도록 했다. 이른바 현대 대중문화의 형성과 발전도 바로 이러한 '미학혁명'의 파장 안에 있는 것이다. 다시 말해, 대중문화는 미(美)의 일상화 과정의 산물이라 할 수 있다.

## 일상의 현대적 의미

일상의 삶에 대한 연구가 구체적으로 부각되기 시작한 금세기 전반부터 최근에 이르기까지, 철학과 과학은 '일상'을 망각하고 그 중요성과 가치를 무시했다는 비난을 수없이 들어왔다. 일상생활을 연구하는 학자들은 그에 대한 연구를 "철학자들이 무시하고 사회과학자들이 자의적으로 멀리한 어떤 사실들에 대한 방대한 탐구임"[3]을 자임한다.

그러나 사상사를 재조명해보면, 아주 사변적인 철학적 주제도 사실은 일상적 삶에서 그 소재를 가져왔다는 것을 알 수 있다. 철학의 발생지라 할 수 있는 고대 그리스에서도 일상의 철학자들을 찾아볼 수 있다. 소크라테스가 그 좋은 예이다. 플라톤 대화록의 주인공인 그는 주로 광장·장터·학교·거리 등 일상의 장소에 등장해, 매일의 삶에서 대화와 논쟁거리를 찾아낸다. 오히려 그가 일상생활과 동떨어진 장소에 나타난 것을 보고는 "웬일이냐?"는 식의 놀란 표정을 짓는 친구의 예도 플라톤 작품에서 찾아볼 수 있다.[4]

헤겔 같이 지나치게 관념적이고 체계적인 철학자로 알려진 사람도 중요한 철학적 주제의 소재를 일상에서 가져왔다. 다만 헤겔은 철학적 탐구와 정신 고양을 위한 명상이 어설픈 아마추어리즘에 물드는 것을 경계하며, 탐구의 성과를 위한 전문성을 강조하곤 했다.[5] 일상생활은 소재를 제공하지만, 연구 방법론은 제공하지 않기 때문이다.

물론 철학이나 인문·사회과학이 일상을 망각했던 때가 없었던 것은 아니다. 사상사의 여러 시기에 있어왔던 일상생활에 소홀한 태도는, 사실 인간 사상이 이론적으로 과학적 틀을 갖추고자 하는 욕구가 강했을 때 나타나곤 했다. 예를 들면, 철학의 여명기의 자연철학에서, 소크라테스 이후의 고대철학에서, 인식론의 문제와 인지과학이 주된 화두가 된 근현대 철학의 상당 기간에서 그러했다.

그러나 그것은 탐구 과정에서 어쩌면 불가피한 것이었는지도 모른다. 짐멜이 지적하였듯이 인간 지식 활동의 상당 부분은 실천적 필요에서 출발하였다. 왜냐하면 사실(事實)에 대한 지식은 실존을 위한 투쟁의 무기이기 때문이다. 그러나 때론 행위 목적을 위한 단순한 수단에서, 오랜 기간 그 자신이 최종 목표가 되어버린 적도 있었다. 그럼에도 불구하고, 지식이 실천적 이해관계와 모든 연결 고리를 끊고 지낸 것은 아니다. 실천과 지식은 각각 자율적 권리를 유지하면서도 상호작용을 하는 것이다.[6] 중요한 것은 이러한 상호작용이 활발하도록 노력하는 것이다. 지식은 자체 개발과 창의적 발전을 위해서 현실로부터 격리되는 순간들을 필요로 한다. 지식의 실천적 과업은 중요하지만 그것을 위해 현실이라는 자신의 고향에만 안주하는 것은 효율적이지 못하다. 다만 자신의 고향을 자주 찾도록 하는 것은 필요하다.

20세기에 와서 더욱 일상의 중요성을 역설하는 것은 과학기술의 발달과 자본주의의 광범위한 전개, 미적인 것의 일반화 등의 이유로 경제·사회·문화적 생산물의 총체적 실현과 표상(表象)의 장소로서 일상생활이 부각되었기 때문이다. 즉, 일상이 지배적 개념과 실천 기준으로 등장할 수 있는 상황이 조성되었기 때문이다. 르페브르(H. Lefebvre)의 표현대로 '일상의 지배'가 시작되었고, 이에 대한 대응 전략을 준비해야 하는지도 모른다.[7]

그렇다고 아그네스 헬러(Agnes Heller)의 말처럼, 인간의 모든 활동 유형을 항상 일상과 비일상으로 명백히 나누어 명명할 수는 없다. 왜냐하면 일상과 비일상은 '활동의 이념형'들이기 때문이다.[8] 중요한 것은 일상이란 상식적인 범주가 있고, 일상생활에는 인간 전체가 참여한다는 인식이다. 따라서 일상은 인식적 관점에서는 현대 인간학의 새로운 지평으로서, 실천적 관점에서는 사회 개혁을 위한 이념과 실천의 대결 장소로서 등장한 것이다.

## 미(美)의 일상화와 대중화

서언에서 언급하였듯이, '미적 조건의 관찰'과 '미학적 이해'는 현대의 일상생활과 이른바 대중문화 이해를 위해 필수적이라고 생각한다. 17세기의 과학혁명은 19세기 전반까지 인간 삶의 정치·경제·사회적 차원에서 변혁을 가속화했다. 19세기 후반에는 예술과 과학기술의 만남이라는 획기적인 사건이 현실화하였다. 특히 현대 과학은 예술의 형태와 개념까지도 변화시킬 수 있는 기술을 개발해냈다. 그것은 바로 예술 작품의 기술적 복제(複製) 능력이었다.

벤야민(Walter Benjamin)이 1936년에 쓴 《기술 복제성 시대의 예술 작품》[9]은 이 점을 날카롭게 분석하고 있다. 여기서 복제성(Reproduzierbarkeit)이라 함은 기존 작품의 단순한 복제뿐만 아니라, 더 나아가 사진이나 영화같이 일정 대상에 대한 기술적 복제 능력이 창작의 본질을 구성하는 예술 장르까지도 의미한다. 사실 벤야민의 주된 관심은 후자(특히 영화)에 더욱 집중되어 있다. 그에 의하면, 이미 1900년경에는 현대 과학이 잉태한 기술적 복제 능력이 높은 수준에 도달해, 전통 예술 작품의 복제뿐 아니라, 더 나아가 원작(原作)의 가시 효과를 변화시키게 되었고, 영화처럼 예술 분야에서 독립적인 영역을 차지하게 되었다.

이러한 경향은 예술 개념의 변화를 촉구하기에 이르렀다. 벤야민은 영화를 전통적 개념의 예술 범주에 집어넣기 위해 영화 고유의 문화적 요소가 아닌 것으로 영화를 이론적으로 치장하는 사람들을 비웃는다. 그리고 영화의 공헌은 무엇보다도 예술의 전통적 개념에 대한 혁명적 비판을 불러일으킨 것이란 사실을 똑바로 인식할 것을 촉구한다.[10] 벤야민은 예술의 대중화와 일상생활화의 배경에는 '기술적 복제성 시대'의 도래가 있었다는 것을 구체적으로 보여주고 있다.

전통적 개념의 예술의 위기는 바로 우리가 일상화된 대중문화의 사회에 살고 있다는 것을 말해준다. 이러한 사회는 바로 생활의 미화가 일반적인 것이 되어가는 사회라 할 수 있다. 왜냐하면 기술적 복제성을 바탕으로 한 매체를 통해 예술뿐만 아니라, 생활에 필요한 것들을 항상 '미'의 이름으로(사실은 생산물의 외적 매력일 뿐이라는 비판을 받지만) 분배함으로써, 과거의 어떠한 시대 어떠한 사회보다 개인의 생활에 막대한 영향을 끼치기 때문이다.

벤야민이 다룬 것은 한편 대중사회에서의 예술의 운명이었다. 그에 의하면, 예술은 원초적으로 주술적이고 종교의식적인 맥락에서 발달하였다. 예술의 역사적 의미는 바로 예술이 이러한 전통에 그 뿌리를 두고 있다는 데에 있다. 원래 예술 작품을 둘러싸고 있는 성스러운 본질은 '바로 앞에 있는 것'이자 '접근할 수 없는 것'이라는 양면성에 근거한다. 즉 예술 작품 앞에 선 사람에게 그 작품은 '지금, 여기에(hic et nunc)' 현시(現時)적으로 존재하는 것인 동시에, '신비스러운 거리감'인 것이다.

그러나 기술적인 복제 능력의 개발과 함께, '접근할 수 없는 것'과 '신비스러운 거리감'이라는 예술 작품의 특성은 사라지고 있다. 예술 작품의 주술적이고 의식(儀式)적인 성격은 모든 사람들에게 손쉽게 허용되는 '전시적 가치'로 대체되었다.

벤야민은 전통적 의미의 예술의 종말과 문화 생산물이 단순한 소비의 대상으로 전락하는 현실을 아쉬워하면서도, 예술에 내재하는 자기 발전 가능성에 대한 희망을 버리지 않는다. 다시 말해, 복제성은 예술 작품과 대중의 관계를 변화시키지만, 예술 작품이 자기 안에 품고 있는 '모순적 가치', 곧 이 세상의 충돌과 모순이 화해되지 않아서 아직도 메시아를 기다려야 한다는 것을 보여주는 역할로서 예술 작품이 지닌 가치는 완전히 소멸되지 않는다고 믿는다.

예술과 과학의 만남, 다시 말해 '예술의 과학화'는 미적 요소의 일상화를 가속화했다. 과학이 예술에 선물한 복제성의 능력은 정확성과 정밀성을 바탕으로 하는 것이다. 그것은 사진과 영화뿐 아니라 일반 회화나 조각 작업의 테크닉에서, 그리고 음의 복제, 즉 음반의 생산 등 수많은 현대 예술에서 기술적 패러다임이 되었다. 이러한 경향은 현대인에게 '미학혁명'에 우리가 어떻게 대처해야 할 것인지 시사하는 바가 크다.

## 예술의 서자(庶子)들

이제 현대인은 어쩌면 '예술 작품의 기술적 복제 시대'를 넘어서, '총체적 복제 가능성의 시대'에 살고 있는지도 모른다. 이러한 '복제 가능성 시대의 일상생활'은 복사기·팩스·스캐너·캠코더 같은 문명 이기의 대중적 보급과 사용을 보아도 알 수 있다. 이에 정보화 사회가 시작되면서 기술적으로는 디지털 복제술이 날로 발전하고, 이념적으로는 "우리의 세계에서는 인간이 만들 수 있는 모든 것이 복제되고 아무런 비용 없이 무한히 배분될 수 있다"는 '사이버 스페이스 독립선언'이 나오기도 한다. 미용 분야에서도 성형이라는 인체 부분의 복제술(전형적으로 예쁘다고 인정되는 형태를 복제하기 때문에)이 일반화하는 경향을 띠고 있으며, 생물학적 유전인자를 이용한 생명체의 복제(cloning)도 이미 현실화되고 있다. 이러한 것들은 미적인 것과 연관이 없어 보이지만, 미의 인식 패러다임 변화에 영향을 미칠 수 있다.

이상의 것들은 거시적이고 본질적인 변화의 물결이다. 좀더 미시적이고 부가적인 차원에서도 미의 일상화와 일상의 미화에, 대중적인 동시에 개별적 침윤의 방식으로 영향을 주는 분야들이 있다. 이들은 전통적 예술의 입장에서 '예술의 서자(庶子)'라 불려지곤 하는 것들이다. 그것은 바로 패션·디자인·인테리어 분야이다.

이러한 분야들도 현대 과학기술과 미적인 것의 결합을 자본주의 경제체제가 매개하면서 일상에 침투하게 된 것이다. 예술 작품의 복제가 항상 있어왔듯이, 패션·디자인·인테리어 속성들도 인류 생활사에서 지속적으로 존재해왔다. 차이점은 현대사회에서 그것이 지니는 성격과 기능이 바뀌었다는 것이다. 그러한 성격과 기능을 결정하게 한 구체적 요인들은 산업화와 상품화의 과정이었다. 그리고 현대인들은 수용자로서 '미적 선택'을 할 수 있게 되었다. 즉 '기능+$\alpha$'라는 선택의 조건이 제공된 것이다. 현대인은 어쩌면 '+$\alpha$'의 문화 속에 살고 있는지도 모른다.

사진과 영화예술이 아직까지 전통 예술이 유지했던 특성 중의 하나였던 '관람과 감상을 위한 시간과 공간'을 특별히 할애해야 하는 것과는 달리, 앞의 분야들은 소유 자체가 '미적 즐김'을 가능하게 했다. 다시 말해 '미의 일상화'와 '일상의 미화'를 동시에 일상생활 속에서(따라서 사람들의 의식에 이것이 미적 상황이라는 사실이 자리 잡을 사이도 없이) 이루어나갔다. 이것을 상품화의 전략에 놀아나는 것이라고 보는 관점도 틀린 것은 아니다. 하지만 서민에게까지 과거 궁정이나 상류사회에서 즐길 수 있었던 물질이 주는 미적 표상의 매력을 향유할 수 있는 기회를 준 것도 사실이다.[11]

이러한 분야들은 예술의 서자 취급을 받지만 패션은 변화의 미학[12], 디자인은 기호의 미학[13], 인테리어는 배치의 미학이라는 새로운 관점들

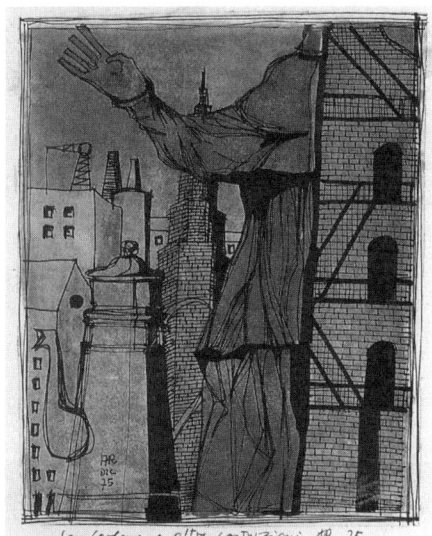

미(美)의 일상화와 함께 대중화는 작품 활동에서 예술의 전통적 적자들과 현대적 서자들 사이의 '교제(交際)'를 가능하게 했다. 포스트모던 건축에도 영향을 끼쳤으며 신(新)합리주의 건축을 주도하기도 했던 이탈리아 건축가 알도 로씨(Aldo Rossi)는 가정용품(특히 주방용품) 디자인의 독보적인 존재인 알레씨(Alessi)사(社) 제품을 위해 1980년 초 '커피포트'(왼쪽에서 첫 번째)를 디자인했다. 로씨는 도시 미학에서 유형학(Typology)과 형태학(Morphology)을 발전시켰는데, 그러한 관점에서 위의 도시 스케치(1975년 작품)와 커피포트를 비교해보면 매우 흥미롭다. 로씨는 주방용품의 형태를 건축의 미니어처로 본 것이다(사진 자료: P. Sparke, *Italian Design*, Thames and Hudson, London, 1988).

3장 미학혁명과 일상의 미학 125

을 제시하기도 한다. 이러한 관점들의 전용(轉用)이 고전 예술 또는 장르로서 인정을 받는 대중 예술의 구성 요건들을 형성한다는 것을 사람들은 간과한다. 상당수의 예술 작품들(대중 예술은 물론이고 고전 예술도 예외는 아니다)은, 이러한 예술의 서자들이 그동안 생산해낸 효과로부터 자유로울 수가 없다.

영화 제작에서 의상, 대중음악뿐 아니라 고전음악의 공연에서도 연주자의 의상과 무대장치의 인테리어적 요소 등 그 예는 수없이 많다. 또한 클래식 음반 재킷 디자인, 책 디자인 등을 보아도 상품화의 문제가 세속화한 대중 예술에만 해당된다고 보는 것은 대단한 오산이다. 더 나아가, 예술의 서자들은 예술의 적자들의 고유 영역을 자신들의 세력 확장을 위해 이용하기도 한다. 예를 들면, 패션쇼나 디자인, 인테리어 전시회 등이 꼭 상품화 전략의 홍보 가치로서만이 아니라, 하나의 예술적 퍼포먼스로서 대중의 관심을 끌기 시작한 지도 이미 오래되었다. 특히 패션쇼의 공연적 성격과 인테리어 전시회가 설치미술적 상황 자체를 그대로 연출하려 하는 시도도 곧 널리 퍼질 것으로 예상된다.

이 모든 것은 과학-기술-미-경제가 동맹하면서 나온 결과이다. 그리고 그것은 흔히 '숨어 있는' 그러나 '영향을 주는' 일상의 힘을 앞세워 미와 예술의 개념이 변신하기를 요구하고 압박하는 요소들이다.


## '관조의 미'에서 '소유의 미'로

전통적 의미의 예술 작품은 감상의 대상이었다. 창작품에 대한 수용적 측면으로서 관조(觀照)는 사실 감상(鑑賞)적인 즐김을 의미했다. 그래서 무엇인가를 받아들여 즐긴다는 뜻의 '미적 향수(享受)'로서 인식되었다. 이것은 '바로 앞에 있는 것'이자 동시에 '접근할 수 없는 것'이라는 예술 작품의 이중적 성격을 전제로 한다. 이러한 성격은 미의 향기를 발하는 작품의 미적 소통(疏通)을 의미함과 동시에, 소유될 수 없는 작품의 독립성을 의미한다.[14]

그러나 현대사회에서 '일상의 미'를 제공하는 패션·디자인·인테리어 등의 대중문화 생산물들은 각 개인이 소유할 수 있는 것이다. 아니 각 개인이 소유하기 위해 생산된 것이다. 이는 이러한 생산물의 미적 요소가 '기능+α'의 자격을 갖기 때문이기도 하다. 따라서 상품에 붙어 다니는 미적 요소인 것이다(물론 그것이 가지는 효과는 상품의 내재적 가치도 변화시킬 수 있지만). 또한 복제의 일반화는 예술 작품을 간접적으로 소유할 수 있도록 했다. 다시 말해, 관람 방식과 분위기는 다르지만 고도로 복제된 미술작품을 보고, 음악을 들으며, 비디오의 개발로 집 안에서 항상 영화를 즐길 수 있는 가능성을 갖게 되었다.

아름다움을 바라보고 즐기는 것에서 만질 수 있고, 소유할 수 있는 것으로의 전환은 획기적이었다. 그리고 자기 마음에 드는 것만 선별해서 소유하며 즐길 수 있는 가능성도 현실이 되었다. 칸트의 《판단력 비판》에 나오는 미학 이론에도 '아름다움'의 정의에는 '좋아하는 것', '마음에 드는 것'이라는 의미가 바탕에 깔려 있다. 그러나 아름다움을 소유한다는 것은 아주 현대적인 것이다.

자본주의의 상품화 전략은 '관조로서의 미'를 배제하고, '소유로서의 미'를 유도하도록 짜여져 있다. 그러나 '소유의 미'의 확산은 미적 감각의 일반화와 함께 일상의 미화를 가져왔다. 그렇다고 현대사회에서 관조로서의 미가 사라져버렸다는 뜻은 아니다. 다만 관조의 미는 획기적으로 일상화되지 않았다는 것이다. 19세기에 비해 20세기에는 박물관과 미술관을 찾는 인구와 고전음악회에 가는 인구가 더 늘었는지도 모른다. 하지만 대중의 일상생활과는 아직 많은 거리를 두고 있다.

    그렇다고 이러한 미의 소유 현상이 확산되면서 미적 생산의 성과가 꼭 저질화와 통속화로 치달았다고 속단할 수는 없다. 통속화는 어차피 대중적인 것이고 일상적인 것이므로 당연하다고 할 수 있으나, 저질화의 문제는 미와 예술의 개념의 문제이므로 그렇게 단순하지가 않기 때문이다. 금세기 초에 이미 크로체(Benedetto Croce)도 "중세와 근세를 아주 명백하게 구분 짓는 점은 바로 근세에서는 정치적·경제적 세상 외에 예술의 세상이 온갖 형태로 부각했다는 특징적 사실이다"[15]라고 말했다. 여기서 우리가 주목해야 할 것은 예술의 세상이 "온갖 형태로" 우리의 생활에 들어왔다는 것이다.

## 현대 대중문화는 '예술의 적자'들을 추방했는가?

    크로체의 말대로 현시대에 미와 예술의 세계는 "온갖 형태로" 우리의 일상에 공존한다. 고전적 미든 현대적 미든, 예술의 적자든 예술의 서자든, "온갖"이라는 울타리 안에 자기 자리는 다 있는 것이다(물론 현대인들에게는 각종 문화 요소들이 모자람 없이 모두 자기 자리를 찾아 가질 수 있도록 현실적으로 노력하는 것이 필요하다). 어쩌면 고대로부터 예술 작품은 인간이 만들어낸 것 중 유일하게 오래될수록 긍정적으로 평가되며, 항상 새로운 의미를 생산해내는 생명력을 지닌 것이라 할 수 있다. 그래서 고전적인 것은 쉽게 부정되지 않는다. 그가 예술의 적자라고 목청 높여 주장하지 않아도 이 세상에서 추방될 가능성은 적다. 단테의 시, 모차르트의 음악, 렘브란트의 그림은 대체될 수 없다.

예술의 적자들이 추방되지 않는다는 것은 '문화 환경 균형'이라는 입장에서도 매우 중요하다. 물론 그들이 간신히 추방을 면하고 근근이 명맥을 유지하는 것으로는 충분하지 않을 것이다. 중요한 것은 그들이 전체적인 문화 환경에 균형을 이루는 역할을 할 수 있을 정도의 영역을 유지하느냐 하는 문제이다.[16] 그래서 고전적 의미의 예술에 종사하는 사람들이 때론 자기방어적이 되고 불안감을 느끼기도 하는 것이다. 그러한 데에는 또 다른 이유도 있다. 지금까지의 미학이, 고전적 예술의 위기와 몰이해적(沒利害的) 예술 감상 기회의 줄어듦과 함께 대중화된 문화와 일상화된 미적 감각의 복합적 현상을 대할 때마다, 어려움과 혼란을 느끼는 이유는 바로 다음과 같은 사실에서도 비롯한다.

그것은 지금까지의 미학이 예술 작품을 마치 '영원한 형태'로 인식했기 때문이다. 언제부터인가 사람들은 히포크라테스의 명언에 대해 오해를 하기 시작했다. "예술은 길고, 인생은 짧다"는 말은 예술 작품의 영원성을 의미하는 말이 아니다. 인간의 생명이 예술의 완성을 위해서는 너무 짧다는 한탄조가 섞인 말이다. 히포크라테스의 아포리즘은 이렇게 되어 있다: "인생은 짧고, 예술은 길며, 기회는 달아나기 쉽고, 실험은 부정확하며, 판단은 어렵다."[17] 이 반어법적인 표현으로 그는 "인생이 길고, 예술이 짧으며, 기회는 달아나지 않고, 실험은 정확하며, 판단이 쉽기를" 바라나, 현실이 그렇지 못함을 경고함과 동시에 아쉬워한 것이다. 의사이자 철학자인 히포크라테스는 인간의 생명이 영원하지 못함을 아쉬워한 것이다. 예술 작품은 영원할 수도 없고, 영원하지도 않다. 예술 작품에 대한 의미를 지속적으로 재생산할 수 있는 인류의 정신과 믿음과 생(生)이 영원하기를 바랄 수 있을 뿐이다.

　인류 사상사의 총체적 관점에서 보아 고전예술과 미학적 바탕의 위기는 형이상학의 위기라는 일반적 상황의 한 측면이다.[18] 형이상학적 태도가 자신의 과업을 '거창한 원칙'에서만 찾지 않고, 일상의 조그만 변화에서도 발견하고자 하는 노력으로 그 위기를 극복하려 하듯이, 이제 미학적 사고는 미적 경험이 '작품의 복제 가능성'과 이른바 '대중문화'의 시대에 맞이한 꼭 부정적이지만은 않은 의미에 대해 문을 열어야 할 때다.

　크로체에 의하면, 현대성을 가장 특징적으로 대변하는 과학이 경제학과 미학이다. 그러나 그 본질에서 반초월적이고, 반금욕적이며, 세속적이고, 통속적인 이 두 과학의 특성은 그것을 받아들이는 진보주의자든 거부하는 보수주의자든 상당수 사람들의 의식에 올바로 전해지지 못한 것 같다는 것이다. 그들은 이 두 과학이 세속적이지 않기를 바랄 수 없다는 사실을 제대로 인식하지 못한 것이다. 경제학과 미학은 세속이라는 지형을 떠날 수 없다. 문제는 이 두 과학이 그 세속적 성격과 기능으로 '무엇을 할 수 있는가' 또한 '무엇을 이루어나갈 것인가' 하는 것이다. 크로체는 궁극적으로 현대를 대표하는 세속적인 두 과학, 즉 경제학과 미학이 정신과 감성을 융화하는 노력을 계속할 것이라는 기대를 저버리지 않는다.[19]

　"예술이 무엇인가라는 질문에 다음과 같은 농섞인 말로(그러나 그렇게 지나친 농담은 아닐 것이다) 대답할 수도 있겠다. '예술은 그것이 무엇인지 누구나 다 아는 바로 그것이다'라고."[20] 크로체의 말이다. 무엇인지 모르면서도 끌리는 것이 아름다움의 매력이라면, 누구나 다 아는 것이면서도 지속적으로 묻는 것이 예술인지도 모른다. 미의 일상화와 일상의 미화는 미·예술·예술 작품의 의미에 대한 질문을 계속 던지도록 할 것이다. 그래서 피카소(P. Picasso)의 수수께끼 같은 말 한마디에도 귀 기울이게 된다. "예술은 기만(欺瞞)이다. 그러나 그것은 우리로 하여금 진실을 알 수 있게 해주는 기만이다."[21]

19세기 말과 20세기 초에 걸쳐서 **미학혁명**이 있었지만, 아직 '일상의 미학'은 시작되지 않았다. 이 글은 **일상의 미학을 위한 서설**(序說)에 지나지 않는다. 이제까지의 글에서 우리는 현재의 미적 상황과 미학적 조건을 제시했을 뿐이다. 앞으로의 미학이 염두에 두어야 할 점을 나열한 것에 지나지 않는다. 이 분야에서 가야 할 길은 아직도 너무 멀다. 그래서 우리는 발걸음을 재촉해야 한다.

[ 3장 주석 ]

1) Lewis Carroll(1832~1898)의 *Alice's Adventures in Wonderland*(1865)와 *Through the Looking-Glass*(1871) 참조.
2) '미학혁명'이란, '산업혁명', '과학혁명'처럼 역사적 사실에 대한 해석과 표현으로 이미 학계에서 공식적으로 통용되는 말이 아니라, 필자 개인의 표현일 뿐이다. 'Aesthetics'의 번역어로 사용되는 '미학'은 한자어 '美學'에서 보듯이 '美', 곧 '아름다움'이라는 뜻을 확연하게 나타내고 있다. 그러나 'aesthetic'이 'beauty'와 글자에서부터 다르듯이, 'aesthetic'은 아름다움을 비롯해서 훨씬 더 넓은 의미 영역을 포함한다. 이 말은, 그리스 어원에서부터 18세기 초의 A. G. Baumgarten('감성 인식학'이라는 학술 용어로서 'Aesthetica'는 1735년에 출판한 그의 《시론(詩論)에 관한 철학적 성찰(*Meditationes Philosophicae de Nonnullis ad Poema Pertinentibus*)》에서 유래한다)과 18세기 후반의 I. Kant를 거쳐 현대사상에 이르기까지, 감각·지각·감성 등에 관한 총체적 의미를 내포하고 있다. 한국어로 '미' 또는 '미학'이라는 말을 사용할 때마다 느끼는 어려움과 불편은 표현에서부터 미적인 것과 미학적인 것이 '아름다운 것'에만 한정될 수 있다는 데에 있다.
3) Henri Lefebvre, *La vie quotidienne dans le monde moderne*, Paris, 1968. 한국어판, 《현대 세계의 일상성》, 세계일보, 서울, 1990, 61쪽.
4) Platon, *Euthyphron*, 2a 참조.
5) Hegel의 이러한 입장은 청년기의 사고에서부터 일관된 것이어서, 초기의 저서에서도 그 예를 찾아볼 수 있다. *Differenz des Fichteschen und Schellingschen Systems*(1801) 참조.
6) G. Simmel, *Soziologie. Untersuchungen über die Formen der Vergesellschaftung*, Berlin, 1908, 1장 참조.
7) H. Lefebvre가 일상성(quotidiennété)을 연구 대상으로 한 것은 현대사회의 일상성을 미화하고, 있는 그대로 수용하기 위해서가 아니라 그것을 바꾸기 위해서이다. 그에 따르면, 일상의 세계는 자본주의적 삶의 '변화'(생산·소비·상품의 사물 관계)를 가장 잘 보여주는 곳이면서 동시에 자본주의의 '변하지 않는 부분'(사회·인간관계)을 가장 잘 은폐하는, 드러내기와 감추기, 변화와 고착화, 자유와 억압의 이중 기제가 작동하고 있는 영역이다.
8) Agnes Heller, *A mindennapi élet*, Akadémai Kiadó, Budapest, 1970, 영역본, *Everyday Life*, Routledge & Kegan Paul, London, 1984 참조.
9) W. Benjamin, *Das Kunstwerk im Zeitalter seiner technischen Reproduzierbarkeit*

(1936), Suhrkamp, Frankfurt a. M., 1955 참조. 벤야민이 굳이 '기술 복제'라는 표현을 쓴 이유는, 역사적으로 예술 작품의 복제는 (예를 들면, 제자들이 손으로 베낀 스승의 그림, 수공예의 모조품·판화·석판 인쇄 등) 여러 형태로 존재해왔으나, 이와는 달리 현대과학의 발달로 가능해진 고도의 기술적 복제 가능성을 강조하기 위해서다.

10) 이것은 벤야민이 《기술 복제성 시대의 예술 작품》의 모두(冒頭) 인용구로 Paul Valéry의 《Piéces sur l'art》에서 발췌한 문장을 사용한 것을 보아도 알 수 있다. Valéry도 예술 창작의 기술적 발전과 변혁이 예술의 개념까지 바꾸어놓기를 기대해도 좋을 것이라고 말하고 있다.

11) 미의 일상화는 현대 이전에도 있었다. 다만 그것이 이른바 상류사회라는 한정된 계층에서만 존재했다는 것이 다를 뿐이다. 현대사회에서 중요한 것은 일상화와 대중화가 함께 실현되었다는 것이다. 쉬운 예로 왕족과 귀족들은 매일 예술적으로 치장된 집에서 멋진 옷을 입고, 최고의 장인이 손잡이 하나에도 미적 감각을 살리도록 노력하여 만든 식기로 식사를 했다. 이런 이유로 2항에서도 '미의 일상화와 대중화'를 함께 다룬 것이다.

12) 이탈리아의 철학자 Gianni Vattimo는 '지속적으로 변화를 추구하는 것'과 '예술이 생활의 중추적 역할을 하는 것'을 현대사회의 특징으로 보며, 패션을 이러한 현대의 성격을 가장 잘 반영하는 대중문화의 하나로 파악한다(*La fine della modernità*, Milano, 1985, 107~109쪽 참조). 이와 연관하여 또한 Fred Davis의 *Fashion, Culture and Identity*(University of Chicago, 1992)를 참조하기 바란다.

13) 오늘날 국제어가 된 영어의 'Design'이라는 단어는 어원적으로 라틴어 'de+signare'에서 유래한다. 즉 '기호(signum)를 새기다' 또는 '기호로 나타내다'라는 뜻에서 왔다. 이에 연관하여 생각해보면, 디자인한다는 것은 새로운 기호를 생산하고 기호로 표상하는 것이라고 할 수 있다. 같은 물체라도 기호로 표상의 변화를 준다고 할 수 있다.

14) 벤야민이 말하는 전통 예술 작품의 특성인 'aura'는 바로 이것을 의미한다. 그것은 달무리처럼 빛을 발하지만, 자신을 신비스럽게 고립시킨 것이다.

15) B. Croce, *Breviario di estetica*, Adelphi, Milano, 1990, 171쪽. 크로체는 여기서 '온갖 형태로(in tutte le forme)'라는 점을 강조한다.

16) '문화 환경 균형'의 주제는 제6장, 5항에서 좀더 구체적으로 다루기로 하고 여기서는 언급하는 것으로 그친다.

17) "Ὁ βίος βραχύς, ἡ δὲ τέχνη μακρή, ὁ δὲ καιρὸς ὀξύς, ἡ δὲ πεῖρα σφαλερή, ἡ δὲ κρίσις χαλεπή." 독일의 문호 괴테는 이러한 그의 진의를 잘 파악하여 인용하고 있다: "Ach Gott, die Kunst ist lang/Und kurz ist unser Leben"(*Faust*, I. 1).

18) G. Vattimo, 앞의 책, 72쪽 참조.
19) B. Croce, 앞의 책, 174, 189, 190쪽 참조.
20) 같은 책, 15쪽.
21) 이것은 "El arte es la mentira que nos permite conocer la verdad"라는 피카소의 말을 의역(意譯)한 것이다. 일부 현대 미술가들이 애용(?)하는 '예술은 사기다'라는 말의 원조 격이 아마도 여기에 있지 않나 생각되기도 하지만, 사실 예술가들 사이에서는 전부터 다 아는 말이고 때론 서로 웃자고 하는 말이기도 하다. 피카소와 거의 동시대를 산 프랑스 작가 F. Mauriac도 "예술가는 거짓말쟁이(사기꾼)이다. 그러나 예술은 진실이다(L'artiste est menteur, mais l'art est vérité!)"라는 말을 남겼다.

# 4

# 일상성과 문화 신드롬

　일상은 문자 그대로 '매일', '날마다'를 뜻하므로 총체적 개념이다. 일상생활의 총체성은 아침에 잠에서 깨어 일어나고 저녁에 잠자리에 든다거나 직장에 출퇴근하는 것처럼, 반복적이고 연속적인 행위로 구체화한다. 그것은 상당수 관성의 힘이 지배하는 시간과 공간이다. 사람들은 일상을 쉽게 지나쳐버리지만, 이렇듯 일상은 그들에게 지속적인 삶의 조건을 제공한다. 일상을 삭제하거나 포기할 수 있는 삶의 형태는 존재하지 않는다.
　그러나 그것이 의미 있는 삶의 조건인가라는 물음이 제기될 때, 일상에 대한 비판과 담론의 필요성은 부각된다. 일상생활 연구에 특별한 관심을 두었던 프랑스의 사상가 르페브르가 "인간은 일상적이든가 아니면 아무것도 아니다"라는 극단적 표현을 쓰면서도, "일상이란 무의미한 것들의 집합체가 아닐까?"라고 자문하는 이유도 바로 여기에 있다.
　전통적으로 사람들은 예술 행위와 작품을 통해 '기계적인 삶', '일상에의 안주', '무의미한 것들에 의한 지배'를 은유적으로 비판해왔다. 헬러의 말대로 예술은 일상적 경험에 항상 의문 부호를 남기려 했다. 특히 문학은 그 감수성 예민한 언어의 촉수들로 틀에 박혀 녹슬어가는 일상생활의 신드롬(syndrome)을 진단하려 했다. 그러나 '예술의 과학화' 및 '미적 요소의 일상화' 그리고 '오락 문화의 재평가와 산업화'에 따른 현대 대중문화의 발전은 비판의 시각을 다른 방향으로 돌리도록 했다.

일상생활의 무료함이라는 문제보다는, 오히려 문화 향유의 양적 팽창과 혼란스러운 양상이 가져온 대중문화의 소화불량이라는 우려가 그것이다. 이른바 대중문화 생산품의 효과는 현대인의 일상생활을 바꾸어가는 것과 동시에 그들에게 문화적 병앓이라는 새로운 일상성을 가져다주었는지도 모른다는 것이다. '문화 신드롬'이라고 할 만한 현상들이 현대인의 생활 속에 실재(實在)하는지는, 현대 대중문화와 연계하여 일상의 삶을 관찰하고 그 의미를 다시 짚어봄으로써 알아볼 수 있다. 그리고 이것은 **일상의 속박**, **일상으로부터의 도피** 욕구, **일상과 비일상** 등의 주제와 연관되어 있다.


## 일상의 속박: '어린 왕자'의 혹성 여행

어른을 위한 동화라고도 할 수 있는 생텍쥐페리(Antoine de Saint-Exupéry)의 작품 《어린 왕자》의 주인공 어린 왕자는 자신의 별을 떠나, 그와 이웃해 있는 소혹성들을 찾아보기로 한다.[1] 자신의 일상을 떠나 다른 사람들의 일상을 관찰하게 된 것이다.

첫 번째 소혹성에는 왕이 살고 있는데, 그는 자신의 일상생활만큼이나 모든 것을 단순하게 보고 단순화한다. 어린 왕자가 오는 것을 보고 "아! 신하가 한 명 왔구나" 하고 외친다. 이 왕에게는 모든 사람이 다 신하이다. 총체적 삶으로서 일상이 모든 것을 단순화해버리는 것이다. 이러한 단순성은 자신의 삶 외의 여타 조건과 가능성들을 무시하므로, 일상에의 안주를 가능하게 한다.

두 번째 소혹성에서 어린 왕자는 허영심에 가득 찬 사람을 만나는데, 그는 자신이 항상 찬양을 받아야 된다고 믿는다. 그래서 다른 사람들에게 찬양받고 그것에 답례하기 위해 준비하는 일로 하루하루를 보낸다. 또한 그에게는 찬양의 말 외에는 다른 어떤 말도 의미가 없다. 그런데 불행히도 그의 혹성 근처를 지나가는 사람은 아무도 없다. 그는 자기 기만의 일상을 살고 있는 것이다.

세 번째 별에서 어린 왕자는 술꾼을 만난다. 그의 일상적 삶과 그 의미(또는 무의미)는 왕자와의 짧은 대화에 잘 나타나 있다: "뭘 하고 있는 거야? ……술을 마시고 있지 ……왜 술을 마셔? ……잊기 위해서지 ……무엇을 잊기 위해서야? ……부끄럽다는 걸 잊기 위해서지 ……뭐가 부끄럽다는 거야? ……술을 마시는 게 부끄러워!"[2) 술꾼은 치열하게 일상의 의미를 추구하지만, 의미를 찾으려는 행위와 그 행위의 의미조차도 일상 안에 매몰되어버리는 것이다.

네 번째 혹성은 사업가의 별이다. 그의 일상생활은 성실성과 진지함 그리고 중요한 것들로 가득 차 있다. 그는 열심히 일하고, 자신의 일에 대해 진지한 태도를 갖고 있으며, 그것이 중요한 일이라고 믿고 있다. 그것은 성실·책임 등 전통적으로 인정되는 덕목들을 나름대로 실천하는 행위이기도 하다. 그러나 어린 왕자는 이 모든 것이 삶의 진정한 목적을 위한 열성이 아니라는 것을 알고 있다. 열심히 사는 일상이 꼭 의미 있는 일상은 아니기 때문이다.

다섯 번째 별은 그중 제일 작은데, 그곳에서 어린 왕자는 가로등 켜는 사람을 만난다. 자전 주기가 1분인 별에서 그는 하루에도 1,440번 가로등을 켰다 꺼야 하지만, 자신에게 '주어진 일(consigne)'[3]이라는 것 때문에 쉬지 않고 임무를 수행한다. 어린 왕자는 그가 다른 사람들의 눈에는 어리석게 보일지 모르지만, 적어도 그가 하는 일은 '어떤 의미(un sens)'가 있다고 믿는다. 왜냐하면 그는 '주어진 일'을 자기 자신을 위한 것만이 아닌 다른 무엇인가를 위해 하기 때문이다.

어린 왕자가 만나본 이들은 모두 반복되는 행위를 하며 살아간다. 즉 일상의 수레바퀴가 도는 데에 따라 살아가는 것이다. 그러나 왕자에게는 가로등 켜는 사람만이 의미 있는 일상을 삶으로써 일상의 속박을 초월하는 것처럼 보인다. '어린 왕자의 혹성 여행'은 일상을 무시한 삶은 존재하지 않는다는 것을 보여주지만, 또한 '의미 있는 일상'과 그렇지 못한 일상을 구분해서 보여주고 있다.

그것은 르페브르가 내세웠던 두 가지 명제인 '부정할 수 없는 삶의 터전으로서 일상'과 '일상성에 매몰되지 않는 의미 있는 삶을 위한 노력의 필요'를[4] 은유적으로 보여준다. 헬러 역시 현대사회의 일상생활에 관한 담론에서, 일상생활이 그 반복적 지속성에도 불구하고 바뀔 수 있으며 더욱 인간적인 삶이 될 수 있다는 가능성을 논하고자 한다. 또한 그녀는 "오늘날 의미 있는 삶을 이끌어가는 개인들은 소외를 이미 과거의 이야기로 만들어버리는 사회를 창조할 수 있는 사람들"이라는 결론에 이른다.[5]

헬러에 의하면, 일상생활은 항상 사람의 바로 눈앞에 있는 '즉각적 환경(immediate environment)'에서 아니면 적어도 그것과 연관되어서 일어난다.[6] 그러나 일상의 의미는, 그것이 일상생활 속에서 발견된다고 할지라도 즉각적일 수는 없다. 르페브르의 말대로 각 개인이 능동적으로 '비판적 거리'를 가져야만 그 의미를 포착할 수 있다. 생텍쥐페리가 그의 작품에서 지속적으로 강조하는 것도 삶의 의미는 보이는 일상에서 찾아지는 것이 아니라, 일상의 보이지 않는 면에 있다. **일상은 무엇인가를 숨기고 있다.** 사물을 아름답게 하는 것, 가장 중요한 것은 눈에 보이지 않는다.[7]

그러나 그 보이지 않는 것이 일상을 떠나 있다는 뜻은 아니다. 일상의 보이지 않는 면, 감추어진 면을 의미하는 것이다. 그러므로 우리 자신을 되돌아보게 하는 삶의 의미뿐 아니라, 현대인이 대중문화의 급속한 발전과 확산에 따라 새로운 일상성의 병앓이를 경험하고 있다면, 그 증후군도 일상을 관찰하면서 찾아낼 수 있을 것이다. 일상을 제대로 보느냐 그렇지 못하느냐 하는 것이 문제이지, 그러한 것들을 일상 밖에서 찾아낼 수 있는 것은 아니다. 일상으로부터의 도피는 상상의 나라로 여행할 때에만 가능하다.

## 일상으로부터의 도피: '앨리스'의 신기한 나라

앨리스는 언니와 둑 위에 앉아 있는 것에 몹시 싫증이 나서 언니가 읽고 있는 책을 한두 번 흘끗 쳐다보고는 '그림도 대화도 없는 책을 무엇에 쓴담?' 하고 생각한다.[8] 루이스 캐롤의 《이상한 나라의 앨리스》는 이렇게 시작한다. 무료한 일상에 대한 불만은 이미 그것으로부터 도피하려는 욕구를 내포하고 있다.

현대 대중문화가 일상생활의 여러 층위에 침투하기 전까지만 해도 일상은 무료함의 대명사였다. '신기한 나라'로 여행 중인 일곱 살짜리 소녀 앨리스에게도 "평범하게 생활을 계속해나가는 것은 매우 지루하고 어리석은 일처럼"[9] 보인다. 앨리스는 신기한 나라로 여행하던 중 우스꽝스럽고 엉뚱한 일들을 많이 겪게 된다. 그 여행 전체가 마치 '난센스 게임(nonsense game)'으로 이루어진 느낌을 갖게 한다. 그것은 일상을 탈피한 이상한 세계의 특성을 보여주는 것 같지만, 사실은 역으로 무료하고 생기 없는 일상생활의 난센스를 발가벗기는 효과를 주고 있다.

이는 앨리스가 여행 중에도 줄곧 자신이 학교에서 배웠던 것과 어른들에게 들었던 이야기들을 기억해내서 갑작스럽게 부딪힌 상황에 적용하려 하지만, 그러한 행동은 더욱 무의미한 것으로 드러나 엉망진창의 결과를 낳게 되는 것을 보아도 알 수 있다. 이렇듯 일상은 지루함, 무미건조함, 난센스의 아이러니 등으로 대변되어왔다.

신기한 것들, 놀랄 만한 일들, 호기심을 자극하는 것들은 꿈속에서나 아니면 상상의 나래 속에서나 가능했다. 그리고 누구든 조금만 나이가 들어도 그것들이 환상에 불과하다는 것을 잘 알게 되었다. 그것은 캐롤의 작품이 '꿈과 환상의 세계'와 '일상의 세계'가 교차하는 상황을 묘사하는 것으로 끝을 맺는 것을 보아도 알 수 있다: "앨리스는 일어나 집으로 달려갔고, 달리면서 참으로 신기한 꿈이었다고 생각했다. 그러나 언니는 앨리스가 가버린 뒤에도 아직 그대로 앉아서, 머리를 손으로 받치고는 저녁놀을 바라보며 앨리스와 그녀의 신기한 모험에 대해 생각했으며, 어느새 그녀도 꿈을 꾸기 시작했다……그러나 앨리스의 언니는 눈을 감으면 신기한 나라에 살고 있는 듯했지만, 눈을 뜨면 모든 것이 무료한 현실로 변해버린다는 것을 알고 있었다……신화 속의 동물 그리폰(Gryphon)이 지르는 소리, 그 밖의 모든 기이한 소리들은 마을 어귀 농가의 여러 가축

앨리스는 싫증나는 일들로 가득 찬 일상을 떠나, 조끼를 입고 시계를 가진 이상한 토끼를 쫓아가다 '신기한 나라'로 여행을 시작하게 된다. 1865년 출판된 《이상한 나라의 앨리스》에는 존 테니얼 경(Sir John Tenniel)이 삽화를 그렸는데, 그 또한 독특한 매력으로 높은 평가를 받았다. 따라서 그 후에 출판된 책에서도 테니얼의 삽화는 계속 애용되었으며, 월트 디즈니사의 애니메이션 작업 때 (1951년 출시) 디즈니의 미술가들에게 지대한 영향을 끼쳤다.

들이 뒤섞여내는 소리로 바뀔 것임을 언니는 잘 알고 있었다."10)

오랫동안 환상의 세계는 어린이에게만 허용되는 것이고 그들의 전유물이었다. 그래서 배리(James M. Barrie)의 희곡과 소설11)의 주인공 피터 팬(Peter Pan)은 '자라기를 원하지 않는 소년'이었다. 어른으로 성장함에 따라 사람들은 환상의 세계를 점점 잃어갔고, 이는 어린 시절에 대한 향수를 더욱 강하게 느끼게 했다.

그러나 현대인들은 과학과 기술의 힘을 빌려 미(美)를 일상화함과 동시에 환상의 세계를 일상으로 끌어들이려는 시도를 계속하고 있다. 현대의 오락과 놀이 문화는 '환상의 세계를 일상화한다'는 목표를 추구하고 있는 것이다. 이는 놀이 문화의 대명사 디즈니랜드(Disneyland)의 슬로건이 "꿈꿀 수 있는 것이라면 우리는 그것을 현실화할 수 있다(If we can dream it, we can do it)"라는 것을 보아도 알 수 있다.

그리고 이러한 현대 대중문화는 환상의 세계가 세대의 구분 없이 어른과 아이가 같이 즐길 수 있는 것이라는 의식과 실천적 가능성을 제시하고 있다. 디즈니 재단이 미국 플로리다주에 월트 디즈니 월드(Walt Disney World)를 건설하면서 내세운 '온 가족을 위한 놀이(Family Entertainment)'는 바로 모든 연령 계층에 쾌적한 즐거움을 제공하겠다는 뜻이다.

이 외에도 비디오 게임기를 사용하는 연령층이 점점 나이든 세대로 확산되어가는 것이라든가 가상현실을 응용한 오락 기구가 보급되는 것도, 환상의 세계를 일상의 장소에서 직접적으로 접촉하며 즐기고자 하는 경향을 반영하는 실례이다.

더 나아가 현대 놀이 문화는 환상의 세계와 함께 편안함과 쾌적함을

신기한 나라를 여행하던 중, 앨리스는 어느 순간 익숙한 것으로부터 떨어져 있음으로 해서 느끼는 불편함을 쐐기벌레에 하소연한다. "나는 그런 것에 익숙하지 않아요!"라고 울상이 되어서 말할 때, 그녀는 일상적인 익숙함이 편안함을 준다는 것을 새삼 실감하게 된다.

동시에 제공한다. 그것은 '신기한 나라'에서 앨리스조차도 받지 못했던 혜택이다. 신기한 나라에서 앨리스는 '불편함' 때문에 어느 순간 그곳이 더 이상 재미가 없어졌고, 집에 돌아가고 싶어한다. 그녀의 몸이 커져버려서 토끼의 집에 갇혔을 때, "집에 있을 때가 훨씬 더 즐거웠어"라고 후회한다. 또한 쐐기벌레에게 도움을 청하며 익숙한 것에서 떨어져 있으면서 느끼는 불편함을 하소연한다. "나는 그런 것에 익숙하지 않아요!" 하고 울상이 되어서 말할 때,[12] 그녀는 일상적인 익숙함이 편안함을 준다는 것을 새삼 실감한다.

그러나 현대의 놀이 문화를 이끄는 대중문화 산업은 익숙한 상황에서 오는 일상적 편안함과 환상의 세계가 주는 흥분과 즐거움을 동시에 만족시키는 전략을 바탕으로 한다. 그 예로 월트 디즈니 월드는 "모든 연령 계층이 안전하고, 깨끗하며, 효율적이고, 논쟁의 여지가 없는 가운데 즐거움을 누리는"[13] 조건과 환경을 제공하고자 한다. 자본주의의 문화 산업은 일상생활과 환상 세계를 접목하여 나이에 관계없이[14] 대중을 매료하고 효용을 창출해낸다. 현대의 문화 산업 자본주의 체제는 자신의 발전을 위해 일상생활을 필요로 하고 그것을 바탕으로 유지되어갈 수 있는 것이다.

놀이 문화 산업은 일상으로부터 도피하기 위해 이제는 더 이상 꿈을 꾼다거나 상상의 나래를 펼쳐볼 필요가 없게 되었다고 대중을 설득한다. '신기한 나라'에 대한 경험은 조금만 시간을 할애해 장소를 옮기기만 하면 일상에서 실제적으로 가능해졌다고 주장한다. 배리의 작품은 피터 팬이 살고 있는 나라는 실제로는 존재하지 않는 나라라는 것을 그 이름에서부터 암시하고 있다. 그 나라의 이름은 바로 '네버-네버 랜드(Never-Never Land)'이다. 반면 한국의 어느 한 종합 놀이 공원의 이름이 '에버랜드(Everland)'인 것은 이것과 재미있는 대조를 이룬다. 환상의 세계는 존재하지 않는 나라에 있다는 전통적 의식이 그것은 항시 존재하는 나라에 있다는 생각으로 전환을 시도하고 있는 것이다.

이는 오늘날 환상의 세계가 '인간 정신의 일시적 상상의 대상인가, 아니면 인간 감각의 일상적 접촉의 대상인가?' 하는 물음을 제기한다. 또한 혹자는 '환상의 세계는 정말로 언제나 우리와 같이 하는 것인가, 아니면 영원히 사라져버렸는가?' 하고 자문할지도 모른다. 이러한 인식 혼돈의 가능성은 전혀 비현실적이거나 얼토당토않은 이야기가 아니다. 새로운 일상성에서 겪는 이른바 현대인의 문화 신드롬을 조금 다른 각도에서 조명해 보여주는 것일 뿐이다.

## 일상과 비일상: '거지'와 바뀐 '왕자'

이상에서 살펴보았듯이, 현대 대중문화의 발달은 일상이 지배적인 개념으로 부각하는 데 큰 역할을 했다. 반면 그것은 비일상의 존재와 의미에 회의를 갖게 하였다. 비일상이란 무엇이며, 인간의 삶에 어떻게 존재하는가? 그것은 단순히 일상에 대한 반의어적 의미로서만 존재하는가? 아니면 비일상적인 것이 일상생활을 조건 지울 수 있는가? 더 나아가 비일상적인 것이 일상생활을 바꿀 수 있는가? 하는 물음들이 대두되었다.

마크 트웨인(Mark Twain)의 《왕자와 거지》는 일상과 비일상이라는 두 영역이 인간의 삶에서 서로 얽혀 있으면서도 분명히 구분된 의미를 지닌다는 것을, 왕자 에드워드 튜더(Edward Tudor)와 거지 톰 캔티(Tom Canty)의 탄생과 성장 과정, 그리고 두 사람의 우연한 만남에서부터 암시하고 있다.[15]

같은 날, 같은 도시에서 태어나고, 모습마저 똑같은 두 소년은 각각의 일상 속에서 항시 비일상적 욕구를 구체화할 기회를 엿보며 자라난다. 거지 톰의 비일상적 욕구는 왕궁에서 사는 왕자의 일상적 삶에 관한 것이고, 에드워드 왕자의 비일상적 욕구는 궁정 밖 서민들의 일상적 삶에 관한 것이다. 그들의 욕구는 '일상으로부터의 도피'나 '탈일상적' 태도가 아니다. 궁정의 생활과 서민들의 삶은 실재하지 않는 환상의 세계에 있는 것이 아니라, 그들이 태어나서 살고 있는 런던의 현실에 공존하는 것이다. 다만 그들이 처한 일상적 조건 때문에 경험할 수 없을 뿐이다.

일상생활은 개개인의 즉각적 환경에서 아니면 적어도 그것과 연관되어서 일어난다는 입장에서, "왕의 일상생활이 영위되는 지형(terrain)은 국가가 아니고 왕궁"[16]이라 할 수 있다. 서민들의 일상생활의 일차적 지형도 나라 전체가 아니고 그들의 주거지역이라고 볼 수 있다. 그러나 트웨인의 작품은 비일상적 사유와 열망은 일상생활의 지형을 넘어설 때 현실화할 수 있다는 것을 보여준다.

왕자와 거지는 서로 일상생활의 지형을 바꾸어봄으로써 비일상적 행위를 구체적으로 시도하고 경험한다. 왕자와 바꾼 톰은 처음에 궁정에서 자신을 둘러싸고 있는 모든 것에 경이감을 갖지만, 곧 회의에 빠진다. 호화로운 궁정 생활의 허구를 간파한 것이다. 반면 에드워드는 궁정 밖(그러나 자신이 다스리는 나라 안에 있는)에서, 서민들이 어떻게 살아가는지를 보고 그들의 고통도 함께 느끼게 된다.

두 소년은 잠시 서로 바꾼 생활 덕택에 일상의 속박에서 벗어나 자신들의 지성적 시야를 넓히고, 도덕적 감각을 키울 수 있었으며, 좀더 인간적인 성장을 할 수 있었다. 그래서 그들이 다시 자기 자리에 돌아왔을 때에는 좀더 넓은 시야로[17] 각자의 삶을 바라볼 수 있게 되었고, 의미 있는 인생을 살 수 있게 되었다. 이는 비일상적 출력이 일상에 재입력되는 구체적 피드백(feedback)이 이루어진 것이라고 볼 수 있다.

비일상적 행위는 일상적 삶에 변화의 동기를 준다는 점에서 일상과 밀접하다. 다시 말해 신선한 충격과 같은 피드백을 행하면서 일상에 스며든다고 할 수 있다. 그러나 이러한 효과가 《왕자와 거지》의 이야기처럼 일상생활의 지형을 넘어서야만 가능한 것은 아니다. 더구나 현대사회와 같이 일상의 지형이 갖는 경계가 매우 확장된 경우는 더욱이 그럴 수가 없다. 상당수의 비일상적 행위는 일상생활의 지형에서 이루어진다. 예를 들면, 아침에 일어나고 잠자리에 드는 것은 일상생활이다. 그러나 어느 날 잠들기 직전 10분간 명상의 시간을 가졌다면 그 순간 그 행위는 비일상적이다. 물론 이러한 행위가 그로부터 매일 계속되거나 일정한 주기로 반복된다면 그것은 일상이 되는 것이다. 하지만 어느 순간 다시 비일상적인 것으로 돌아가거나 아니면 개인의 삶에서 완전히 존재하지 않는 것이 될 수도 있다. 일정한 행위가 일상과 비일상의 형태를 바꾸어서 취할 수 있다는 의미에서 일상과 비일상은 상호 교환적이다.

중요한 것은 비일상적 행위는 다분히 개인적 성격을 지닌다는 것이다. 이는 일상적 행위가 강한 사회성을 띠고 있는 것과 대비된다. 다시 말해 일상적 행위는 상당수 남들이 하는 행위를 나도 하기 때문에 사회적 동일성을 이루도록 하는 요소이다. 앞의 예에서처럼 아침에 일어나고 잠자리에 드는 것은 누구나 다 하는 일상생활이다. 그러나 10분간의 명상은 자유의지에 따른 개인적인 행위이다. 하지만 그것은 비대해진 일상생활의 몸집에 결정적 변화를 줄 수 있는 의미 있는 행위가 될 수 있다. 마치 미세하게 날이 선 메스가 환부를 비집고 들어가기 쉬운 것과 마찬가지다.

긍정적 의미에서 비일상적 행위는 양적 기준의 사회와 문화에서 벗어날 수 있는 가능성을 제시한다. "일상의 색깔을 보고, 일상의 소리를 들으며, 일상의 접촉을 느끼는 것, 다시 말해 일상의 시인(詩人)이 되는 것"[18]은 일상에 쉽게 안주하라는 말이 아니고, 일상 속에 숨어 있는 비일상적 가능성을 찾으라는 뜻이다. 그리고 그 가능성이 생명력 있는 일상의 삶에 보탬이 되도록 노력하라는 의미이다. 이러한 관점에서 보면 일상과 비일상은 구분되어 있으면서도 같이 있는 것이다.

## 매일 아침 8시 반의 드라마

우리가 문화 비판을 하는 이유 중 하나는 문화 생산물이 개인뿐 아니라 사회관계에 권력으로 작용하지 않을까 하는 의혹에서이다. 여기서 권력이란 개인의 행동과 사고방식, 그리고 사회관계의 형성에 일방적이며 독단적인 영향을 줄 수 있는 구체적인 가능성을 의미한다. 그 가능성이 실현되는 장소는 일상생활이다. 대중의 일상적 경향에 바탕을 두고 제작되어, 그들의 일상생활에 '유도된 필요성'으로 자리 잡으려는 대중문화 상품들은 당연히 일상의 특성을 항상 염두에 둔다. 최근 한국에서 커뮤니케이션 이론을 연구하는 사람들이 주된 과업으로 삼는 '문화 텍스트가 소비되는 구체적인 일상의 공간에 대한 관찰'이라든가 '문화 연구의 중심부에 안착한 수용자(audience)에 관한 논의' 등도 이와 연관된 것이다. 문제는 대중문화 상품 제작을 위해 주목하는 일상의 특성들이 대부분 일상의 반복성, 일상생활의 단순성, 수동적 일상성, 비일상적 경험의 축소 등이라는 것이다. 이는 '일상성의 신드롬'을 '문화 신드롬'으로 효과 있게 전이하고자 하는 마케팅 전략상의 의도라고 할 수 있다.

예를 들면, 이러한 특성을 최대한 이용하려는 대표적인 대중문화 상품 중의 하나가 연속물로 제작되는 이른바 'TV 드라마'이다. 드라마에 대한 사회적 논쟁이 있을 때마다 그것의 문학적 가치, 작품성을 논하는 것은 쟁점을 피해가는 태도라고 생각한다. TV 드라마가 셰익스피어의 연극 수준이기를 바란다면 아예 대중문화에 관한 담론을 할 필요도 없다. 대중문화가 굳이 천박할 필요도 없지만, 그것이 세속적이라는 것을 부정할 수도 없다. 그것은 세속적이므로 가치가 있는 것이다. 현대사회에서 대중문화의 의미는 현대인이 "예술이 온갖 형태로 찾아오는 시대에 살고 있다는 것과 문화 향유의 주체가 소수의 특권 계층에서 일반 대중으로 확산되고 있다"[19]는 역사적 사실과 맞물려 있다. 드라마도 이러한 시대적 상황에서 부각된 대중문화의 하나이다. TV 드라마는 TV 드라마적 작품성을 지니면 되는 것이다.

따라서 현재 TV 드라마의 문제는 **작품성의 문제가 아니라, 일상성의 문제**이다. 한국에서는 매일 아침 8시 30분을 전후한 1시간 반 정도의 시간대에도 각 방송사에서 일제히 드라마를 방영한다(저녁 시간대는 거론할 필요도 없다). 그것을 보는 시청자들의 일상적 반복성·단순성·수동성 등과 그것을 최대한 이용하려는 제작 방송사의 의도는 가히 드라마틱하다고 할 수 있다. 문화 향유의 개인적 선택과 그 다양성과는 거리가 먼 현상이기 때문이다.

문화 산업 자본주의의 관점에서 보면, 현대인의 일상생활은 '욕구의 유도'와 '욕구의 충족'이 동시에 일어나는 장소이다. 그러다 보면 이 욕구의 순환 고리에 과부하(過負荷)가 걸릴 수도 있다. 그래서 혹자는 문화적 병앓이의 신드롬을 일상생활의 행태에서 찾아보려는 노력을 한다. 매일 아침 8시 반의 드라마 시청도 그러한 문화 신드롬 중의 하나라고 볼 수 있다. 왜냐하면, 일상의 속박을 가중화하고 비일상적 피드백의 가능성을 소멸시키는 문화 현상이 될 수 있기 때문이다. 그것은 바로 현대인의 드라마일지도 모른다.

물론 이러한 관찰과 비판이 '건전성의 이데올로기'를 앞세운다거나, 아니면 대중에게 '병동화(病棟化)의 노이로제'를 유발할 정도로 편협해지는 것은 경계하여야 한다. 그러나 우리의 일상이 '오후 5시의 티 타임' 보다는 '매일 아침 8시 반의 드라마'로 채워진다면, 우리들의 친구 '어린 왕자'와 '앨리스', '톰'과 '에드워드'를 서글프게 하지 않을까?

## 일상의 사이로 들리는 소리

'일상의 사이'라는 표현은 모순적이다. 일상이 매일인 이상 사이가 있을 것 같지 않기 때문이다. 그래서 탈일상성은 상상의 세계에서나 가능하고 비일상성은 일상성과 공존함으로써 그 효과가 있다. 루크만(T. Luckmann)이 말했듯이, 복합적 현실 중에서 현실 그 자체를 표현하는 것이 한 가지 있다면, 그것은 일상생활의 현실이다. 그래서 일상은 자신에게 완전한 주의를 기울이도록 요구한다.

그러나 현대사회에서 존재할 것 같지도 않은 일상의 사이를 보고자 하고 일상의 틈새를 노리고자 하는 데는 이유가 있다. 그것은 일상적 사고와 실천이 경제적인 것, 물질적인 것, 이해타산적인 것과 상당히 연관되어 있어서, 그것을 벗어나는 차원에 대해서는 민감하지 못하며, 따라서 가시적이고 현존하는 것에 대한 집착이 강하기 때문이다. 그래서 일상생활을 바탕으로 하는 대중문화는 '바로, 지금, 이곳에'라는 즉각적 효과와 현재 순간의 만족감을 보장한다는[20] 현존을 상징하는 작품을 창조하는 데 집중한다.

이것이 물론 비판적 시각에서 흔히 지적하는 '영혼의 빈곤화'로 직결되지는 않을지라도, 각 개인이 자율적인 정신 활동에서 멀어지는 경향이 점점 더 확산될 가능성을 부정할 수는 없다. 현대 문화 비판에서, 지체된 정신 활동 상태의 실례로서, 대중전달 매체와 정보통신 네트워크의 영향 아래 있는 수용자들의 수동적 상황과 반최면 상태를 이른바 '일상생활의 몽유병'이라고 지적한 지도 이미 오래되었다.

현대 문화가 개인의 다양한 정신 활동을 축소하는 작용을 한다는 의혹은 놀이 문화에 대한 비판에서 더욱 타당성을 가질 수 있다. 놀이 문화 산업은 환상의 세계를 실재화하고 일상화하는 반면 개개인의 정신 활동을 축소한다고 볼 수 있다. 왜냐하면 놀이 공원에서 환상적 모형들을 감각적으로 즐기는 동안, 개인적으로 상상의 나래를 펴는 것 같은 경험의 기회는 줄어들 수 있기 때문이다.

또한 비디오 게임과 가상현실을 이용한 게임은 정신적 집중력을 요구하지만, 사실 그것 역시 이미 만들어진 구조 내에서의 기계적인 작동의 성격이 강하므로 창의력을 필요로 하지는 않는다.[21] 창의력은 그러한 기구와 프로그램을 만드는 사람들의 몫이지, 단순한 사용자의 몫은 아니기 때문이다. 21세기가 창조력의 시대라 하지만, 그것은 점점 더 소수 개인의 창조력을 의미하지 다수의 창조력 향상과는 거리가 멀어질 가능성이 많다.

물론 인간의 여러 차원 중에서 정신의 영역은 좁고 또한 좁아야 한다. 그래서 우리는 정신을 갈고 닦는다고 표현한다. 정신을 갈고 닦는 것은 전체를 지배하기 위한 것이 아니라, 틈새를 파고들기 위한 것이다. 개인의 정신 활동 가능성이 지나치게 축소되면, 일상의 틈새를 공략할 수 있는 비일상적 의도를 갖기가 점점 더 어려워진다. 이것은 앞으로의 시대에서 각 개인이 인간 삶의 의미 맥락들을 구성해나가는 데 어려움을 느끼게 될 것이라고 예상하게 하는 요인이다.

앞으로의 시대에서 각 개인은 일상성에 매몰되지 않기 위해, 정신을 가다듬고[22] 새로운 상황에서 인간을 위한 새로운 권리를 계속적으로 주장할 수 있어야 한다. 이것이 미래의 휴머니즘적 자세일 것이다. 앞으로의 사회에서 특별히 부각될 수 있는 인본적 권리들은 단순한 물질적 복지를 넘어서 보다 의미 있게 살 수 있는 존재의 권리, 전통적 평등권이 아니라 누구나 평등하게 차이를 주장할 수 있는 권리, 타인과 함께 공동체적 환경을 이루고자 하는 욕구가 개인의 자유와 책임을 바탕으로 보호받을 수 있는 권리 등이 될 것이다.

이러한 권리 주장의 능력은 서언에서 제시했던 '일상이란 무의미한 것들의 집합체가 아닐까?'라는 물음에 대한 대답을 가능하게 하는 현실적 조건이다. 즉각적 해답은 없지만, 그렇다고 포기할 수도 없는 '일상의 의미' 추구는, 거대한 일상의 위용을 보면서도 일상의 틈새를 노려야 하고 일상의 사이로 들리는 소리에 귀기울여야 가능한 것이다.

# [4장 주석]

1) A. de Saint-Exupéry, *Le Petit Prince*(1943), Gallimard(Collection folio junior), Paris, 1996, 36쪽과 그 이하 참조.
2) 같은 책, 44~45쪽.
3) 윤동주(尹東柱) 시인의 유명한 '서시(序詩)'의 한 구절도 "그리고 나한테 **주어진** 길을 / 걸어가야겠다"이다(진한 서체 표시는 필자가 한 것임). 이것은 다양하게 해석될 수도 있지만, 필자는 《어린 왕자》에 나오는 '가로등 켜는 사람'의 대사가 주는 의미와 유사한 점을 느낀다.
4) H. Lefebvre, *Critique de la vie quotidienne I: Introduction*, Paris, 1947(1958²), *La vie quotidienne dans le monde moderne*, Paris, 1968 참조.
5) A. Heller, *Everyday Life*, Routledge & Kegan Paul, London, 1984, 8~12쪽(Preface to the English Edition)과 266~269쪽(The 'being-for-us' of everyday life) 참조.
6) 같은 책, 6쪽 참조.
7) A. Saint-Exupéry, 앞의 책, 77쪽 참조(이 말은 그의 작품에서 조금씩 다른 표현으로 반복된다).
8) L. Carroll, *Alice's Adventures in Wonderland*(1865), Norton Critical Edition, New York, 1992, 7쪽. 영어로도 간략하게 《Alice in Wonderland》로 알려져 있는 이 작품은 '신기한 나라의 앨리스'로 번역하는 것이 더 좋다고 생각하지만, '이상한 나라의 앨리스'로 너무 잘 알려져 있으므로 제목에서는 그대로 따르기로 한다. 작가이자 수학자인 캐롤의 동화는 단순히 어린 소녀의 환상적 여행을 보여주는 작품만은 아니다. 어쩌면 아이들에게는 무거울 정도로, 캐롤 특유의 논리 게임과 아이러니로 '환상의 기만과 권태' 및 '일상에서의 도피'가 야기하는 역설을 은연중에 비추어준다.
9) 같은 책, 12쪽. "it seemed quite dull and stupid for life to go on in the common way."
10) 같은 책, 98~99쪽(원문의 내용을 줄여서 의역한 것임).
11) James Matthew Barrie, *Peter Pan, or the Boy Who Wouldn't Grow Up*(1904)과 *Peter and Wendy*(1911) 참조.
12) L. Carroll, 앞의 책, 28~29, 36~44쪽 참조.
13) S. M. Fjellman, *Vinyl Leaves. Walt Disney World and America*, 한국어판(편역), 《디즈니와 놀이 문화의 혁명》, 일신사, 서울, 1994, 14~15쪽 참조.
14) 프랑스의 사학자 P. Aries는 아동은 근대에 들어오면서 놀이, 오락과 함께 어른들에 의해

'발명'되었다는 입장에서 현대 문명을 비판하고 있다. 다시 말해 '아동의 탄생'은 어른들의 이해관계 때문이라는 것이다. 최근에는 더 나아가 '아이를 어른으로 탄생시키고자' 하는 시도가 있다. 예를 들어 아동과 틴에이저 사이에 있는 8세에서 14세 사이의 이른바 트윈(Tween)세대를 상업적으로 탄생시켜 그들이 어른 흉내를 내고 하루라도 빨리 어른이 되고 싶어 하는 경향을 부추기면서 틈새 시장의 상품화 전략에 이용하고 있다. 그런데 오늘날 더욱 흥미로운 현상은(이 점은 Aries도 놓치고 있지만) 어른들이 아동으로 재탄생하고 있다는 것이다(이 현상은 다방면에서 관찰될 수 있는데, 최근 한 기업은 "아빠는 12살", "어른도 아이처럼"이라는 광고 카피를 쓰기도 했다). '어른의 아동화'는 오늘날 문화 트렌드의 중요한 요소로, 별도의 연구를 필요로 한다. 이것은 현대사회에서 '가치 이동'과 '권력 이동'에 연관된 현상일 수 있기 때문이다.

15) M. Twain, *The Prince and the Pauper*(1882), Penguin(Signet Classic), New York, 1980 참조.
16) A. Heller, 앞의 책, 6쪽과 제2부: THE EVERYDAY AND NON-EVERYDAY 참조.
17) 이는 왕이 된 에드워드가 신하들에게 하는 말에도 함축되어 있다. "What dost thou know of suffering and oppression? I and my people know, but not thou."(M. Twain, 앞의 책, 205쪽 참조).
18) 이 책의 제1장, 5항 참조.
19) 이 책의 제3장, 5항 참조.
20) 순간을 중요시하는 것은 어떤 의미에서 시간성을 배제하는 것이라고 볼 수 있다. 시간의 흐름을 무시하고 싶은 의도가 깔려 있기 때문이다. 이것은 시간-공간의 인식 구조에서 사실 공간성만 남게 하는 결과를 가져온다. 이러한 '거의 무의식적'인 시도는 '시간의 소멸'을 추구하는 현대 문화의 매우 중요한 어떤 경향과 연관되어 있는데, 그 경향은 다양한 현상으로 나타난다. 이것도 별도의 연구를 필요로 하는 흥미로운 주제 가운데 하나라고 할 수 있는데, 이 책에서는 제5장과 제9장 등에서 '이상시(理想時)' 또는 'Uchronia'라는 주제로 간단히 다루고 있다.
21) 컴퓨터 게임 전문가들은 '스타 크래프트' 같은 다자간 참여의 다양한 MUD(Multiple User Dimension) 게임은 두뇌 회전을 발달시키고 창의력을 길러준다고 주장할지 모르나, 아직은 그러한 기능을 발휘하는 것과는 거리가 멀다고 생각한다. 창의력은 '틀'이 많거나 그 틀이 빈틈없이 확실하게 짜여져 있는 상황 안에서는 제대로 발휘되지 않기 때문이다.
22) 흔히 '정신'은 '정신적인 삶'을 위해서 필요한 것처럼 생각하고 행동한다. 그러나 정신적인 수련과 성숙을 기하는 것은 '정신적인 삶', '구도자의 삶', '수도자의 삶'을 위한 것이

아니다(물론 그러한 삶을 선택한 사람들은 별도의 경우이지만). 갈고 닦인 정신은 물질적인 삶, 속세에서의 삶, 더 나아가 총체적 의미에서의 삶을 무리없이 잘 영위하기 위해서 필요하기 때문이다.

# 5

# '사이'의 문화와 21세기

　우리는 앞장의 마지막 항에서 '일상의 사이'에 대해 논했다. 일상생활(everyday life)이 매일이라는 총체성을 내포하므로 일상의 사이는 존재할 것 같지 않은 영역이다. 그러므로 오히려 '사이'의 의미와 실용성을 발견한다는 것은 고부가가치적 창조 행위다. '사이'는 가시적이지도 않고, 쉽게 감지할 수 있는 것도 아니다. 그러나 그 존재를 발견하고 그것에 의미와 역할을 부여한다면, 즉 그것을 '창조'한다면, 사이를 숨기고 있는 가시적 현상을 본질적으로 변화시킬 수 있고, 세상을 전혀 달라 보이게 할 수도 있다.

　사이의 개념은 우선적으로 복수의 '구체적 존재'를 전제한다. 예를 들면, 몸과 몸 사이, 너와 나 사이, 이 집과 저 집 사이 등이 그것이다. 따라서 이차적으로 인식되는 개념이라고 볼 수도 있다. 그러나 그것이 일단 인식되고 실재적으로 부각되고 나면, 전체 현상을 주도하는 역할을 할 수 있다. 예를 들면, 너와 나는 사이의 매개가 없다면 개별적인 것처럼 존재하지만, 둘 사이가 감지되고 인식되며 현실적으로 부각되면 **새로운 세계**를 형성하기 때문이다. 이러한 의미에서 '사이(間)'는 주체(主體)나 객체(客體) 등 각 개체(個體)를 전제하고 인정하지만, 그것을 넘어설 수 있는 개념이다.

사이, 즉 간(間)이 체(體)를 초월하고 주도한다는 것은 그것이 특별한 의미에서 형이상학(meta-physics)적[1]) 성격을 지닌다는 뜻이다. 즉 쉽게 감지할 수 있는 '물리적 세계'라는 성격의 체에 고착하는 것이 아니라, 그것을 전제하되 그것을 넘어서 조정하고 주도하는 능력을 발휘할 수 있다는 의미에서 형이상학적이다. 체의 독립성을 인정하면서, 체와 체를 이어서 하나의 세계를 이루게 하는 간은, 자신은 무형, 무소로 가시적이지 않지만 기(氣)를 불러일으키는 역할을 하는 것이다.

인류는 20세기 후반에 들어와서 '사이'가 일으키는 기운과 그 의미에 집중적으로 관심을 갖기 시작했다. 그리고 그것에서 효용을 창출하려고 줄기찬 노력을 해왔다. 이는 이른바 정보지식사회에서 사용 빈도수가 가장 높은 접두어가 '사이'의 뜻을 내포하는 '인터(inter-)'인 것만 보아도 알 수 있다. 21세기에는 '사이'라는 무형의 기운이 점점 더 세계 형성의 기축(機軸) 개념이 되고, 인류의 총체적 발전에서 주도적 역할을 하게 될 것이다. 즉 앞으로의 문화는 '사이'를 일차적으로 인식하고자 할 것이다. 이는 20세기 후반에 탄생한 '사이의 문화'가 고도의 발전 단계에 들어서리라는 것을 말해준다. 사이는 '세계 만들기'를 가능하게 해주고, 더 나아가 새 천년기에는 우주적 차원에서도 '사이의 문화'가 부상할 것이다.

## '사이'의 뜻풀이

한국어의 '사이'는 어떤 외국어에서도 그에 상응하는 단어를 쉽게 찾아볼 수 없을 만큼 고유한 성격을 지니고 있다. 우리말 '사이'는 복합적인 뜻을 지니고 다양하게 사용되고 있으면서도, 각각의 의미를 관통하는 하나의 공통분모를 지니고 있다.

### 우리말 '사이'

먼저 **인간**의 차원에서 살펴보면, 사람과 사람의 관계(예를 들어, 너와 나 사이, 엄마와 아빠 사이 등), 또는 어떤 한정된 모임이나 범위 안(우리 사이, 친구 사이 등)을 뜻한다.

**공간적**인 면에서는 한 곳에서 다른 곳까지 떨어진 그 무엇을 가리키거나(서울과 부산 사이, 집과 학교 사이), 또는 일정한 범위 내에서 어떤 것과 다른 것과의 벌어진 틈(글자와 글자 사이, 나뭇잎 사이로)을 나타낸다.

또한 **시간**적인 차원에서는 어떤 때에서 다른 때까지의 동안(잠깐 사이, 하루 사이), 또는 일정한 시간적 제한 속에서 겨를이나 짬(쉴 사이, 말할 사이)을 의미한다.[2]

이상에서 관찰할 수 있는 공통점은 우리말 '사이'가 개체들의 '관계'를 의미할 수도 있고, 그 개체들이 모여서 함께 이루는 한정된 '범위'를 가리킬 수도 있다는 것이다. 이를 서구의 언어와 비교해보면, 우리말 '사이'는 경우에 따라 대부분 서구 언어들의 어원이 된 라틴어 접두사 '인터(inter-)'와 '인트라(intra-)'의 뜻을 모두 지니고 있다는 것을 알 수 있다.

### 인터와 인트라

일반적으로 접두사 '인터(inter)'는 어떤 것과 다른 것과의 중간, 관계, 또한 상호성을 뜻하며, 접두사 '인트라(intra)'는 어떤 것의 안, 일정한 범위, 또한 내부 환경을 뜻한다. 영어의 경우를 예로 들어 설명하면 인터에는 'between'의 뜻이, 인트라에는 'within'의 뜻이 기본을 이루고 있다. 한편으로 '국제적인(inter-national)', '영토 간의(inter-territorial)', '도시 간의(inter-mural)' 등의 단어와, 다른 한편으로 '국가 내부의(intra-national)', '영토 안의(intra-territorial)', '도시 안의(intra-mural)' 등의 단어를 서로 비교해보면 그 차이를 쉽게 알 수 있다.[3]

위의 예에서는 'inter'와 'intra'가 그 의미상 서로 상반된 성격을 띠고 있지만, 다른 경우에서는 상호침투적 의미를 내포하기도 한다. 예를 들면 정보통신망을 나타내는 인터넷(inter-net)과 인트라넷(intra-net)의 경우가 그러하다. 망을 짤 때에 인터넷의 경우는 **관계 맺기**에 초점이 맞추어져 있고, 인트라넷의 경우는 **범위 형성**에 초점이 맞추어져 있다.

하지만 'inter'는 'intra'를 수반하며(독립된 개체들이 관계를 맺어감으로써 일정한 범위가 형성되므로), 'intra'는 'inter'를 전제하는 것이다(일정한 범위를 형성하려면, 그 범위 안에서 개체들을 서로 엮어 관계를 맺어야 하므로). 이를 다시 말하면, 'inter'적 관계 맺기의 기능 및 효과는 'intra'적 범위 형성 및 환경 조성과 상호 침투적이며 상호 의존적이라 할 수 있다. 이러한 성격은 오늘날 실재하는 인터넷과 인트라넷의 운용에서도 관찰된다.[4]

이는 또한 서로 어우러져 일어나는 현상에서 '인터'는 **관계**와 **매개**의 의미를 강조하는 것이고, '인트라'는 **구조**와 **환경**의 의미를 강조하는 것이라고 할 수 있다. 이와 같은 의미를 살리기 위해서 접두사 'Inter'와

'Intra'를 개별 명사로 취급해 '인터 효과(Inter Effect)'와 '인트라 환경(Intra Environment)'이라는 말로 표현해볼 수 있다. 이는 '사이 잇기'와 '관계 맺기'를 위한 매개 작업(mediating)과 다층위적 범위 형성을 위한 환경 조성(environing)의 개념화 및 구체적 실행이 앞으로 더욱 절실해질 것이기 때문이다. 이를 위해서는 매개학(mediology)과 '넓은 의미의 환경학(environology)'을 개발하는 것도 필요할 것이다.[5] 사이의 뜻풀이에서 필자가 특별한 관심을 두는 것은 바로 이 경우이다. 우리말 '사이'는 이 경우 'inter'와 'intra'의 의미에 모두 적용될 수 있다. 예를 들어, '너와 나 사이'에서 사이는 '인터'의 의미이지만, '우리 사이'에서는 '인트라'의 뜻으로 해석된다. 너와 나가 관계를 맺으면, 우리라는 환경을 형성하는 것이다. 따라서 우리말에서 '사이'가 두 가지 뜻으로 모두 사용되는 것은 그 단어가 지니는 포괄적 의미 전달력을 보여준다고 할 수 있다.

그리고 의미 창출이라는 차원에서 보면, 개체(個體)로서의 '너', '나', '그 사람' 또는 통합체로서의 '우리'보다는, 인터의 의미가 부각된 '너와 나 사이', 인트라의 뜻이 강조된 '우리 사이'가 오늘날의 문화적 주제이며, 앞으로의 시대에는 그것이 점점 더 문화적 지향점이 될 것이다. 이 점이 바로 우리말 사이를 문화 담론의 주된 화두로 삼는 이유다.

## 문화 패러다임으로서의 '사이'

이 장(章)의 제목에서 '사이의 문화'라는 표현을 사용한 것은, 이같이 '사이'가 문화 담론의 주된 화두가 될 수 있다는 의미에서뿐 아니라, 더 나아가 하나의 문화적 패러다임으로서 역할을 할 것이라는 입장에서였다.

**패러다임이란**

'패러다임'이라는 말은 최근 2, 30년 동안 많은 사람들이 애용한 이른바 유행어 가운데 하나일 것이다. '패러다임(paradigm)'이라는 영어는 고대 그리스어 '파라데이그마(παράδειγμα)'에서 유래한다. 그것은 플라톤 철학의 핵심 술어 가운데 하나이기도 하며, 아리스토텔레스도 자신의 논리학과 수사학에서 이 용어를 사용하고 있다. 그러나 오늘날 이 말이 유행어가 된 가장 직접적 이유는(학계뿐만 아니라 일상생활에서도) 미국의 과학사가이자 과학철학자인 토머스 쿤(Thomas S. Kuhn)의 저서 《과학 혁명의 구조》[6] 때문일 것이다.

오늘날 우리가 과학의 발전 과정을 설명하기 위한 목적 이외에, 문화 분야 등 다른 분야에도 패러다임이라는 개념을 전용할 수 있다는 것은 이미 쿤 자신이 자기 이론 탄생의 배경을 들어 정당화한 바 있다.[7] 왜냐하면, 문학·음악·미술·정치 발전 및 수많은 인간 행위에 관한 역사는 오랫동안 패러다임적 변화의 과정으로 설명되어왔고(이들 분야의 변화는 스타일, 취향, 제도적 구조 등에서 획기적이고 혁명적인 단절로 경계를 짓는 시기들로 구분하여 설명되었으므로), 오히려 쿤이 이러한 분야 역사가들의 연구 방식으로부터 과학 발전을 설명할 수 있는 이론의 영감을 얻었기 때문이다.

쿤의 독창성은 그 자신도 말했듯이 다만 그때까지 다른 방식으로(특히 과학적 지식이 누적되는 과정으로) 변화 발전한다고 널리 알려져 있던 과학을 패러다임의 개념과 방법론을 적용해서 설명했다는 데에 있다. 따라서 패러다임의 개념을 과학 이외의 분야에 '적용 가능'한지 물을 것이 아니라, 그것은 적용될 수밖에 없다는 것을 인식해야 한다. 그것은 빌려온 연장을 원래 주인에게 돌려주는 것과 같다.

오늘날 패러다임이란 말에는 사람들이 묵계적(默契的)으로 인정하고 받아들이는 사용 정의들이 있다. 쿤도 말했듯이 '수용된 모델', '패턴' 등 사람들 사이에서 전통적으로 자리 잡은 의미가 있을 수 있으며, 최근에는 좀더 사회학적 맥락에서 '어떤 상황이나 경향을 특징 짓는 틀' 또는 '세계관을 이루는 틀'이라는 뜻으로 주로 사용되고 있다. 쿤의 이론에서 패러다임의 개념은 복합적인데, 첫째로 '어떤 공동체의 구성원들이 공유하는 신념·가치·기술 등의 총체적 구성'을 의미하며, 둘째로 '구체적 문제를 해결'하기 위해 사용하는 '표준례(examplar)', 또는 구성원들이 '공유하는 예제들(shared examples)'을 뜻하기도 한다.[8]

필자가 이 글에서 사용하고자 하는 패러다임의 개념도 의도적으로 복합적이다. 우선 공동체 구성원들이 묵계적 또는 암묵적으로 공유하거나 수용하는 그 무엇이라는 패러다임의 특성을 인정한 뒤, 다음과 같은 두 가지 뜻으로 사용하고자 한다. 첫째로는 최근에 일반화된 의미로 '시대적 상황과 인간 활동의 경향을 특징짓는 틀' 또는 '일정한 가치와 세계관을 수용하게 하는 틀'로서 사용한다. 이와 함께 쿤의 두 번째 의미에서 원용하여, '구체적 성과를 가능하게 하는 실용적 틀'이라는 뜻으로도 사용한다. 즉 '실질적 성취'를 가능하게 하는(현대인의 희망을 조금 더 담아서 표현한다면 '발전적 성과'를 가능하게 하는) '실행 지침'의 뜻으로도 사용한다.

### 시대적 특성

세기의 전환기에서 패러다임 전환이라는 관점으로 오늘날의 문화 트렌드를 본다는 것은 어쩌면 당연해 보인다. 그러나 필자는 그러한 관점이 상당히 넓은 범위에 적용될 수 있다고 할지라도, 그것이 총체적인 패러다임 전환이라고 쉽게 단언하지는 않는다.[9] 다만 오늘날 일어나고 있는 일정한 현상들을 '사이의 문화'라는 화두에 준해서 패러다임적 변화라고 보는 것이다.[10] 이제 그 증후를 나타내는 현상들을 살펴봄으로써, '사이의 문화'의 패러다임적 성격을 추적해보고자 한다.

이러한 작업을 위해서는 먼저 시대의 특성과 그 현실적 효과를 살펴보는 일이 도움이 될 것이다. 고착성과 정태성이 강조되던 시대와는 달리 역동성과 동태성이 중요시되는 오늘날 같은 시대에는 앞에서 간단히 언급했듯이 주체성과 집단이란 화두보다는 주체와 주체 사이 그리고 집단 간에 작용하는 힘(氣)이 중심 화두가 된다. 즉 개체의 존재를 인정함과 동시에 만남과 모임을 가능하게 하는 '사이'라는 기운이 주도적 역할을 하게 된다는 뜻이다.

완벽히 고립된 너와 나에게 사이의 의미가 없듯이, 완벽히 뭉쳐진 우리도 사이의 의미를 소멸시킨다. 즉 '기(氣)가 빠진 세상'이 되는 것이다. 사이를 전혀 느끼지 못하는 '너', '나', '우리'에게는 생동력도 의미도 없게 된다. 다시 말해 개별적인 '나', '너', 완벽하게 하나가 된 통합적 의미의 '우리'보다는, 만남과 관계의 의미가 강조된 '너와 나 사이' 또는 모임과 환경의 뜻이 강조된 '우리 사이'가 부각되는 것이다. 제대로 이루어진 '우리 사이'라는 인적 관계와 환경 안에서는 구성원의 독립과 자유가 인정된다. 즉 구성원들 '사이'가 우리 안에서 보장된다. 다시 말해 사이가 있는 우리인 것이다. 이것은 이 시대가 지향하고 실천해야 하는 목표라는 점에서도 이 시대를 특징짓는 점이다.

**실용적 측면**

'사이 문화'의 패러다임적 성격은 실용적인 맥락에서도 나타나는데, '사이'가 주도하고 형성하는 문화 환경의 중요성을 인식하고 효과적으로 살리는 것은 21세기의 정보 지식 및 복합적 소통(疏通)의 사회에 대처하는 길일 것이다. 즉 모든 주체의 개념인, 개인, 집단, 국가를 넘어서 개인 사이, 집단 사이, 국가 사이의 개념과 현상을 직시하여야 할 것이다. 이는 물론 단순히 '주체의 소멸'을 뜻하는 것이 아니라, '사이'의 기운으로 주체의 새로운 의미와 새로운 세계를 열어준다고 보아야 한다. 다시 말해 개인·집단·국가 등 각 개체를 무시하는 것이 아니라, 그것들을 새롭게 인식하고자 하는 것이다.

이것이 소통과 통신의 획기적인 발전 및 그 파급 효과에 따른 통상과 문화 각 분야의 글로벌라이제이션(Globalization), 즉 '사이 잇기'와 '서로 맺기'의 지구촌화 또는 전(全)지구화를 외치는 현대의 주도적 이론들이 염두에 두어야 할 점이다. 이것은 또한 20세기 후반의 인류가 다양한 의미(실질성뿐만 아니라 상징성을 포함한)에서의 공간(空間), 즉 '열린 사이(space)'를 주요 개척 대상으로 삼았던 결과이기도 하다. 21세기는 긍정적이든 부정적이든, 인간 친화적이든 아니든, 이에 대한 구체적 결실을 가져다줄 것이다.

역사적으로 보면, 19세기와 20세기 전반은 '통합적' 의미에서 '우리'의 시대였으며, 가시적 주체의 가치를 중요시 여김으로써 '체의 확립과 정복'을 주된 과업으로 삼은 시대였다. 이는 그 시기가 바로 '우리'를 앞세운 민족주의 및 '국가 세우기(Nation-building)'와 식민지화로서 정복의 개념을 실천에 옮긴 '제국주의(Imperialism)'로 특징 지어진 것을 보아도 알 수 있다. 국가 건설은 영토에 바탕을 둔 나라의 틀이라는 체(體)를 세우기 위한 것이었고, 제국주의는 영토라는 체를 정복하기 위한 것이었다.

그러나 1, 2차 세계대전의 경험은 공존의 조건으로서 국가 '사이'의 중요성을 다른 각도에서 새롭게 인식하는 계기가 되었다. 오늘날 경제력과 기술력을 바탕으로 한 통상 및 다양한 소통과 정보 전달 양식의 발달은 다차원적 네트워킹의 중요성과 가치가 부상하도록 하고 있다. 문제는 전지구적 네트워킹의 발달이 다각적 관계 맺기의 과정에서 좀더 평등하고 호혜(互惠)적인 세계 공동체 형성의 방향으로 나아갈 것인가, 아니면 새로운 지배/피지배와 억압/착취의 조건을 형성하는 방향으로 진행할 것인가이다. 어쨌든 오늘날의 주된 의식과 실용적 과제가 '사이'의 활용과 그 이용 및 정복인 것만은 부인하기 어렵다.

**일상생활에서의 변화**

'사이의 문화'는 개인의 일상생활에서도 패러다임적 변화를 주도한다고 볼 수 있다. 이것을 이해하기 위해서는 일상의 구체적 현상에 대해 '미시적 접근(micro-approach)'과 '지적 접근'을 하는 것이 필요하다. PC와 인터넷, 이동통신, 그리고 그것들의 합성 기능을 포함한 멀티미디어의 사용은 다양한 인간의 동작과 행위에 밀착되어 있다. 그리고 그 동작과 행위가 대부분 '미시적 차원(micro-dimension)'의 기관들을 통한 것이라는 점을 주시해야 한다. 따라서 이에 대한 연구는 '미시 사회학(micro-sociology)'적 방법을 필요로 하기도 한다. 이것은 또한 '디지털 문화'의 특징이기도 하다. 예를 들면 듣기, 말하기, 보기, 감촉 느끼기, 휴대하기 등의 동작과 행위는 인간의 기관 중 귀·입·눈·손가락 등과 연관되어 있고, 팔·다리·몸통 등에 비해 '미시적'인 것들이다. 그러나 그 기능적 중요성과 효과는 엄청나다.

그리고 이러한 기관들의 기능성은 사실 인간 정신성과 가장 밀착되어 있다. 이는 그러한 기관들이 주로 머리에 집중적으로 위치한 것을 보아도 알 수 있다. 그곳은 혼·정신·의식 등이 함께하는 영역이다. 그리고 이러한 영역의 힘이 구체적으로 발현하여 실용적 능력을 갖추게 되면 지식을 생산한다. 따라서 '사이의 문화' 패러다임의 영향을 받는 일상의 현상을 잘 이해하기 위해서는 미시적 접근법과 동시에 높은 수준의 지적 접근법이 요구된다. 이것은 이른바 '지식사회'에서 주시해야 할 차원이기도 하다.

또한 '사이의 문화'에 대한 인식이 주체든 객체든 체(體)의 개념을 넘어서 가는 것이라면, 미시적 접근법 역시 체의 관점을 극복하는 것이다. 이러한 맥락에서 본다면 최근 한국에서 반짝 유행했던 몸(體)에 관한 연구와 담론은 상당히 늦은 감이 있다.[11] 이제는 사람의 살과 몸, 즉 인간의 육체(肉體)에서 아직도 매우 추상적일 수 있는 '몸'의 개념을 넘어서 살(肉)의 미학과 사회학이라든가, 육체의 각 '미시적 기관'을 화두로 삼는 것이 독창적일 수 있다. 왜냐하면 살·눈·입·귀·손가락 등이 몸보다 훨씬 더 구체적이고 '느낌'의 직접적 통로가 되기 때문이다.

'사이의 문화'에 대한 인식은 '느낌의 통로'를 포착하는 태도이기도 하다. 각각의 주체를 이어주려면 '느낌의 통로'를 '네트워킹'해야 효율적이다. 이제 '살'의 화두가 몸의 화두보다 더 구체적이고 실질적인 이유가 여기에 있으며, 지적 인간과 경제적 인간의 연구에 감각적 인간(homo sentiens)의 관점이 필요한 이유도 여기에 있다. 또한 몸의 담론에서 정신과 육체의 이분법적 대립 개념의 극복이 시도되었다면, 이제 그 두 요소를, 극복이 아니라, 동시에 함의하는 '사이'가 기축 개념으로 부상함은 당연한 귀결이다. 왜냐하면 몸과 몸 사이에서, 아니 좀더 구체적으로 말해서 살과 살 사이에서 작용하는 역동적 힘(氣)이란 맥락에서 정신의 영역은 재고찰될 수 있기 때문이다.

### 21세기의 동태성

미시적 접근과 체의 관점 극복은 20세기의 동태성과 21세기의 동태성의 분석 비교에서도 찾아볼 수 있다. 어떤 이는 "20세기는 자동차의 세기였다"고도 한다. 어쨌든 20세기는 기계와 대형 교통수단, 즉 기차·자동차·대형 선박·비행기 등의 발명과 생산의 세기였다. 소통(communication) 개념의 중심이 운반 수송(transportation)에 있었던 시대였다. 다시 말해 체(體)를 직접 수송하면서 소통하는 것이 중요한 세상이었다. 그리고 노동자들은 직접 일터로 '몸'을 가져갔다. 참으로 거시적 동태성(macro-dynamics)의 시대였다고 할 수 있다.

반면에 20세기 후반과 21세기는 칩(chip)과 비트(bit)를 바탕으로 한 통신으로서 소통의 시대이다. 필요에 의해 몸이 직접 움직이는 경우는 급격히 감소하고, 노동자들이 일터로 몸을 가져가는 경우도 드물어진다. 소위 재택 근무가 증가한다. 또한 생활에 필요한 것들은 정보망과 통신망을 통해 수급되므로, 각 개인의 자유로운 이동이 늘게 되고, 이동 중에는 개인 통신망을 이용해 사적이고 소소(小小)한 소통 행위가 급증한다. 다시 말해 미시적 동태성(micro-dynamics)의 시대가 도래하게 된 것이다.

이는 또한 미시성이 거시성을 유도하고 조정하는 20세기 후반의 과학적 경향과도 연관되어 있다. 예를 들면 미시성의 대명사격인 소립자(quark)와 유전인자(gene)의 연구와 응용이 거시적 이해와 움직임을 바꾸어놓았다. 미시성의 효력은 마치 미세한 바늘 끝이 거대하게 부푼 풍선을 살짝 건드려 터트릴 수 있는 것과 같다. 이는 또한 소프트 터치(soft touch)가 거대한 체제를 바꿀 수 있다는 인식이 필요한 시대가 되었음을 뜻한다. 따라서 마이크로 다이내믹스가 주가 되는 곳에서는 당연히 유연한 접근법(soft approach)이 요구된다. 이것이 바로 '사이 문화'의 또 다른 측면이기도 하다. 모든 체(體)가 하드(hard)의 상징성을 지닌다면, 사이의 패러다임은 소프트한 접촉과 접속을 함의한다.

**부수적 효과들**

사이를 이해하고 실리적으로 추구하고자 하는 필요는 사이 잇기와 네트워크 이외에도 '부수적'인(그러나 나름대로 중요성을 지닌) 개념과 이념을 낳게 한다. 사이의 부수적인 개념들은 사이가 다각적인 면에서 문화 패러다임일 수 있다는 것을 보여준다.

인터페이스(interface)가 그 가운데 하나이다. 지금까지 우리는 체와 체 사이라는 표현을 쓰면서, 상당수 인간과 인간이라는 것을 전제해서 말했다. 그러나 문명 이기와 미디어가 발달하면서 사람과 기계가 만나는 상황을 연구하는 것과 그에 따른 용어의 도입이 필요하게 되었다. 그것이 인터페이스다. 원래는 두 개의 다른 세계가 접하는 곳에서 발생하는 면(面)을 가리키는 화학 용어이나, 사람과 도구 및 기계, 기계 시스템과의 접점을 의미하는 것으로 원용하게 되었다.

상당수 인터페이스 연구가들은 사람과 컴퓨터 등 기계 또는 기계 시스템과의 관계와 대화에서 그들을 각각 따로 고려할 것이 아니라, 양자를 포함하는 상황에서 '이해 공유(shared understanding)'나 '지적 상호 작용의 가능성(mutual intelligibility)'으로[12] 다룰 것을 제안한다. 종래의 인지과학에서 개체를 출발점으로 한 것에 반하여, 이 사고에서는 상호작용에서부터 출발한다. 다시 말해, 상호성[13]을 내포하는 '사이'의 입장에서 개체를 본다. 인터페이스 연구가들은 이러한 관점이 사회학이나 문화인류학에도 새로운 관계 맺기 방식과 대화관으로서 이론적 공헌을 할 수 있기를 기대한다.

틈·짬·틈새 등의 의미도 사이의 패러다임을 부수적으로 구성하는 요소들이다. 그것들은 대부분 가능성, 기회(chance)로서의 의미를 함의한다. 그 실례로 틈새 공략, 틈새 시장 등을 들 수 있다. 다시 말해 사이를 파고드는 전략이 필요해진 것이다. '스크린 세이버'는 이러한 틈새 공략의 흥미로운 실례이다.[14] 이른바 벤처 사업가들이 스크린 세이버의 효율성을 극대화하면서 개성 있는 콘텐츠 산업과 홍보 매체로 발전시키고자 노력했던 데에는 일리가 있다.

앞으로는 틈새를 찾는 일이 점점 더 독창적 성격을 반영하는 현상이 될 것이다. 예를 들면 남들이 미처 생각하지 못하고 남겨둔 부분이라든가, 아니면 다른 사람들의 작업에서 발견되는 '구멍'을 찾아 그것을 발전시킴으로써 새로운 것을 만들어간다든가 하는 것 등이 그렇다. 즉 '틈새의 발굴'이라고 할 수 있다. 그러한 효과를 얻기 위해서는 이미 '지나쳐 온 것'들에 대해서도 눈을 돌리고 귀 기울이는 자세가 필요하다. 이것은 '사이의 이데아'가 가져다준 매우 실용적인 부수 효과일 것이다.

### 패러다임적 변화의 구체적 성과와 문제

넓게는 사이를 정복하고, 좁게는 모든 틈새를 공략한다는 현대인의 줄기찬 노력을 패러다임의 두 번째 성격 즉 '구체적 성과를 가능하게 하는 실행 지침'이라는 패러다임의 특성과 연관 지어 분석해볼 수 있다. 쿤이 지적하였듯이 정상 과학(normal science) 연구에서 패러다임을 공유하는 과학자 공동체 구성원들의 작업이란 미리 정해진 별로 융통성 없는 상자에 자연을 밀어넣는 작업이다. 곧 패러다임 '안에서' 자연의 법칙을 세우는 작업이다. 어떠한 일을 결말짓고 '해치우는 작업(mop-up work)'인 것이다.[15] 즉 구체적 성과를 얻어내는 작업이다. 물론 틀에 넣지 못한 것은 전혀 보지 못하며, 이 경우 새로운 이론을 도출해내는 데에는 관심이 없다. 그러나 과학자들에게 이것은 매우 매력적이고 신나는 일이다. 이러한 작업을 가능하게 하는 패러다임의 역할이 바로 '구체적 성과'를 보장하고 실리(實利)를 가져오기 때문이다.

오늘날 우리는 모든 사이를 정복 이용하고 틈새를 남기지 말고 공략하여 새로운 것을 추구하고 생산해야 한다고 주장하며 그렇게 행동하고자 한다. 그러나 이러한 태도 자체가 사이 문화의 패러다임 안에서는 전혀 새롭지 못하다는 것은 인식하지 못한다. 그것은 사이를 최대한 이용하고자 하는 패러다임 안에서 성과와 실리를 위해 무엇이든 결과를 얻어내고 '해치우는 작업'일 수 있기 때문이다. 이 같은 현상은 사이만을 추구하는 문화 패러다임이 염두에 두어야 할 점이다.

이러한 태도와 현상은 사이의 문화가 구체적인 성취와 성과를 통해 발전하도록 하지만, 다른 한편 상자에 우겨넣듯이 '사이의 패러다임' 안에 모든 것을 집어넣으려는 경향을 갖게 하는 부정적인 측면을 가지고 있다. 다시 말해 사이의 이념이 모든 것을 흡수하고, 사이를 위한 실행이 모든 것을 지배하려 하기 때문이다.

사이의 문화에서 이 같은 경향이 특히 부각되는 이유는, 그 패러다임적 특성과 함께 사이 잇기와 네트워킹의 내재적 특성 때문이기도 하다. 예를 들면, 인터넷을 비롯한 네트워킹은 '네트(net)' 안에 각 주체를 끌어들인다. 그것에서 배제된 체는 살아날 수 없거나, 철저하게 따돌림을 당하므로 그냥 있을 수도 없다. 각 주체가 주도권을 갖고 사이 잇기를 시도할 때에는 네트에 굳이 참여하지 않을 수도 있었다. 그러나 사이 자체가 주도권을 행사할 경우에 각 주체는 아무런 힘도 발휘하지 못할 가능성이 높다. 즉 그에게는 관계를 맺지 않을 권리가 없는 것이다. 이러한 의미에서 보면 '체의 소멸', 아니면 적어도 체의 위세 약화는[16] 실감나는 말이다. 극단적으로 말하면 그에게 유일한 길은 블랙홀 같은 흡인력을 발휘하는 네트 형성에 참여하여, 새로운 주체 구성의 가능성을 모색하는 것밖에 없다. 즉 주어진 상황에서 주체로 재탄생하는 것이 과제로 남을 뿐이다.

'네트워킹이 흥망을 좌우한다'는 말은 그냥 하는 말이 아니다. 그리고 인터넷을 사물로 인식하기보다는 사회적 공간으로 인식하여야 하며, 이 새로운 공간에서 주체를 재구성하고 정체성을 재획득해야 한다는 것은 각 주체에게 새로운 사회관계 형성의 기회일 수도 있지만, 피동적 주문일 수도 있다. 즉 수용 불가피한 요구가 될 수 있는 것이다. 그리고 사이에 대한 지나친 투자나 사이의 지배는 사이의 의미를 상실하게 할지도 모른다. 만일 사이가 소통과 통신 수단 및 뉴미디어의 효과로 빈틈없이 '메워진다면', 사이에는 '여유가 없게' 된다. 그러면 사이는 통합된 전체 속에서 무의미한 요소가 되어버릴 것이다. 사람들에게 여유를 주는 사이가 없는 삶이 누구를 위한 것인지는 잘 생각해보아야 할 것이다.

문화 패러다임으로서 사이는 두 얼굴을 가지고 있다. 그것은 억압의 조건일 수도 있고 새로운 해방의 기획일 수도 있다. 이 두 가능성 중 어느 것을 더 현명하게 실현할 것인지가 우리의 미래에 해결 과제로 놓여 있다.

### '서로'의 사회

사이의 의미 도출과 사이의 실제적 활용이 '인간 친화적'이기 위해서는 '사이 문화'의 인터와 인트라적 요소가 구체적으로 상호성과 호혜성을 어떠한 방식으로 내포하고 있는지를 다각적으로 검토해볼 필요가 있다.

어떠한 네트워킹과 멀티미디어도 사람을 직접 연결하지는 않을지라도 항상 사람과 연관되어 있다. 그러므로 그것이 '사람 사이'를 구성하고 사람을 위한 것이어야 한다.

**인간 친화적 문화 환경**

인터넷 등 새로운 미디어의 발달은 전지구적 소통 상황에서 국가나 집단보다는 개인 및 개인 사이의 중요성을 부각시킨다는 것을 거듭 주목할 필요가 있다.[17] 따라서 더불어 사는 삶을 위해서는 미디어적 변혁의 상황에 있는 오늘날의 세상이 각 개인에게 '서로의 사회'로서 존재하는지 질문하게 된다. 각 개인에게는 '서로의 사회'라는 바로 '사이 문화'가 내포하고 있는 과제가 새로운 주체 구성과 그 정체성 찾기의 현실적 성공을 위해 필요한 것이다. 문화의 변화 발전은 사람의 개인적 성장과 함께 사회성을 위한 것이어야 하기 때문이다. 이는 앞서 간단히 언급한 '사이 문화'의 부정적인 면(지배와 억압의 조건이 될 가능성)을 보완하기 위해서도 필요하다.

물질 문명의 획기적인 발전의 시기에 사람들은 흔히 생활을 편리하고 윤택하게 해주는 문명 이기의 기능성을 중점적으로 강조하곤 한다. 그러나 인터넷을 비롯한 이른바 뉴미디어 혁명을 포함하는 '사이 문화'는 생산 도구, 가전제품 등 가정생활 도구 및 자동차, 비행기 등 거시적 동태성을 가능하게 한 문명의 이기들과도 확실히 다른 차원의 사회문화적 변화를 일으키고 있다.

앞으로 더욱 다양하게 발전해나갈 뉴미디어들은 그 사물성 외에 사회적 상황 조성 및 인간적 환경과 연관되어 있기 때문에, 그들의 세계를 이해하기 위해서는 도구적 기능성만을 중점적으로 강조하는 것으로 전혀 충분치 않다. 그것이 배태하고 있는 사회화의 가능성 및 인간성 매개의 차원을 면밀히 관찰해야 한다.

또한 문명 이기의 양적 증가뿐만 아니라, 그것이 갖는 사회적 의미가 두드러진 영향력을 발휘할 때에는 사람을 둘러싸고 있는 환경이 무엇보다도 '문화 환경'이라는 점을 유념하여, 인간의 삶이 이루어지는 환경의 관리와 보호에 폭넓은 시각을 가질 필요가 있다. 그리고 근세기에 와서 인간이 자연-생태 환경과의 관계에서 환경 친화적이어야 할 필요를 느꼈던 것과는 달리, 커뮤니케이션-미디어 환경을 비롯한 모든 문화 환경은 직접적으로 '인간 친화적'이어야 한다.

자연-생태계는 인간이 창조한 것이 아니고 인간에게 주어진 것이지만, 문화 환경은 인간 창조 행위의 결과로 조성된 것이다. 또한 디지털 혁명의 시대에 사람이 '디지털적(being digital)'으로 될 필요는 있지만, '디지털 존재(digital being)'는 아니라는 것을 똑바로 인식해야 한다.[18] 바로 이러한 맥락 위에 뉴미디어를 비롯한 사이의 문화가 조성하는 환경과 그것이 수반하는 사회적 상황의 현재와 미래가 서 있다. 커뮤니케이션-미디어는 지속적으로 또한 역동적으로 '사람 사이'라는 환경을 조성해주는 역할에 참여할 것이다. 이와 함께 인간 친화적 문화 환경을 조성하기 위한 노력도 보조를 같이해야 할 것이다.

**사회관계의 중첩 현상**

고도로 발전된 전자 산업의 커뮤니케이션 기술에 대한 적용은 소통의 개념을 재정립했을 뿐 아니라, 소통 행위의 다양성과 그 사회적 의미의 이해를 중요시하도록 했다. 커뮤니케이션의 고전적 개념은 '함께하기(being in company)', '같이 나눔(sharing in common)' 등의 뜻을 함의한 커뮤니온(communion)을 바탕으로 하고 있었다. 따라서 '상호성'을 본질로 하고, 일방적임을 배제하는 개념이었다.

그러나 대중 전달의 시대에서 커뮤니케이션은 점점 더 일방성을 띠게 되었다. 즉 '……와 서로 소통을 한다(communicate with)'는 성격에서 '……에게 전달한다(communicate to)'의 성격으로 이전되는 경향을 보였다. TV가 대표적인 예이고, 이른바 방송 모델이 그것이다. 일부 학자들은 이것을 '제1미디어'라고 부르기도 한다(이에 대해 PC 통신과 인터넷류의 정보통신망을 '제2미디어' 또는 '뉴미디어'라고 부른다).[19] 이러한 제1미디어 시스템은 대면적(face-to-face) 동시 상호성과 같은 쌍방향 소통을 보장하지 못했다.

하지만 대중 소통의 시대 초기부터 동시적 상호성을 지닌 것이 있으니 그것은 전화이다. 전화는 '소리와 소리(voice-to-voice)'를 통한 즉각적 상호성을 특성으로 하고 있다. 즉 '상호 소통(communicate with)'의 성격이 강하다. 이 특성은 당연히 오늘날 세계적으로 급속하게 확산 사용되고 있는 이동통신의 하나인 개인 휴대전화에서도 유지되고 있다.

뉴미디어 이론가들도 간과하고 있지만, 개인 휴대전화기의 보급은 문명 이기의 사용이 사회화 과정에 미치는 영향을 적나라하게 보여준다. 그것은 '사회 속의 사회 구성'이라는 현상을 가져왔는데, 이는 일상생활에서 적지 않은 사회문제를 일으키기도 한다. 얼마 전 서울에서 일어났던 사건, 즉 버스 안에서 큰 소리로 휴대전화를 사용하던 한 시민과 그를 나무라던 다른 시민 사이의 폭행 사건이 그 좋은 실례이다. 사건의 주인공은 휴대전화로 통화를 하는 순간 자기 나름의 사회적 관계를 형성하고 있었다. 그 순간 그는 통화 상대자와의 사회관계만 염두에 두었지, 자신의 실체가 있는 버스라는 사회적 공간과 버스 안 승객들과의 사회관계는 망각한 것이다. 다시 말해 그는 버스 안의 다른 승객들과 고립되어 있음과 동시에 자신의 통화자와 '통화 순간의 공동체'를 이루고 있었던 것이다. 그는 같은 버스에 있던 다른 승객이 나무라자 신경질적인 반응을 보였다. 이것을 심리적 관점에서 보면, 그는 다른 승객의 개입으로 자기가 즐기고 있는 그 순간의 공동체가 파괴되는 데 순간적으로 반감을 느꼈다고 볼 수도 있다. 다시 말해, 쌍방향 통신과 상호성을 가진 미디어가 구성한 사회관계는 그 외의 실체적 사회관계와 갈등 상황에 빠질 수도 있다.

이것은 단순히 무슨 일에 몰두해서 주변을 생각하지 못하는 것과는 본질적으로 다르다. 왜냐하면 단순한 일에 몰두한 것이 아니라, 다른 '사회관계를 맺고' 있는 것이기 때문이다. 통화 속의 관계는 소리와 소리를 통한 친밀한 '서로'의 관계이기 때문에, 이와 동시에 존재하는 또 하나의 '사회 공간'을 무시하게 될 정도로 영향력을 발휘할 수 있는 것이다.

앞으로 정보 미디어와 통신 미디어의 합성 사용이 늘어나면(예를 들면 소형 모니터가 달린 이동전화기로 인터넷을 즐기는 것 등),[20] 그것이 가지는 상호 소통의 성격 때문에 공공 장소에서 각 개인이 자신들의 미디어로 구성한 '사회의 장(場)'에만 몰두하여, 자신들의 몸이 실체적으로 있는 장소의 다른 사람들과의 사회성을 간과하는 사건이 자주 일어날 수 있다. 다양한 사회관계의 중첩(重疊) 현상이 일상적으로 일어날 것이라는 말이다. 즉 미디어와 사이버 공간에서 구성된 '서로의 사회'는 전통적 의미의 실체적 '서로의 사회'와 공존하면서 갈등을 일으킬 수 있다. 어디서나 서로 방해되지 않고 호혜적인 서로의 사회를 만들기가 얼마나 힘든 일인가를 알 수 있다.

데이터·음성·비디오·유선·무선·인터넷·광통신망 등이 통합되는 네트워크도 등장하고 있다. 새로운 미디어 시스템의 추구는 계속될 것이다. 그때마다 소통의 양식과 그것의 내재적 특성 및 사회적 성격도 바뀔 것이다. 중요한 것은 미디어가 사회적 변화에 끼치는 영향을 일상생활에서부터 관찰할 필요가 있다는 점이다. 따라서 커뮤니케이션-미디어 환경을 대할 때에는 새로운 형태의 복합적 '인간관계 맺기'와 '사회화 과정'이 일어난다는 것을 인식해야 한다.

### 소통 양식(Mode of Communication)

뉴미디어 이론가 포스터(Mark Poster)는[21] 뉴미디어의 대명사 인터넷을 사물이라기보다는 사회적 공간에 가까운 것으로 인식하는 입장에서 인터넷이 새로운 형식의 '상호작용'을 불러일으키며, 참여자들 사이에 새로운 유형의 권력관계를 부여한다는 점을 주목한다. 다시 말해 "사이버 공간에 어떠한 종류의 공동체가 존재할 수 있는가?" 하고 질문한다. 그는—현대의 사회관계 속에서 사람들이 기본적 수준의 상호작용마저도 제대로 실천하지 않는다는[22] 비판을 주목하면서—사회적 상호관계의 장으로서 사이버 공간의 가능성을 모색한다. 다시 말해, 이는 시간-공간, 육체-정신, 인간-기계, 주체-객체 등이 새롭게 구성되어가는 상황에 맞추어, 인간 정체성과 주체의 문제를 뉴미디어가 제공하는 상황에서 새롭게 고찰해보고자 하는 입장이다.

뉴미디어 이론가들은 사이버 공간에서의 담론이 새로운 주체, 새로운 자아를 만들어낸다고 주장하고 싶어한다. 인터넷에서 각 개인은 직접적이고 대면적인 행위가 아니라, 지속되는 대화를 통해 관계를 맺음으로써 자신의 정체성을 구성한다고 말하고 싶어한다. 인터넷의 특징은 참여자들에게 온갖 형태의 문화 활동과 그 상징을 보내는 기술 시스템이고, 사이버 공간은 자아 구성의 새로운 조합들을 제공해놓는 장소임을 강조한다. 포스터의 표현을 빌리면, 뉴미디어의 '정보 양식(Mode of Information)'은 일상생활의 담론과 실천에 기반한 주체의 자기 구성 과정을 가능하게 함으로써 새로운 시대의 획을 긋는다. 따라서 정보 양식에 대한 연구는 커뮤니케이션의 영역이 왜 사회적 삶의 부대 현상이 아니라 사회 자체를 구성-재구성하는 현상인가 하는 점을 이론적일 뿐만 아니라 실제적으로 증명하고자 한다. 그러면서 문화적 경험이 주체를 구성하는 방식과 형태에 더 관심을 둔다.

물론 뉴미디어를 대하는 자세에는 그것이 넓은 의미로 새로운 형태의 인간관계 맺기와 사회화를 창출하는 역할에 참여한다는 의식뿐 아니라 인식이 있어야 한다. 그러나 이와 함께 뉴미디어와 사이버 공간이 제공하고 약속하는 '상호성'이 어느 정도까지 보장되는지, 또한 멀티미디어의 조건에서 수용자가 어느 정도까지 '능동적'일 수 있는지를 살펴보는 것도 중요하다.

이러한 관점에서 포스터가 제시한 '정보 양식론'은 너무 편협한 개념일 수 있다. 필자는 좀더 넓은 의미에서 '소통 양식'이란 용어를 사용하는 것이 더 설득력 있다고 생각한다. 왜냐하면, '소통'의 개념은 앞서 언급했듯이 그 자체로 공동체적 성격, 좀더 구체적으로 '서로의 사회'라는 의미를 내포하고 있기 때문이다. 또한 새로운 미디어의 확산 및 다양한 문화 장르의 수용과 함께, 탈중심화되고 개인적 활동을 자극하는 개인화 시대에서 각 개인이 주체가 되어 '서로의 사회'를 이룰 수 있는 가능성을 찾는 것이 앞으로 중요한 과제이기 때문이다.

이를 위해서는 새로운 문화적 맥락에서 '합리적 의사 교환' 및 '감성 전달과 수용 자세' 등 21세기의 사회화 과정을 이룰 요소를 미리 예측하고 준비해야 할 것이다. 이는 또한 현재의 뉴미디어 이론가들이 변화의 상황을 관찰하고, 상황의 현실을 보여주는 데에서 연구의 경계를 짓고자 하는 경향이 강하므로, 이에 대한 보완책으로 필요한 것이다.

물론 "변화하는 상황을 찬양하거나 비난할 생각은 전혀 없으며, 단지 문화적 변화의 중요성을 가리켜 보여주고 싶다"라는 포스터 및 일부 뉴미디어 이론가들의 입장은 그 나름대로 역할을 하지만, 그것으로 충분하지 않다. 쿤이 말했듯이 '이다(is)'와 '이어야 한다(ought)'는 사실 쉽게 분리될 수 있는 것이 아니기 때문이다. 우리는 세상을 살아가면서 더불어 사는 삶을 위해 선택과 결정이라는 리스크(risk) 지는 일을 거부할 수가 없으며, 위험부담을 가질 줄도 알아야 한다.

**사이버 공간 밖에는 무엇이 있는가?**

이에 덧붙여 오늘날 공동체 구성에 대한 노력이 정보 양식 시대의 커뮤니케이션 형태들과 정체성 형태들을 고려해야 한다는 것에 대해서는 동의한다. 그러나 이제는 "고대 그리스 시대의 광장 토론과 같은 대면적 친밀성에 대한 향수에 저항해야만 한다"[23)]는 포스터의 주장이 어느 정도 설득력이 있는지는 좀더 신중히 생각해야 한다. 또한 오늘의 전자식 통신망이 어느 정도까지는 기존 사회관계의 기본 틀을 보충하는 데 그치지만, 또 다른 차원에서는 그것을 '완전히' 대체하는 쪽으로 나아간다는 주장에 대해서도, 그 타당성에 대해 지속적으로 논의해야 한다.

이것은 단순히 사이버 공간에서 구성-재구성되는 주체와 정체성이 '사이비(似而非)' 주체와 정체성이 아닌가 하는 조롱 섞인 비판의 차원이 아니다. 이것은 앞으로의 사회 공동체가 어느 정도까지 '사이버 의존적'이고, 더 나아가 '사이버 종속적'인가를 다차원적으로 분석 연구해야 함을 말하는 것이다. 이것은 '사이버 안'에 대한 인식과 함께 '사이버 밖은 무엇인가?'라는 질문과 연관되어 있다.

필자는 사이버 문화의 발달과 함께, 대면적 친밀성에 대한 향수뿐만 아니라 '서로'를 찾는 인간적 욕구는 좀더 다양한 형태를 띨 것이라고 조심스럽게 전망해본다. 다시 말해 사이버 공간이 현재의 사회 공간의 틀을 완전히 대체하여, '사회의 장(場)'으로서 사이버 공간의 독점 현상이 올 것이라는 전망에 전적으로 동의하지 않는다는 말이다.

왜냐하면, 사이버 공간은 그곳에 참가하는 사람들을 자신의 '네트(net)' 또는 '웹(web)'에 걸어놓고 있지만, 역설적으로 실체적인 개인성을 최대한 보장하고 있기 때문이다. 다시 말해, 사이버 공간에서 빠져 나오는 개인은 실체적이고, 그 개인의 실체성이 다양한 형태의 실체적 상호성을 추구한다는 것이다. 거시적으로 보면, 디지털적 사이버 공동체가 지배적인 사회 공간이 될 수 있겠지만, 미시적 관찰과 판단은 실체적인 소규모 공동체들의 등장을 예견하게 한다. 즉 망짜기적 통합과 분산이 상이한 차원에서 복합적으로 일어날 수 있다.

필자의 관심은 다양한 '사회의 장'이 어떻게 형성되고 그들 사이에 어떠한 조합 내지는 중첩 현상이 일어날 것인지를 생각해보는 것이다. 다만 그 구체적 표상이 어떠한 다양성을 가지고 나타날 것인지 유형적(typological)으로 세세히 예견하는 것은 현재로서는 쉽지 않다.

현시점에서 한 가지 확실하게 예측할 수 있는 것은, 디지털 문화가 초래할 '탈중심화'되고 '개인화'된 사회에서는 역설적으로 더욱더 실체적인 '우리끼리'를 찾게 될 것이라는 점이다. 그것은 최근에 '파티 문화'와 '동호인 문화' 등 끼리끼리 모이고자 하는 경향이 점증하는 현상을 보아도 알 수 있다. 그리고 사생활 지키기가 점점 개인적 차원을 넘어서, 친한 사람들과 함께 '내적 환경(Intra Environment)'[24]을 조성하는 특징을 취함을 관찰할 수 있다. 즉 '서로의 사회'에 대한 욕구와 그 실현을 위한 노력은 사이버 공간뿐만 아니라 다양한 사회적 공간, 즉 '만남의 장소'에서 이루어질 것이며, 그 장소의 다양성 자체가 사회의 생존력을 보장할 것이다.

### 간(間)의 미학(美學)

"지붕들 사이로 좁다란 하늘/그 하늘 아래로 사람들 물결……." 조동진이 부른 〈나뭇잎 사이로〉의 가사다. 아무것도 거칠 것 없이 시야에 넓게 퍼진 파란 하늘은 그 나름대로 아름답다. 그 맑고 시원한 기분이란 누구에게든 감동을 줄 수 있다. 하지만 지붕들 사이로 본 파란 하늘은 각별한 미적 감수성을 자극하며 시적 감흥을 불러일으키기도 한다. 이는 나뭇잎 사이로 보이는 파란 하늘에서도 마찬가지다. 나뭇잎들이 만들어준 사이로 보이는 하늘은 역으로 나뭇잎들에게 또 다른 미적 차원을 제공해주고, 각각의 잎을 사이라는 공간으로 엮으며 하나의 세계를 이루도록 한다. 이때에 '사이[間]'는 개체를 엮어주는 인터와 하나의 세계를 이루도록 하는 인트라의 역할을 동시에 한다. 미적 요소로서 사이는 자연의 아름다움에 무수히 존재한다. 다만 지금까지 사이가 제공하는 아름다움이 미학의 범주에 들어가지 않았을 뿐이다. 자연적 아름다움의 효과는 인간의 인식과 판단에 의해서만 미학의 범주로 들어가기 때문이다.

**탈중심적 미와 디지털적 미**

미와 예술의 역사는 오랫동안 '체의 미학'에 집중되어 있었다고 할 수 있다. 이는 전통적으로 미술의 양대 분야를 이루고 있는 회화와 조각뿐만 아니라 공예 작품을 보더라도 알 수 있다. 이러한 분야에서 작품이 완성되면 각 작품은 독립된 체의 세계를 이루며, 바로 그러한 세계가 작품에 예술적 가치를 부여한다. 평론가는 일차적으로 작품이 독립적으로 지니고 있는 미적 요소를 평가하려고 한다. 화가가 나뭇잎과 그 사이로 보이는 파란 하늘을 그렸다 할지라도, 그것이 회화 작품으로 완성되면 하나의 독립된 체로서 미적 감상과 판단의 대상이 된다. 그 그림에는 실체적 공간에서 느끼는 사이의 실체적 존재는 없기 때문이다. 또한 개체와 사이의 구분과 함께 개체와 사이의 조화도 없어지기 때문이다.

조각·회화·공예 등은 사실 공간을 이용하는 것이 아니라 본질적으로 질료를 이용할 뿐이고,25) 완성된 작품이 일정한 공간을 점하며 위치되고 전시되는 것이다. 그러나 그 공간은 작품에 비해 아무런 의미가 없다. 레오나르도 다 빈치(Leonardo da Vinci)의 모나리자가 걸린 벽이라는 공간은 모나리자에 비해 아무런 가치와 의미가 없다. 다만 옆에 전시된 다른 그림이 있을 경우, 그림 사이를 떼어놓는 전시적 기능만을 할 뿐이다. 로댕(A. Rodin)의 〈생각하는 사람〉을 특별한 전시 효과를 위해 아주 넓은 홀의 중앙에 단독으로 배치했을 경우, 홀의 공간은 전적으로 작품에 봉사할 뿐이다.

사이가 미학적 범주에 들어가기 위해서는 예술 작품이 생활 환경으로 진입해야 했으며, 건축적 요소의 다양한 전용이 필요했다. 물론 상당수 건축물도 조각과 회화처럼 체로서 완성도와 독립성을 갖추도록 설계되고 만들어졌다. 그러나 고대로부터 건축 작품들은 '사이의 미'를 내포하는 데 소홀하지 않았다. 그 대표적인 양식이 열주(列柱)이다. 사이를 두고 줄지어 늘어선 기둥이 미적 요소의 핵심을 이루는 경우는 고대로부터 있었는데, 그리스 아테네의 파르테논 신전의 열주는 그 대표적인 예이다.

로마에 있는 콜로세움은 기원후 72년에 착공해서 80년에 완공되었다. 그리스 아테네의 파르테논 신전처럼 전형적인 열주식 건축물은 아니지만, 열주식으로 배열된 아치들은 마치 바이너리 디지털 코드(01010101010101)를 연상하게 한다.

이것은 복원도인데, 디지털 코드 01의 모양처럼 연속된 아치들이 타원형의 건축물을 완전히 둘러싸고 있어서 어느 방향에서든 안팎으로의 소통이 가능하여 그 멀티-커뮤니케이션적 '개방성'이 한눈에 들어온다. 당시에도 통상 76개의 출입구를 사용했다고 한다.

또한 서울 종묘(宗廟) 정전(正殿)의 열주는 가히 감동적이다. 베르니니(G.L. Bernini)가 설계한 로마 성 피에트로(San Pietro) 광장의 4행 복합 반타원형 배열의 열주는 체(體)와 간(間)의 현란한 무도회를 연상하게 한다. 로마 콜로세움은 열주 자체로 되어 있지는 않지만 3층으로 된 열주식 아치(arch)의 배열이 매우 특이하다. 그것은 바로 디지털 코드 01의 지속적인 배열을 연상하게 한다.

열주는 대개 지붕 등 무엇인가를 떠받치고 있지만, 기둥과 '기둥 사이'가 갖는 미적 요소로서의 역할은 핵심적이다. 기둥이 줄지어 있다고 볼 수도 있지만, '기둥 사이'가 줄지어 있다고 볼 수도 있기 때문이다. 이것을 디지털적으로 표시한다면 이렇다. 10101010101의 배열로 보면 '0'이 사이에 있는 것 같지만, 0101010101010의 배열로 보면 '1'이 사이에 있는 것이다. '있음'과 '비어 있음', 즉 체와 간이 서로를 사이에 두고 있다. 이 같은 상황은 중심이 없어 모호하면서도 그 구조상 매우 간단하다. 그래서 간의 미학은 '탈중심적 미학'이며, 모호성과 동시에 간단성의 미학이라고 할 수 있다. 하지만 그 미적 효과는 체의 미학에 못지않으며, 적용 가능성은 더 넓을 수도 있다. 이는 마치 비트(bit: binary digit)같이 단순한 이진수의 디지털 시스템이 그 적용 효율이 높은 것과 마찬가지다. '디지털적인 미'에 가장 가까운 것이 '간의 미'라면, 오늘날 그것을 재발굴하는 것도 우리의 삶에 도움을 줄 것이다.

### 생활과 환경을 위한 미학

공간을 입체적으로 이용하는 건축의 미를 일부 전용한다고 볼 수 있는 설치미술은 전통적 '체의 예술'로부터 탈피를 가능하게 한 시도라 할 수 있으며, '간(間) 예술'의 한 방식을 제시하는 것이라고 볼 수 있다. 왜냐하면 상당수의 설치미술 작품에서 질료로 된 설치물이 그 자체로서 미적 작품을 이루는 것이 아니라, 설치물들 사이를 포함한 설치 공간 전체가 하나의 '미적 상황'을 제공하기 때문이다. 이 경우 사이가 오히려 설치물에 미적 의미를 부여하는 역할을 한다고 볼 수 있다. 또한 예술 작품이 생활 환경으로 진입하는 데 필요 불가결했던 응용미술에서, 사이의 미학적 역할은 창작의 조건이 되었다고 해도 과언이 아니다. 예를 들면, 인테리어 미술에서 그러하다. 이 경우 '사이의 예술'은 생활의 틈새를 미적으로 조성한다는 점에서 '틈새의 예술'에 관한 것이라고도 볼 수 있다.

그리고 입체감을 현실에 가깝게 전달할 수 있는 영상매체, 특히 영화에서 사이의 미적 요소는 의도적으로 아니면 우연의 결과로도 표출되었다. 스탠리 큐브릭(Stanley Kubrick)은 아마도 영상 구도에서 사이의 중요성을 의식하여 그것을 구체적으로 적용한 대표적인 작가일 것이다. 그의 〈2001년: 스페이스 오디세이〉에 나오는 우주선의 실내 공간은 원근 구도에 '사이의 미'가 갖는 효과를 복합적으로 합성해놓은 뛰어난 예라고 할 수 있다.

일반 건축에서도 도시화가 확산되면서 미적 감각의 요소로서 사이는 그 중요도를 더하게 되었다. 예를 들어 넓은 전원에 집이 한 채 있거나 집들이 띄엄띄엄 있는 마을인 경우 건축 환경의 요소로서 사이는 부각되지 않지만, 건물이 밀집되어 있을 경우 사이의 역할은 도시 기능뿐 아니라 미적 환경 조성에서도 본질적이다. '사이를 먼저 생각하고 건물을 짓는다'는 개념이 도입되어야 하는 것도 이 때문이다.

미의 일상생활화[26]와 예술에서 건축적 요소의 부각은, 사이가 미학적 요소로 자리 매김하는 결정적 계기였다. 예술 작품 자체가 사람의 생활을 위한 미적 공간을 조성하고, 미적 상황을 연출한다는 사실은 사람들을 미학(Aesthetics)의 어원적 의미에 더 가까이 가도록 했다.[27] 왜냐하면 그러한 미적 상황은 아름다움이라는 관점에서도 볼 수 있지만 지각·감각·감성, 더 나아가 취향 등의 개념으로 더욱 적절하게 설명될 수 있기 때문이다. 이러한 의미에서 '간의 미학'은 생활의 미학이자 환경의 미학이라고도 할 수 있다. 생활과 환경에서의 미적 경험은 관조보다는 감각을 통해 더 얻어지기 때문이다. 곧 '느낌'이 중요하게 된 것이다.

'환경의 미학'이라는 관점에서 보면, 언급했듯이 사이의 아름다움은 생태 환경인 자연에서 수없이 발견할 수 있다. 이러한 점에서 미는 창조되는 것이 아니라, 천천히 발견되는 것이라는 카이유와(R. Caillois)의 말에는 일리가 있다.[28] 그에 의하면 인간은 오로지 자연에서만 미의 기준을 끌어내며, 자연은 은밀히 존재하는 미의 유일한 참조 목록이다. 따라서 예술은 자연의 특수한 경우에 해당되며, 예술 작품이란 인간이 일부러 또는 고의적으로 만들어 이 세상에 추가한 아름다움이다. 그의 말에 전적으로 동의하는 것은 아니지만, '간의 미학'은 자연관적 미학에 가깝다고 할 수도 있다. 이는 사이의 아름다움이 지니는 단순성을 보아도 알 수 있지만, 무엇보다도 공간이라는 자연성과 밀접하기 때문이다.

### '여백의 미'가 아니다

여기서 주의해야 할 점은, '간의 미'가 흔히 말하는 '여백의 미'와는 전혀 다르다는 것이다. 두 경우 모두 공간을 가리키지만, 각자가 지니는 공간의 의미는 본질적으로 다르다. 후자의 경우는 아직 '중심적인 지위를 누리는 체'가 존재하며(아니면 적어도 중심의 개념이 존재하며), 그것의 입장에서 여백의 공간을 허용하는 것이다.

그러나 간의 미에서는 중심적인 체가 부재한다. 아니 중심 자체가 부재한다. 상당수 설치미술이나 디지털적 이미지 010101010101에는 형태와 구조상 그 중요도에서 중심과 여백이 없으며 사이만 있다.[29] '나뭇잎 사이로 파란 하늘' 또는 '지붕들 사이로 좁다란 하늘'처럼 경우에 따라 오히려 사이 자체가 주도적 이미지일 수는 있지만,[30] 전통적 의미의 중심과 부수적인 여백은 없다. 이것은 본질적인 차이다. 이는 미적 조형에서 탈중심화를 의미한다.

또한 '나뭇잎 사이'에서와 '열주'의 경우에서 보았듯이, 간의 미가 주는 상징성은 본질적으로 '열림의 미'와 관련이 있다. 빈틈없이 울창한 숲은 나뭇잎 사이로 열린 하늘을 보여줄 수 없으며, 벽으로만 된 건축물이 있다면 그것은 닫혀 있을 뿐이다. 또한 대부분의 건물에서 보듯이 문과 창은 '열고 닫음'의 기능과 상징이다. 반면 기둥과 함께 '사이'가 그 예술성의 성립 요건인 열주의 경우, 그것의 본질적 상징은 '항상 열려 있음'에 있다.

파르테논, 종묘, 성 피에트로의 열주는 각각 신전(神殿), 회랑(回廊), 광장(廣場)으로의 통로를 최대한 제공한다. 그것은 '닫힘 없는 열려 있음'의 상징이다. 특히 성 피에트로 광장의 열주는 모든 방향으로 열려 있음으로써 멀티-커뮤니케이션, 즉 다각적 소통의 극치라고 할 수 있다. 이것은 콜로세움에서도 마찬가지인데, 디지털 코드 01의 모양처럼 연속된 소형 아치들은 타원의 건축물을 완전히 둘러싸고 있어서 어느 방향에서든 안팎으로의 소통이 가능하다. 종묘 정전의 경우, 회랑 안쪽에 나열된 닫혀 있는 문들이 주는 위엄과 신성함은 회랑 바깥쪽의 열주가 주는 열림의 상징과 기묘한 조화를 이룬다.

이렇듯 간의 미학은 곧 '열림의 미학'이라고 할 수 있다. 그것은 중심으로서 자신을 지키면서 여백을 남겨두는 것이 아니라, 중심 자체를 제공하는 것이다. 곧 자기 자신을 제공하는 것이다. 그럼으로써 중심으로서 자신은 없어진다.

**변하는 미학**

이상은 간의 미학에 대한 초보적인 이론이라고 할 수 있다. 21세기에 간의 미학은 자체의 영역을 확장하는 것을 넘어서, 회화·조각·공예 등 전통적인 예술 창작과 미학에도 어떤 방식으로든 영향을 미칠 것이다. 건축과 영상 예술에 폭넓게 영향을 줄 것은 당연하고, 그 컨셉은 예술의 다른 분야, 예를 들면 음악 및 이른바 대중 예술의 다양한 장르에도 도입될 것이다.

특히 그 콘셉트가 내포하는 탈중심성·연계성·조화성·공간성·열림의 상징성 및 일상생활적·환경친화적·자연관적 성격 등은 우리로 하여금 미를 새롭게 보고 즐기게 할 것이다. 아름다움은 그대로 있다 할지라도 미의 개념과 미학은 변한다. 변하는 미학이 변함없는 미를 찾아준다.

호르크하이머와 벤야민 등 프랑크푸르트 학파는, 미학적 태도가 그 자체로 인간의 사회화에 보완적이라는 입장을 취했다. 이는 사람들이 사회화 과정에서 인간성의 완벽한 실현을 찾지 못하기 때문이다. 다시 말해, 사적이고 개인적인 영역과 사회적 영역이 완벽한 조화를 이루지 못해 빚어내는 부조화 위에서 미학적 영역은 그 자율적 역량을 발휘한다고 본 것이다.

우리가 사이의 문화라는 주제 안에서 '간의 미학'을 다루는 것도 한편으론 미학적 영역의 '사회적 의미'를 포착하고자 하는 데 있다. 문화적 급변의 시대에 사이의 미가 지니는 상징을 관찰하고 그 의미를 포착하고자 하는 노력은, 단순히 더불어 사는 삶이 아니라 사회적 융화가 바탕이 되고 미적 조화가 가미된 '어울려 사는 세상'을 이루어갈 수 있는 길을 찾는 데 도움이 될 것이다.

## '세계' 만들기

지금까지 이 글에서 우리는 디지털 시대와 커뮤니케이션-미디어 환경에 적지 않은 지면을 할애했다. 그것은 오늘날 세계적 화두가 정보통신 네트워크이고, 그것이 공동체 형성에서 나름대로 중요한 역할을 하기 때문이다. 그러나 '사이의 문화'는 그 영역을 넘어서는 패러다임이다. 이른바 디지털 혁명의 전도사를 자처하는 네그로폰테(N. Negroponte)도 "네트워크의 진정한 가치는 정보보다는 공동체(community)에 있다"는 인식을 하고 있다. 문제는 공동체이다. 즉 '어울려 사는 세계'인 것이다. 조화가 잘된 세계는 또한 '아름다운 세계'일 것이다. 서로의 사회와 간의 미학도 바로 이것을 지향한다. '사이 문화'의 관점에서 보면, 그것은 '우리'가 아니라 '우리 사이'를 만드는 문제이다. 인류의 역사는 한편으로 '땅 따먹기'의 역사였지만, 역사의 진정한 소리는 사실 이러한 공동체적 '세계 만들기'를 위한 열망의 소리였다.

### 지구(Globe)와 세계(World)는 등식이 아니다

어떤 사람은 "나는 사회나 세계 같은 거창한 문제에 관심이 없고, 소박한 인간의 생명과 일상에 관심을 둘 뿐"이라고 말한다. 그러나 바로 그 생명과 일상적 삶, 그리고 소박한 희망이 세계를 구성한다. 안데르센의 동화 《미운 오리새끼》에 등장하는 닭과 고양이 그리고 할머니 등이 사는 농가에서도 '우리와 세계(We and the World)'를 외친다. 로마인들은 지중해를 중심으로 해서 유럽과 소아시아 반도, 아프리카 북부를 정복하고 제국을 건설한 다음 로마를 라틴어로 '카풋 문디(caput mundi)', 즉 '세계의 수도'라고 불렀다. 그것은 오늘날 전지구성(globality)의 입장에서 보면 가소로울 수 있다. 로마가 정복하고 문명화한 지역은 오늘날의 '지구=세계'라는 입장에서 보면 아주 일부분에 지나지 않기 때문이다.

하나의 농가도 세계일 수 있고 일정한 지역도 세계일 수 있다. 또한 전지구화된 지구촌도 세계이다. 하지만 인류가 전지구화를 이룩한 후, 인류의 전부 또는 일부가 우주로 나가 지구 아닌 다른 곳에 거주하게 되는 '탈지구성(post-globality)'의 시대가 도래하면 '지구=세계'라는 패러다임도 더 이상 유효하지 않을 것이다.[31] 다시 말해, 지구는 의미의 중심에서 이탈될 수 있지만, 세계는 지속적으로 의미의 한가운데에 있다.[32] 다방면에서 탈중심화가 일어나는 시대에도, 각 개인이 영원한 로빈슨 크루소를 자처하지 않는 한 '어울려 사는 세계'에 대한 염원은 항상 의미의 중심에 있다.

세계를 의미하는 영어 단어 'World'나 독일어의 'Welt' 및 한자 '世'는 '사람이 살아서 활동하는 시간 또는 시기'라는 뜻을 품고 있다.[33] 따라서 인류의 역사 속에서, 세계라는 말은 '인간의 삶'이자 '인간의 생명'과 연관된 의미를 지녀왔다는 것을 알 수 있다. 사람 없는 지구는 있을 수 있지만, 사람 없는 세계는 있을 수 없다. 또한 라틴어의 직접적인 영향을 받은 불어·이탈리아어·서반아어에서 '세계'라는 말은 '조화'와 '질서'의 뜻을 지니고 있다.[34]

이를 종합해볼 때, 세계라는 말은 사람과 연관되어 있으며 조화와 질서 등 추상성이 강한 단어라고 할 수 있다. 그 단어 자체가 둥근 물체를 나타내는 지구와 달리 세계는 체의 개념이 아니다. 그것이 체와 땅의 개념이라면 농가의 식구들, 고대 로마인, 현대인이 각기 세계를 외치지 않았을 것이다. 세계라는 말은 인간의 삶의 의미가 총체적으로 투영된 상징어이다. 지구가 지금까지 항시 존재해왔던 실체를 가리키는 고정된 개념이라면, 세계는 그 자체가 무엇인가를 이루어가는 과정(process)의 개념이다.

이렇듯 보편적 개념의 관점에서 보면 지구와 세계는 동일하지 않다. 다만 '지구=세계'라는 패러다임 안에 있는 오늘의 특수한 상황에서 지구화를 세계화로 인식하고 있을 뿐이다.[35] 지구촌이라는 단일 시장, 무한 경쟁, 인터넷 등의 정보화는 오늘날 흔히 말하듯 전지구화(Globalization)를 가져왔다. 그러나 이 같은 맥락에서 전지구화가 달성된다 해도 '세계 만들기'에 성공하는 것은 아니다.

한때는 땅이라는 실체에 대한 점령으로 '세계 만들기'를 시도했다. 그러나 오늘날의 주된 과제는 다방면에서 '네트워킹'에 의한 세계 만들기이다. 문제는 전지구적 네트워킹의 발달이 다차원적 사이 잇기의 과정에서 좀더 해방되고 자유로운 세계 공동체 형성의 방향으로 나아갈 것인지, 아니면 새로운 억압과 '강요된 행복'의 조건을 형성하는 방향으로 진행할 것인지에 달려 있다. '체' 자체를 정복하는 군사·정치적 제국주의에서 '사이'를 정복함으로써 체의 지배는 자동적으로 따라온다는 것을 간파한 경제·기술적 제국주의로의 음흉한 인식 전환이 부정적으로 작용할 위험은 상존한다. 다시 말해 '정복의 개념'이 체의 정복에서 사이의 정복으로 전환하는 것은 아닌가 하는 의구심을 가져보는 것은 공연한 기우가 아닐지도 모른다.[36]

이것은 또한 전지구적 디지털 네트워크의 세계가, 사이가 지닌 초월적이고 형이상학적인 특성을[37] 이용해 부정적 의미의 고착된 '형이상학적 체계'로 되어갈 가능성에 대한 우려를 내포하는 것이기도 하다. 즉 그 체계가 '비판 불가능의 지배 구조'라는 존재론적 성격을 지닐 가능성에 대한 이유 있는 염려인 것이다.

**'사이 친화적' 세계로**

'사이'의 이용과 정복이 가져올 수 있는 부정적인 면을 극복하고 '세계'로 가는 길은 21세기의 주요 과제이다. 그 과제는 '사이의 문화'를 '세계 만들기'에 어떻게 적용하여 긍정적으로 발전시키느냐 하는 것이다. 전 지구를 자유로운 여행과 통상, 그리고 초고속 정보통신망으로 잇는 것만으로는 부족하다.

혹자는 지구에 사는 사람들의 영혼 사이에 단절이 일어난다면 그것은 아무 소용이 없을 것이라는 걱정을 하기도 한다. 그러나 영혼과 영혼 또는 마음과 마음이 항상 접속하고 접촉하기는 어느 시대에서든 쉽지 않은 일이었다. 이보다 더 구체적으로 우리가 할 수 있는 일은 '여유 있는 사이'를 보장하는 것이다. 다시 말해, 사이의 활용이 '사이 친화적'이어야 한다. 그것은 곧바로 '인간 친화적'인 것과 연관된다.

인류가 생태 환경을 무한정한 보고로 여기고 무분별하게 정복하고 착취한 부정적인 결과는 이미 잘 알려져 있다. 우리는 그에 대한 대가를 오늘도 계속 치르고 있다. '자연이 자연이도록' 여유를 주었더라면 오늘날 우리는 덜 고생할 것이다. 사이도 지금은 무한정하게 이용할 수 있는 영역처럼 보인다. 하지만 사이의 이용을 극대화하지 말고 사이의 착취를 자제하여, '사이가 사이'이도록 활용하는 것이 현명한 자세일 것이다.

이에 사이의 문화가 시간·공간·인간의 세 가지 차원에서 '함께 있음'과 '떨어져 있음'을 동시에 의미한다는 것, 다시 말해 서로 조화 있게[38] '어우러져 존재함'을 의미한다는 것을 상기할 필요가 있다. 이 정신이 '사이 잇기'의 과업 수행에 기본이 되도록 노력한다면 긍정적 발전의 가능성은 항상 있다. '서로의 사회'를 위한 노력이 사회적 공간을 확충해주고 '간의 미학'이 아름다움의 공간을 보장한다면, '인터 효과(Inter Effect)'와 '인트라 환경(Intra Environment)'을[39] 동시에 내포하는 '사이의 문화'를 바탕으로 한 세계 만들기의 가능성은 높아질 것이다.

사이의 문화를 바탕으로 한 세계 만들기는 오늘날 전지구적으로 망짜기인 '인터 효과'의 영향 아래에 있지만, 이와 동시에 '인트라 환경'의 개념과 깊이 연관되어 있다는 점을 중시해야 한다. 21세기에는 거시적 의미의 세계 속에서, '미시적 세계'라 할 수 있는 개인뿐만 아니라 수많은 다양한 성격의 소그룹 공동체가 산재(散在)할 것이다. 그리고 그들이 국가, 종교, 대규모 이익집단의 존재보다 더욱 세계 구성의 요소로 부각될 것이다. 그러한 '작은 세계들'은 '큰 세계'를 구성하는 요소임과 동시에 다양한 '인트라 환경'이라는 '소그룹 유대'의 형태를 띨 가능성이 높다.

그렇게 되면, 진리·정의·평화·평등·애국심·충성·책임 같은 '거시적 덕목'보다는 신뢰·의미·존중심·협조·공동체 의식·안전성·친밀감·솔직성·상호성·연대성 같은 '미시적 덕목'들이 부각된다. 왜냐하면 '사람 사이'의 구성이 '세계 만들기'의 주요 과제가 되기 때문이다.

이에 덧붙여 중요한 것은 이러한 소그룹 유대의 환경이 '모든 사람들을 위한 문화'[40]로서 대중문화가 소비되는 공간이라는 점이다. 대중문화의 전지구적 속성, 형식에 있어서 혼재적(混在的) 구성, 신기술에의 적응력, 자본 흡입력, 일상생활에의 침투적 영향력, 지속적 생명력 등이 '세계 만들기'의 요소가 될 수 있다는 점을 잘 관찰해야 한다.

또한 모더니티의 19세기와 20세기가 필연성과 결정주의를 바탕으로 '절대적 독점성'과 '지배성'을 내세운 세계 구성의 전략을 구사했다면, 이제는 다층위적 소그룹 유대들이 존재하는 상황에서 가능성과 우연성을 전제한 실행 전략이 필요한 때이다. 다시 말해, 다양한 기회들 가운데에서 '선택'에 따른 공동체 구성 기획이 '세계 만들기'의 핵심이 될 것이다. 더 나은 세계 만들기의 기회는 인류의 역사 속에서 끊임없이 주어진다. 다만 그 기회를 어떻게 잡아 활용하느냐가 문제이다.

### 이상인(理想人) - 이상향(理想鄕) - 이상시(理想時)

'하나뿐인 지구'라는 말을 자주 듣는다. 지구는 실체적 개념이므로 하나뿐이다. 그러나 세계는 여럿일 수 있다. 지구는 만들 수 없지만, 세계는 사람의 노력으로 만들어가는 것이기 때문이다. 그래서 세계는 과정과 상황의 개념이다. 사람들은 '더 나은' 세상을 바란다. 인간의 능력과 창조력은 아무것이나 마구 만들어내는 것이 아니라, '더 나은 세상'을 위해 쓰여야 한다. 더 나은 세상은 사람들이 만나고 모여서 만들어내는 합작품이다. 그것은 '우수한 인간'들만이 모여서 만들어가는 작품이 아니라, 그저 사람들이 모이고 서로를 위해 노력함으로써 이루어지는 것이다.

인류는 오랫동안 '우수한 인간'의 꿈에서 깨어나지 못했고, 오늘날도 상당수 그 환영과 희망 속에서 산다. 우수한 인간이 이상적인 인간이라는 관념을 가지고 산다. 하지만 사람들은 인간의 우수성이라는 것이 세계를 이루는 구성원의 능력이라는 점에서는 도토리 키재기라는 것을 흔히 잊어버린다. 그래서 우수한 인간을 생산하고자 하는 노력이 인간을 억압하고 희생시키는 실례를 우리는 역사 속에서 뼈저리게 경험했다.

하지만 오늘날의 생명공학은 유전자적으로 변형된 소위 발전된 새 인간들을 다음 세기에 탄생시키기 위해(아마도 '생산하기 위해서'라는 표현이 더 적절할지도 모른다) 노력을 계속하고 있다.[41] 어쩌면 이것은 중지할 수 없는 추세일 것이다.[42] 다만 앞으로 도래할 '신인류'에게도 하고 싶은 말은 생명체로서 사람이 바라는 것은 사실 끝없이 '더 우수한 인간'이 아니라, 세계라는 공동체 안에 함께 있으면서 사람들이 각자 자신들의 존재의미를 상실하지 않는 '아름다운 세상'이라는 것이다.

역사 속에서 인류는 완벽하고 행복한 세계에 대한 열망으로 이상향에 대한 꿈을 꾸어왔고, 구체적인 가정을 제시하기도 했다. 굳이 토머스 모어(Thomas More)의 《유토피아(Utopia)》(1516)를 들지 않더라도, 인류의 역사에서 '존재하지 않는 곳',[43] 즉 유토피아는 꽤 많이 제시되어왔다.

이제 그 이상향이 완벽하다고 하면 할수록, 사람들은 의혹의 눈초리로 그것을 바라보게 되었을 만큼 그에 익숙해 있는지도 모른다. 하지만 그것이 행복을 보장한다면 아직도 귀가 솔깃하여 자유를 희생시키며 행복의 유혹에 넘어가기도 한다. 어쨌든 현대인에게 유토피아는 '어디선가 본 듯한 영화'이면서도 '비디오로 다시 보는 영화'인 것이다.

하지만 오늘날 색다른 차원에서 사람들을 강렬하게 끌어들이는 것이 있으니, 그것은 '유크로니아(Uchronia)'[44]의 유혹이다. 다시 말해 '이상시(理想時)'의 유혹이 도처에서 일어나고 있다. 그 이상시는 '시간의 소멸'을 선언하며 사람들에게 행복을 약속한다.

우리는 지금 '실시간(real-time)'이니 '라이브'니 '광속도 서비스'니 '생각의 속도 수준'이니 하는 말들을 듣고 산다. 기업 경영자들은 '남보다 빨라야 한다'는 데에 광적으로 집착하고, 그들의 구호는 '속도가 돈'이다.[45] 시간과 속도의 천적(天敵) 관계에서 속도가 시간에 최후의 일격을 가할 것을 선언하고 공격을 시작한 것이다. 무엇이든지 최대한 '빠르게'

에 대한 욕구가 마침내 '시간을 없앨 것'을 요구하게 되었다. 즉 '시간이 존재하지 않는' 유크로니아의 삶을 추구하게 된 것이다.

오늘날 인터넷의 정보 서비스, 통신 서비스뿐만 아니라 사이버 마켓과 뱅킹 등 모든 분야에서 욕구가 발생하는 순간에 그것을 바로 충족시키겠다는 '이상시'의 세계를 약속한다. 이상적 세계에 대한 열망이 유토피아의 장소적 약속에서 유크로니아의 시간적 약속으로 전이한 것이다.

오늘날 우리는 기다림을 추방한 동시성의 세계가 주는 행복을 약속받고 산다. 미디어(media)의 '매개하기(mediate)'가 추구하는 것이 결국은 '매개 없는(im-mediate)' 즉각성이라는 역설이 유크로니아 시대의 얼굴이다. 또 하나의 '완벽함'의 역설이 우리를 향해 미소짓고 있다.

'세계 만들기'가 이상적 세계를 약속하는 것이 아니고, '어울려 사는 세상'을 우선으로 할 때에 행복의 약속이 완벽하게 보장되지는 않을지라도, 한 사람 한 사람의 자유 및 존재 의미와 가치는 희생되지 않을 것이다. 우리는 흔히 '세계 속의 누구누구'라는 말을 한다.[46] 그러나 '세계 속에 사람이 있는 것'이 아니라, '사람 안에 세계가 있는 것'이 중요하고 우선한다. 즉 각 개인이 '세계의 정신과 혼'을 가지고 있다면 우리들의 삶은 보람되고, '조화 있는 세계 만들어가기'도 가능해질 것이다. 이것은 '인간이 휴머니티 안에 있는 것'을 주장할 것이 아니라, '휴머니티가 각 사람 안에 있을 것'을 추구해야 하는 것과 마찬가지이다. 세계의 의미가 우리 안에 있을 때에 '우리 사이'라는 세계는 가능하다.

# [5장 주석]

1) 필자가 여기서 '형이상학(形而上學)'이라는 말을 사용한다는 것은 상당한 위험부담을 자초하는 일일 것이다. 왜냐하면 이 단어는 이미 구시대의 유물이 되어서, 많은 사람들로부터 골동품 취급을 받고 이미 지식 박물관의 한구석에 내팽개쳐져 있기 때문이다. 철학자들 사이에서도 시대착오적이라든가 공허하다는 비난을 받을까 저어하여, 뭔가 좋지 않은 것이라도 묻을세라 형이상학이라는 말 근처에 가기조차 꺼리는 경향이 있다. 형이상학은 고대 그리스어에서 유래한 'metaphysika'를 번역하면서 사용한 술어이다(철학사적으로는 아리스토텔레스의 저서를 기원전 1세기에 재편집하는 과정에서 나온 'τὰ μετὰ τὰ φυσικά'라는 표현에 그 기원이 있다고 하나, 최근의 고문서 연구는 그 기원이 훨씬 더 오래전일 가능성을 보여주고 있기도 하여 논란이 되고 있다). 지면상 그 개념 형성의 역사에 대해 상술할 수는 없고, 이 말이 인간과 세계에 연관해 다루는 주제를 살펴보면 이해에 도움이 될까 생각한다. 한 철학 백과사전(*The Encyclopedia of Philosophy*, Macmillan & Free Press, New York, 1978)은 이 술어와 연관된 주제들을 수십 가지 열거하고 있는데, 그중 일부만을 나열하면, 'Absolute, Appearance and Reality, Being, Causation, Change, Chaos and Cosmos, Essence and Existence, Eternity, Identity, Logos, Nature, Personal Identity, Possibility, Relations, Time, Unconscious, Why' 등이다. 이상에서 보았듯이 사람들은 이러한 것들에 대해 생각하거나 말하지 않고 살 수 없다. 서양 역사에서 보면, 형이상학은 '구분된 학술적 범주'를 가지고 있으나 철학 일반, 자연과학, 또는 예술 등과 전혀 별개의 영역을 이루는 학문이 아니었으며, 철학의 실천적 과제로부터 완전히 분리된 사변적 논리만도 아니었다. 그것은 서양 문화와 일상생활에 속하는 모든 것에 근거를 제공하고, 역사의 흐름 속에서 일정한 형태로 끊임없이 재생산되는 일반적이고 보편적이고자 하는 사유 체계였다. 계몽주의에서 실증주의를 거쳐 오늘에 이르기까지 근현대 서양 사상사에서, 형이상학에 대한 비판(더 나아가 그 술어의 부정적 사용)은 사실 앞서 나열한 주제들을 다루는 연구 노력 자체를 부정한 것이 아니라, 그 주제들에 관해 '진리라고 주장하는 이론 체계'가 세워지고 그것이 도그마적인 성격을 획득하는 것에 대한 경고였다. 그리고 형이상학적 사유 체계의 이론적 지배력이 미치는 범위가 언어의 한계와 부딪치기 때문에 문제를 야기한 것이었다. L. Wittgenstein이 한때, "말할 수 없는 것에 대해서는 침묵해야 한다(Worüber man nicht sprechen kann, darüber muβ man schweigen)"고 말한 것은, 해답이

없을 것 같은 이 세상의 주요 문제들에 대한 자신의 철학적 고뇌를 잘 반영한다. 하지만 현재 정답이 없다고 그 문제에 대해 질문하고 생각하는 인간의 욕구와 자유마저 부정할 수는 없다. 형이상학적 문제는 지금은 반응과 대답이 없는 상대에 대한 '짝사랑' 같은 것이다. 항상 반대 급부가 확실히 보장된 사랑만 존재한다면 이 세상은 재미없는 세상일 것이다. 짝사랑도 이 세상을 의미 있게 구성하는 요소 가운데 하나다. 그리고 사람은 지금 당장 이루어질 수 없는 것들에 대한 경험을 거치면서 성숙해진다. 혹 술어 사용에 과민한 독자들을 의식하여, 이런 구차한 변명(?) 같은 설명을 첨부해야 하는 것도 오늘날 '형이상학'에 대한 지나친 편견을 반영하고 있는 것이기도 하다. 필자가 이 글에서 사용한 '형이상학적'이란 형용사는 대단히 체계적인 개념도 아니며, 부정적이고 폄하적인 술어도 물론 아니다. 다만 가시적이고 구체적인 틀을 갖춘 것들을 넘어선다는 의미로 사용했을 뿐이며, 그 술어 사용이 현학적 의도가 아님을 밝히고자 한다. 어떤 추상적 술어의 사용이 사람들의 사고와 인생관을 축소하고 제약하려는 것이 아니고 그들의 생각과 삶을 풍부하게 하고자 하는 것이라면, 대세(大勢) 때문에 그 사용을 주저할 이유는 없다. 아주 모던하게 설계되고 장식된 응접실에 골동품 같은 화병이 하나 놓여 있어서 나쁠 건 없다. 아니 그것은 응접실을 색 다르게 보이게 하고 더욱 풍부하게 할 수 있다.

2) 이를 다시 도식적으로 정리해보면 다음과 같다.
    첫째, 인간의 차원: 사람과 사람의 관계(너와 나 사이, 아빠와 엄마 사이 등). 또는 어떤 한정된 모임이나 범위 안(우리 사이, 친구들 사이 등).
    둘째, 공간의 차원: 한 곳에서 다른 곳까지 떨어진 공간(서울과 부산 사이 등). 또는 일정한 범위에서 이것과 저것의 벌어진 틈(줄과 줄 사이 등).
    셋째, 시간의 차원: 어떤 때에서 다른 때까지의 동안(잠깐 사이, 하루 사이 등). 또는 일정한 시간적 제한 내에서 겨를이나 짬(쉴 사이, 말할 사이 등).
    이상에서 살펴보았듯이, 세계관을 구성하는 3대 개념이라 할 수 있는 人間, 空間, 時間은 모두 그 본질에서부터 사이[間]를 함의하고 있음을 언어 구조를 통해 관찰할 수 있다. 다만 이제까지 이러한 의미가 특별히 부각되지 않았을 뿐이다.

3) 오늘날 영어 맞춤법에서는 통상 하이픈을 사용하지 않으나, 여기서는 구분하기 쉽게 필자가 의도적으로 넣었다.

4) 그러나 일반적으로 보면, 인터넷이 이른바 전지구성을 나타낸다면, 인트라넷은 국지성과 개별 집단적 성격을 반영한다. 인터넷 망의 확장과 다양한 인트라넷의 구축은 동시에 일어난다. 인터넷, 인트라넷, 그 인트라넷을 구성하는 사용자, 그 인트라넷을 구성하지 않는 사용자 사이의 관계는 여러 조합의 양상으로 나타날 수 있는데, 이는 앞으로 그 상호 관계와

효율성, 기호와 상징 교환의 관계, 이에 따른 문화적 효과라는 면에서 흥미있는 연구 대상이 될 것이다. 물론 오늘날의 인터넷은 그 하나로 전지구를 연결하는 거대한 인트라넷이라고 할 수도 있다('World Wide Web'이 의도하는 것도 이것이라 할 수 있다).

5) 'Environology'는 일반적으로 '자연환경학' 또는 '생태환경학' 등의 뜻으로 쓰이는 좁은 의미의 Ecology와 구분하기 위해 필자가 만들어낸 단어이다.

6) T. S. Kuhn의 *The Structure of Scientific Revolutions*는 원래 Otto Neurath가 R. Carnap, C. Morris 등과 함께 기획한 '통합 과학(Unified Science)'을 위한 백과사전의 일부로 저술되었으며, 그 초판은 1962년에 나왔다.

7) T. S. Kuhn, *The Structure of Scientific Revolutions*, University of Chicago Press, 1970, 208쪽 참조.

8) 같은 책, 23, 175, 186~190, 198~204쪽 참조. 바로 이러한 패러다임의 복합적 의미로 해서, 쿤의 저서는 출판 초기부터 비판의 대상이 되었다. 그러나 그의 저서에서 우리가 관심을 갖고 보아야 할 점은, 그가 자신의 이론 전개를 패러다임의 확고한 정의에서 시작하지 않는다는 것이다(이에 대해서는 쿤 자신도 확실히 인식하고 있다: 특히 앞의 책, 11쪽 참고). 오히려 그의 이론 전개 과정 자체가 패러다임의 개념을 구축해가는 과정이라고 보는 것이 더 설득력 있다. 따라서 그가 패러다임으로 과학 혁명의 구조를 설명한다고 볼 수도 있지만, 과학의 발전 과정이 일련의 혁명들의(우리말 제목에는 드러나지 않지만, 원제에 복수형으로 된 Revolutions를 주목하기 바란다) 과정이라는 사실의 확인이 패러다임의 존재를 정당화해준다고 볼 수도 있다. 바로 이러한 이유로(즉 이론 전개의 순환적 구조) 쿤의 저서가 출판되었을 때에 그에 대한 비판들은 주로 '패러다임의 개념'에 집중되었다. 그가 1969년에 쓴 후기(Postscript)의 상당 부분을 패러다임 개념 설명에 할애한 것도 그 때문이었다. 이는 또한 쿤에게 패러다임이란 화두가 자기 이론의 퍼즐(puzzle)을 해결해줄 수 있는 결정적 열쇠였을 만큼 중요했기 때문이기도 하다.

9) 제2장에서 필자는 산업사회에서 탈산업사회로의 이행이 '생산'이라는 관점에서 보면 사실 같은 선상에서 진행되고 있는 현상이라고 주장한 바 있다. 이것은 이른바 제3의 물결은 오지 않았다는 입장이다. 정보지식사회와 사이버 문화의 도래도 '생산의 영역'을 기준으로 보면 패러다임 전환이라 할 수 없고, '사이의 문화'라는 맥락에서 패러다임 전환이라고 볼 수 있다. Kuhn도 과학의 발전에서 패러다임적 변화의 영향을 받는 분야와 그렇지 않은 분야를 구분했다(앞의 책, 92~95쪽 참조). 이에 빗대어 말하면 어떠한 맥락에서 패러다임적 변화인가 하는 것을 구분하는 것이 중요하다.

10) T. S. Kuhn도 동일한 현상에 대해 'a paradigm', 'parts of a paradigm', 'paradigmatic'

등으로 혼용하고 있다. 이는 일부 비판과는 달리 그 자신도 패러다임의 개념을 혼동하고 있기 때문이 아니라, 오히려 패러다임이라는 말이 지닌 복합적인 의미를 필요에 따라 적절히 활용하고자 하는 의도 때문이라고 볼 수 있다.
11) 이는 일부 학문과 이론이 유럽에서 미국으로 이전하는 과정에서 발생하는 시기 차의 효과 때문이기도 하다. 마르크스주의 이론을 바탕으로 하는 문화 이론의 전이에서도 그랬고, 몸의 담론의 도입에서도 그러했다(우리나라에서 몸의 담론은 미국의 영향을 받아서 시작된 것 같다). 사실 몸의 담론은 유럽에서는 금세기 초부터 구체적으로 시도되었고, 1970년대와 80년대 초에 이미 무르익어 있었다. 신경학과 생리학을 바탕으로 한 전문 분야의 연구 성과이지만, 일반적 인간관에도 '몸의 통일적 표상'이라는 새로운 관점을 제시한 P. Schilder의 *Das Korperschema. Ein Beitrag zur Lehre vom Bewuβbtsein des eigenen Körpers*, Berlin, 1923, 신체적 실존의 지각 현상을 강조한 M. Merleau-Ponty의 *Phénomenologie de la perception*, Gallimard, Paris, 1945, 그리고 현상학·심리학·기호학적 접근을 포함하는 '몸'에 대한 종합적이고 체계적인 이론서라 할 수 있으며 단순히 《몸》이라는 제목을 가지고 있는 U. Galimberti의 *Il corpo*, Feltrinelli, Milano, 1983 등을 참조할 수 있다. 그 이후로는 주로 사상적 바탕 위에 각 분야에서 그 컨셉을 이용한 퍼포먼스 등 적용 작업을 계속하고 있다.
12) 예를 들어 L. A. Suchman, *Plans and Situated Actions: The Problem of Human-Machine Communication*, Cambridge Univ. Press, 1987 참조.
13) 상호성을 뜻하는 영어의 reciprocity 또는 reciprocality는 라틴어의 접두어 're-(뒤로)'와 'pro-(앞으로)'가 합성된 단어이다. 즉 '가고 오고' 또는 '주고받고'라는 뜻을 내포한다.
14) 오늘날 웬만한 사람들은 다 아는 것이지만, 스크린 세이버란 컴퓨터를 사용하다가 일정 시간 사용하지 않을 때 화면에 나타나는 모니터 보호 프로그램이다. 컴퓨터를 켜놓은 채 키보드나 마우스를 일정 시간 작동하지 않으면 나타난다. 스크린 세이버는 단순한 화면 보호 기능을 넘어서, 네티즌의 개성을 나타내는 새로운 창구이자 효과 높은 홍보 매체가 되었다.
15) 앞의 책, 24~25, 35~36쪽 참조. 쿤은 이것을 'moping-up operations'라고 부르기도 하는데, 성과에 이르기 위해 '마무리하는 작업'이라고 할 수 있다.
16) 체의 위세 약화 현상은 우리에게 체를 키울 것이 아니라, 사이를 연결하라고 가르친다. 그 한 예가 마천루다. 요즈음 '초고층 건물은 통신이 발달하지 않았던 구시대의 산물'이라는 주장을 많이 한다. 첨단 통신이 발달한 지금은 한 빌딩에 집중해 있을 필요가 없다는 논리를 펼치고 있는 것이다.

17) 정보사회가 곧바로 '탈정보화 사회'로 이전하면서 세상이 점점 더 개인화할 것으로 보는 입장들이 있다. N. Negroponte(being digital, A. Knopf, Inc., N.Y., 1995 참조)가 지적했 듯이, 현재의 경향은 산업사회에서 탈산업사회로, 어떤 의미에서는 정보사회를 거쳐 '탈정보사회'로 진행하고 있다고 볼 수 있다. 정보사회에서는 미디어 시스템이 점차 거대해 지는 동시에 작아진다. 매스 미디어의 브로드 캐스팅(broad castinng)과 함께 아주 작은 인구 집단을 겨냥한 내로우 캐스팅(narrow casting)의 현상이 일어나는 것이다. 이른바 탈정보시대에는 종종 단 한 사람을 수용자로 대하게 된다. 모든 것이 주문에 의해 만들어 지고 정보는 극단적으로 개인화한다. 네그로폰테는 탈정보시대는 이미 우리 곁에 와 있 으며, 곧 진정한 '개인화(personalization)'가 실현될 것이라고 주장한다. 따라서 앞으로 는 주문형(on-demand) 정보가 디지털 생활을 지배할 것이라고 본다. 산업혁명과 자본 주의의 등장 이전에 있던 '주문형 거래 형태'가 다시 돌아온다는(물론 새로운 상황과 맥락 에 맞추어서) 것은 흥미로운 일이다. 21세기에는, 지금은 과거가 되어버린 일부 생활 방식 이 기술의 발전에 따른 새로운 상황에서 그에 적응하는 형태로 재응용되는 경우도 적지 않을 것이다. 이러한 현상을 일반적으로 '고전성과 고전적 생활 방식의 회복'이라고 볼 수 있는데, 이에 대해서는 별도의 연구가 필요하다. 현시점에서 관찰할 수 있는 현상들로 구두(口頭)문화, 만능인의 이념, 교환가치보다 실물 가치로서 돈, 오락적 인간, 일부 고전 적 윤리 덕목 등의 회복을 들 수 있다.

18) 디지털 혁명을 선언하는 N. Negroponte의 being digital이 출간되었을 때, 한국에서 많 은 사람들이 이 책이 주는 메시지를 너무 편협하게 받아들였다. 즉 "인간, 곧 휴먼 비잉 (human being)이 비잉 디지털(being digital)되어가고 있으므로 우리 스스로 '디지털 인 간'이기를 주저하지 말자"는 뜻으로 받아들였다. 그러나 필자는 네그로폰테의 진정한 메 시지는 '인간의 디지털화'가 아니라 '디지털 세계의 인간화'라고 생각한다. 즉 그의 책은 디지털이 'being human' 하며 인간을 위한 진정한 친구와 동반자가 될 수 있는 가능성 에 대해 논하고 있다. 다시 말해 인간이 '디지털적 존재', 즉 '디지털 인간'이 되기를 바라 는 것이 아니라, 인간이 지속적으로 '인간 존재(human being)'이기 위해서 디지털의 세 계가 인간 친화적이어야 한다는 메시지를 전하는 것이다. 그가 현대인에게 바라는 것은 'being digital'이지, 'digital being'이 아니다! 그가 "my being digital"이라고 표현하는 것은 디지털 세계를 이해하고 선용하며 그것이 자신의 친구가 되게끔 한다는 의미이지 그가 '디지털 인간'이나 '디지털 존재(digital being)'가 된다는 뜻이 아니다. 그가 얼마나 인간 친화적인 디지털 세상에 대한 희망을 품고 있고, 그것을 위한 노력에 동참해줄 것을 바라는지는 그의 책 곳곳에 나타나 있다: "싹 터오르는 멀티미디어는 기술과 인간성, 과

학과 예술 사이의 격차를 메우는 분야 가운데 하나가 될 것이다.";"인간과 컴퓨터 간의 인터페이스가 사람과 이야기하는 것만큼이나 쉬워질 경우에만 디지털 시장은 열릴 것이다.";"컴퓨터가 미세한 음향 차이를 가려내야 한다는 말이 아니라 의미를 이해할 수 있어야 한다는 말이다.";"우리는 (전화기에 내장된 최첨단의) 기능을 사용하고 싶지 않고, 전화를 통하여 사람들과 접촉하기를 바라는 것이다!";"다형태 인터페이스는 얼굴을 마주보며 나누는(face-to-face), 인간과 인간의 대화에 더 가깝다.";"인터페이스에 대한 나의 꿈은 사람 같은 컴퓨터를 만드는 것이다" 등의 표현을 재음미해보면 이해가 갈 것이다. 디지털 컴퓨터의 인간화가 어느 정도 성공하고, 그 성과와 부작용이 무엇인지는 속단할 수 없지만 말이다.

19) N. Negroponte는 이것을 조금 다른 각도에서 정보와 오락을 일반 대중에게 '밀어내기(pushing)' 방식과 수용자 중심의 '끌어당기기(pulling)' 방식으로 구분한다. 미래의 디지털 시대에는 '밀기'와 '끌기'가 같은 비중이거나 아니면 '끌기'가 훨씬 중시될 것이라고 본다.

20) 벌써 이동 통신 사업체들은 이 점에 경영 전략을 집중하고 있으며, 별도의 PC 사용을 필요로 하지 않는다는 의미로 'Computerless Internet'이란 광고 문안을 사용하기도 한다.

21) Mark Poster, *The Mode of Information*, Polity Press, London, 1990과 *The Second Media Age*, Polity, London, 1995 참조.

22) 독일 영화감독 Rudolf Thome의 〈Der Philosoph〉(영어 제목: 3 Women in Love, 1988)에는, 편지 쓰기가 이미 과거의 관습이 되어버린 사회에서 여주인공이 편지(그것도 컴퓨터가 아닌 수동 타이프로 친)를 받아 보고 놀라는, 그리고 색다른 감동을 받는 장면이 등장한다. 이것도 벌써 10여 년 전의 영화에 나오는 것이다. 이메일(E-mail)은 금속성 같은 차가움을 전달한다는 '색안경 낀' 비판도 받지만, 어쨌든 정감 있는 편지 한 통 써보지 않은 사람들에게는 '편지 쓰기'의 자극제가 되기도 한다. 박정현의 노래 〈편지할게요〉의 가사 "편지할게요, 내일 다시 만나지만/편지할게요, 매일 볼 수 있지만"을 들으면, 오늘날 젊은이들이 새로운 매체를 이용하는 상황에서 어떻게 서로 감정을 나누는지 엿볼 수 있다. 매일 만나는 상황에서 '편지할게요'는 '이메일 보낼게요'라는 상상을 곧 해볼 수 있다.

23) M. Poster, *The Second Media Age*, Polity Press, London, 1995, 한국어판, 《제2미디어 시대》, 민음사, 서울, 1998, 150쪽.

24) 본 장 1항의 '인터(inter)'와 '인트라(intra)' 참조.

25) 화가가 캔버스라는 '공간'에 색을 칠한다고 볼 수 있다. 그러나 그 공간은 곧 물감이라는 질료로 채워진다.

26) 이 점에 대해서는 제3장을 참조하기 바란다.
27) 제3장의 주 3)을 참조하기 바란다.
28) R. Caillois, *Esthétique généralisée*, Gallimard, Paris, 1962 참조.
29) 굳이 따진다면, 이 경우 중간(中間, middle)은 있을지언정, 중심(中心, center)은 없다. 그리고 중간도 그 자체로 '사이'의 하나이다. 이런 의미에서 미적 구도의 '탈중심화(decentralization)'인 것이다.
30) 이는 조동진의 노래 가사에서도 알 수 있듯이, "지붕들 사이로 좁다란 하늘"이지만 "그 하늘 아래로 사람들 물결"처럼, 그 좁다란 하늘이 세상 전체를 떠올리도록 한다. 즉 그 좁다란 하늘이 주도적 이미지가 되는 것이다.
31) 새 밀레니엄의 진정한 패러다임 전환은 우주에서 시작될 것이다. 즉 '세계=지구'와 '인간=지구인'이라는 패러다임이 깨질 때, 인류는 대전환을 맞이할 것이다. 이 점에 대해서는 '부록'을 참조하기 바란다.
32) 탈지구화가 이루어지기 전은 물론 전지구화의 시대 이전에도 인간의 사고와 상상은 지구를 떠나 있을 수 있었다. 이를 '초(超)지구성(meta-globality)'이라고 부를 수 있는데, 넓은 의미에서는 탈지구성도 초지구성의 하나라고 볼 수 있다. 그러나 지금까지의 초지구성은 인류의 실체적 이주(移住)를 가리키는 것은 아니었다. 예를 들면 고대 그리스의 철학자 피타고라스는 우주의 조화음을 들으려 했고, 플라톤은 이데아가 있는 '하데스'의 세계를 설파했다. 평범한 사람도 자신의 상상에서는 지구를 떠나 온 우주를 돌아다닌다. 이러한 의미에서 초지구성은 사람들의 일상과도 함께한다. 사람은 지구인이자 초지구인일 수 있는 것이다. 칸트는 지구의 모양이 둥글기 때문에 사람들은 무한정 멀어질 수가 없으며, 서로 정반대 방향으로 멀어질수록 지구라는 구체의 표면 어디에선가 다시 만나도록 되어 있다는 입장에서 지구에서의 인류 '영구 평화론'을 펼쳤다. 그의 머리에는 지구 표면에 달라붙어 살 수밖에 없는 인류만이 있었던 것이다. 즉 그는 인류의 실체적 '탈지구성'을 상상조차 하지 못했다. 반면에 그는 누구보다도 지구 밖의 기운을 느끼며 살아온 사람이었다. "내 위에는 별이 총총한 하늘, 내 안에는 도덕률(der bestimte Himmel über mir und das moralische Gesetz in mir)"이라는 《실천이성비판》에 나오는 그의 유명한 말은 '초지구성'과 연관된 인간을 잘 상징하고 있다. 초지구성이 인류의 실체적 이주라는 탈지구성과 일치할 때에 진정한 패러다임의 대변혁은 올 수 있다. 이것은 신천년기(新千年紀, New Millennium)의 문명적 과제일 것이다. 탈지구성(post-globality)이나 초지구성(meta-globality, 뉘앙스의 차이가 있지만 경우에 따라서는 trans-globality도 사용할 수 있다)은 학계나 언론계에서 기존에 사용하고 있는 용어가 아니라, 이해를 돕기 위한 필자의 조

어(造語)이다.
33) 영어와 독일어는 동일한 어원을 갖는데, weoruld, weorold, worlde를 거쳐 현대어 world로 정착한 영어나, wereld, werelt, werlt의 형태를 거쳐 현대어 Welt로 정착한 독일어 모두 사람을 뜻하는 'wer-'와 나이·세대·시대 등을 뜻하는 'old'를 그 뿌리로 한 합성어이다. 따라서 어원적으로 영어에서는 'the age of man', 독일어에서는 'Menschenalter'나 'Lebenszeit'의 뜻을 지녔었다(어원 전문 사전인 *Etymologisches Wörterbuch des Deutschen*, DTS, München, 1995 참조). 한자 '世'는 원래 '十' 셋을 나란히 쓴 글자에서 유래한다. 그래서 30의 뜻을 나타내고, 사람의 활동기를 대개 30년 정도로 보고, 이를 '一世'라 하며, '世代'의 뜻으로도 전용되었다.
34) 불어 'Monde', 이탈리아어 'Mondo', 서반아어 'Mundo'는 모두 라틴어 'Mundus'에서 유래하며, '지구'를 뜻하기도 하지만 '우주' 또는 추상적 개념의 '세계'를 뜻하기도 한다.
35) 이 같은 의미에서, 필자는 흔히 '세계화'라고 번역하는 'Globalization'을 직역하여 '전지구화' 또는 '지구촌화'라고 번역하는 것이 좋다고 생각한다. 단순한 뉘앙스의 차이를 넘어서, 굳이 Globalization이라는 단어를 사용하는 서양 사람들의 의식의 저변을 이해할 필요가 있다.
36) 물론 미국을 중심으로 한 뉴미디어 이론가들(예를 들면, Mark Poster)은, 이러한 의혹이 인터넷 등 새로운 정보 양식과 그에 따른 문화 형성을 지배적인 구조나 힘 또는 이데올로기의 관계로 틀 지워버림으로써 새로운 문화 공간에서의 주체 구성의 문제나 정체성의 문제들을 논의의 중심에서 배제할 수 있다는 우려를 한다. 그러나 그것은 지나친 기우에 지나지 않으며, 그러한 태도는 오히려 현실 사회주의 몰락으로 현재 유일한 지배 체제가 된 자본주의(그것이 물질 자본이든, 지식 자본이든 상관없이) 자체에 대한 비판의 싹을 아예 잘라버릴 수 있는 위험을 스스로 자초하는 것이다. 오늘날 우리에게 필요한 것은, 지배 체제 자체에 대한 거시적 비판과 함께 새로운 문화 공간에서의 다양한 현상에 대한 미시적 비판을 모두 소홀히 하지 말아야 한다는 것이다. 진정한 비판 이론은, "오늘날 진짜 문제는 이것이고 진짜 필요한 것은 이것이다"라는 식으로 일정한 의식 구조를 생산해내고 그 전지구적인 확산을 지배적 미디어망을 통해 전담(全擔)하는 배타적이고 거의 절대적인 권력의 등장을 경계하는 것이다. 오늘날 미국의 사상은 점점 '호국 철학(護國哲學)'의 성격을 띠고 있지 않나 생각된다. 미국이 세계적으로 유일무이한 힘으로 인류에 공헌하는 만큼, 그 공헌이 헛되지 않도록 미국적인 것은 지속적 비판의 대상이 되어야 할 것이다. 그래야만 미국적인 것이 호세계적(護世界的)인 것이 될 수 있다.
37) '사이'의 형이상학적 성격에 대해서는 이 장의 서문과 주 1)을 참조하기 바란다.
38) 전지구화(globalizing), 탈중심화(decentralizing), 분권화(empowering)와 함께, '조화 이

루기(harmonizing)'는 오늘날 사이버 문화를 주창하는 사람들에게도 중요한 과제이다(N. Negroponte, 앞의 책/J. Naisbitt, *Global Paradox* 등 참조). 조화의 양면성(그것은 '사이'의 개념'의 본질을 구성하는 것이기도 하다), 즉 '떨어져 있음'과 '함께 있음' 중에서 앞으로 네트워크의 밀도가 높아지는 세계에서 문제가 될 것은 오히려 '함께 있음'이 지나칠 가능성이다.

39) 'Inter Effect'와 'Intra Environment' 등의 술어에 대해서는 이 장의 1항을 참조하기 바란다.

40) 제9장 2항 '사람들의 문화' 참조.

41) 그러나 *Entropy*(1980)의 저자 Jeremy Rifkin에 의하면, 인간은 육체적·정신적 능력이라는 면에서 볼 때에, 사실 지난 2백만 년 동안 불변의 상태에 있다. 그리고 모든 생명체가 그렇듯이, 인간은 존재한다는 사실 그 자체로 완벽한 존재이다. 즉 인간의 완벽성은 바로 존재한다는 사실 그 자체에 있다는 것이다.

42) 인간이 생명 공학의 성과와 유전자 조작 기술을 적용하고자 하는 궁극적 대상은 인간 자신일 것이다. 인간의 완벽한 유전자 지도를 얻어내려는 노력은 지금도 세계 도처에서 이루어지고 있다. 이것은 이제 돌이킬 수 없는 진행 과정일 것이다. 윤리적인(Bio-ethics) 문제와 복제 과정 등에서 원치 않는 유전자적 기형이 나타날 수 있는 바이오 해저드(Bio-hazard)의 문제가 제기되어도, 대세를 막기는 어려울 것이다. 신인류의 출현과 몇 세기 후의 인간이 지금과 다른 모습을 갖게 되리라는 것은 어쩌면 피할 수 없는 일인지도 모른다. 그러면 인간의 개념도 달라져야 할지도 모른다. 그러나 여기서 더 중요한 점은 인간이 그동안 '인류'로서 '하나의 세계'를 이루면서 공존해야 한다는 근거와 그 정당성을 제공해왔던 핵심 요소를 상실할 수 있다는 것이다. 그것은 인간이 '하나의 종(種, species)'이라는 사실이다. 인간이 하나의 종에 속한다는 것은 오랫동안 '인류'와 '인류 역사'라는 개념을 가능하게 했다. 다시 말해, 지금까지 공시적(synchronic)이든 통시적(diachronic)이든 같은 종으로서 인류의 연대성은 가능했다. 예를 들면 근현대 사상의 중심 화두 가운데 하나였던 코스모폴리타니즘과 최근의 생태 철학에서 후손에게 물려줄 지속 가능한 생태 환경을 위해 노력해야 한다는 '계약의 통시성(즉 공존을 위한 사회 계약은 동시대의 사람들 사이만의 문제가 아니라, 후대의 사람들과도 지켜질 수 있는 것이어야 한다는)'의 근거는 인간이 같은 종(species)을 이룬다는 것이다. '네 자신을 사랑하듯, 네가 속한 종(種)을 사랑하라'는 말 중에서 종은 이러한 이론적 주장의 근거이고, 사랑은 추구하는 바이다. 하지만 유전자 변형에 의한 다양한 특질과 모습의 '신인류'들이 나타난다면, 그들을 인간과 다른 종으로 분류할 것인지, 아니면 종의 개념을 바꾸어야 할지 하는 문제가 야기될 수 있다. 아니면 종을 초월한 공존 및 연대의 근거와 정당성을 찾아야 할 것이다.

43) 'Utopia'는 Thomas More가 만든 말로 그리스어 οὐ τόπος, 즉 ou(無)와 tópos(所)의 합성어다. 글자 그대로 '존재하지 않는 곳'이라는 뜻이다.
44) 'Uchronia'는 필자가 만든 말이다. Utopia의 'ou+tópos'의 틀을 빌려와서 만든, οὐ+χρόνος, 즉 ou(無) chrónos(時)의 합성어이다. 문자 그대로 '존재하지 않는 시간' 또는 '없는 시간'을 뜻한다. 차이점은 Utopia가 이상적이라서 그 장소는 없다는 뜻을 함의하는 반면, 'Uchronia'는 시간을 없애버리고자 하는 이상적인 욕구와 시도를 의미한다.
45) Bill Gates가 주장하는 생각의 속도(Speed of Thought)도 이러한 현상의 일면에 지나지 않는다. 게이츠가 주장하는 것은 '디지털 신경망'을 구축하여 비즈니스를 위한 의사 결정을 비롯한 모든 것에 필요한 시간을 '생각의 속도' 수준까지 빠르게 앞당기자는 것이다. 시간을 없애지는 못할지라도 시간의 지배에서 최대한 벗어나자는 것이다.
46) 우리는 흔히 '세계 속의 한국인'이라고 말한다. 각자 그것이 무엇을 뜻하는지 곰곰이 생각해보아야 한다.

# 2부
# 인간적인 것에 대하여

인간이 인간 스스로에 대해서 아는 것은 '인간의 옆모습'을 보는 것 같을 것이다. 2부의 내용은 인간의 실루엣을 보여주는 역할을 할 것이다. 즉 '인간적인 것'에 대하여 말할 것이다. 옆모습은 얼굴의 윤곽과 특징을 잘 보여주지만(그 장점을 최대한 살린 이집트 피라미드의 벽화를 한번 상상해보라), 다른 반쪽을 완벽하게 감추고 있다. 물론 인간이 대칭 구조를 가졌기 때문에, 반쪽을 보면서도 그것이 가려져 있는 다른 반쪽과 같을 것이라고 생각할 수도 있다. 하지만 그것은 산술적 이성의 기하학적 판단일 뿐이다.

1부에서 문화에 대해 이야기하면서도 사람에 관한 이야기는 계속 끼어들었다. 그때의 사람은 주로 문화 수용자로서 사람이었다. 2부에서는 주로 문화 창조자로서 사람에 초점을 맞출 것이다. 또한 인간의 '창조성', '비극성', '자유와 비자유', '감성과 이성', '탈인간성' 등 인간론적 요소들을 문화적 배경과 연관하여 조명할 것이다. 2부에선 사람의 이야기에 문화의 이야기가 끼어드는 것이다.

이제 독자들은 '인간적인 것에 대하여'를 읽으면서 '인간이란 무엇인가'라는 질문에 즉각적으로 객관적인 해답을 요구하지는 않을 것이다. 하지만 독자들이 '무엇이 인간적인 것인가'라는 질문은 쉽게 포기하지 말기를 바란다. 아니 일상의 바쁨 속에서도 그것에 대한 대답을 적극적으로 시도하는 순간들이 있기를 바란다.

# 6

# 인간의 창조성

 인간이 지구의 여타 생명체와 다른 점은, 그가 끊임없이 무엇인가를 만들고 이루어내며, 자신의 피조물로 자신의 삶을 변화시킬 수 있고, 그 것을 통해 자신의 삶에 의미를 부여하며, 더 나아가 자신이 만든 문명의 이기(利器)로 지구를 떠날 가능성을 가진 생명체라는 것이다. 이것은 인간이 다차원적 의미에서 창조의 존재임을 뜻하는 것이기도 하다. 또한 문화는 인간의 창조 행위로 시작하며 그것으로 유지되는 과정이라고 할 수 있다.

 바티칸 시스틴 성당에 그려진 미켈란젤로(Michelangelo Buonarroti)의 창세(創世)를 나타내는 천장화 중 〈아담의 창조〉를 본 사람이라면 창조성이 인간에게 갖는 의미를 실감할 것이다. 그러한 경험은 신(神)이 인간을 창조하면서 그에게 창조성을 선물했다는 종교적 믿음의 의미를 되짚어보게 할 것이다.

 스탠리 큐브릭 감독의 영화 〈2001년: 스페이스 오디세이〉는 동물의 뼈를 도구로 사용하기 시작한 유인원에서 행성간 여행을 위한 우주선과 인간 지능에 맞서는 슈퍼컴퓨터의 발명까지 인간의 창조적 능력의 변화 발전에 대한 상징적 메시지를 전한다.

위대한 예술 작품이나, 고도의 과학기술적 발명품에 연관해서만 인간의 창조성을 접해볼 수 있는 것은 아니다. 아이가 종이로 접은 노리개에서 파란 하늘을 노래한 동요에 이르기까지 인간의 창조성은 일상에서도 발현된다. 그리고 근엄한 고급문화만큼이나 대중문화에서도 번뜩이는 창조성의 편린을 접할 수 있다.[1]

문화적 성과가 창조적 노력을 반영하는 것이라면, 그것이 고급문화든 대중문화든 창조성으로서 일단 가치가 있다. 그것은 '고급' 또는 '대중'이라는 접두어 없이 창조성이라는 공통분모를 가진 문화적 성과와 작품인 것이다. 하지만 경제성이 우선하는 복합적 이해관계의 시대와 사회에서, 창조성이 얼마나 자신의 독립적 영역을 지키는가는 그 문화적 성과에 대한 가치 판단의 척도가 될 것이다.

## 레오나르도, 레오나르도

인류 역사에서 폭넓고 다양하게 뛰어난 창조 능력을 발휘한 '문화적 만능인'의 예를 하나 든다면, 가장 먼저 머리에 떠오르는 인물이 아마도 이탈리아 르네상스 시대의 레오나르도 다 빈치(Leonardo da Vinci, 1452~1519년)일 것이다. 그는 과학자이자 미술가로서, 기하학·회화·건축 등 당대의 학문과 예술의 전통적인 분야 외에, 도시 설계·무대 장식·공연 기획·의상 디자인 등의 분야에서도 능력을 발휘하였다. 또한 그의 자

왼쪽은 토리노(Torino) 왕립 도서관에 소장된 레오나르도 다 빈치의 자화상이다. 그 진위에 대한 최근의 논쟁에도 불구하고 미술가들에 의해 유일한 자화상으로 인정되고 있는 이 그림은 그가 60세 정도에 그린 것이라고 하나, 훨씬 늙어 보인다. 기록에 의하면 그는 항상 자신의 실제 나이보다 더 들어 보였다고 한다. 마치 예언자 같은 인상을 풍기는 이 자화상은 얼굴 곳곳의 주름, 숱이 없는 머리, 푹 팬 눈 등 세상 풍파를 겪은 노인의 모습을 감추지 않고 의도적으로 부각하고 있다.

오른쪽은 카탈라노가 쓴 레오나르도 디카프리오 전기의 표지에 있는 레오나르도의 사진이다. 그의 실제 나이인 20대 중반이 아니라, 틴에이저 같은 인상을 풍기는 사진이다. 'MODERN DAY ROMEO'라는 부제와 'Hot Info Inside' 등 개인 신상에 대한 정보를 알리고자 하는 의도가 흥미롭다.

연에 대한 철학적 통찰력과 해부학에서의 괄목할 만한 성과, 발명가로서 개발한 각종 문명 이기, 미래적 상상력의 소산인 비행기와 낙하산 등의 '첨단' 기계와 장비들에 대한 구상을 다시금 살펴보면, 레오나르도의 창의력이 어느 정도인지 가늠할 수 있을 것이다. 그의 창조 행위와 성과는 모더니티(modernity)의 문화 추이를 결정했으며 오늘날까지도 그 영향을 미치고 있다.

다 빈치는 어느 분야의 창작 활동에서건, 항상 우주적 질서를 작품에 재현하려 했다. 그에게는 우주 역시 하나의 작품이었고, 자기 작품이 우주의 표상이기를 바랐다. 작품 속에, 우주 그리고 그 우주의 생명력인 탄생과 죽음의 신비를 담으려 했던 것이다. 이 우주의 존재를 가능하게 하는 것은 무엇인가? 모든 생성과 소멸을 가능하게 하는 것은 무엇인가? 그 신비의 소재에 대한 관심이 그의 창작 과정에 끊임없이 동반되었다. 이렇듯 다 빈치에게는 신이 자연에 부여한 영원불멸의 법칙이 작품의 미학적 조건을 이룬다. 작품은 바로 그 법칙의 메시지를 표현하는 것이다. 이는 "화가의 혼은 신의 혼을 닮아가는 쪽으로 변해간다"[2]라는 그의 말에도 잘 나타나 있다.

다 빈치는 예술가의 창조적 욕망과 작품의 완성 역시 탄생과 죽음의 법칙에 빗대어 인식한다. 태어남과 죽음을 향한 신비로운 충동의 연속이 이 세상의 근원이며, 그것은 예술가의 눈앞에서 생(生)의 장관(壯觀)을 이룬다. 고요히 타오르는 촛불의 아름다움이 사실 생성과 소멸이 끊임없이 교차하는 이글거림을 표면적 부동(不動)의 미로 감추고 있듯이, 모든 작품의 아름다움은 탄생과 죽음의 비밀을 간직하고 있다. 창조자로서의 예술가는 그 비밀을 향한 충동의 에너지로 창작을 하며, 생의 장관을 작품에 표현하고자 한다. 그러나 예술가의 창조적 욕망은 작품의 완성으로 소멸한다. 창작 행위 자체 역시 태어남과 죽음의 우주 법칙을 실현하는 것이다. 모든 작품은 '창조적 욕망의 탄생'과 '작품을 향한 역정(歷程)' 그리고 '작품 완성으로서의 죽음'의 메시지를 품고 있다.

창조적 욕망은 바라던 대상을 포옹하면 기쁨과 만족을 갖는다. 그러나 바로 그 순간이 자신의 소멸을 의미한다. 그러나 그것은 새로운 창조의 시작을 의미하기도 한다. 다 빈치는 이것을 인간이 창조의 조건에 지속적으로 회귀(回歸)하고자 하는 욕망에 비유한다. 예술가로서 인간은 "처음의 혼돈으로 돌아가기를 원한다."³⁾ 그러면 예술가는 또 한 번 작품의 완성으로서 죽음을 향한 격정의 질주를 할 수 있다. 창조적 생 자체는 욕망의 탄생과 그 소멸을 향해 끊임없이 진행하는 과정이다. 창조적 욕망의 힘이 강할수록 그 스스로 소멸에 대한 강한 욕망을 부여한다.⁴⁾ 다 빈치는 생의 근원이 지속적인 '죽음'이라면 누가, 무엇이, 이러한 과정을 가능하게 하는가, 라는 물음을 다시 한 번 제기한다.⁵⁾

레오나르도 다 빈치가 활동하던 시대로부터 5백 년 후 우리는 또 한 명의 유명한 레오나르도를 만나게 된다. 미국 파라마운트사가 제작한 캐머론(J. Cameron) 감독의 영화 〈타이타닉(Titanic)〉은 1998년 여러 부문에서 아카데미상을 받았으며, 흥행에서도 세계적으로 대성공을 거두었다 (필자가 이 영화에 대해 평을 하자는 것은 아니다). 이 영화의 남자 주인공을 맡아 연기한 배우는 레오나르도 디카프리오(Leonardo DiCaprio)이다. 이 젊은 레오나르도는 영화 〈타이타닉〉이 영화관에서 일단 종영되었음에도 아직 대단한 관심을 끌고 있다. 어쩌면 시간이 지날수록 영화는 사람들의 기억에서 멀어져 갈지라도 디카프리오의 모습은 오랫동안 대중문화의 중심에서 떠나지 않을지도 모른다.

그의 스타 탄생을 예고한 영화 〈현대판 로미오와 줄리엣(원제: William Shakespeare's Romeo & Juliet 1996)〉 성공 직후, 이 스물네 살 난 (그러나 틴에이저 같은 모습의) 배우의 전기(傳記)⁶⁾가 출간되었고 〈타이타닉〉의 대성공과 함께 그 증보 2판이 나왔는데, 그를 역사와 전설 속의 인물로 만드는 작업은 벌써 시작되었다고 해도 과언이 아니다. 어쨌든 그 전기에서는 디카프리오의 부모가 다 빈치의 이름에서 따온 '레오나르도' 라는 이름을 새로 태어난 아들에게 붙여주게 된 역사적(?) 계기도 설명하고 있다.

　언젠가 그들이 이탈리아 여행을 하게 되었는데, 당시 임신 중이던 디카프리오의 어머니가 한 박물관에서 다 빈치의 작품을 감상하고 있던 중에 태아의 발차기를 느꼈던 사건이 작명의 계기가 되었다고 한다. 다시 말해 레오나르도 다 빈치 그림 앞에서의 태동(胎動)이 작명의 원인이었다고 한다.[7] 여기서 필자가 5백여 년을 사이에 둔 동명이인(同名異人)의 두 레오나르도를 비교하는 것은 물론 이러한 우연적이고도 전설적인 사건에만 초점을 맞추기 위해서가 아니다. 그것은 각기 다른 시대적 맥락의 두 예술인을 비교하는 것이 창조성의 의미와 문화의 추이를 이해하는 데 도움이 될 것이라는 의도에서이다.

　문화 예술적 차원에서 보면, 다 빈치에서 중요한 것은 다 빈치의 **작품**이다. 그러나 〈타이타닉〉이라는 영화로 대중의 의식에 각인된 것은 영화 작품이나 그것의 실질적 작가인 감독 이상으로 배우 디카프리오다. 그것은 물론 영화라는 장르의 특성 때문이기도 하지만(가장 가시적인 것은 연기자이므로), 사회적으로는 디카프리오의 신화(myth)가 '창조'되었기 때문이다. 다 빈치의 신화는 사실 다 빈치 자신의 신화가 아니라 〈모나리자〉의 신화이다. 즉 '작품의 신화'이다. 이것은 마치 미켈란젤로의 신화가 상당수 〈시스틴 성당 천장화〉의 신화이거나, 르네상스 조각의 걸작 〈다비드〉의 신화인 것과 마찬가지이다.

　그러나 디카프리오의 신화는 '인물의 신화'이다. 현대 대중문화의 이른바 '스타'들을 '젊은이의 우상'이라는 표현 등으로 장식하는 것도 인물의 신화를 반영한다(디카프리오의 캐릭터 산업도 이것에 바탕을 둔다).[8] 그리고 이것은 대중에게는 신화(神話)[9]의 현상을 넘어서 신화(神化)의 현상으로까지 이어질 수 있다. 우상화는 신격화(deification)의 전 단계이기 때문이다. 반면 다 빈치와 동시대 사람들의 문화적 관계는 그의 작품을 통해 맺어졌다. 혹 인물로서 다 빈치가 신화화되었다면, 그것은 후세의 역사에서 그러했지 그와 동시대에서는 아니었다.[10]

작품의 '부수적 효과'가 그 중요도에서 작품 자체의 의미를 넘어설 수 있다는 것이 이른바 현대 대중문화의 특징이다. 작품에서 멀어진다는 것은 예술적 창조의 의미에서 멀어진다는 것을 뜻한다. 다 빈치의 경우처럼 작품은 자연과 우주의 신비, 생의 의미 등에 관한 메시지와 상징을 담고 있다. 더 나아가 신앙인에게는 신의 신비를 담고 있다고도 말할 수 있다. 예술을 설명하는 고전적 개념 중 하나인 모방(mimesis)이 존재론적 의미 요소를 지니는 것도 이와 같은 맥락이다.[11] 예술 작품의 특징은 '의미'를 자신 외의 무엇으로 전이(轉移)하는 기능에 있다. 이는 예술 작품의 가치에 대한 벤야민의 말에서도 관찰할 수 있다. 벤야민은 이 세상의 충돌과 모순이 화해되지 않아서 아직도 메시아를 기다려야 한다는 것을 보여주는 역할로서, 예술 작품의 가치는 완전히 소멸되지 않는다고 믿는다.[12]

작품으로부터 소원(疏遠)해지면, 작품에 부여된 의미 포착 가능성은 당연히 줄어든다. 더구나 대중문화에서 인물의 신화는 작품의 의미 전이 역할 가능성을 감소시키거나 배제할 수 있다. 왜냐하면 대중의 관심을 인물 자체에만 전적으로 집중하도록 할 수 있기 때문이다. 제작성과 상업성의 두 차원을 모두 고려해보건대, 오늘날 대중문화에서 양대 산맥을 이루는 분야는 영화와 대중음악(pop music)이다.[13] 이들은 자신의 생명력과 대중적 권력의 유지를 상당수 '인물의 신화'(神話와 神化 모두의 의미에서)에 바탕을 두고 있다. 다시 말하면, 현대 대중문화는 그 장르가 지니는 특성으로, '작품 창조자로서의 작가'의 문화라기보다는 점점 더 '자기 창조자'로서의 공연자, 또는 연기자의 문화라는 성격이 강해지고 있다.[14]

작품 중심의 문화적 향유인가, 아니면 부수적(사실은 중심적이 되어버리는) 효과 위주의 문화적 즐김인가는 매우 중요한 차이이다. 다시 말하면, 작가의 창조성 중심의 문화인가, 아니면 공연 및 연기와 이에 동반하는 '자기 창조적' 인물 신화 중심의 문화인가의 차이이다.[15] 이 차이에 대한 관찰은 주변적인 이야기같이 들리지만, 사실은 현대 문화의 추이가 전통적으로 사회의 중추적 역할을 담당해왔던 영역들에 미치는 영향을 이해하는 데 매우 중요하다. 특히 대중문화의 확산과 이에 대해 비판적 입장을 취해왔던 종교적 권위 및 신앙의 관계를 이해하는 데 도움이 되는 기본 요소라고 생각한다. 종교계 일각에서는 선교와 포교를 위해 대중문화가 제공하는 수단을 이용하면서도, 대중문화가 신적인 것, 신에 대한 의식, 종교적 신앙심에서 멀어지고 있다는 비판을 계속하고 있다.

대중문화에 심취한 사람들이 전통적 의미의 신에서 멀어지는 데에는 이유가 있다. 상당수 사람들은 대중문화를 주도하는 인물들을 신격화하는 경향이 있기 때문이다. 이러한 맥락에서 인간이 신을 창 밖으로 내던져버린 후의 실상이란, 그들이 어떤 것도 믿지 않게 된 것이 아니라, 아무것이나 무엇이든 믿어버리게 된 것이라는 비판은 설득력이 있는 듯하다. 그러나 이 세상에는 현실 종교의 입장에서 보아 비신앙인과 무신론자들이 존재한다는 것을 신앙인들은 상기하여야 할 것이다. 그들에게는 대중문화의 이러한 현상이 전혀 이율배반적으로 비치지 않을 수 있기 때문이다.

또한 현대 문화에서 미·예술·예술 작품의 개념이 변화되고 있듯이, 고전적 의미의 창조 개념도 그 변신의 진통을 겪고 있기 때문이다. 역사의 변천과 함께 창조라는 말은 구성과 해체, 성과, 형상, 의미성체(意味成體), 발명, 생산 등의 개념과 연관을 지으면서 그 개념적 변신을 겪고 있다. 따라서 창조성의 다양한 얼굴을 살펴볼 필요가 있다. 창조의 개념을 다면경(多面鏡)에 비추어본다면, 그 창조의 주체인 인간 및 창조의 성과로 변천하는 문화를 좀더 잘 이해할 수 있을 것이다.

## 인간의 창조 행위

형이상학적 관점에서 보아 순수 창조의 의미를 가장 극명하게 보여주는 것은 그리스도교 하느(나)님의 창세(創世)일 것이다. 이때에 '창세'라는 말의 의미는 이 세상이 '무(無)로부터(ex nihilo)' 존재가 가능해졌다는 것이다. 이러한 절대 창조의 개념은 고대 역사에서도 히브리교 전통 말고는 찾아보기 힘들다.

이렇듯 창조의 의미는 '전혀 새로운 것'의 발현을 내포하고 있다. 그러나 인간의 창조 행위는—그것이 예술적 창작이든, 과학적 발명이든, 아니면 이론의 개발이든—무엇인가 주어진 것을 가지고 또 다른 무엇인가를 만들어내는 과정이다. 따라서 그 성과가 전혀 새로운 것일 수는 없다. 사람의 창조 행위는 사실 무(無)에서의 창조가 아니라, 항상 기존의 것(따라서 존재론적으로 이미 결정되어 있고 조건화되어 있는 것)을 사용하여 변화를 주는 일이다. 인간의 창조가 새롭다는 것은 일반적으로 그 형상(形象)의 새로움을 의미한다. 더 나아가 만들어진 형상에 대한 의미 부여의 새로움을 뜻한다. 고도의 기술을 이용한 현대 과학의 발명품들도 절대 창조가 아니라, 기존의 이론을 더욱 발전 응용하여 기존의 질료와 에너지 등을 변용하고 조합하는 결과일 뿐이다. 그리스도교 하느(나)님의 창조는 창세, 즉 '세상의 창조'이다. 그러나 인간의 창조는 '세상 안에서의 창조'이다.

현실적으로 인간의 창조 행위는 변화·변용·조합 등 넓은 의미에서 구성(構成) 행위라 할 수 있다.[16] 그러나 레오나르도 다 빈치의 경우에서 살펴본 것처럼 창조하고자 하는 것이 인간에게 주어진 본성이라면, 인간의 창조 행위는 창조성과 구성의 역할이 상호 변증적으로 이루어지는 과정이라고 볼 수 있다. 다시 말해, 주어진 것을 변용하고 구성하며 완성하는 것은 각 개인 고유의 능력으로 이루어지는 행위이다.[17] 그 고유 능력을 바탕으로 하는 행위 자체에 창조성이 있다. 이러한 행위를 거쳐 주어진 것, 주어진 조건은 적절하게 형상을 갖추어 의미를 표상하는 작품을 이룬다. 따라서 작가의 창조성과 구성적 능력은 구분되어 있지만 서로 조화를 이루며, 작품에 통일성을 부여한다고 할 수 있다.

신이 곧 창조성의 근원이며 인간에게 이를 발휘할 수 있는 재능을 부여했다는 사실에 대한 그리스도교적 믿음은 인본주의적 르네상스인들에게도 보편적인 것이었다.[18] 인간 존재의 우선적 조건이 인간이 신의 모습으로 지어졌다는 것이며 그 말에 의미를 부여하는 것이라면, 인간의 창조성과 창조 능력은 신의 선물이라는 것이 그 믿음의 바탕을 이룬다.[19] 이것은 또한 궁극적 진리에 관심이 없는 문화적 창조란 존재하지 않는다는 문화관(文化觀)을 갖게 한다. 이는 인간의 문화적 창조성에는 절대자와 절대 진리에 대한 의미가 내재한다는 뜻이다. 이에 대해 극단적 입장을 가졌던 틸리히(P. Tillich)의 말을 인용하면, "인간은 자신의 운명을 완성하기 위하여, 신의 창조력이라고 이미 인정되는 것과 유사한 창조력을 가져야 하며, 창조성이 '인간적 자질(human quality)'이 되어야 한다."[20]

그러나 인간의 창조 능력이 신의 창조력으로부터 나왔다 하더라도, 근원적 유사성을 가질 뿐이고(과정과 효과에서는 전혀 다른), 현실에서는 사실 이차적 창조성이며, 창조와 구성의 조화라는 제한된 창조성임을 부인할 수는 없다. 창조와 구성의 조화라는 조건에서 인간의 창조성은 짐멜이 지적하였듯이 인간이 역사적 존재임을 말해준다.[21] 짐멜의 예에서처럼 동물은 그가 속한 종(種)에서 어미가 했던 행위를 처음부터 반복한다. 하지만 인간은 단순 반복을 하지 않는다. 모방을 해도 똑같은 것을 만들지는 않는다. 그 이전에 주어진 것, 이전까지의 성과를 바탕으로 자신의 능력이 가미된 작품을 만들면서 창조성을 발휘한다. 에코(U. Eco)가 말했듯이 책을 쓴다는 것도 다른 책으로부터, 다른 책에 대해, 다른 책 주위를 돌며 자신의 생각을 구성해가는 일이다.[22] 인간이 절대 의미의 창조자라면, 인간은 초역사적인 존재일 것이다. 또한 인간이 단순 반복 행위만을 한다면, 그는 탈역사적 존재일 것이다. 창조와 구성이 조화를 이루어가는 것이 인간적 창조 행위의 진의라는 사실은, 인간이 역사적 존재라는 것을 보여준다.

## 창조 행위의 문화적 성과

앞서 말했듯이, 인간이 창조한 것이 새롭다는 것은 그 형상의 새로움과 형상에 대한 의미 부여의 새로움을 뜻한다. 그것이 기존의 형상을 모방하는 것이라 해도, 변용과 완성도를 추구하는 노력에 의해 이차적 창조성이 가미된 형상을 취하고, 새로운 의미가 부여된다. 형상과 의미 부여는 창조 행위로서, 즉 인간 창조성의 구체적 발현으로서 문화의 성과이다. 또한 이차적 창조자로서 인간은 자기 생명력의 발현을 이러한 창조 행위로 경험한다. 문화의 성과와 인간의 생명력 있는 삶은 상호 상승적 변증 관계에 있다고 할 수 있다. 다시 말해, 생명력은 문화적 성과를 이루도록 하고, 이것은 삶에 새로운 생명력을 불어넣으며, 그것은 다시 문화적 창조작업의 원동력이 되는 과정을 지속하기 때문이다.

인간 창조 행위의 문화적 성과가 지니는 가치를 인정하면서도, 그것을 비판적인 시각에서 문제 삼는 것은 인간이 '만드는 것' 모두가 진정한 창조성이 깃든 문화적 성과인가 하는 의혹 때문이다. 카시러(Ernst Cassirer)에 따르면 "인간은 자신의 생(生)을 표현하지 않고는, 자신의 삶을 살 수가 없다."[23] 각 개인은 각자의 지속적인 자기 표현 속에서 다른 사람들과 무엇인가 공동의 세계를 찾고자 한다. 즉 "공동의 세계(κοινὸν κόσμον)를 추구하는 휴머니티의 세계"[24]를 찾고자 한다. 이러한 공동의 세계는 문화적 성과의 객관적 가치와 의미를 통해서 발견될 수 있다. 카시러에 의하면, 과학적 사고든 예술이든 모든 문화의 성과는 인류가 '공유할 수 있는 의미'를 전제해야 한다.

이는 다시 말해 문화적 성과가 창조성이 반영된 형상을 통해 어떠한 의미를 이루었는가의 문제이다. 곧 의미성체[25]라고 부를 수 있는 것에 관한 문제이다. 성과로서의 문화는 질료적인 것을 바탕으로 하고 있더라도, 성과 전체로서는 의미라고 말할 수 있다. 예를 들면 미켈란젤로의 〈다비드〉상이 단순한 대리석 덩어리가 아니고 의미를 이루어 표상함으로써 비로소 예술 작품이 되는 것과 마찬가지이다. 질료와 형상을 통해 창조적으로 무엇인가를 이룸으로써 의미성체가 되는 것이다. 전위적이고 해체주의적 입장에서 무의미적 작품을 시도하는 것도 사실은 무엇인가를 의도함으로써 의미를 표상하는 것이라고 볼 수 있다. 의미성체로서의 문학과 미술에 대해서는 레오나르도 다 빈치도 비슷한 생각을 갖고 있었다. 그에 의하면, 회화는 자연 현상을, 문학은 언어를 의미에 싣는 것,[26] 즉 의미성체로 이루어지도록 하는 것이다.

이러한 문화적 성과로서 의미성체는 현실적으로 두 가지 역할을 한다고 볼 수 있다. 첫째, 사회적 맥락에서 지속적인 공동의 나눔을 가능하게 한다. 왜냐하면 의미성체를 통한 소통 행위는 물적 나눔보다도 정신과 마음의 나눔이 되기 때문이다. 의미 포착을 위한 노력은 이러한 공동의 나눔을 위한 지름길일 수 있다. 따라서 카시러가 문화적 성과로 추구했던 '공동의 세계'에 부응하는 것이 될 수 있다. 둘째, 문화적 성과를 접하는 사람들에게 호기심을 불러일으키는 역할을 한다. 왜냐하면 진리와는 달리 의미에는 정답이 없기 때문이다. 의미성체로서 예술 작품은 정답을 감추고 있을 수도 있다는 메시지를 전할 뿐이다. 그래서 피카소의 말대로 예술이 스스로 기만과 사기임을 주장하기도 하지만, 다른 한편으로는 아도르노가 말했듯이 "예술은 진리이기를 주장하는 기만으로부터 해방된 마법"인지도 모른다. 어쨌든 의미성체로서 예술 작품의 비밀이 바로 호기심 유발이라는 것은 예술가 자신들도 잘 아는 사실이다. 호기심은 생명력 있는 삶에 도움이 된다. 이상 두 가지 역할은 모두 필자가 이미 제시했던 "문화는 진리를 생산하는 것이 아니라, 의미를 도출하는 것이다"[27]라는 명제에도 상응한다.

　의미에는 정답이 없으므로 문화적 성과를 대할 때에는 관용의 자세가 필요하다. 이것은 앞서 언급한 종교인과 신앙인(종교적 신앙인뿐만 아니라, 어떤 이념과 이상에 대한 굳은 믿음을 가진 사람들을 포함하여)들에게도 마찬가지이다. 이것은 매우 현실적인 주제이고, 문화와 사회를 연계하여 생각할 때에 필요한 관점이다. 문화적 성과는 인간의 창조성 한계 내에 있으며, 휴머니티의 한계 안에 있다. 적지 않은 종교인들이 현대 대중문화의 다양한 현상을 대할 때마다 느끼는 어려운 점은 그것을 진리의 관점에서만 접근하기 때문이라고 생각한다. 신앙은 물론 진리의 문제이다. '창세라는 신의 창조도 물론 진리의 문제이다. 그러나 문화를 대할 때에는 인간의 창조 행위와 성과에 관한 것이므로, 그것이 또한 의미의 문제이기도 하다는 것을 염두에 두어야 한다. 관용의 자세로 공동의 나눔이 될 수 있는 의미 포착의 노력이 필요하다.

## 창조성의 유배(流配)

현대 과학의 발달 및 산업사회의 도래에 따라 인간의 창조성은 발명 능력과 동일시되기 시작했다. 물론 레오나르도 다 빈치도 역사상 손꼽히는 발명가 가운데 한 사람이다. 그러나 그의 시대에는 과학과 생산기술의 구체적 결합, 산업사회, 다양한 욕구를 적극 유도하는 '생산의 사회' 등은 아직 생소한 때였다. 다 빈치 시대에 예술적 창조는 자연의 법칙, 우주의 신비, 신의 과업을 미적(美的)으로 재현하고자 하는 인간의 노력을 반영하고 있었다. 그리고 이러한 경향은 오늘날까지도 상당수 예술가들의 창조성을 구성하는 요소 가운데 하나이다. 반면 현대의 과학적 발명은 자연의 법칙을 철저히 탐구하여 기술적으로 응용함으로써 문명의 이기를 생산하는 데 주력한다. 그리고 현대 문화는 이러한 기술력과 그 성과를 대거 흡수하여, 예술적 구성에 적용하고자 한다.

현대의 대중문화는 예술적 창조성에 과학적 발명과 생산의 특성을 접목해 자신의 영역을 확대해왔다. 이러한 접목 과정에서 나타난 특징은 생산성(productivity)이 창조성(creativity)을 대치하고자 했다는 것이다. 완전한 왕위 찬탈은 이루지 못했지만, 창조성을 귀양 보낸 것이다. 따라서 상당수 대중문화는 생산의 메커니즘 속에서 점점 더 창조의 의미로부터 멀어져갔다. 이는 문화적 성과가 일상적 반복성을 바탕으로 이루어지고, 구성과 창조의 관계에서도 절묘한 균형을 이루기 위해 노력하기보다는 쉽게 구성에 중점을 두며, 창조적 모방이 아니라 모방을 위한 모방을 추구하고, 작품의 향유보다는 작가나 공연자의 신화에 탐닉하기 때문이다. 또한 상업화를 위해 작가의 창조 활동에 개입하고 창조성 없는 독창성(originality)을 과시하며 홍보하기 때문이다.

문화적 대중화가 문화 형태의 풍부함을 가져다주는 계기가 된 것은 사실이다. 그러나 창조성이 빈약하거나 결여된 생산과 재생산을 계속하는 것도(마치 가전제품 같은 문명 이기를 생산하듯이) 사실이다. 그것은 부정적 일상성에 매몰되는 사회에서 삶의 의미를 망각하게 하는 원인이 될 수 있으며, 창조성의 유배와 함께 '일상의 사이'[28]를 볼 줄 아는 번뜩이는 인간 능력의 상실을 초래할 수도 있다. 창조성의 유배 생활이 길어지면 길어질수록 대중에게 도움이 되는 것은 하나도 없다. 왜냐하면 문화의 진정한 풍부함을 잃어버리게 되기 때문이다. 문화가 온갖 형태로 오는 것은 풍부함의 이름으로 거의 받아들일 수 있지만 부수적 기능, 부수 효과가 작품의 창조성을 밀어내는 것은 지양해야 한다.

창조성이 문화 활동에서 제자리를 지키도록 하기 위해 꼭 필요한 것이 있다면 그것은 '작가의 자유'이다. 이와 함께 '작가의 고뇌'이다. 작가의 자유를 구체적으로 말하면 작품 활동의 독립성이다. 그렇다면 먼저 현대사회에서 구체적으로 어떠한 태도가 독립적인 작품 활동인가? 다시 말해, 독립적인 창작은 어떻게 가능한가? 그것은 오늘날 대중문화의 대명사 격인 영화계에서 이른바 독립 영화로 외길 인생을 걸어온 짐 자무시(Jim Jarmusch) 감독의 말에 잘 요약되어 있다. "인디펜던트라는 건 '어떻게 영화를 만들 것인가?'가 마케팅 같은 상업적인 요인에 의해 방해받지 않는다는 걸 뜻한다. 영화를 상업적으로 만들려는 시도들이 새로운 것이 출현하는 것을 방해하고 있다. 할리우드 영화들은 흥행적인 고려가 모든 걸 좌우한다. 뭐 그건 그것대로 좋다. 그러나 발전의 동력은 역시 인디펜던트에서 나온다."[29] 이것은 물론 자유로운 창작 행위를 강조하는 말이다. 진정한 창조성은 자유를 바탕으로 할 때에 발현된다. 복합적인 사회에서 완전한 독립성은 항상 어려운 이야기지만, **적어도 독립적인 창조 행위를 위한 노력이 창조성을 가능하게 한다.**

어떤 예술 행위가 대중문화의 형태를 갖추었다고 꼭 대중과 상업적 요구에 순응해서 창작을 하는 것은 아니다. 우리가 굳이 저속하다고 비하할 수 있는 것은 문화의 형태가 아니다. 그것은 고급문화이건 대중문화이건 창작의 과정이 독립적이지 않은 것, 곧 자유를 바탕으로 하지 않은 것이다(자유로운 창작이 아닌 소위 '고급문화'는 더 혐오스러울 수 있다). 신앙인의 입장에서는, 신에게서 인간에게 부여된 창조성을 올바르게 쓰지 않은 것을 말할 것이다. 자유와 창조성은 자연적이든 사회문화적이든 모든 형태의 결정주의를 거부할 수 있는 가능성이다. 그것은 자연·사회·문화 환경 속에서 인간이 자기 스스로에게 해방의 기획을 제시하고 실천할 가능성이다.

자유와 창조성이 인간에게 천부적이라는 것은 합리적으로 명확히 설명할 수 있는 것이 아니다. 그것은 인간의 자유와 창조성을 너무 성급하게 존재론화한 것도 아니며, 흔히 오해하듯이 형이상학적 판단도 아니다. 그것은 사실 경험적 판단이다. 수천 년의 인류 역사 속의 경험이 그러한 판단을 가능하게 하고 그 판단이 쉽게 부정되기보다는 일상적 설득력을 얻고 있는 것이다. 야스퍼스(K. Jaspers)가 말했듯이 우리는 근원적 직관을 반복하여 경험하면서 그 사실에 대한 분명한 의식을 가질 수 있다.

'작가의 고뇌'라는 표현은 오늘날의 대중에게는 참을 수 없는 '무거움'일 수 있다. 그러나 그것이 중요한 이유는 사실 그것이 지니는 가볍고 단순한 실용성 때문이다. 쉽게 말해 고뇌 없는 창작은 많은 시간을 필요로 하지 않으며, 따라서 짧은 시간에 작품을 양산할 수 있다. 하지만 끝없을 것 같은 고뇌를 거치게 되면(그래서 우리는 심혈을 기울인다고 한다), 많은 시간이 흐르게 되고 특별히 천재가 아닌 이상 많은 작품을 만들어낼 수가 없다. 그것은 모방을 위한 모방의 유혹을 뿌리치게 한다. 또한 심혈(心血)을 기울였기 때문에 인간 능력의 저 깊은 곳에서 창조성의 기운을 뿜어 올리도록 하는 방법이다. 더 나아가 치열(熾烈)한 '생산성'의 노예가 되지 않는 방법이다. 이는 역설적으로 시간에 속박받지 않는 길이다. 사실 빨리 많이 만드는 것은 시간과 양의 지배를 벗어나는 것이 아니라, 그것에 점점 더 빨리 더 많이 예속되는 길이다. 왜냐하면 항상 시간과 양의 기준을 염두에 두어야 하기 때문이다.

속도는 시간에서 탈주하는 것이 아니고 시간 위를 달리는 것일 뿐이다.[30] **시간을 버려야만** 시간에서 자유로울 수 있으며, 그것을 버린 만큼 소중한 것을 얻는다. "네 장미꽃이 그렇게 소중하게 된 것은, 네가 네 장미꽃을 위해 써버린 시간이 있기 때문이야."[31] 생텍쥐페리의 《어린 왕자》에서 여우가 왕자와 헤어지면서 한 말이다. 창조성이 우리에게 가치 있고 의미 있는 것이라면, 곧 소중한 것이라면, 시간을 써버리면서 얻어내야 한다.

다량(多量)은 양(量)의 문제를 극복하는 것이 아니고 양의 문제를 내포하는 것이다. 다시 말해, 무엇이든 양이 많으면 양에 대해 걱정할 필요가 없다고 생각하기 쉬우나, 오히려 많은 양을 안고 있어서 문제가 생길 수 있다. 오늘날 정치·경제·사회·문화 그리고 환경의 문제가 상당수

'양의 문제'라는 것을 사람들은 일상에서 잊어버리고 사는지도 모른다. 오늘의 문제는 본질적으로 양의 문제다. 질(質)을 위한 노력과 경쟁의 결과로도 역설적으로 우리의 삶 속에서는 양이 늘어간다.

이렇듯 삶의 각 분야에서 많은 양이 생산되는 것을 억지로 막기는 이미 어려워졌다. 우리가 바랄 수 있고 할 수 있는 것은 일부 분야에서라도 양적 증가가 주는 부정적 영향이 감소할 수 있도록 상황과 조건을 형성하는 일이다. 그러한 분야 가운데 하나가 바로 문화 예술 분야이다. 이 분야에서 그러한 상황과 조건이 형성되기 위해서는 '창조성의 의미'를 살리며 창작을 하는 것이 필요하고 그것으로 어느 정도 족하다. 이는 '고뇌를 거치는 창작 활동'이 시간과 양의 차원에서 제공하는 생산의 '자동 조절 장치'에 기대야 한다는 뜻이다.

## '문화 환경 균형론'의 관점에서

지금까지 우리는 창조성이 깃든 삶을 위해, 작가의 관점에서 그 창작 조건은 무엇인지에 대해 논해보았다. 그렇다면 이제 사회 전체적인 그리고 문화 환경 전반적인 맥락에서, 귀양 간 창조성의 복귀를 위해 무엇을 할 것인지를 자문해볼 필요가 있다.

상당수 사람들이 생산주의적이고 상업주의적인 대중문화의 확산을 우려하며, 그에 대한 절대 방어적 자세를 취하는 경향이 있다. 그러나 일부 도덕주의자들과 종교인들이 주장하듯 천박한 대중문화를 금지한다거나, 그 오염에서 시민과 신자들을 지킨다거나 할 수가 없다. 이미 19세기부터 문화가 매우 다양한 형태를 갖추기 시작했고 절대적으로 피해를 끼친다고 단정할 수 있는 문화의 형태는 아주 소수이기 때문이다. 문화적 성과의 가치 판단은 긴 안목으로 보아야 한다.

이러한 상황에서 어떠한 자세를 취할 것인가를 위한 단초도 짐 자무시의 인터뷰에서(물론 그의 대답은 이 글에서 제시하는 문제를 의도한 것은 아니었지만) 찾아볼 수 있다. 이른바 상업 영화에 대한 "뭐 그건 그것대로 좋다"라는 그의 태도이다. 이것은 "블록버스터 영화를 많이 보는가?"라는 계속된 질문에 "나는 상업 영화나 오락 영화, 진지하고 예술적인 영화들을 가리지 않는다. 모든 종류의 영화들을 좋아하고 찾아서 본다"라는 그의 대답으로 보충 설명이 된다.

주어진 문화적 풍부함(양적 풍부함일 뿐이라는 비판을 받겠지만)에 부정적인 것이 있다고 판단될지라도 그것에 대해 적대감을 갖거나 그것을 직접적으로 제거하려고 하기보다는 '문화 환경의 균형'을 맞추어가는 쪽으로 노력하여야 할 것이다. 다시 말해, 창조성을 바탕으로 한 문화적 성과를 풍부하게 하는 쪽으로 노력하여 '균형의 추'를 달아주는 것이다.

자연환경의 균형에 빗대어 말하면, 이미 존재하는 것을 부정하거나 제거하는 전략은 마치 한때 북아메리카에서 코요테가 너무 많다고 대량 살육하여 그다음 해에 순록 수의 증가를 가져와 목초지가 황폐해졌던 것과 같은 어리석음을 저지를 수 있다. 균형의 전략은 방어적이기보다는 적극적이면서도 신중해야 한다.

필자는 '문화 환경 균형론'이라 할 수 있는 것을 주장하고 있다. 물론 모든 전략이 다 그러하듯이 그에 따른 위험부담은 상존한다. 그러나 조금이라도 현실에 대한 안목이 있는 사람이라면, 가치가 떨어지는 대중문화의 확산에[32] 방어적인 자세만 취할 수는 없다는 것을 알 것이다. 오히려 창조성의 의미를 포함하여 문화 행위의 진의를 추구함으로써, 또한 창조적인 문화 활동을 함으로써 문화의 환경에 균형을 이루어주는 일에 동참해야 할 것이다.

사회 전체적인 맥락에서 그렇게 하기 위해서는 '수구적 소수파의 울타리'에 칩거해서도 안 되겠지만, '대세(大勢) 콤플렉스'에 빠져서도 안 될 것이다. 왜냐하면 수구적 태도는 자신의 입장을 견지하면서도 문화 환경 균형을 이루는 데 적극 참여하여야만 균형 형성의 다양한 요소 가운데 하나로 그 기능을 발휘하고 그 의미를 전달할 수 있기 때문이다. 그리고 '대세'에 쉽게 편승하는 것은 그야말로 균형 형성 작업에 역행하는 길이기 때문이다. 균형은 대세를 견제할 수 있는 요소들이 존재할 때에 가능하다. 또한 현실적으로 완전 균형이 이루어지기는 힘이 들기에 대세나 강세가 존재하나, 대세나 강세도 '소세(小勢)'나 '약세'들이 존재할 때에 그 의미가 있는 것이다.

흔히 오늘날같이 문화적 패러다임이 바뀌는 급변의 시기에는 '새로운 것'의 등장과 확산을 기피하고 거부하거나 그것을 두려워하는 사람들과 새로움을 좋아하고 추구하는 사람들로 양분하는 경향을 쉽게 발견할 수 있다. 그러나 사실은 그렇게 단순한 구분보다, 대세에 편승하는 경향과 그렇지 않은 경향으로 나누는 관점이 사회·문화 현상을 이해하는 데(더구나 우리나라에서는) 더 설득력이 있을 수 있다.

그리고 이러한 관점은 이분법적으로 단순한 것 같아 보이지만, 사회의 층위, 권력의 관계, 문화 추이를 이용한 이념화 등 다양한 측면을 보여 줄 수 있는 접근법이다. 문화 환경 균형론의 입장에서는 이 점이 더욱 중요하다. 시소의 한쪽에 모든 사람이 매달려 있을 때, 그 맞은편에 앉는 일은 단순히 용기의 문제가 아니다. 그것은 이성·감성·용기·정의·중용 등의 가치와 사회적 관계, 권력의 이동성, 경제적 실리, 교육과 관습의 순치성(馴致性) 등 다양한 요소의 영향 아래서 이루어지는 판단이기 때문이다. 즉 문화적 복합성을 동반하는 일인 것이다. 이렇게 복잡한 일이라 해도 누군가 시소의 맞은편에 앉아야 한다. 왜냐하면 대세는 진리가 아니기 때문이며, 그러면서도 대세는 진리라는 주장을 할 가능성이 높기 때문이다. 곧 무소불위의 권력이 될 가능성이 높기 때문이다. 폭넓은 의미에서 문화 환경 균형론의 의미는 바로 여기에 있다.

또한 문화 환경이 균형을 이루어야 하는 것은 인간 자신이 균형을 필요로 하는 동물이라는 점에도 그 이유가 있다. 고대 그리스의 의학자 알크마이온(Alkmaion)은[33] 인간의 몸이 단순한 물리학적 개체가 아니라 여러 가지 요소가 유기적으로 얽혀 있는 것이라고 보았다. 그래서 그 요소들이 균형과 조화를 이루고 있으면 건강한 것이고, 그 구성 요소 가운데 하나가 다른 요소를 침범하여 균형이 깨지면 건강하지 못한 상태, 즉 병이 난다고 설명했다.[34]

이와 유사한 입장은 동양의학에서도 찾아볼 수 있는데, 이것은 균형이 그 자체로 인간 생존의 조건이라는 것을 나타내준다. 더 나아가 인간에게 균형이 그 존재적 본질이라는 것은 인간이 직립(直立) 동물이라는 것을 보아도 알 수 있다. 직립 생활은 고도의 균형 감각을 필요로 하기 때문이다.

신체뿐만 아니라, 정신적인 면에서도 균형의 요소는 중요한데, 지혜를 나타내는 그리스어 '소프로쉬네(σοφροσύνη)' 또는 '소피아(σοφία)'라는 말에는 모두 균형이라는 의미가 내포되어 있다. 이것은 동양 사상에서 중용(中庸)의 덕이 균형의 뜻을 내포하고 있는 것과 마찬가지다. 따라서 문화 환경 균형론은 인간 자신의 이해를 전제로 한 이론적 주장이다. 결국 문화 환경 균형론은 '인간 존재 균형론'과 일맥상통하는 것이다.

이러한 의미에서 인간 창조성의 궁극적 역할과 능력은 바로 '삶의 균형적 조화'라는 작품을 만들어내는 데에 있다. 구체적으로는 인간이 자신의 존재적 균형을 위해서 끊임없이 자신의 문화 환경을 재창조해가는 데 있다. 창조성은 인간 이해의 지평이자, 지속 가능한 인간 실존의 조건이다.

[ 6장 주석 ]

1) 그 좋은 예 가운데 하나가 바로 S. Kubrick의 작품이다. 그의 〈2001: A Space Odyssey〉가 1968년 제작되었을 때, 이미 그 후 30년간 나타날 공상과학 영화의 모습이 결정되었다. 그의 작품은 SF 영화의 원형(archetype)이 되었으며 현대 문화의 고전이 되었다. 특히 현대 대중문화의 창조성은 앞서 언급하였듯이(제5장 참조) 새로운 기술을 받아들여 적용하는 능력과 밀접한 관계에 있다는 것을 주목할 필요가 있다. 이 점은 큐브릭의 다른 영화 〈Barry Lyndon〉(1975)의 제작에서도 부각되었는데, 그는 NASA에서 우주 관측용으로 사용하는 렌즈를 개조하여 실내 촬영에 응용하기도 했다. 어느 평론가는 좀 과장하여 이 영화를 "A triumph of technique over any human content"라고 평하기도 했다.
2) Leonardo da Vinci, *Trattato della Pittura*, 68.
3) Leonardo da Vinci, *Codice Arundel*, 156: "desidera ripatriarsi e ritornare nel primo Caos."
4) Leonardo da Vinci, *Codice Atlantico*, 826 참조.
5) Leonardo da Vinci, *Manoscritto F*, 49 참조.
6) Grace Catalano, *leonardo dicaprio. MODERN-DAY ROMEO*, Bantam Doubleday Dell Books for Young Readers, New York, 1997(1998[2]).
7) 전기의 작가는 디카프리오의 할아버지 이름이 레온(Leon)이라는 것도 작명의 이유가 되었다고도 부언하지만, 어쨌든 '다 빈치 그림의 감상과 태동(胎動)'이라는 상황은 극적인 요소로서 모자람이 없다. 전기에는 레오나르도의 어머니의 기억을 인용, 그가 다른 아기들과는 달리 9개월 되었을 때 이미 걷기 시작했다는 사실 등 전설적 인물이 갖추어야 할 내용들이 꽤 들어 있다. 또한 독자들은 책 말미의 'Leonardo's vital statistics'에서 레오나르도 개인에 대한 세세한 사항을 알 수 있으며, 책 곳곳에 호기심을 자극하는 사적(私的)인 비밀(?)도 소개되어 있다. 레오나르도 디카프리오라는 '인물의 신화'는 서서히 그 틀을 갖추어가는 것이다.
8) 관심이 있는 사람은 같은 전기 작가가 펴낸 *LEONARDO. A Scrapbook in Words and Pictures*를 사서 혼자 간직할 수도 있고 친구들과 돌려보며 즐길 수도 있다. 현대 신화의 특징은 신화의 인물에 대한 모든 내용이 사회 속에서 '회자(膾炙)'된다는 데에 있다. 21세기는 점점 더 '인물 신화의 시대'가 될 것 같다. 그것은 최근에 정치인·연예인·스포츠맨

등을 대상으로 이른바 '인물 주식 시장'을 인터넷에 올려놓고 즐기는 것을 보아도 알 수 있다.
9) 서구어의 어원이 된 그리스어 'mythos'에는 신의 의미가 자동적으로 포함되어 있지 않다. 'myth'의 번역어 신화(神話)는 원래 의미를 축소하는 불편함이 있다.
10) 지금 우리가 알 수 있는 다 빈치의 모습은 유일한 자화상과 라파엘로(Raffaello Sanzio)가 자신의 벽화 〈아테네 학파〉에서 플라톤의 얼굴로 그려넣은 그의 초상 정도이다. 두 그림 모두 상당히 나이가 든 노인의 모습이다. 자화상은 그가 60세 정도에 그린 것이라고 하나, 훨씬 더 늙어 보인다. 기록에 의하면 그는 항상 자신의 나이보다 더 들어 보였다고 한다. 그가 노인이 되어서야 자화상을 그린 것인지, 아니면 젊은 시절의 자화상은 유실되어 현재 찾아볼 수 없는지는 확실치 않으나, 레오나르도의 '늙은 모습의 자화상'은 '젊고 아름다운 모습'으로만 재현되기를 바라는 현대인에게 시사하는 바가 크다.
11) 특히 플라톤 철학에서 미메시스(μίμησις)는 '이데아'의 세계를 반영하는 방식으로서 그 존재론적 의미가 개념의 본질을 이룬다.
12) 본문 제3장, 2항 참조.
13) 물론 사이버 문화가 확산되면, 이러한 경향도 바뀔 수 있다. 지금까지는 사이버 공간에서도 음악과 영화의 요소를 응용하는 대중문화를 생산 소비하지만, 앞으로는 사이버 공간에 맞는 자체적인 장르가 개발될 가능성이 높다. MUD 같은 컴퓨터 게임도 사이버 문화 장르의 하나라고 볼 수 있는데, 이것은 앞으로 다발적으로 발전할 장르들(예를 들면 '사용자 창작 방식' 등)에 비하면 빙산의 일각이라고 할 수 있다.
14) 물론 공연자와 연기자 또는 연주자의 창조적 역할과 기능을 간과하는 것은 아니다. 그들은 '작품 해석의 독창성과 나름대로의 고유성'을 가지기 때문에 다른 차원에서의 창조 역할을 수행한다. 여기서는 다만 창조성의 다양한 측면과 '작품의 의미'에 대해서 논하고자 한다. 필자가 '자기 창조자'라고 한 것은 공연자가 대중에게 '인물'로서 자기 스스로를 부각하기 위해 온갖 노력을 하는 경향을 지칭하는 말이다.
15) 이러한 점은 경제적인 면에서도 그 영향을 미친다. 한 영화 기획자는 한국 영화 산업계의 특수한 경우를 분석하면서, '스타' 중심의 영화 만들기가 수반하는 폐해를 지적한다. 영화 제작자들이 흥행 성공에 가장 손쉬운 카드인 스타급 연기자들에 의존하기 때문에, 그들의 경제적 요구를 수용하다 보면, 결국 "영화는 망해도 스타는 망할 이유가 없다"는 경우가 생긴다는 것이다(김익상, '영화는 망해도……', 〈조선일보〉, 1999년 4월 16일자, 一事一言란).
16) 해체도 구성의 역방향으로 창조적 기능을 가질 수 있는데, 무엇인가 '의도 있는 해체'일

경우가 그렇다.
17) 이러한 의미에서 창조성이야말로 개인주의의 본질적 표상이라고 할 수 있다. 엄밀히 말해서, 창조성의 발현에 협동은 있지만 집단주의적인 것은 있을 수 없다.
18) 바자리(Giorgio Vasari)도 13~16세기의 이탈리아 예술가 열전(*Vite dé piu eccellenti architetti, pittori e scultori italiani da Cimabue insino a' tempi nostri*, 1550, 1568²)에서 이 점을 강조한다.
19) 동물 행동학을 연구했던 Konrad Lorenz도 이러한 관점을 동물과 구분되는 '인간 이해'에 적용했는데, 그는 인간의 창조성이야말로 일신론(一神論)이 간직하고 있는 진리라는 입장을 취했다. 로렌츠는 더 나아가, 인간의 창조적 능력이 실천적인 분야, 즉 사회와 문화의 개혁뿐 아니라 인류의 과학기술적 발달이 저지른 오류를 교정하는 역할을 하는 데에도 쓰여져야 한다고 적극 주장했다(*Der Abbau des Menschlichen*, R. Piper & Co. Verlag, München, 1983 참조).
20) P. Tillich, *Theology of Culture*, Oxford University Press, 1964, 44쪽.
21) G. Simmel, *Rembrandt. Ein kunstphilosophischer Versuch*, Leipzig, 1916 참조.
22) U. Eco, *Postille a "Il nome della rosa"*, 〈Alfabeta〉 49호(1983년 6월) 참조. '텍스트간 호환성(intertestualità)'에 관한 전문적 이론을 위해서는 그의 다른 저서 *Opera aperta*(1962)와 *Lector in fabula*(1979)를 참고하기 바란다.
23) E. Cassirer, *An Essay on Man*, Yale University Press, New Haven, 1944, 224쪽: "He[man] cannot live his life without expressing his life."
24) E. Cassirer, *Symbol, Myth, and Culture*, (Essays and Lectures of Ernst Cassirer 1935~1945, Edited by D. P. Verene), Yale University Press, New Haven & London, 1979, 72쪽.
25) 여기서는 독일어 'Sinngebilde'와 유사한 의미로 사용하고자 한다. 이 개념은 주로 19세기 말과 20세기 초에 논쟁을 거쳐 정립된 것이다. Sinn과 Sinngebilde에 관해서는 G. Frege, *Über Sinn und Bedeutung*(1892)과 H. Gomperz, *Über Sinn und Sinngebilde, Verstehen und Erklären*(1929)을 참조하기 바란다.
26) Leonardo da Vinci, *Trattato della Pittura*, 24 참조.
27) '글 안으로' 참조.
28) 그 '일상의 사이'에서 종교인들이 추구하는 '신앙적 입지'도 찾을 수 있을지 모른다.
29) 〈중앙일보〉, 1998년 4월 22일자, 36면 인터뷰 기사에서 발췌 인용.
30) Milan Kundera는 소설 《느림》에서 오토바이를 타고 질주하는 사람이 '시간의 밖에 있음'

으로 해서 '엑스터시 상태에(dans un état d'extase) 있다'고 했다(*La lenteur*, Paris, Gallimard 1995, 10쪽 참조). 쿤데라는 엑스터시의 어원이 '밖에 있다(그리스어 동사 ex(밖에)-histánai(있다) → existánai → ékstasis에서 유래)'는 뜻을 가진 것에 착안하여 이렇게 표현한 것 같으나, 사실 속도를 내어 질주하는 것은 시간 안으로 점점 더 몰입하는 것이다. 질주하는 자는 사실 '시간의 밖에' 있는 것이 아니라, '자기 자신의 밖에' 있음으로 해서 '엑스터시'한 것이다. 또한 끊임없이 '빠름'만을 추구하다 보면 '미래를 끌어당기기에' 바빠서 현재를 망각하는 결과를 가져오기도 한다. 이렇게 보면 최근 월트 디즈니사 후원으로 제작되고 있는 '긴 현재의 시계(The Clock of the Long Now)'가 상징하는 것은 흥미롭다. 이 시계는 큰 바늘이 1년에 한 번, 작은 바늘이 100년에 한 칸 움직이는 세계에서 가장 느린 '밀레니엄 시계'가 될 것이다. 그러나 이것도 동일한 흐름의 속도에 시간 측정의 단위(time-scale)를 바꿔 상징적 효과를 노렸다는 것을 생각해보면, 사람이 하는 일의 한계를 절로 느끼게 된다.

31) A. de Saint-Exupéry, *Le Petit Prince*, Gallimard(Collection folio Junior), Paris, 1996, 72쪽: "C'est le temps que tu as perdu pour ta rose qui fait ta rose si importante"(여기서 생텍쥐페리가 사용한 'perdre'라는 동사를 주목할 필요가 있다. 그래서 필자는 "장미꽃에 바친 시간"이라든가 하는 의역을 하지 않고, 직역에 가깝게 옮겼다).

32) 앞으로는(지금 이미 그러한 경향을 보이고 있지만) 대중문화에서 '대중'이란 수식어는 떨어져 나가도 좋을 것이다. 즉 '모든 사람'을 위한 문화의 양식이 대두할 것이므로, '문화'라는 명사로서 족할 것이다(이 점은 제9장에서 자세히 다룰 것이다).

33) 알크마이온은 기원전 6세기경 피타고라스 학파의 근거지인 이탈리아 반도 남단의 크로톤에서 의학 학교를 열고 활동하였으며, 고대 서양 의학의 거목(巨木) 히포크라테스에도 영향을 준 것으로 알려져 있다.

34) 알크마이온은 한 가지 요소만이 우세해서 몸의 '균형(이소노미아, ἰσονομία)'을 깨고 병을 일으키는 상태를 '파탄', 그리스어로 '모나르키아(μοναρχια: 한쪽의 지배라는 뜻)'라고 불렀는데, 그가 인간의 병리적 상태를 설명하기 위해서 사회·정치적 용어(잘 알려져 있듯이, 모나르키아는 '일인 통치', 즉 '군주제'의 뜻도 된다)로도 쓰는 말을 사용했다는 점은 의미심장하다.

# 7

# 창조자[1]와 피조물의 변증법

앞장에서 우리는 창조성의 의미와 문화적 맥락에서 그 가치를 살펴보았다. 긍정적이든 부정적이든, 창조성은 인간의 삶과 문화를 가능하게 하므로 그 중요성은 새삼 강조할 필요도 없다. 그러나 문화에 대한 담론이 단순히 가시적 문화 현상에 머물지 않고, 결국은 인간 이해의 지평을 넓혀가는 방법 가운데 하나라고 본다면, 인간의 창조 행위를 다차원적으로 조명할 필요가 있다.

또한 문화가 인간 창조 행위의 과정과 그 성과이며 그에 따른 의미 소통의 세계를 반영하는 것이라면, 그러한 창조 행위의 구체적 결과이자 의미 소통의 직접적 통로인 피조물의 성격과 그것이 인간의 세계와 갖는 관계를 알아보는 것은 문화 이해를 위해 필수적이다. 이러한 관계를 잘 알게 되면, 문화 창조자인 인간 자신에 대한 다각적 이해의 폭도 동시에 넓어질 것이다.

이에 '창조자로서 인간'과 '피조물로서 문화 산물'에 대한 변증법

(dialectic)적 접근과 존재론적 분석은 도움을 줄 것이다.[2] 또한 고대로부터 현대에 이르기까지 서양 사상과 서양인들의 의식구조의 저변에 자리잡고 있는 인간 조건의 비극성에 대한 담론은 존재론적 이해를 돕는 데 일익을 담당할 것이다. 현대 문화가 서구 문화의 영향 아래 있다는 사실을 감출 수 없기 때문이다.

문화적 관점에서 오늘의 시대는 재미와 오락의 시대라고 할 수 있다. 이러한 때에 문화와 인간의 창조 행위를 비극성의 관점에서 논한다는 것은 무관심과 조소의 대상이 될 수도 있다. 로렌스(D. H. Lawrence)는 소설 《채털리 부인의 사랑(Lady Chatterley's Lover)》을 다음과 같은 말로 시작한다.

"우리의 시대는 본질적으로 비극의 시대이다. 그래서 우리는 이 시대를 비극적으로 대하기를 거부한다(Ours is essentially a tragic age, so we refuse to take it tragically)." 필자는 이 문장을 바꾸어 써서, 오늘을 사는 사람들에게 이렇게 말해보고자 한다. "우리의 시대는 본질적으로 희극의 시대이다. 그래서 우리는 이 시대를 희극적으로 대하기를 거부한다(Ours is essentially a comic age, so we refuse to take it comically)."

### '피노키오'의 알레고리

이탈리아 작가 콜로디(Carlo Collodi)의 《피노키오의 모험》[3]은 대중에게는 흔히 환상적이면서도 주로 도덕적 교훈을 많이 담고 있는 작품으로 알려져 있다. 피노키오(Pinocchio)는 나무로 만들어진 인형이지만 사람처럼 행동하고, 거짓말을 하면 코가 늘어나며, 나중에 착한 일을 하게 되어서 진짜 사람의 모습을 갖추게 된다는 이야기로 잘 알려져 있다.

그러나 콜로디의 동화를 창조성의 관점에서 다시 읽어보면, 이 작품이 창조자와 피조물의 관계, 인간이라는 창조자의 한계, 피조물의 불완전성, 피조물이 발휘하는 힘과 능력의 아이러니 등 다양한 메시지를 전하고 있다는 것을 알게 된다. 다시 말해, 피노키오의 이야기가 '창조자와 피조물의 변증법'에 대한 알레고리(allegory)라는 관점에서 작품 해석을 해볼 수 있다.

작품이 품고 있는 풍부한 상징성에 비해, 《피노키오의 모험》의 기본 줄거리는 간단하다. 세공 기술자인 제페토(Geppetto)라는 노인이 목수인 친구에게서 얻은 나무토막으로 꼭두각시 인형을 만들려고 한다. 그러나 무슨 영문인지 그 나무토막에는 생명이 깃들어 있는 것 같아서, 작업 시작부터 제페토는 애를 먹고 나무토막을 마음먹은 대로 다루지 못한다. 천신만고 끝에 피노키오라는 이름을 붙인 인형이 대충 완성되나, 피노키오는 곧 집 밖으로 뛰쳐나가 말썽을 부린다. 이로부터 피노키오는 다양한 세상 경험을 하게 된다. 그는 자신을 창조한 제페토에게 기쁨과 즐거움을 주는 행동을 하기도 하지만, 또한 고통을 주는 일을 저지르기도 한다. 그리고 시시각각으로 다가오는 상황에서 유혹에 저항하고, 폭력에 반항해 보기도 하지만, 많은 실수를 저지르고 이를 후회한다. 또한 사랑과 자유의 역설, 희망의 기만, 고뇌의 결실 등을 체험하기도 한다. 그러면서도 언젠가는 사람과 똑같이 되리라는 열망을 버리지 않는다. 우여곡절 끝에 거대한 상어에 통째로 삼켜져 상어 뱃속에서 우연히 자신의 창조자이자 아버지 격인 제페토를 다시 만나고, 제페토와 함께 그곳에서 탈출하는 데 성공한다. 육지로 돌아온 후 피노키오는 '사람다운' 행동을 하게 되고 그 보답으로 꼭두각시 인형이 아닌 진짜 사람이 된다.

피노키오의 에피소드들은 관점에 따라서 신(神)의 창조와 같이 '순수 창조'를 은유한다고 볼 수도 있고, 인간의 창조 행위와 같이 '이차적 창조'[4]의 상징적 메시지를 포함하고 있다고 볼 수도 있다.

먼저 전자의 관점에서 주목할 점들은 피노키오가 사람에 의해 만들어진 인형(人形)이라는 것과, 그렇지만 그가 사람처럼 행동한다는 것이다. 다시 말해, 피조물이지만 창조주(또는 조물주)의 모습으로 지어졌으며 창조주의 삶과 행동을 따라하고자 한다는 것이다. 하지만 피노키오는 나무로 만들어졌다는, 피조물로서의 조건에 제약을 받으며 세상을 살아간다. 이는 완전한 피조물은 없다는 메시지를 전하는 것이다. 피조물의 불완전성은 곧바로 창조주의 고민거리지만, 그로 인해 문제가 생길 때마다 창조

데 아고스티니(De Agostini) 출판사에서 펴낸 《피노키오의 모험》(1994) 표지에 실린 삽화다. 제페토가 친구에게서 얻은 나무토막으로 피노키오를 만들고 있다. 제페토는 그 후에 어떤 일이 생길지 전혀 상상도 못한 채 느긋하게 작업을 시작하고 있다. 피노키오(Pinocchio)는 구어체 라틴어 'pinucŭlus'에서 유래한 말로 잣이나 그와 유사한 견과류의 열매를 뜻하며, 대개 '작은 것'을 은유할 때도 쓰인다.

주는 자신의 피조물에 연민(憐憫)의 정을 갖게 된다. 그리고 이 세상에는 피조물을 항상 창조주의 세계와 그 진리의 기준으로 인도하기 위한 장치들이 있다는 것을 보여준다. 이 동화에서 그 장치는 바로 '말하는 귀뚜라미'와 '푸른빛 머리의 요정'이다. 말하는 귀뚜라미는 마치 '예언자'처럼 필요할 때마다 피노키오에게 미래의 불행을 경고하고, 푸른빛 머리의 요정은 위급할 때마다 나타나 피노키오에게는 '구세주' 같은 역할을 한다. 피노키오는 심판의 벌과 예언의 냉혹함, 그리고 연민의 정에 인도되어 결국은 완벽한 사람의 모습을 갖춤으로써 구원된다. 창조주의 진리가 정하는 바에 따라 재탄생하는 존재가 된다.

언급했듯이 피노키오의 이야기는 또한 '이차적 창조'가 갖는 문제점들을 상징하고 있다고 볼 수 있는데, 인간학 및 문화의 개념과 연관하여 보면 당연히 이 점이 더욱 흥미롭다. 우선 인간이라는 창조자는 이차적 창조라는 성격 때문에 근본적 한계를 갖고 있다. 이미 살펴본 바와 같이, 인간의 창조 행위는 절대 창조가 아니므로 사실 무(無)에서 창조하는 것이 아니라 항상 '기존의 것', 따라서 존재론적으로 이미 결정되어 있고 조건지어진 것을 사용하여 변화를 주고 구성의 작업을 하는 것이다. '기존의 것'을 사용하여야만 한다는 이차적 창조자로서 인간의 한계란, 그가 기존 것의 원초적 창조에 전혀 참여하지 않았으므로 그 기존의 것에 대한 완전한 지식과 완벽한 통제력을 갖지 못한다는 것을 의미한다. 야스퍼스의 표현을 빌리면 인간은 이미 존재하는 것들에 대한 완전한 암호(Chiffre) 독해 능력이 없다.

따라서 기존의 것들을 이용해 무엇인가 창조할 경우 자신의 피조물이 어떠한 작용과 행동을 할지 완전한 예측도, 그에 대한 완벽한 통제도 불가능하다(인간 자신이 만든 것에 대해서는 완벽한 통제를 할 수 있다고 믿어왔던 입장이, 현대 과학의 가공할 힘을 실감하기 전까지 오랫동안 인류 역사의 주류를 이루어왔지만). 제페토가 인형을 만들기 위해 가져온 나무토막이 처음부터 멋대로 움직이고, 이상한 말소리를 내는 것은[5] 창조의 재료 자체가 사람의 통제 밖에 있다는 것을 잘 상징하고 있다. 인간의 창조 행위는 창조의 위험부담을 원천적으로 지니고 있는 것이다.

또한 제페토가 피노키오를 거의 완성하여 다리를 달아 걸을 수 있게 해주자마자, 피노키오는 집 밖으로 달아나버리고 거리를 제멋대로 활보하고 사고를 친다.[6] 창조의 작업이 대충 끝나자마자, 피조물은 독립성을 갖게 된다는 것을 한마디로 보여주는 대목이다. 이는 "객체성을 획득한 문화적 성과물은 사람에 무관심하다"라는 루카치의 당연한 말에도 잘 나타나 있다. 피조물이 자신의 창조자에게서 독립성을 가진다는 것은 그와의 관계를 단절한다는 뜻이 아니다. 피노키오가 자신을 창조한 제페토에게 기쁨과 즐거움을 주는 행동을 하는 것과 함께 또한 그를 골탕 먹이기도 하며 그에게 고통을 주는 일을 저지르기도 한다는 것은, 창조의 작업이 끝난 후에는 피조물을 창조자의 마음대로 어떻게 하지 못한다는 것뿐만 아니라 피조물이 창조자와의 관계에서 주도권을 행사할 수도 있다는 것을 의미한다.

문화 활동의 구체적 관점에서 보면, 에코가 "작가는 작품의 여로를 방해하지 않기 위해 작품 완성 후 죽어야 한다"라고 말했지만, 사실 작품에 대한 작가의 배려가 굳이 필요하지도 않다. 창작 행위가 끝나자마자 작품은 작가의 손을 떠난다. 그뿐 아니라, 인간의 피조물은 언제 어디서 자신의 창조자를 골탕 먹일지도 모른다(더구나 사회관계와 문화의 양상이 복합적인 시대에서는 더욱 그러할 가능성이 높다).

더욱이 제한된 이차적 창조자로서 인간이 염두에 두어야 할 것은 피조물 자신이 획득한 힘으로 창조자를 자신에게 예속시킬지도 모른다는 점이다. 콜로디의 동화에서는 피조물 피노키오가 능력을 발휘하여, 자신의 창조자 제페토를 위험에서 구하고 그를 위해 봉사함으로써 보답을 받는 해피 엔딩으로 끝나지만, 실제에서는 전혀 예기치 못한 결과를 가져올 가능성이 늘 존재한다. 인간이라는 제한된 능력의 창조자에게는 피조물의 변덕조차도 큰 위험부담인 것이다.

절대 창조주는 피조물의 도전과 반란 앞에서 그것의 존재를 말살하는 벌을 내릴 수 있다(창세의 능력은 말세의 능력을 포함한다). 곧 무(無)에서 창조한 피조물을 무로 돌려보낼 수 있다. 하지만 제한된 창조자인 인간은 전혀 그러하지 못하다. 세상을 창조한 자는 세상을 없앨 수 있지만, 세상 안에서 창조를 행하는 자는 세상의 일부조차도 없앨 수 없기 때문이다. 인간이 어떠한 것을 파괴해도 그것은 가루나 미립자로 남는다. 무엇인가를 태워도 그것은 연기나 재로 남는다. 이 세상에 어떠한 방식으로든 남아 있다. 인간이 없앨 수 있는 것은 형상의 파괴와 의미의 삭제일 뿐이다.

## 피조물의 도전과 반란

피조물이 불완전한 창조자를 배반하거나, 그에 도전하고 반란을 일으킬 가능성은 인간의 창조 행위에 항시 내포되어 있다. 더구나 인간이 평소에는 은밀히 그 의도를 감추고 있지만, 궁극적으로 창조하고 싶어하는 것이 바로 신의 흉내를 내는 창조 욕망을[7] 실현하는 것임을 생각하면, 창조자와 피조물의 변증 관계가 갈등 상황을 내포하는 것임을 어렵지 않게 감지할 수 있다. 인간이 창조하고 싶은 것은 절대 창조주에 의해 창조된

최고의 생명체인 바로 인간 자신의 모습과 특성을 지닌 존재인 것이다.[8]

인간이 자신의 능력과 모습을 갖춘 피조물을 창조하고자 하는 욕망과 그에 따른 갈등의 예, 다시 말해 인공지능과 사이버 인간의 도전과 반란 및 인간 지배의 시도가 문학작품과 영화의 주제가 되기 시작한 지도 이미 오래되었다. 큐브릭의 영화 〈2001년: 스페이스 오디세이〉에 나오는 슈퍼 컴퓨터 HAL9000은 인간의 모습을 하고 있지는 않지만 지능과 감성은 인간의 수준에 맞설 만하다. 그래서 인간이 자신의 행동 범위에 제한을 두고자 한다는 계획을 알아내고는 **감정이 상해** 그것을 저지하기 위한 시도를 한다. 그 시도가 용의주도할 뿐 아니라 인간에 대해서 가혹하기까지 하다.

팀 버튼(Tim Burton) 감독의 영화 〈가위손(원제: Edward Scissorhands, 1990)〉도 창조자와 피조물의 변증 관계에서 다양한 시각을 제시하고 있다. 이 영화는 인간의 피조물은 의도적이든 아니든 인간을 해칠 수 있는 가능성이 있다는 것과 인간의 모습을 했으나 불완전한 피조물이 인간 사회에서 겪는 갈등을 묘사하고 있다. 발명가가 가위손 에드워드를 만들 때에 심장도 주었고 뇌도 주었지만, 사람이 될 수 있는 "모든 것을 준 것이 아니라, 거의 모든 것을 준" 것이라는 대사는 인상적이다.

메리 셸리(Mary W. Shelley)의 소설 《프랑켄슈타인》도 인간과 '거의 같은' 존재를 창조한 발명가와 그 피조물 모두의 비극적 결말을 그리고 있다. 자연철학의 법칙에 심취한 청년 과학도 빅토르 프랑켄슈타인(Victor Frankenstein)[9]은 사물에 생명을 불어넣을 수 있는 비법을 발견하고는 시체의 각 부위를 이용하고 에너지 발생 장치를 개발하여 인간을 닮은 생명체를 창조한다. 그러나 피조물의 워낙 추하고 무서운 모습에 프랑켄슈타인 자신도 괴물로부터 도망치게 된다. 홀로 남은 괴물은 그 후 방황을 하게 되는데, 착하고 온화한 본성을 지녔음에도 불구하고, 자신의 겉모습 때문에 사람들에게 공포감을 주고 그로 인해 쫓겨다닌다. 사회로부터 배척당한 고립된 생활 속에서 괴물은 점점 인간 세상에 한이 맺히고 잔혹하게 되어간다. 마침내 자신의 창조자 및 그 가족과 친구에게 복수할 계획을 세우고 실행에 옮긴다. 한편 발명자 프랑켄슈타인도 괴물을 죽여 없애려고 온갖 노력을 다한다.

셸리의 소설은 비평가들이 흔히 말하듯이 신의 흉내를 낸 인간 창조 행위의 비극적이고 소름 끼치는 결말과, 인간들 사이에서 '자신의 삶'을 살아갈 수 없는 어떤 불행한 '괴물'의 세계를 보여준다. 그러나 조금 더 구체적으로 작품 속에 들어가보면 인간의 창조 행위와 그 결과에 대한 다양한 메시지를 찾아볼 수 있다.

첫째, 피조물에 대한 창조자의 책임에 관한 메시지이다. 빅토르를 찾아간 괴물은 자신을 찾아 죽이려는 자신의 창조자에게 절규하듯 항변하며 창조자의 책임을 묻는다.[10] 무엇보다도 그가 빅토르의 피조물이라는 것을 강조한다.[11] 창조자가 문제를 일으키는 피조물을 파괴하고 없애는 것으로 모든 문제가 해결될 수 없다는 것을 일깨워주는 대목이다. 괴물의 절규에 빅토르 자신도 자기 인생에서 처음으로 피조물에 대한 창조자의 의무와 책임이 무엇인지를 느끼게 된다.[12]

둘째, 피조물은 창조자가 예기치 못한 힘을 가질 수 있다는 것을 보여준다. 자신의 짝을 만들어달라는 괴물의 부탁을 빅토르가 거절했을 때, 괴물은 위압적으로 자신이 힘을 가지고 있다는 것과 '빅토르가 자신의 창조자'이지만 '자신이 빅토르의 주인'일 수도 있다며 자신의 말에 복종할 것을 강요한다.[13] 이는 인간이 자신의 피조물에 대해 절대적으로 우월하다는 보장이 없다는 메시지를 전하는 것이다.[14]

셋째, 피조물은 언제든지 창조자의 적이 될 수 있다는 역설을 전하고 있다. 빅토르와 괴물 사이가 점점 악화되면서 결국 돌이킬 수 없는 최악의 관계가 되는 것은 빅토르가 괴물을 부르는 말에서도 알 수 있다. 그는 괴물을 사악한 자(evil) 또는 악마(daemon)라고 부르다가, 종결 부분에 가서는 점점 '나의 적(my enemy)'이라고 부르게 된다. 이것은 괴물의 입장에서도 마찬가지다. 창조자와 피조물은 둘 사이의 관계에서 가장 **비극적인 상황**을 맞게 된 것이다.[15] 그들은 서로 원수가 된 것이다. 셸리의 소설은 인간은 자신과 원수지간이 될 수도 있는 상대를 창조하는 존재임을 보여준다.

## '창조의 비극'으로서의 문화

이론적으로 보면, 문화의 성과와 인간의 생명력 있는 삶은 상호 발전적 변증 관계에 있다고 볼 수 있다. 즉 생명력은 문화적 성과를 이루도록 하고, 이것은 삶에 새로운 활력을 불어넣으며, 그것은 다시 문화적 창조 작업의 원동력이 되는 과정을 지속하기 때문이다.[16] 그러나 이러한 순환 과정이 무리 없이 진행되도록 항상 보장되어 있는 것은 아니다. 이러한 순환 고리가 끊기거나, 아니면 변형적으로 나타날 때 비극적 상황은 가시화될 수 있다.

틸리히는 인간은 자신의 운명을 완성하기 위하여 신의 창조력과 유사한 창조력을 가져야 한다고 했다. 그러나 인간의 창조 행위는 비극적 상황을 가져올 가능성을 내포한다는 것을 의식할 필요가 있다. 엄밀히 말해 창조의 비극은 인간의 비극이며 인간 조건의 비극성을 뜻한다. 창조자로서 인간(homo creator)이 맞는 창조의 비극적 상황은 인간 조건을 극명히 보여준다고 할 수 있다.

짐멜은 이러한 인간 조건의 비극성을 문화 개념의 본질로 파악한다. 그래서 그는 '문화의 비극(Tragödie der Kultur)'이라는 용어를 사용한다. 짐멜은 형상과 의미성체로서 문화적 성과가 동시에 인간의 자기 발전을 위한 문화적 가치가 되는 것을 문화의 이상향으로 본다. 다시 말해, 이상적인 문화의 성패는 예술적·과학적·도덕적·오락적, 또한 종교적 문화 행위까지도 각 영역의 독자적 성과와 가치를 넘어서 인간적 발전의 요소로 전환하느냐에 달려 있다.[17] 이는 문화 행위와 문화적 성과가 각 개인 주체의 자기실현으로 이루어질 수 있느냐의 문제이다.

다시 말해 문화 자체가 문화라는 단어의 어원(라틴어의 동사 colo와 그 명사형 cultura)적 상징성이 은유하는 '문화란 무엇인가를 **심고 경작함**으로써, 인간 자신을 성장하게 하는 것이다'라는 명제에 충실한가 하는 문제이다. 또한 '인간은 문화라는 활동을 통해 구체적 형상과 의미를, 곧 다양한 객체를 실현하면서 동시에 주체적 자기실현을 이루는 데 항상 성공하는가?' 하는 문제다. 이와 함께 '인간의 자기실현의 의미는 무엇인가?'에 관한 문제이다.

짐멜의 문화관(文化觀)은 앞서 '피노키오의 알레고리'에서 보았듯이, 문화 행위의 성과가 객체의 카테고리[18]에 들어가자마자 각 개인의 문화 영역으로부터 독립성을 획득할 뿐 아니라, 나아가 프랑켄슈타인의 경우처럼 문화 창조자에 대해 적대 관계를 가질 수 있다는 가능성을 전제한다. 짐멜은 인간의 주체적 삶과 문화적 성과의 변증 구조에 문화의 개념을 설정하며, 이 두 영역 사이의 깊은 상충에서 인간 실존의 내재적 구조로서 비극의 의미를 파악한다.[19]

그러나 짐멜이 말하는, 문화적 주체인 인간이 체험하는 "무수한 비극"[20]의 상황은 절망주의나 염세주의를 뜻하지는 않는다. 세기말적 역사관의 입장에서 현대 문화에 일방적 비판을 하는 것처럼 특정한 문화 상황에 대한 비관주의도 물론 아니다. 짐멜이 말하는 '문화의 비극'은 형이상학적·존재론적 맥락에서 인간 조건의 비극성을 뜻하는 것이다. 왜냐하면 짐멜에게는 창조자와 피조물의 조화가 깨질 가능성, 곧 문화의 비극성[21]이 문화의 변증적 구조에 근원적으로 내재하기 때문이다.[22] 다시 말해, 이러한 비극성은 인간의 존재 조건에 지속적으로 잠재하는 것이며, 특정한 상황에서(예를 들면 현대 문화의 경우처럼) 가시적으로 부각되거나 실제로 체감될 수 있을 뿐이다.

짐멜은 현상적인 것을 넘어서 인간의 문화 행위와 성과에 내재하는 비극성의 원인을 찾으려고 한다. 일차적 원인은 앞서 보았듯이 창조자에 대한 피조물의 독립성이다. 더 나아가 그것이 이질성(Fremdheit)과 적대성(Feindschaft)으로 발전할 가능성이다. 그렇지만 인간 영혼의 끊임없는 창조적 동력으로,[23] 창조자 자신이 역설적으로 자신의 피조물에 속박당하는 경우를 맞게 될지라도, 문화 창조 행위를 하지 않을 수 없는 것이 또한 인간의 생명력과 삶이다.[24] 짐멜은 바로 이 점에서도 인간 고뇌의 근원적 양상을 보고 있다. 자신의 피조물조차도 마음대로 어쩌지 못하면서도 지속적으로 그것을 창조해야 하는 인간의 한계성을 창조자와 피조물의 변증 관계에서 파악한다. 또한 그 한계성에서 인간 존재 조건의 비극성을 보는 것이다.

그러면 그러한 독립성의 원인은 또한 무엇인가? 짐멜은 이를 '객체의 문화적 논리(kulturelle Logik der Objekte)' 또는 '사물의 문화적 형성의 내재적 논리(immanente Logik der Kulturformungen der Dinge)'라는 가정으로 설명한다. 물론 이것은 자연법칙과 물리적 필연성으로 증명될 수 있는 것은 아니다. 다만 문화 현상의 내재적 필연성,[25] 곧 문화적 논리를 나타내는 것이다. 피조물의 독립성이 가능한 이유는 인간의 피조물 내부에는 질료로서든 의미로서든 인간이 창조하지 않은 '어떤 부분(eine gewisse Quote)'이 존재하기 때문이다.[26]

'피노키오의 알레고리'를 짐멜의 이론에 접목해보면, 창조의 관점에서 짐멜이 말하는 문화의 비극을 설명할 수 있다. 제페토 할아버지가 인형을 만들기 위해 가져온 나무토막은 그 자신이 창조한 것이 아니며, 창조의 재료로서 원천적으로 그에게서 독립되어 있다. 제페토는 원천적으로 자신의 통제를 벗어날 가능성이 있는 재료로 피조물을 제작한 것이다. 인간의 문화적 비극은, 인간적 삶이 문화 형태를 창조하지 않을 수 없으면서도 그 형태에 안주하지 못하는 데에도 있지만, 무엇보다도 '제페토의 나무토막'의 한계가 상징하듯 자신에게서 독립성을 획득할 피조물을 생산할 수밖에 없는 창조 조건을 갖춘 데에 있다.

'제페토의 나무토막'은 질료로서든·의미로서든 문화적 비극의 원천적 이유이다. 창조 주체의 자기 파괴 가능성은 외부에서 오는 것이 아니라, 바로 모든 창조 행위의 가장 은밀한 곳에 자신도 모르게 잠복되어 있다. 그러나 또한 그 잠복된 힘이 문화적 창조를 현실적으로 가능하게 한다는 것이 문화의 비극적 역설이다. '제페토의 나무토막' 없이는 피노키오의 창조는 불가능했다. 한편 바로 그 나무토막으로 만들었기 때문에 꼭두각시 인형이 독립적인 생명체처럼 행동할 수 있었다.

## 비극성과 인간 실존, 그리고 오늘의 문제

　인간과 문화의 문제를 이해하기 위한 방법으로, 인간의 창조 행위에 대해 존재론적이고 실존적인 조명을 시도하는 것이 꼭 고리타분한 철학적 사변만은 아닐 것이다. 인간 이해의 지평은 다양하게 열려 있어야 하기 때문이다. 루카치도 청년기의 작품 《비극의 형이상학》에서 비극성을 인간 실존에 편재(遍在)하는 법칙으로 보았다.[27] 그에게 진정한 삶의 형태는 인간 조건의 비극성을 인정하는 삶이다. 비극성에 대한 인정은 의식이 깨어 있는 삶의 과정을 가능하게 한다.

　그리스 비극에서부터 오늘날까지[28] 인간의 나약함, 실존의 부조리, 두려움·연민·모순 등은 비극적 사건을 이루는 요소들이었다. 그러나 무엇보다도 인간 비극성의 본질을 이루는 것은 그리스어로 '아나그노리시스(ἀναγνώρισις)', 즉 인간 자신이 스스로 비극적 존재임을 '인정'하는 것이었다. 그것은 신들의 '비열함'과 숙명의 무자비함에 대항하여 역설적으로 인간이 자신의 존재 의미를 정당화하는 방법이었다.

　야스퍼스의 말대로 비극적인 것에 대한 직관적 인식은 그 자체로 비극적인 것에서 해방될 가능성, 곧 정화(淨化)와 구원의 양식을 구체화하는 것이다. 인간 존재는 비극적 모순과 좌절, 그리고 그것을 극복하고 초월하는 과정 속에서 드러난다. 이러한 과정에서 존재는 상실되는 것이 아니라 완전하고 결정적으로 감지된다.[29] 야스퍼스에게 비극은 단순히 슬프고 절망적인 사건이 아니라, 사람들의 삶을 근원적이고 포괄적으로 파악하게 하는 암호이다.

　그러한 암호로서 인간 실존의 비극성은 실증(實證)의 대상이 아니다. 짐멜도 말했듯이, 적어도 인간 실존과 생의 의미에 관해서는 실증 논리가 최후의 심판관이 될 수는 없다. 비극적 인식은 삶의 의미를 찾아가는 인간이 이 세상과 자신에게 '의미를 선물'하기 위해 노력하는 과정에서 나온 결과이다. 이러한 시도는 또한 자연법칙을 신봉하는 절대적 결정론(determinism)과 인간이 의미 없는 존재라는 무기력한 비관주의(pessimism)로부터 자유롭기 위한 것이다. 비극의 역사적 현상과 실존 경험을 거치면서, 인간은 비극과 '게임'을 하고 '비극적 해학(諧謔)'을 즐길 줄 알 정도로 성숙해져야 하는지도 모른다.

그러나 인간의 삶과 그 문화를 논하는 데, 이러한 주제들이 너무 무거운 주제로 비추어질 수는 있다. 금세기 초반에 서구 사상의 주류를 이루었고, 지금까지도 그 비판의 칼날이 완전히 녹슬지 않은 실존주의적 문명 비판에서는 인간이 만들어낸 피조물의 세계가 가져온 부작용과 폐해를 다루는 것이 그런대로 설득력 있어 보인다. 그러나 오늘날 문화의 주류인 대중문화에 적용될 경우는 너무 무거운 접근으로 보일 수 있다.

영화를 한 편 제작하여 상영하고, 가요를 한 곡 만들어 부르며, 컴퓨터 게임을 즐기는 데 피조물과 창조자의 충돌이라든가 창조의 비극성이 발현되리라고는 쉽게 의식할 수 없기 때문이다. 하지만 다른 한편 인간의 창조 행위의 한계라든가 작품의 불완전성을 고려하면 그렇게 동떨어진 이야기만은 아닐 것이다. 그것은 또한 현대 문화의 창조성이 단순한 예술적 창조성이 아니라 다차원적 성격을 갖고 있기 때문이다. 다시 말해, 앞장에서 살펴보았듯이 현대 대중문화가 발명성·과학성·생산성과 깊이 결합되어 있기 때문이다.

인간 조건의 영향은 가시적이지 않을 뿐이지 잠재적 가능성은 항상 지니고 있다. 이러한 관점에서 보면, 오늘의 문제는 어떠한 구체적 상황에서 문화적 갈등과 충돌이 현실화할 가능성이 높은지를 관찰하는 데 있다. 필자의 생각으로는 문화적 생산이 '체제'를 이루거나 지배적 '힘(power)'을 바탕으로 하는 경우 그러한 가능성은 높아지고, 그에 따른 위험부담도 훨씬 더 커진다. 앞의 예들에서도 살펴보았지만, 과학적 발명의 결과가 인간에게 피조물의 도전이라는 비극적 결말을 가져올 수 있는 것도 그것이 가지고 있는 **힘** 때문이다.

인류 문명 전체를 조망하는 관점에서 살펴보면, 모더니티의 시대에 들어서면서 인간은 자신의 피조물이 가지는 힘을 실감해왔다고 할 수 있다. 예술가이자 과학자이며 발명가인 다 빈치는 창조성의 다차원적 성과를 이루어낸 인물이라고 할 수 있다. 적지 않은 학자들이 '근대적 발명의 시대'의 기원을 다 빈치로 본다. '자연뿐만 아니라 인간 자신의 정복과 착취의 구조' 안에서, 과학과 기술의 산물을 지속적으로 증가시키면서 이 세상을 '인공의 세계'로 만든 모더니티의 시대는 그와 함께 시작했다는 것이다.[30]

이것은 역사적 시대 구분의 한 관점에서 본 다 빈치의 위상일 수 있다. 그가 근대의 여명을 밝힌 인물이라는 해석에는 동의하지만, 앞장에서도 언급했듯이 그의 시대에는 아직 예술적 창조와 과학적 발명 및 생산성의 구체적인 결합이 이루어지지 않았다. 또한 산업혁명 및 자본주의의 등장과 함께 도래하게 된 문화 산업이 형성되기도 전이었다. 다 빈치는 고전적인 방법에 의한 예술 창작과 과학적 이론 개발 및 발명을 동시에 이루어냈지만, 그때까지는 그것들을 복합적 생산이 아닌 거의 개별적 가치를 지닌 영역으로 다루었다.

이렇듯 역사 진행 과정에 대한 해석은 다양할 수 있으나, 문화적 맥락에서 이러한 관점들의 저변에는 하나의 공통적인 입장이 깔려 있다고 볼 수 있다. 그것은 창조성이 예술에 적용될 때에는 부작용을 덜 수반하나,

과학과 발명, 생산성 등의 '힘'과 이를 '조직한 체제'와 결합할 때에는 그것들이 주는 실질적 혜택만큼 부작용을 지속적으로 수반한다는 입장이다.

하지만 여기서 쉽게 해결할 수 없는 또 다른 문제가 개입한다. 그것은 과학과 기술이 이루어놓은 이른바 '인공의 세계'는 인공적으로 유지되고 발전될 수밖에 없다는 사실이다. 다시 말해, 인간이 만들어낸 피조물로 이루어진 세계는 혁명적 전환이 없는 한 피조물의 지속적인 개발로 유지될 수밖에 없다. 오늘날의 인류는 과학과 기술이 주는 혜택을 만끽하는 만큼 부작용도 감수해야 하며, 그 부작용의 해결도 현재로서는 과학과 기술의 개발에 의존할 수밖에 없다. 이러한 관점에서 보면 역사의 종말은 사회 현상의 변화나 전쟁 같은 정치적 대변혁에서보다 과학 발전의 중지에서 일어날지도 모른다.

최근의 한 기고에서 서로우(Lester C. Thurow)는 국가와 기업에는 "끊임없는 기술 도약만이 살 길"이라고 강조했다. 하지만 기술 도약이 꼭 경제적인 경쟁에서 이기기 위한 것(서로우는 이것을 의도했겠지만)만은 아니다. 그것은 인류가 모더니티의 시대 이후 지금까지(이러한 점에서 사실 인류는 실질 생활에서 아직까지 모더니티의 틀 속에 있다고 할 수 있다) '인공의 세계'에서 삶을 지속하는 데 필요한 어쩔 수 없는 선택일 것이다. 현실적으로 환경 문제, 유전자 변형 등의 부작용을 이유로 모든 기술 개발을 갑자기 중단할 수는 없다. 역사를 완전히 거꾸로 돌릴 수는 없기 때문이다. 인류는 어쩌면 이 지구상에서 돌이킬 수 없는 어떤 진행의 단계에 들어섰는지도 모른다.

또한—필자의 아주 개인적인 생각이지만—인류가 지구상에 사는 한 지속적인 과학 발전 및 기술 개발의 혜택과 부작용 그리고 그 해결은 악순환(惡循環)이든 선순환(善循環)이든 계속 물고 물리는 순환성을 가지고 진행해갈 수밖에 없다. 그것은 아마도 지구라는 구체가 상징하듯, 순환적 구조를 가진 이 땅에서의 삶이 가져야 하는 순환적 운명인지도 모른다. 이는 아마도 순환적 조건의 터전에 있음에도 불구하고, 인류가 역사의 어느 시점에서 선형적이고 지속적인 발전을 시도했기 때문에 생긴 모순인지도 모른다.

인류가 이 순환적 모순에서 벗어나는 길은 지구에 살면서 지구의 조건에 맞추어 현재 삶의 양식을 획기적으로 바꾸든가, 아니면 지구를 떠나는 것이다. 즉 자신의 거주 환경 패러다임을 전환하는 것이다. 멀리는 새로운 밀레니엄, 가까이는 21세기에 인류의 과제는 '지구에서 순환적 발전을 계속하면서 그 순환성이 되도록이면 '선순환'의 성격을 갖도록 노력할 것인가, 아니면 우주로 나아가 새로운 삶을 개척할 가능성을 찾을 것인가' 하는 선택일 것이다.[31] 바로 이러한 선택과 그 실행에서도 인간의 창조성은 발휘되어야 할 것이다.

언급했듯이 창조성이 지닐 수 있는 힘 및 체제의 부작용과 그 특성은 대중문화에서도 관찰할 수 있다. 한때 고급문화가 문화의 대명사였던 것처럼, 지금은 대중문화 앞에 '대중'이라는 수식어가 붙을 필요가 없는 방향으로 문화의 조류가 움직이고 있으며,[32] 앞으로 이러한 경향은 더욱 가속화할 것이다. 문제는 현대의 지배적 문화 창조 행위와 그 성과를 현실적으로 가능하게 하고 유지하며 조정하는 것이 하나의 체제에 의존한다는 것이다. 그것은 소위 문화산업주의, 문화자본주의, 또는 문화경제론이라는 이름으로 불리는 문화 생산 체제이다. 다시 말해 생산성이 예술적 창조성을 상당수 대치(代置)한 **체제**이다. 이러한 체제는 엄청난 힘을 가지고 있어서 대중에게는 셸리의 소설에 나오는 괴물로 나타날 수도 있다. 체제도 인간의 피조물이기 때문이다. 사람들은 대세 속에서 이러한 피조물의 등장과 작용을 쉽게 잊어버린다.

또한 현실적으로 체제가 강력한 힘을 가질 경우, 그 구성원의 아부(阿附)와 이기주의적 타협을 초래할 가능성은 높아진다. 특히 오늘날 한국에서 간교한 지성이 한때 고급문화에 아첨했던 것처럼 오늘은 대중문화에 아부하는 경향을 보이는 것도 문화권력을 소유한 체제에 순응적인 경향을 보이기 때문이다. 현재 우리에게 필요한 것은 이른바 대중문화에 알레르기 반응을 보이거나 아부하는 것이 아니라, 그것을 비판하고 포용하는 것이다. 곧 사랑하는 것이다.

전통적으로 그리고 오늘날까지도 예술적 창조가 추구해온 것은 '지배적 힘과 체제적 권력으로부터의 해방'이고 그러한 메시지를 작품에 담는 것이다. 그리고 창조성이 생산성에 매몰되는 것을 거부하는 것이다. 그것은 인류가 예술적 창작 행위의 일회성과 작품의 유일성을 그 가치로 삼아 온 것을 보아도 알 수 있다. 이해타산과 무관한 창조 행위는 권력을 발휘하지 않으며, 생산성을 배제한 창조는 체제를 구축하지 않는다. 체제와 권력이 없는 피조물은 창조자와 충돌하여도 그 결과는 미약하다.

인간이라는 자기 한계를 가진 창조자는 그 비극적 조건을 벗어날 수는 없지만, 비극적 상황이 현실화할 가능성을 줄일 수는 있다. 그러기 위해서는 문화 산업 자본주의의 대세 속에서도 체제와 권력으로부터 자유로운 예술적 창조 행위를 지속해야 한다. 이러한 관점에서 보아, 오늘날 중요한 문제는 대중문화의 순수한 미적 평가나 작품성보다는 작품이 이루어지는 방식의 문제라고 할 수 있다.[33]

## '인간 자기 보존론'의 입장에서

이제까지 우리는 문화를 창조 행위로 볼 때에 문화의 문제가 '인간의 문제'로 돌아온다는 것을 관찰했다. 그리고 '창조자와 피조물의 변증 관계'가 비극적 요소를 내포하는 실존(existence)의 문제이기도 하지만, 동시에 원초적 인간 생존(survival)의 문제이기도 하다는 것을 감지했다.

사람들은 흔히 인간의 실존적 고뇌는 생존의 급박한 문제를 해결한 후에 온다고 착각한다. 그러나 사실 인류의 역사에서나 개인적 삶에서나 이 문제들이 단계적으로 온 적은 없다. 실존적 고뇌 속에 있다고 해서 생존의 문제를 해결했다고 볼 수도 없으며, 생존의 문제에 매달려 있다고 해서 실존적 고뇌를 하지 말라는 법도 없다. 인간 생존과 실존은 동시적으로 존재하는 문제다. 즉 단계성의 현상이 아니라 동시성의 현상이다. 다만 현실 생활의 순간순간에 어느 것이 더 부각되는가 하는 차이일 뿐이다.

생존과 실존의 문제는 넓은 의미로 '인간 자기 보존'의 문제라고 볼 수 있다. 그것은 '생(生)을 보존'하는 문제이고, 인간 생명력이 '창조적 진화'[34]를 계속할 수 있는지 그 가능성에 관한 문제이다. 구체적으로는 창조적 발전의 부작용이 역으로 인간 자신을 속박할 가능성을 줄여가면서 지속 가능한 삶을 이루어낼 수 있는지의 문제이다. 이러한 문제가 제기되는 것은 인간의 창조적 발전이 피조물의 힘과 체제에 의해 방해받을 수 있기 때문일 뿐 아니라, 그러한 발전 과정이 예측 불허하기 때문이기도 하다.[35]

흔히 미래를 예측하고 구상하며 그에 따른 계획을 실행해가는 과정에서 인간의 창조적 능력을 발견하기도 한다. 물론 인간은 미래와 과거를 '끌어당겨' 현재를 구성하는 동물이다. 엄밀히 말하면 끊임없는 시간의 흐름 속에서 '현재'라는 것이 그 어느 한 순간에 멈추어 존재하는 것은 아니라고 할 수 있다. 그래서 어쩌면 인간의 창조성은 '현재를 만들어내는' 능력에서 그 빛을 발한다고 할 수 있을지 모른다. 그러나 여기서 주목할 점은 미래와 현재를 위한 철저한 예측과 빈틈없는 기획이 인간의 창조적 진화에 꼭 도움이 되지는 않는다는 사실이다.

그것은 인간의 창조적 진화가 예측 불허하기 때문일 뿐 아니라, 더 나아가 일정한 목표를 향해 조직된 인간의 창조적 기획은 오히려 다차원적 창조성의 발현에 걸림돌이 될 수도 있기 때문이다. 로렌츠(K. Lorenz)는 인간의 자유분방한 '놀이' 능력에서 인류의 창조적 발전 가능성을 기대한다는 입장을 지녔다. 이런 관점에서 그는 어떠한 생각과 행동이 뚜렷한 목표를 가지고 있으면, 오히려 그 목적을 향한 힘의 집중과 긴장 때문에 '자유로운 놀이 능력'이 제어되고 놀이 과정에서 자연스럽게 파생될 수 있는 창조적 성과(그것은 여러 가지 문제 해결의 열쇠가 될 수 있다)를 얻어내지 못한다는 것을 간파했다.[36]

오늘날 문화 활동의 상당 부분은 언급했듯이 '잘' 조직되어 있고, 합목적적이며, 일정한 체제 속에서 이루어진다. 조금 더 강조해서 말한다면 지나치게 계획되어(hyper-planned) 있고, 지나치게 조직되어(hyper-organized) 있으며,[37] 반드시 성과를 요구하는 목표가 있고, 체제 순종적이라고 할 수 있다. 이것은 한마디로 '여유가 없는' 상황을 나타낸다. 이와 함께 각 개인의 자유의 폭도 좁아졌다는 것을 뜻한다. 로렌츠의 입장에 빗대어 말하면, '놀 틈이 없어서' 창조성이 발현될 기회도 줄어든다고 볼 수 있다. 조금 지나치게 말하면, 상당수 문화 활동에서 현대인들은 '노는 것'이 아니라 '놀아나고 있다'고도 할 수 있다.

다차원적이고 다양한 요소들을 능동적으로 상호 교환하는 것이 '놀이'의 전제이고, 따라서 창조성 발현의 가능성을 높이는 것이라면, 오늘날의 놀이 또는 '문화 게임'은 상당히 획일화된 상황에서 전개되고 있다고 볼 수 있다. 그것은 열린 개체들 사이의 게임이 아니라, 마치 '열린 운동장'에서 '획일화된 개체들이' 게임을 하는 것에 비유될 수 있다.[38] 여기에 '열린 사회'를 추구하는 '닫힌 문화'로서 현대 문화가 겪는 아이러니가 있다. 그것은 마치 '누구든지 오라'고 한 후, 모두 모이면 각자에게 똑같은 역할을 하도록 하는 것과 같다. 열린 놀이를 위해서는 운동장을 개방하는 것으로 충분하지 않으며, 게임 참가자가 다양한 개성을 발휘할 수 있는 상황을 조성하는 것이 필요하다. 즉 각 개인이 '놀 줄 아는' 것과 함께 '놀 수 있는 상황'이 필요하다.

로렌츠도 이미 1970년대 말과 1980년대 초의 상황을 관찰하면서 획일화된 문화 형태가 전인류를 특징짓고 있으며, 모든 사람들이 세계시장이라는 동일한(따라서 유일한) 장터에서, 획일화된 수단으로 획일화된 목표를 향해 움직이며 경쟁하고 있다는 점을 지적했다. 그는 이것을 마치 어떤 종(種)에 속하는 동물이 자기들끼리의 닫힌 범위 안에서(그들 사이에서는 열린 경쟁의 장이지만) 서로 획일화된(그들에게는 '균등'하게 주어진) 투쟁 수단으로 치열하게 생존 경쟁을 하는 것에 비유했다. 이러한 차원에서 보면 오늘날의 인류는 어쩌면 자신들이 그렇게도 원하던 야생적 '자연으로' 돌아갔는지도(?) 모른다. 문제는 '이러한 상황이 인간의 자기 보존을 위해 긍정적으로 작용할 수 있는가'이다.

문명 비판의 페시미즘을 한편에 접어놓더라도, 만일 모든 분야에서 강도 높은 획일화가 진행된다면(물론 일정 분야에선 오히려 획일적인 것이 필요하다. 한 예로 군인들은 유니폼을 입는다), 어두운 전망을 할 수밖에 없다. 예측 불허의 창조적 진화와 그 성과가 인간을 속박하는 것을 피하고 더 넓은 자유를 향한 지속적 해방의 길을 가기 위해서는 창조성의 발휘를 위한 영역(예를 들면 문화예술 영역)을 획일화의 물결에서 따로 보존할 필요가 있다. 그것이 인간이 자기를 보존하는 한 방법일 것이다.

그러기 위해서는 '놀이', '호기심', '경이감'을 바탕으로 하고, '한가로움'과 '아름다움'이 있는 창조 행위를 적극적으로 보장할 필요가 있다. 다시 말해, 인간의 삶 안에 몰이해적(沒利害的)이고 탈목적적(脫目的的)인 활동을 위한 '여유'를 놓아두어야 한다. 왜냐하면 이해타산과 목적 달성에서 자유로운 창조 행위의 과정에서 파생되는 '아이디어'들이, 철저한 과학적 합리성과 실리적 목표 추구 아래에서의 활동과 생산에서 생기는 문제를 해결해줄 수 있기 때문이다.[39] 또한 그러한 아이디어는 인간이 이해타산적이고 합목적적으로 창조한 피조물과의 충돌과 갈등 사이에서 완충적 기능을 할 수 있기 때문이다. 이러한 활동은 실존적 의미와 가치를 고양하는 것은 물론이고, 인간 생존에 부수적인 것이 아니라 필수적인 것이다. 이것을 이루어낼 수 있는 능력에 또한 인류의 자기 보존 가능성이 달려 있다.

놀이, 호기심, 경이감(驚異感)은 각각 세 가지 창조적 활동의 원천이자 과정이다. 놀이는 '예술을 위한 예술'에서, 호기심은 '과학을 위한 과학'에서,[40] '경이감'은 '명상을 위한 명상'에서 그러한 창조 행위를 가능하게 함과 동시에 그 행위 과정 자체이다. 다시 말해, 예술은 놀이 그 자체이고, 과학은 호기심 그 자체이며, 명상은 경이감 그 자체라 할 수 있다. 즉 그 자체 외의 무엇을 목적으로 하거나, 그 외의 무엇을 위해 쓰이기 위한 것이 아니다. 또한 놀이, 호기심, 경이감이 어우러져 있을 수 있듯이, 이 세 가지 활동은 설명을 위해 구분하는 것이지 사실 서로 혼재(混在)할 수 있다. 이렇게 혼재하는 것을 통틀어 '문화 놀이'라고 부를 수 있고, 또한 '문화적 즐김'이라고 할 수 있다. 이것은 삶의 '한가로움'에서 삶의 '아름다움'을 즐기는 것과 같다.

이른바 '호모 루덴스(homo ludens)'의 진정한 의미는 여기서 찾아야 할 것이다. 이상의 활동은 이 세상의 제약을 최소한으로 받음으로써 가장 창조적인 면을 드러내며 인간 존재의 본질적 의미를 그 자체로 반영한다. 이것은 인간이 지구를 떠나 우주의 어느 곳에 가더라도 생명체로서 인간과 함께하는 창조적 삶의 조건일 것이다.

이 외의 분야에서 인간이 이해타산적이고 합목적적이며 치열한 경쟁을 해야 하는 것은 현실적으로 불가피한 일이고 삶을 위해서도 필요하다. 그러나 위의 세 분야에서 인간은 순간순간 '심혈'을 기울일 때가 있을지라도 치열해지지는 않는다. 바로 그러한 상황에서 인간 창조성의 반짝이는 보석 같은 성과가 파생될 수 있다. 바로 그 성과가 인간이 기술적·경제적 생산의 피조물과 일으키는 갈등에 예기치 않은, 그러나 엄청난 효과를 지닌 해결의 열쇠를 제공할 수 있다. 진정한 창조 활동은 유익함을 목표로 하지 않는다. 그러나 절로 언제 어디선가 매우 유익하게 쓰인다. 이에 오스카 와일드(Oscar Wilde)가 한 말을 떠올려본다. "모든 예술은 참으로 무익하다(All art is quite useless)."[41] 하지만 그것은 절로 무한히 유익한 것이 되기도 한다.

[ 7장 주석 ]

1) 처음에는 이 장의 제목을 '조물주와 피조물의 변증법' 또는 '창조주와 피조물의 변증법'이라고 생각해보았으나, 창조주라는 단어가 이미 '우주 만물을 만들고 주재하는 신(神)'이라는 뜻으로 전문적 개념뿐 아니라 일상 용어로서도 정착됐기 때문에 망설였다. 후에 '창조자(創造者)'라는 말에 있는 '놈 자(者)'자가 마음에 들어서 그것으로 바꾸기로 했다. 물론 필자가 처음에 '조물주'나 '창조주'를 생각한 것은 이 말들에 '창조의 주체'와 '피조물에 대한 주인'이라는 뜻이 담겨 있고, 인간이라는 창조주와 절대 창조주 사이에 유사성도 있기 때문이었다. 하지만 이 장에서도 곧 알 수 있듯이, 창조주로서 인간이 지닌 한계 또한 피하거나 없앨 수 없다. 글을 쓰면서 필자는 결국 인간은 자신이 만든 피조물에 대해 굳이 '주인 행세를 하는' 존재이기보다는 피조물과 '같이 사는' 존재의 성격이 강하다는 것을 더욱 의식하게 되었다.
2) 제6장이 인간의 창조성에 대해 주로 현상적 입장에서 논지를 전개했다면, 이 장은 주로 존재론적 관점에서 이야기를 풀어나가고자 한다. 또한 여기서 '변증법'이라는 말은 특별히 G. W. F. Hegel을 의식한 것도 아니고, O. Hamelin의 이론을 염두에 둔 것도 아니다. 우리나라에서는 변증법하면 쉽게 Hegel이나 Marx를 떠올리지만, 서구 대학에서는 거의 일상 용어라고 할 수 있다. 따라서 어원에서 볼 수 있듯이 상호 관계나 상호 작용을 의미할 때에 큰 부담 없이 사용한다(특별한 의미로 사용할 경우에는 부언을 하면 된다). 이 장에서도 창조자와 피조물의 상호작용과 관계라는 의미로 사용한다. 다만 그것이 뗄 수 없는 조건이라는 입장이 특징이라 할 수 있다.
3) C. Collodi의 《피노키오의 모험(Le avventure di Pinocchio)》은 〈아동 신문(Giornale per i bambini)〉에 연재되었던 것을 한데 모아 1883년 책으로 출판한 작품이다. 형식상 아동 문학 작품이지만, 일부 비평가들의 말대로 줄거리 속에 이 세상의 아이러니와 인간 사회의 잔혹하기까지 한 면들을 감추고 있기도 한다.
4) 절대 창조, 순수 창조, 일차적 창조, 이차적 창조 등의 개념에 대해서는 제6장, 2항과 3항을 참조하기 바란다. 이에 덧붙여, 창조 행위의 내재적 위험을 예술 창조의 분야에까지 구체적으로 적용한 경우도 있다. R. Caillois의 자연관적 미학 이론에 의하면, 자연은 필연적으로 무오류성(無誤謬性)을 가지고 있으나, 인간 같이 그렇지 못한 창조 주체가 자연의 아름다움에 부가하는 행위에는 항상 위험이 따르게 된다. 그에 따르면 예술이 시작되면, 예

술의 계산과 도박도 함께 시작된다(*Esthétique* généralisée, Gallimard, Paris, 1962 참조).
5) C. Collodi, *Le avventure di Pinocchio*, De Agostini, Novara, 1994, 5~13쪽 참조.
6) 같은 책, 14~15쪽 참조.
7) 이는 '창조주의 유혹'이라고 할 수 있는데, 제한된 창조자로서 인간이 '창조의 맛'을 안 이상 그 유혹에 빠질 가능성은 높다.
8) 오늘날 생명 복제(cloning)의 욕구와 기술 개발은 우연의 결과가 아니다. 그것의 최종 목표는 동물의 복제가 아니라, 인간 자신의 복제임이 자명하다. 이는 단순한 창조자로서뿐 아니라 '조물주'의 속성으로서 인간의 욕망을 실현해 나가는 과정의 일부일 뿐이다. 그리스도교 등 일부 종교의 교리에 따르면, 인간은 신의 모습으로 창조되었다. 인간이 신의 모습으로 창조되었고, 인간이 궁극적으로 추구하는 자신의 피조물이 인간의 모습을 닮은 존재라면, 삼단 논법으로 그 피조물이 신의 모습과 갖는 관계는 굳이 설명하지 않더라도 알 만하다. 그 피조물은 인간의 속성뿐 아니라, 인간에 의해 매개(媒介)된 것이나마 신의 속성을 지니리라는 것을 생각해보게 된다(이에 연관하여 제5장, 주 42)를 참조하기 바란다).
9) 흔히 'Frankenstein'을 괴물의 이름으로 알고 있으나, 그것은 괴물을 만든 사람의 이름이고, Shelley의 소설(1918년 초판)에서 괴물은 그냥 'the monster'로 불린다. James Whale 감독이 B. Karloff 주연으로 만든 〈Frankenstein〉(1931)과 〈The Bride of Frankenstein〉(1935) 및 1950년대 후반과 70년대 초에 걸친 Terence Fisher 감독의 프랑켄슈타인 시리즈 등 여러 편의 영화와 TV 제작물을 거치면서 오해의 계기가 생겼고, 이후로 일반 대중에게는 프랑켄슈타인이 괴물의 이름이 되어버렸다.
10) M. W. Shelley, *Frankenstein, or the Modern Prometheus*, Penguin(Popular Classics), London & New York, 1994, 95쪽 참조: "Yet you, my creator, detest and spurn me, thy creature, to whom thou art bound by ties only dissoluble by the annihilation of one of us. You purpose to kill me. How dare you sport thus with life? Do your duty towards me."
11) 같은 책, 96쪽: "Remember that I am thy creature; I ought to be thy Adam." 이 대사는 '인간의 창조'와 '신의 창조' 사이의 유사성을 암시하고 있다.
12) 같은 책, 97쪽: "For the first time, also, I felt what the duties of a creator towards his creature were."
13) 같은 책, 162쪽: "Remember that I have power, ······You are my creator, but I am your master; obey!" 피조물이 자신의 창조자에 대해 오히려 자기가 주도권을 가진 주인이라고 주장하는 이 상황은 바로 인간이 '창조-주(主)'일 수는 없고, 다만 '창조-자(者)'

일 뿐이라는 것을 상징한다고 볼 수 있다.
14) 인간이 모든 면에서 피조물에 우월할 수 없음과 피조물이 예기치 않은 능력을 획득할 수 있음은 프랑켄슈타인의 '괴물'이 험악하게 생겼지만 매우 달변이고 남을 설득하는 능력 (powers of eloquence and persuasion, 앞의 책, 212쪽 참조)을 가졌다는 것을 보아도 알 수 있다. 프랑켄슈타인은 그러한 능력까지 가질 것이라고 예측하고 괴물을 만든 것이 아니었다.
15) Frankenstein의 비극은 소설의 부제인 'The Modern Prometheus'를 보아도 감지할 수 있지만, 그들 이야기의 마지막 순간까지 계속된다. 괴물을 찾아 죽이기 위해서 북극까지 간 Frankenstein은 괴물의 추적에 실패하고 탈진한 상태에서 조난당한다. 결국 그는 자신을 구조했던 Walton 선장의 배에서 숨을 거둔다. 프랑켄슈타인을 찾아온 괴물은 선실에 싸늘한 시체로 누워 있는 그를 보고 비탄에 잠겨 울부짖는다. 그러고는 '자신도 죽을 것이라면서' 빙원으로 사라진다(앞의 책, 208~215쪽 참조). 한(恨)을 못 풀고 죽은 프랑켄슈타인과 살아 있을 아무 이유도 의미도 없는 괴물이 그들의 마지막 비극적 모습이었다. 문학적으로는 M. Shelly의 이러한 마지막 처리가 다른 미진한 점들에 비해 작품을 상당 부분 살려내고 있다고 볼 수 있다.
16) 제6장, 3항 참조.
17) G. Simmel, *Philosophie des Geldes*, Duncker & Humblot, Leipzig, 1907, 503~504쪽 참조.
18) 짐멜은 이론의 틀로, 헤겔 철학의 영향을 받은 '정신의 객체화(Vergegenständlichung des Geistes)'라는 개념을 사용하는데, 본문에서는 지나치게 이론적이고 전문적인 담론은 피하기로 한다.
19) G. Simmel, *Zur Metaphysik des Todes*, ⟨Logos⟩ 1호(1910/1911), Tübingen, 61쪽 참조.
20) G. Simmel, *Der Begriff und die Tragödie der Kultur*, ⟨Logos⟩ 2호(1911/12), Tübingen, 1쪽: "unzählige Tragödien".
21) 이 같은 입장을 보아도, 짐멜이 말하는 '문화의 비극'이 결국은 '창조의 비극'이라는 것을 알 수 있다.
22) G. Simmel, 앞의 책, 15쪽. 짐멜이 제시하는 창조자와 피조물의 관계를 바탕으로 하는 '문화의 변증적 구조'에 대한 비판에 관해서는 E. Cassirer의 *Zur Logik der Kulturwissenschaften*(Darmstadt, 1961)의 제5장 Die "Tragödie der Kultur"를 참조하기 바란다. 카시러는 짐멜이 문화의 문제를 '문화 의식의 변증적 구조(dialektische Struktur des Kulturbewuβtseins)'로 환원하는 입장은 신비주의적 자세이며, 문화적 창조자로서 인간의 개

인성을 지나치게 강조하는 입장이라고 비판하고 있다. 그러나 필자의 생각으로는, 카시러가 짐멜 철학의 해석에서 몇 가지 점을 잘못 파악했기 때문에 부적절한 비판을 한다고 본다. 첫째, 짐멜이 '문화의 비극성'의 논지 전개에서 직관적 파악과 형이상학적 해석을 전제한다는 사실을 간과하고 있다. 둘째, 짐멜이 제시한 문화 창조자와 피조물의 갈등과 문제를 단순히 마르크스(K. Marx)식의 '물신주의(Fetischismus) 비판' 및 '소외 이론'과 동일한 맥락에서 파악하고자 하는 오류를 범하고 있다. 셋째, 짐멜의 이론은 '일반 문화 이론'인데, 그것을 현대 문화 비판에 한정하는 '특수 문화 이론'으로 잘못 인식하고 있다.

23) 이 점에서 짐멜 사상과 H. Bergson의 '창조적 진화론(évolution créatrice)' 사이의 유사성을 논해볼 수 있다.

24) 짐멜은 이것을 '삶'과 '삶이 창조해내는 문화 형태' 사이의 '변증 관계'로 파악했다. 그는 '생(生)의 철학'이라는 입장에서, 끊임없이 '타자성'을 창조함과 동시에 그 타자성을 또한 끊임없이 초월하고자 하는 것을 생의 본성으로 보았다. 짐멜은 만년(晩年)에 이러한 입장을 형이상학의 이론적 틀로 설명하려 했다(*Lebensanschauung. Vier metaphysische Kapitel*, Duncker & Humblot, München-Leipzig, 1918/1922² 참조).

25) 문화 현상의 내재적 필연성과 비극성의 관계는, 짐멜이 비극과 희극을 비교한 말에도 잘 나타나 있다: "비극적 사건에서는 겉으로 우연한 것처럼 보이는 것이 내재적으로는 필연적인 것이며, 희극적 사건에서는 겉으로 필연적인 것처럼 보이는 것이 내재적으로는 우연한 것이다(Im Tragischen ist das äußerlich Zufällige ein innerlich Notwendiges, im Komischen das äußerlich Notwendige ein innerlich Zufälliges, 그의 유고(遺稿) 일기 중에서)."

26) G. Simmel, '*Der Begriff und die Tragödie der Kultur*', 앞의 잡지, 19쪽 참조.

27) G. Lukács, *Metaphysik der Tragödie*, 〈Logos〉 2호(1911/1912), Tübingen, 79~91쪽 참조.

28) 비극(悲劇)과 인간의 비극성에 대한 이론서는 그 완벽한 참고 목록을 만들기가 벅찰 정도로 많다. 그것은 고대철학의 아리스토텔레스에서 현대 철학의 G. W. F. Hegel, S. Kierkegaard, F. Nietzsche에 이르기까지 서양 사상에서 간과될 수 없는 요소이다. 문학에서 인간의 비극성은—전설과 신화에 나오는 상당수 이야기들의 주제였다는 것을 차치하고라도—고대 그리스의 비극 작품에서부터 오늘날까지 큰 산맥을 이루는데, 그 한 예로 비밀스럽고 불가사의한 인간 조건으로서의 비극성은 특히 W. Shakespeare의 *Macbeth*와 F. Kafka의 *Der Prozeß* 등의 작품에서 돋보이고, 실존주의와 연관하여서는 A. Camus, S. Beckett 등의 작품에서 관찰할 수 있다.

29) K. Jaspers, *Über das Tragische*, München, 1952, 제1장 5항 참조. 이 글은 원래 그의 다른 저서 《진리에 대하여》(*Philosophische Logik*, Bd.I, Von der Wahrheit, München, 1947)에 수록되었던 것으로 후에 이 부분만 단행본으로 출판되었다. '비극론'이 원래 '진리론'의 제3부, 3장, 3항인 '근원적 관점에서의 진리의 완성'에서 그 한 예로서 전개된 것을 보아도, 야스퍼스의 실존 철학에서 그것이 지니는 인간 존재의 본질적 요소로서의 위상을 짐작할 수 있다. 일반적으로 야스퍼스의 비극론을, 비극성을 존재의 근본 양상이라고 보거나 세계의 구조적 원리 혹은 인간에 내재하는 일반 법칙으로 보는 이른바 '범비극론(汎悲劇論)'이 아니고, 비극성이 현상계(現象界)에서 감지되는 것이라는 현실 존재적 비극론이라고 해석한다. 그러나 비극성이 인간의 실존을 구성하는 것이라면, 이러한 구분은 매우 미묘한 것이며, 궁극적으로 인간 실존에서 비극적 인식이 필요하다는 점에서는 그 구분이 핵심적인 것은 아니라고 생각한다.
30) 이러한 입장들 가운데 한 예로서 J. Mittelstraβ, *Leonardo-Welt. Über Wissenschaft, Forschung und Verantwortung*(Suhrkamp, Frankfurt a. M., 1992)을 참조하기 바란다. Mittelstraβ는 그러한 인공의 세계를 '레오나르도의 세계(Leonardo-Welt)'라고 부른다. 그 특징은 인간의 능력에 의한 세계 정복에 이어서 정복된 세계를 이용한 인간 자신의 정복으로 이어졌다는 것이다.
31) 필자의 생각으로는 현시점에서 더욱 실현 가능한 선택은 '우주로 나가는 것'이 아닐까 조심스럽게 전망해본다. 앞으로의 문제는 '지구에서 악순환이 돌이킬 수 없는 상태에 도달하는 것'과 '지구 밖으로의 이주(移住) 가능성' 사이에서 어느 것이 먼저 실현되느냐의 싸움일지도 모른다. 그것은 둘 사이의 시간 싸움일 것이다. 따라서 우주로의 진출을 선택할 수밖에 없다고 할지라도, 구체적인 실현 능력(우주의 거주 환경에 대한 지식, 기술 개발 등)을 쌓을 때까지 시간을 벌기 위해서는 지구에서의 지속 가능한 삶을 위해서도 노력해야 한다. 결국은 두 가지 가능성을 모두 견지하는 것이 현명한 선택일 것이다. 또한 지구에서의 환경 친화적이고 생태계 포용적인 삶의 경험을 쌓아두는 것은 우주의 다른 곳에 거주하게 되더라도 '또 다른 실수'를 예방하는 삶에 대한 역사적 경험이 될 것이다.
32) 그 한 예로, 최근 몇 년 동안 국제적으로 커다란 문화적 행사의 하나였던 L. Pavarotti, P. Domingo, J. Careras 등 소위 'Three Tenors' 공연과 음반 제작 판매는 고급문화인가, 아니면 대중문화인가? 이 질문에 답할 수 있다면, 그러한 구분의 모호성을 이해할 수 있을 것이다. 이 주제는 제9장에서 다시 다루기로 한다.
33) 그렇다면 대세를 벗어나는 방식의 문화 창조는 현실적으로 어떻게 가능한지 생각해볼 필요가 있다. 그러한 가능성은 각기 특성을 지닌 시대의 상황과 사회의 조건에 따라 구

체적으로 달라질 것이므로 그것을 위해서는 지속적인 노력이 필요할 것이다. 현시점에서 제시해볼 수 있는 것은, 문화 활동에 종사하는 독립적 자유인으로서 각 개인의 노력도 중요하지만, 한때 정치권력이 유일한 생명력(vitality)이 아니라는 것을 보여주었던 정치 외적 권위의 공동체(예를 들면, 학술·예술인 스스로의 모임, 시민 단체, 종교 단체 등)가 이제 경제 권력이 유일한 생명력이 아니라는 경제 외적 권위로서 문화활동을 후원하는 것이다.

34) 여기서 이 말을 사용하는 것은 꼭 H. Bergson의 'évolution créatrice'를 염두에 두고 하는 것은 아니다.
35) K. Lorenz는 이 점에 대해서 매우 확고한 입장을 취했었다(*Der Abbau des Menschlichen*, R. Piper & Co. Verlag, München, 1983 참조).
36) K. Lorenz, 앞의 책, 제3장 참조.
37) J. Baudrillard 등 이른바 포스트모더니스트들이 말하는 현대사회의 하이퍼리얼리티(hyper-reality)의 저변에는 사실 'hyper-planned', 'hyper-organized'의 요소들이 있다. 오늘날 이러한 기획과 조직의 대명사들은 '네트(net)'와 '웹(web)'이다. www(World Wide Web)의 상징성이 내포하는 것이 바로 그러한 성격들이라고 할 수 있다.
38) 한 예로, 사이버 문화 연구자들은 여러 가지 형태의 MUD(Multiple User Dimension) 같은 다자간 컴퓨터 게임의 다양성과 자유의 폭을 강조하지만, 사실 그것은 잘 조직된 망에서 이루어지는 참가자들의 획일성을 크게 벗어나지 못한다고 볼 수 있다. 사이버 문화가 사이버 공간에 다양성을 주려면, 사이버 공간 외적인 요소를 염두에 둔 자기 변신에 훨씬 더 노력을 기울여야 할 것이다.
39) K. Lorenz는 Homo faber로서 인간이 어떤 사용 목적으로 생산한 피조물도 Homo ludens적 창조성 덕분으로 신기할 정도로 아름다운 형상을 지닐 수 있음을 강조했다. 이는 합목적적인 행위와 순수 예술적 행위가 호혜성(互惠性)을 지니고 있음을 보여주는 것이라고 할 수 있다.
40) '예술을 위한 예술'이라는 표현에 비해서, '과학을 위한 과학' 또는 '지식을 위한 지식'이라고도 할 수 있는 이 말이 혹자에게는 이상하게 들릴지도 모른다. 하지만 과학자들이 그들의 작업에 대한 비판을 받을 때마다 거의 기계적으로 대답하는 '과학은 중립적이다', '과학은 선도 악도 아니다', 또는 '과학은 몰가치적(沒價値的)이다'라는 표현들을 생각해보면 과학자들 자신이 이상적으로 여기는 과학적 태도도 바로 '과학을 위한 과학'인 것을 알 수 있다(그것은 본문에서도 설명하듯이 인간의 삶을 위해 필수적이다). 그러나 문제는 현실이다. 과학자들은 자신들 연구의 순수성을 주장하며, 과학적 연구 작업과 그 성과 자

체는 중립적이고, 그 실질적(정치적·경제적·군사적 등) 적용에 모든 책임이 있다는 것을 강조한다. 문제는 오늘날 어느 연구소에서 어느만큼 탈목적적이고 중립적인 연구를 하느냐는 것이다. 연구 계획이 세워지고, 재원이 확보되며, 과업이 진행되고, 연구 성과를 얻어내는 과정에서 순수 호기심에 의한 '과학을 위한 과학'적 연구를 찾아보기가 하늘의 별 따기만큼이나 어렵다는(이것은 '불가능'이라는 표현을 쓰지 않기 위한 은유일 뿐이다) 것이 오늘의 현실이다. 현대 역사에서 과학과 기술의 '결혼'이라는 획기적인 사건 이후 이러한 현상은 더욱 가속화해왔다. 일반 대중은 과학자들의 판에 박힌 대답에 쉽게 수긍할지 몰라도, 오늘날 과학자 공동체가 어떻게 조직되고 어떻게 운영되는지를 조금이라도 아는 사람이라면, 오히려 과학자들에게 실제로 '과학을 위한 과학'의 연구에 조금이라도 짬을 내달라고 부탁하고 싶어질 것이다. 과학철학, 과학사회학, 또는 생명윤리학 등의 입장에서 어떤 과학적 업적을 비판하는 것은 그 업적을 위한 연구 행위가 이미 시작 단계에서부터 중립적이지 않을 수 있다는 것을 전제하는 것이다. 오늘날 대부분의 과학적 성과와 그 적용은 순수한 연구의 성과가 있은 다음 적용을 하는 단계성을 띠고 있지 않다. 적용을 (상업적 목적을 포함한) 전제로 한 연구가 차지하는 비율은 과학자 자신들이 더 잘 알 것이다. 그렇다고 그러한 연구를 하지 말라는 뜻이 아니다. 그것도 필요하고 유익하다고 판단해서 하는 것이라고 생각한다. 다만 과학자 자신이 현실을 인식해서 연구 과정 투명성을 가져야 하며, 무엇보다도 자기 자신과 자신이 하는 일을 잘 알고 자신에 대해 솔직할 필요가 있다.

41) 이것은 O. Wilde의 소설 *The Picture of Dorian Gray*(1891)의 서문에 나오는 말이다.

# 8

# 자유의 인간과 문화적 비자유

'문화의 발전은 사람을 더욱 자유롭게 하는가?'라는 물음은 근현대 사상의 저변에 흐르는 실존적 주제 가운데 하나다.[1] 자아실현을 추구하는 존재로서의 인간과 그 제한 조건 사이의 상충 관계에 대한 주제는 표현 방식이 달랐을 뿐 사실 인간 사고에서 지속적으로 존재해왔다. 인간의 삶을 제한하는 조건은 자연적인 것뿐 아니라 인간 창조 행위와 그 성과도 포함하고 있으므로, 이러한 주제는 당연히 인간과 문화에 대한 담론의 대상이 된다. 문화적 활동이 양적 팽창을 지속하고 있는 현대사회에서는 더욱 그러하다.

조금 도식적인 표현을 빌리면 '존재냐, 소유냐'라는 산업사회의 화두에, '존재냐, 활동이냐'라는 문화 중심 시대의 화두가 가세한 오늘날에는[2] 인간의 활동 자체가 인간 존재를 더욱 속박할 것인가 아니면 현실적 제약 조건에서 조금이라도 해방할 것인가 하는 문제라고 할 수 있다. 이러한 속박과 해방이 어떠한 방식과 어떠한 양상을 지닐 것인가 하는 것은 문화 연구와 인간학이 주목해야 할 과제이다.

　인간 존재와 그 조건을 표상하는 언어 가운데, 아마 자유라는 말만큼 공허한 개념도 없을 것이다. 인간은 자신이 자유롭다고 생각하는 순간에도 비자유의 조건 속에 있는지도 모른다. "자신들을 묶고 있는 사슬을 우습게 여기는 사람들이 모두 자유로운 것은 아니다"[3)]라는 레싱(G. E. Lessing)의 말은 이러한 모순의 정곡을 찌른다.

　하지만 비자유의 조건에 매몰되지 않으려는 인간의 욕구와 노력은 자유가 어떠한 형태로든 존재한다는 것을 말해주며, 그러한 조건에서 조금이라도 해방될 수 있는 가능성을 찾게 해주는 것이 또한 인간의 자유다. 자유는 바로 비자유의 조건을 폭로할 수 있는 능력이기 때문이다. 인간은 태어날 때부터 자유와 비자유의 교차선 위에 서 있는 존재인지도 모른다.

　자유에 대한 직접적이고 즉각적인 접근은 용이하지 않다. 자유의 수수께끼는 곧 인간 실존의 의미와 인간 조건의 수수께끼이기 때문이다. 그러나 인간이 일상에서 하는 판단·결정·선택 등의 행위뿐 아니라, 무엇인가를 바라고 갈구하는 것 등 인간의 어떠한 의지 표출도 자유롭게 한다는 믿음이 없으면 이 세상에서의 삶은 무의미하다.

　인간의 욕구·열망·자아실현 등은 자유의지로서 외적으로 표출되며, 그것은 함께하는 삶에서 궁극적으로 사회성과 문화 형성의 조건을 배태한다. 이러한 주제들을 짚어가면서 자유의 의미에 접근하고, 현대사회와 문화라는 구체적 컨텍스트에서 자유와 비자유의 현상들을 살펴봄으로써 인간 이해를 위한 또 하나의 지평을 찾아보기로 한다.

## '사자를 그리는 사슴'의 고행

인간이 직립 동물이라는 사실이 다른 동물과 구분되는 본질적 요소라는 데는 생물학자뿐 아니라 일반 사람들도 누구든지 동의할 것이다. 그러나 사람들은 그것이 지니는 현실 생활에서의 효과와 그 상징적 의미에 대해서는 간혹 잊고 지내는지 모른다.

인간이 서 있는 모습은 땅을 상징하는 지평선과 교차하는 수직선의 상징이라 할 수 있다. 위를 향하여 지구의 중력 방향에 맞서는 자세로 서 있는 인간의 모습은 단순한 대치와 긴장의 상태를 넘어서 무엇인가 인간 정체성의 중요한 일면을 반영한다. 인간은 유한한 존재이면서 무한을 생각하며, 죽을 운명이면서 영생(永生)을 그린다. 그리고 이 땅에 있으면서, 이 땅 너머를 갈구한다. 인간의 직립성은 이 땅에 발붙이고 살면서도 이 땅의 삶에 저항하여 저 먼 곳을 향하는 존재임을 상징한다.[4] 이는 또한 땅의 자연이 제시하는 조건에서 탈출하고자 하는 자유를 의미하는 것이기도 하다.

수직의 형상이 사람들에게 특별한 감정을 불러일으키는 예는 문학작품에서도 찾아볼 수 있다. 시인 노천명(盧天命)은 네 발 짐승이지만 유난히 목을 곧추세우는 사슴을 보고는 "모가지가 길어서 슬픈 짐승"이라고 했다. 사슴이 슬픔의 메타포인 이유는 사실 목이 길어서가 아니다. 저 먼 곳을 바라보기 위해 그 긴 목을 수직으로 곧추세우는 데 있다. 그녀의 시에서 의인화된 사슴은 "물속의 제 그림자를 들여다보고/잃었던 전설을 생각해내고는,/어찌할 수 없는 향수에/슬픈 모가지를 하고/먼 데 산을 바라본다." 수직의 형상은 지평의 자연법칙에 대한 반항이며, 무엇인가에 대한 열망(熱望)이다. 그래서 잃었던 전설이라도 생각해낸다. 그것은 자유의 꿈을 먹고 사는 존재들의 상징이다.

"사자와 짝짓기를 원하는 암사슴은 사랑을 위해 죽어야 한다."[5] 셰익스피어의 희곡《끝이 좋으면 다 좋다》의 여주인공 헬레너의 독백이다. 자연법칙과 사회문화적 제약에 저항하면서 현실적으로 불가능한 것일지라도 애타게 바라는 인간의 욕구와 열망의 표현은 단순한 상상의 차원을 넘어서기도 한다. 루카치가 말했듯이 인간 실존의 끝없는 열망이 비극의 형이상학적 근원인지도 모른다.[6] 마치 먼 데를 바라보는 사슴이 시인의 눈에 슬퍼 보이듯이, 인간은 그 열망으로 해서 비극적 존재인지도 모른다. '잃었던 전설에 대한 향수'는 가슴을 아프게 하고, '사자를 그리는 사슴'은 사자보다 용감하지만 고행의 길에 나서야 한다.

인간은 고행의 길에 나설지라도 자연의 법칙이 불러일으키는 '지평의 욕구'와 형이상학적 '수직의 열망'을 모두 충족시키려 한다. 인간학 연구에 평생을 바친 독일 철학자 겔렌(A. Gehlen)은 인간을 생물학적 차원에서 결핍 존재(Mängelwesen)로 파악한다. 그는 이 특성을 인간이 다른 동물과 구별되는 가장 본질적인 것으로 본다. 인간은 생체적 결핍을 극복하기 위해 자유로운 선택을 하고 기술과 도구를 개발한다. 이러한 행위는 욕구를 충족시킴과 동시에 정신적 발전을 이끈다. 이것이 간단히 말해서 겔렌이 주장하는 문화 생성 발전의 양상이다. 겔렌은 시적(詩的) 수준의 명확성에 머무는 형이상학적 인간 연구를 꼬집고, 여기에서 탈피하여 직접 관찰된 현상과 행동학을 바탕으로 한 인간학을 정립하고자 한다.[7]

그러나 겔렌의 이론은 '지평의 욕구'에만 초점을 맞춘 해석이라고 볼 수 있다. 그는 인간의 '수직적 열망'은 생물학적 기능의 결핍 때문에 생기는 것이 아니라는 것을 너무 쉽게 간과한다.[8] 이러한 경향은 실존 문제를 비롯한 인간 존재의 다양한 차원을 생존 문제로 환원시키는 어리석음을 범할 수 있다. 인간의 욕구와 열망은 인간이 생체적 '결핍 존재'라는 조건과 원인을 넘어서는 다양한 현상이다. 마찬가지로 인간의 자유의지 표출은 생물학적 차원에[9] 머무르지 않는다. 여기에 '수직적 열망'을 포함하는 자유의 문제가 다양한 차원을 갖는 이유가 있다.

## 서로 비비며 살다

사회적 관점에서 보면, 개인적 욕구와 열망이 타인의 욕구 및 열망과 만날 때 자유의 문제가 부각된다. 문자 그대로 '다른' 것끼리의 만남은 자유의 문제가 부각되는 장소를 제공한다. '차이'를 가지고 만나지만, '함께' 살려고 할 때에 각 개인은 자유라는 실존적 문제에 몰리게 된다. 사람들이 함께 어울려 사는 세상은 곧 개인의 자유가 서로 부딪치는 세상이다.

칸트는 '실용적 인간학'에서,[10] 인간이 다른 사람들과 사회를 이루고 그 사회에서 예술과 과학을 통해 문화적 성장을 하며 도덕적 발전을 하는 것이 실용적 관점에서 본 합리적 인간의 운명이라는, 간단하지만 현실적인 결론을 내린다. 인간이 사회를 이룬다는 것은 운명적인 것이다. 그 안에서 인간은 각자를 지키려 하면서도 서로 비비며 산다. 칸트 자신이 모순적 구조로 표현한 인간의 '비사교적 사교성(ungesellige Geselligkeit)'[11]은 이러한 사회적 게임을 가능하게 한다. 그래서 궁극적으로는 "각 개인의 자유가 타인의 자유와 공존할 수 있는",[12] 곧 규율과 조정을 바탕으로 하는 최대 자유의 실현이라는 이념이 인간의 최대 행복의 실현이라는 욕구에 선행하며, 모든 사회의 건설에 바탕이 되어야 한다는 칸트의 입장은 오늘날에도 유효하다.

사람 사이에 서로 '차이가 있다'는 개인성과, 사람들이 '함께 산다'[13]는 사회성은 당연히 윤리의 문제를 낳는다. 쉽게 말해 그것은 어느 정도까지 '내 마음대로 할 수 있고, 내 멋대로 할 수 있는지'를 무리 없이 보장하는 문제이기도 하다. 자유의 개념에 동반하는 인간학적 요소들만큼 윤리의 문제를 동반하는 것도 드물 것이다. 20세기에 들어서서 사회가 점점 더 복합성을 띠게 되고, 사회관계에 판단과 조정의 기준을 제공하던 이른바 '거대 원칙'들이 무력해지며, 상대주의가 절대적 주장이 되면서 도덕의 정체성이 표류하게 되었다는 시대 상황에는 대부분 공감할 것이다.

이러한 상황에서 윤리의 필요성을 적극적으로 주장하는 사람들은 마치 윤리 체계라는 '공룡'을 재등장시킬 것같이 편협한 도덕주의자들이 되어간다. 다른 한편 이 세상의 모든 무거움을 떨쳐버리고 생활의 가벼움을 추구하는 사람들에게 환심을 사고자 하는 반윤리주의자들은 소위 '도덕을 넘어서'라는 허울 좋은 구호 아래 윤리적 판단의 무용론을 외친다. 전자에 속하는 사람들은 아직까지도 '해야 한다'와 '하지 말아야 한다'라는 의무와 당위성만을 기반으로 하는 도덕적 입장을 고수하고, 후자에 속하는 사람들은 모두 해체되어버린 윤리적 공간에서 냉소주의로 일관하고 있다.[14]

이러한 상황에서 더불어 사는 삶을 위해서는 윤리성을 거부할 수도 없고, 정체적(static) 개념의 윤리성에 매달려 있을 수도 없다. 이제 윤리를 거부하거나 정체적 입장에서 재정립할 것이 아니라, 윤리적 규범도 과정(process)의 입장에서 인식하는 것이 중요하다. 윤리 인식과 그 적용 방식은 달라져야 한다. 이것이 오늘날 우리에게 필요하다. 예를 들면, 차이를 바탕으로 하는 개인주의가 발달함에 따라, 윤리적 명제에서도 "남이 너희에게 해주길 바라는 대로 남을 대하라"는 고전적 황금률에, "남이

너에게 해주길 바라는 대로라도 함부로 남에게 행하지 말라. 왜냐하면 그들의 욕구와 취향은 다를 수 있기 때문이다"라는 입장이 첨가되어야 할 필요까지 생겼다.

이는 사회문화 발전에 따른 인간관계의 차원이 다양해졌으며, 그에 따라 윤리가 염두에 두어야 할 관점과 판단 기준도 역시 다양해졌다는 뜻이다. 또한 윤리의 출발점이 기존의 당위(Sollen)에 있는 것이 아니라,[15] 칸트가 각 개인 자유의 '공존의 문제'를 다루었듯이 '함께 있음(zusammen bestehen)'에 있다는 것을 말한다. 왜냐하면, 함께 있음은 문제도 야기하지만 동시에 해결 가능성을 제공하기 때문이다. 따라서 윤리 문제는 율법의 문제가 아니라, **환경의 문제**라는 인식의 전환이 필요하다. 다시 말해 '함께 있을' 환경을 어떻게 '함께(zusammen)' 만들어가느냐의 문제를 지속적으로 제기하는 태도가 윤리적 접근의 견인(牽引) 역할을 해야 한다. 시대 상황에 적합한 당위와 의무의 명제는 이러한 과정의 성과로 따라올 것이다.

앞으로 이른바 '문화의 세기'에는 윤리의 문제가 더 복합성을 띠게 될 것이다. 왜냐하면 문화 활동과 그 성과가 지속적으로 사회관계를 매개하기 때문이다. 이에 주로 사람과 사람 사이의 사회관계에만 바탕을 두어왔던 윤리적 인식은 그 범주를 더 넓혀야 할 것이다.

러셀(B. Russell)은 인간이 고립된 동물이 아니고 사회가 존재하는 한, 인간의 '자아실현(self-realization)'은 윤리의 최고 원칙이 될 수 없다고 했다.[16] 하지만 윤리의 최고 원칙은 아닐지라도 자아실현의 요소를 간과하는 것은(지금까지 '관계'에 중점을 둔 적지 않은 윤리 이론이 그러했듯이) 아직까지도 인간의 욕구·열망·의지·자유 등의 문제를 순수한 사회성으로만, 즉 개인 사이의 상호관계로만 파악하는 데 머무는 것이다. 좀더 구체적으로 말하면, 이러한 입장의 저변에는 이기주의와 이타주의의 이분 구조 바탕 위에서 사회 문제를 이해하려는 경향이(러셀의 경우도 마찬가지 다) 남아 있는 것이다. 그리고 이에는 자아실현의 문제는 개인에 국한된 문제이고 주관적인 것이며 타인 및 사회 상황과 관계없이 이루어지는 것이라는 선입견이 깔려 있다.

이러한 이론적 편협성에서 벗어나기 위해서는 인간의 개인적 완성은 이기심의 발로나 주관적 성취만을 지향하는 것이 아니라 객관적 가치를 지향한다는 사실을 주목할 필요가 있다.[17] 인간의 자유의지를 바탕으로 하는 '자아실현'에 대한 추구는 객관적 이상을 실현하는 일이다. 그것은 타인의 존재 및 사회의 구성과 관계를 가지면서 목표 설정과 그 추구의 과정에서는 독립적으로[18] 인간의 '수직적 열망'을 자유롭게 실현하는 일이다.

인간 존재의 내재적 차원으로서 '자아실현'은 '개인-사회'라는 이분 구조에 제3의 요소로 개입함으로써, 이제까지 사회성과 상호성으로만 다루어진 사회 문제에 문화적 차원을 등장하게 한다.[19] 이에 개인과 사회, 이기(利己)와 이타(利他)라는 양분 구조에 제3의 요소로 개입하는 '자아실현'이 어떻게 객관적 가치와 객관적 이상(理想)을 지향하고 실현하는 것인지 살펴볼 필요가 있다. 또한 이것이 문화적 관점에서 어떻게 '……로부터의 자유'에서 '……를 위한 자유'로, 다시 말해 소극적 자유(negative freedom)에서 적극적 자유(positive freedom)로[20] 전환하는 것과 관계가 있는지 살펴볼 필요가 있다.

## '오즈'를 찾아서: 자아실현을 위한 여행

프랭크 바움(L. Frank Baum)의 동화 《오즈의 마법사》[21]에 등장하는 인물들은 각자 '자기 완성'을 위해 필요하다고 생각하는 것을 찾아서 여행을 떠난다. 그들의 소원을 들어줄 에메랄드 시티(Emerald City)에 있는 위대한 마법사 오즈(Oz)를 찾아서, 같은 목적지를 향해 함께 여행을 하지만 원하는 것은 각자 다르다. 태풍에 날려 오즈의 나라 동쪽 끝에 떨어진 주인공 도로시(Dorothy)는 자기가 살던 고향으로 돌아가고 싶어한다. 도로시가 에메랄드 시티로 여행하던 중에 만난 허수아비는 무식하고 바보스러운 자신을 개선하기 위해서 생각의 능력을 주는 두뇌를 얻고자 한다. 역시 같이 동행하게 된 '양철 나무꾼(Tin Woodman)'은 사랑하고 사랑받기 위해 마음(heart)을 원한다. 그리고 다른 짐승과 사람을 만나면 사실 무서워서 포효하고, 자기보다 작고 약한 도로시의 강아지를 물려고 했던 '겁쟁이 사자(Cowardly Lion)'는 자신의 비겁함이 싫어 용기를 얻고 싶어 한다.

그들이 무엇인가를 원하는 선택과 의지의 바탕에는 '나'가 있다. 그러나 이러한 나를 위한 바람은 남의 피해는 아랑곳 않고 나를 위하는 이기주의도, 남을 위해 자기를 희생하는 이타주의도 아니다. 그것은 단순히 자기 완성을 위해 '객관적 가치'와 '객관적 이상'을 추구하는 것이다(이러한 점에서 이기주의와 이타주의가 '관계'라는 사회적 상황을 설명해준다면, 자기 완성을 위한 추구는 '실현'이라는 문화적 생성을 설명해준다고 할 수 있다). 이것은 목적이 이루어졌을 때 남이나 나에게 이익이나 해가 될 것인가는 선험적으로 염두에 두지 않으며, 그러한 이해관계와 상관없이 독립적으로 행하는 각개인의 자유의지에 바탕을 둔 추구이다. 그것은 도로시의 세 친구가 각자 왜 그러한 것들을 원하는지 설명하는 대목에도 잘 나타나 있다.²²⁾ 그들은 구체적인 사회관계와는 특별한 상관없이 객관적 가치와 이상에 따른 개인적 자기 완성과 자아실현을 원한다. 즉 자기의 세계를 갖고자 하는 것이다.

겁쟁이 사자의 경우를 예로 들면, 그는 자연의 법칙에 따르는 성격과 능력을 가진 동물이다. 약자에 강하고 강자에 약한 것은 자연의 이치다. 자기 보호와 생존 본능을 위해 행동하는 것도 그 이치에 따르는 것이다. 그 자신(의인화된 사자)도 그것을 이해하기 힘들지만, 자신의 성격은 자연적이고 천성적일 것이라고 생각한다.²³⁾ 중요한 것은 이 세상이 자신을 가장 용감한 동물로 인정하고 존경한다는 사실이다. 곧 사자에 대한 객관적 가치와 객관적 이상 및 상징이 존재한다. 다시 말해 문화의 세계가 존재하는 것이다. 다른 짐승들이 자기보다 더 겁쟁이라는 사실이 사자 자신을 용감하게 만들지도 않으며, 자신이 스스로를 겁쟁이로 알고 있는 한 자신은 행복하지 않다.²⁴⁾ 이것은 객관적 가치와 의미가 자기 내부의 문제로 수용된 것을 나타내며, 그 가치와 의미에 대한 욕구를 표현하는 것이다.

왜 용기를 원하느냐는 마법사 오즈의 질문에 사자는 이렇게 대답한다. "나는 당신이 나에게 용기를 선사할 것을 청하러 왔습니다. 그러면 나는 모든 이들이 부르듯 진짜 짐승의 왕이 될 것입니다."²⁵⁾ 사자가 원하는 것은 현실적으로 객관적 가치와 의미를 가진 '짐승의 왕'이 되고자 하는 것이다. 객관적 가치와 의미의 실현은 자기 완성을 가능하게 한다. 그러면 사자는 조금 더 자유스럽게 된다. 즉 자아실현의 욕구는 적극적 자유로 표출되고, 그 실현 결과는 더 큰 자유를 줄 수 있다. 정치사회적 맥락과 달리 문화적 맥락에서는 소극적 자유보다는 적극적 자유가 중요한 이유가 여기에 있다.

도로시의 세 친구들은 사실 자신이 원하는 것을 이미 어느 정도 가지

마법사 오즈를 찾아 에메랄드 시티로 여행 중에 도로시는 허수아비, 양철 나무꾼, 겁쟁이 사자를 만나 동행하게 된다. 그들은 각자 자아실현을 위해 무엇인가를 얻으러 떠난다. *The Wonderful Wizard of Oz* 초판(1900)에는 당시 시카고 신문의 만화가 덴슬로우(W. W. Denslow)가 삽화를 그렸다. 그 후에 다른 만화가들도 바움의 작품에 삽화를 그렸으나, 많은 사람들의 기억에는 '바움의 오즈와 덴슬로우의 삽화'는 마치 '루이스 캐롤의 앨리스와 존 테니얼의 삽화'처럼 뗄 수 없는 관계로 남아 있다.

고 있다. 여행 중에 그들은 자신도 모르는 사이에 그들이 지닌 자질과 능력을 보여준다. 멍청하다는 허수아비는 위기의 순간에 아이디어를 제공할 줄 알고, 따뜻한 가슴이 없다는 양철 나무꾼은 자기도 모르게 벌레를 밟아 죽이고는 눈물을 흘리는 여린 마음이 있으며, 겁쟁이 사자는 자기보다 강한 적과 맞서 싸울 준비가 되어 있다. 그래도 그들은 자기 완성의 욕구와 열망으로 오즈에게 소원을 청하러 간다. 결국 마법사 오즈가 그들에게 준 것은 자신의 능력과 가치에 대한 믿음을 갖게끔 한 것에 지나지 않지만, 그들에게는 자아실현이 에메랄드 시티로의 고행을 각오할 만큼 중요했던 것이다. 도로시의 세 친구들은 그들의 뜻과 의지대로 자기 완성의 길을 떠나 자아를 발견한다. 그리고 자아실현의 효과로 각각 새로운 공동체를 이끄는 자리에 오른다. 이는 자아실현으로 결국 다시 사회문화적 공헌을 하게 된다는 것을 뜻한다.[26]

자아실현과 자기 세계를 갖는다는 것은 현대 문화 활동의 중심을 이루고 있다. 현대 문화를 향유하는 젊은이들이 추구하는 바가 상당수 그것이고, 오늘날의 문화적 조건은 그것을 가능하게 하는 것처럼 보인다. 문제는 '그렇게 보일 뿐인가 아니면 실제로도 그러한가'이다. 이것에 대한 관찰과 이해가 앞으로 문화 연구의 주요 과제가 될 것이다.

컴퓨터 네트워크용 운용 체계 '리눅스(LINUX)'를 개발한 핀란드 전자공학도 리누스 토르발즈(Linus Torvalds)는 한 인터뷰에서 프로그램 개발에 성공하게 된 이유를 이렇게 말했다. 그는 "돈보다 기술을 위해, 기술보다 개인적 욕구 때문에 손댄 일이라는 것"을 강조하면서, 성공의 비결을 "뒷일 생각하지 않고 하고 싶은 일을 이루어나갔기 때문"이라고 했다. 창의력 발휘와 구체적 생산에 접근할 수 있는 기회가 많아지는 지식정보사회와 사이버 문화의 시대에는 각 개인의 자아실현을 위한 실제적 가능성도 높아지는 것처럼 보인다.

또한 대중문화의 다양한 장르가 개인의 문화 활동 참여 기회를 높이고, 구체적인 분야에서 프로슈머(pro-sumer, producer와 consumer의 합성어)가 등장하는 것 등은 적극적 문화 활동을 가능하게 한다. 예를 들면, 낮에는 직장에 나가고 퇴근 후에는 거의 프로 수준의 밴드 활동을 한다거나, 자신의 직업과 관계없이 밤새도록 인터넷 홈페이지와 블로그를 운영하는 것 등은 문화 활동을 통해 자기 세계를 구성하고 자아를 확대하는 현상이라고 볼 수도 있다. 그래서 인터넷이 자아 구성의 새로운 조합들을 표시해놓기 위한 장소라고 주장하기도 한다. 이에 '사이버 자아'는 '사이비(似而非) 자아'라면서, 그것은 '자아 분열'을 가속화할 것이라는 비판도 한다.

한때 자아분열, 분열된 인격 또는 이중인격 등의 문제가 학문과 예술의 주된 관심 대상이기도 했다. 이러한 주제는 스티븐슨(R. L. Stevenson)의 유명한 소설 《지킬 박사와 하이드 씨》를 떠올리게 하는데, 이 소설은 분열된 자아를 극단으로 대립시켜 두 인격의 공존 자체를 모순의 구조 안에 설정한다. 하지만 주인공은 그것들이 지속적인 투쟁 관계에 있지만 서로 떨어져 있을 수 없는 운명이라는 것도 자각한다.[27] 지킬과 하이드의 경우는 '둘'이라는 것과 선과 악이라는 성격 때문에 대립적이 될 수밖에 없지만, 자아가 둘 이상의 복수이고 상반된 가치가 아니라면, 대립의 투쟁은 없다. 이렇게 보면 자아가 분열될 것도 없다. 자아를 고정된 단수의 실체로 볼 때에, 즉 복수의 자아를 부정할 때에 분열이란 것이 성립되기 때문이다. 사실 자아는 복수다. 아니 단수이자 복수이다. 그것이 한 개인에 속한다는 점에서는 단수이지만, 그 실존적 발현은 복수적이다. 이러한 관점에서 보면 자아실현도 단수이자 복수이다. 자아와 자아실현의 다발성(多發性)을 이해하는 것은 현대 문화 속의 인간을 이해하는 열쇠 가운데 하나일 것이다.

이제까지 자유와 연관하여 인간의 '욕구와 열망 및 의지의 표출', '사회성과 윤리성', '객관적 가치 및 이상과 자아실현' 등의 주제를 다룬 것은, 자유의 문제가 인간 조건과 실존의 의미에 깊이 연관되어 있어 직접적이고 즉각적인 접근이 어렵기 때문이라고 앞서 밝힌 바 있다. 다시 말해 자유의 언저리를 만져보기 위해 우회 전략을 쓴 것이다. 프롬도 자유의 의미를 충분히 이해하기 위해서는 현대인의 모든 성격 구조를 분석하는 데 바탕을 두어야 한다고 했다.[28] 이처럼 모든 요소와 구조를 다 다룰 수는 없지만, 현재의 시점에서 중요하다고 생각하는 것들을 다루어보았다.

특히 지금까지 자유에 대한 연구와 담론은 주로 소극적 자유에 관한 것이었고(자유라는 말이 그 반대 상황인 속박의 '사슬'을 연상하게 하는 것만 보아도 알 수 있다), 사회정치적인 맥락에서 이루어진 것이 대부분이라는 점에서 적극적 자유에 초점을 맞추고자 했다. 아직까지 일상에서 '……로부터의 자유'라는 소극적 자유의 표현을 많이 사용하는 것을 관찰할 수 있다. 그 이유는 정치·사회·경제뿐 아니라 문화적으로도 제약 조건이 많아졌기 때문이며, 비자유적 조건에 대한 인식이 높아졌기 때문이기도 하다. 하지만 이 글에서는 자유의지의 외적 표현이 문화 형성의 원동력이라는 관점에서, 적극적 자유의 다양한 표출 방식에 중점을 두었다.

## 기술 왕국의 허무주의와 유도된 한계

어떤 학자는 절대라는 단어를 구시대의 산물로 만들어버리고 절대의 모든 형태에서 해방되었다는 자부심을 갖고 사는 시대에도 절대성에 근접한 개념이 있다면, 그것은 바로 자유일 것이라고 했다.[29] 이렇게 특별한 가치를 지닌 자유라는 것도—인류에게 비자유와 자유의 경험은 지속적으로 있어왔지만—역사적으로 그리스도교가 등장하지 않았다면 그 개념이 인간 실존의 다차원적인 면에서 크게 부각되지 않았을지도 모른다.

고대 서양 사회에서 자유의 개념은 '자율(自律)'·'자결(自決)' 등의 의미로 한정되어 있었고, 그리스도교 출현 이후 역사에서 중요성을 획득하기 시작한 '의지(意志)'·'선택'·'해방'·'구원' 등의 요소는 부각되지 않았다. 자유에 대한 특별한 관심은 그리스도교의 영향을 받은 서구 사회를 예수 탄생 이전의 서구 문명 및 여타 문명권과 구분짓게 하는 본질적 요소였다.[30] 믿음이 자유의지에서 시작한다는 것과 함께 신앙이 진정한 자유의 실현을 위한 도전이라는 것은 그리스도교 및 일신교적 신앙이 인류에게 가져다준 과업이었다.

근현대 역사에서 자연적 결정론(determinism) 및 사회심리적 결정론은[31] 자유의 존재와 의미를 부정하려고 했다. 하지만 현실적으로 인간의 자유가 개인에게 실존 의미를 부여하고 근대 이후 시민 공동체의 핵심적 구조를 이룬다는 사실과, 종교적 신앙이 자유를 전제로 한다는 사실을 부정하지는 못했다.

최근에는 포스트모더니즘의 입장에서 근대 사상이(또는 근대적 관점이) 성급하게 자유를 존재론화했다는 비판을 한다. 이것은 사회와 언어 속에서 인간 정체성이 구성된다는 입장에서 하는 비판이다. 다시 말해, 인간 정체성을 재구성하는 역사적 계기를 가져온 사이버 문화의 시대를 맞아,[32] 자유의 문제를 이론의 전제와 결론으로 다룰 것이 아니라, 전이론적이고 비초석적(non-foundational)인 담론으로 전환해야 한다고 주장하는 것이다. 하지만 이러한 주장은 근대까지 자유의 개념화가 존재론적이고 초석적인 것에서 출발한 것이 아니라, 인류가 비자유적 조건을 경험하는 역사 속에서 역으로 서서히 자유의 중요성에 대한 의식을 획득해 갔다는 사실을 접어둔 편협한 비판이다. 그리고 오히려 그러한 비판이 사상적·문화적 비자유를 형성할 위험성을 내포할 수 있다.

절대자에 대한 믿음에서 일상생활의 문제에 이르기까지 자유의 개념과 현대 문화의 문제를 연계하는 담론에 의미를 주는 것이 있다면, 그것은 바로 비자유가 존재하는 만큼 어떤 형태로든 인간의 자유가 존재한다는 사실과,[33] 문화의 발전은 현실적으로 '비자유의 조건'을 형성할 가능성을 항상 배태하고 있다는 사실일 것이다.

앞의 항들에서 살펴본 인간의 다양한 자유의지 표출의 방식은 모순적 성격을 지니고 있다. 다시 말해, 그것이 자유의 실현이지만 동시에 비자유의 조건을 형성할 수 있다. 이에 자유는 '욕망으로부터의 완전한 해방인가', 아니면 '욕구의 완벽한 실현인가' 하는 실존적 문제는 대두한다. 과거 문화의 주류가 전자의 입장에 바탕을 두었다면, 현대 문화의 주류는 후자의 입장에 기준을 둔다. 개인적 차원에서는 '나로부터의 자유인가' 아니면 '나를 위한 자유인가'의 문제이다.

동전의 양면 같은 자유와 비자유는 문화의 물질적 성과와 인간의 삶 사이의 관계에서도 마찬가지로 관찰된다. 문명의 이기는 생활에서 자유의 폭을 넓혀주지만, 동시에 제한할 수도 있다. 예를 들면, 자동차는 거리 이동 자유의 폭을 넓혀주지만, 자동차 소유는 생활의 다른 부분에서 인간을 제약한다. 그래서 인간은 자유를 추구하도록 되어 있지만, 자유는 또한 인간에게 '무익한 선물'이라는 입장이 나오기도 한다.[34] 이러한 맥락에서 자유의 주제는 실존주의와 소외 이론 등에서 많이 다루어왔다. 문화 비판의 초점이 이 딜레마에서 눈을 돌릴 수는 없을 것이다. 그러나 이것은 지금까지 문화 비판의 일반론에서 다루어왔다. 현대 문화는 자신이 지니는 시대적 특성으로 해서 좀더 구체적인 면에서 비자유의 조건을 형성하며, 그것이 가시적이지는 않지만 현실적으로 더 중요하다.

현대 문화는 본질적으로 과학기술 사회의 성과를 바탕으로 하고 있다. 국경과 인종을 넘어서 인류의 삶에 유일한 공통분모로 강하게 자리매김한 것은 기술 사회와 그에 따른 경제 체제 및 문화 구조이다. 따라서 문화적 맥락에서도 지구촌화는 급속히 진행되고 있다. 미국 로스앤젤레스에 사는 틴에이저 팝 그룹이 히트한 음반과 한국의 외딴 섬 중고등학생들끼리 구성한 보컬 그룹이 발표한 음반 사이에서 예술적 개성의 차이는 없어져버렸다. 하지만 이것은 생소한 일이 아닐지도 모른다. 다양성의 이름 아래 획일화의 위험은 늘 도사리고 있다.

오늘의 시대에서 일치는 종교나 정치가 아니라 경제·문화 체제에서 진행되고 있다. 이제 '세계 사회'라 불릴 만한 것이 경제·문화 체제에 등장하고 있으며 그것은 '기술 왕국'[35)]의 모델과 정보로 그 일치성을 강화해가고 있다. 이러한 일치화 과정은 발명과 계속적인 변화 그리고 무한 경쟁을 바탕으로 하고 있다. 이러한 상황은 삶의 의미에 대한 문제가 폭넓은 지평에서 떠오르게 하는 데 공헌(?)했다. 예를 들면, 이러한 일치는 무엇을 뜻하며, 문화적으로도 하나가 되어가는 세계 사회는 어디로 가고 있는가? 더 나아가 이러한 질문에 아랑곳 않고 자신의 진행 방향에만 몰두하고 있는 이 세상은 또한 무슨 의미가 있는가? 이것이 각 개인에게도 의미 있는 '세계 만들기'인가? 등의 물음을 낳게 했다.

이 세상은 어디론가 흘러가고 그 속에서 사는 사람들의 삶의 의미에 대한 해답은 열려 있다. 그러나 그것을 찾아보고자 하는 노력을 오늘날 기술 왕국의 내재적 원칙이 금지하고 있다. 그 원칙은 '그러한 의미를 묻고 찾는 것이 무슨 의미가 있으며 무슨 소용이 있느냐'고 일축(一蹴)해버린다. 의미에 대한 물음조차도 무의미하게 만드는 힘을 발휘하는 것이다(의미 추구의 의미를 일축할 수 있는 것은 진리뿐이다. 의미는 진리의 편린에 지나지 않기 때문에 진리의 등장은 완성과 종결을 뜻한다. 이제 기술 왕국이 어느 정도의 위상을 지녔는지 알 만할 것이다. 그것은 진리를 자임하는 권력을 행사한다).

이제 기술 왕국이 인류에게 가져온 것은 '유도된 필요성'뿐만 아니라 '유도된 한계'이다. 곧 자신의 진행 방향과 맞지 않는 가능성의 추구와 창조를 제한하는 것이다(이는 또한 현대 문화가 지니는 '닫힌 문화'적 성격의 일면이다). 이것이 기술 왕국이 현대인에게 가하는 가장 위험한 **문화적 비자유**다. 이것은 나아가 의미의 가능성을 허무로 환원한다.

의미 추구의 의미를 일축하는 기술 왕국에 바탕을 둔 현대 문화의 허무주의의 진실은 이렇다. 인간이 생각할 수 있는 것도 없고, 인간에 대해서는 생각할 것도 없다는 주장이다. 곧 사람과 생각을 철저히 분리하는 것이다. 능력과 권력, 곧 힘으로서의 문화는 실존적 문제로서 문화 비판의 가능성을 없애려 한다. 이에 역으로 "생각이 문화를 자신의 주된 표적으로 삼는" 이유가 있다.[36] 기술 왕국의 어쩔 수 없는 신민(臣民)으로서 그것이 가져다준 혜택에 매우 감사하면서도, 반역으로 몰릴지라도 비판의 칼을 뽑지 않을 수 없는 것이다. 오늘날, 비판은 자유의 유일한 현실적 무기이기 때문이다.

삶의 의미에 대한 물음은 합리적 사고를 지닌 인간이 할 수 있는 합리적인 질문이다. 그러나 합리적인 대답을 반드시 전제로 하는 질문이 될 수는 없다. 기술 왕국은 반드시 정답을 받아내는 질문과 실질적 결과를 전제로 한 탐구만을 바탕으로 자신의 세계를 쌓아왔으므로 이 약점을 너무나 잘 안다. 그래서 '의미의 물음'에 치명타를 가하려 한다. 그러나 상처를 입더라도 의미를 추구하는 인간은 또 다른 물음을 던진다. 나는 누구인가? 이 모든 것을 창조하고 발전시켜온 나 인간은 도대체 무엇인가? 이제 의미의 물음은 인간 정체성을 보고자 한다. 의미의 물음과 추구 속에서 인간은 자기 자신에 대한 물음으로 돌아온 것이다.

그리고 모든 의미가 허무로 환원된 상황이 오면 상처 입는 자기 자신을 초월하고자 한다. 사회문화적 조건 속에 갇힌 삶 속에서 그것과 다를 수 있는 가능성과 능력을 찾고자 한다. 곧 비자유의 조건을 살펴볼 수 있는 능력을 찾고자 한다. 이때 아직도 물을 수 있는 자유가 있다는 것을 의식한다. 의미는 일축할 수 있어도 자유는 일축할 수 없기 때문이다.[37] 인간은 또 한 번 묻게 된다. 나 자신을 비추어주는 거울은 있는가? 그것은 어디에 있는가? 이제 인간은 자신의 자유로 진리의 비밀을 묻는다.

## 자유와 진리 사이: 의미를 위한 틈새

힘멜파브(G. Himmelfarb)의 말대로, 모든 절대가 구시대의 산물이 되어버리는 때에도 절대의 위상에 매우 근접한 개념으로서 '자유'가 그 자리를 지키고 있다면,[38] 오늘날 '진리'는 어쩌면 절대성의 퇴출 위기와 운명을 함께하는 개념인지도 모른다. '절대 진리'라는 말이 동어반복적으로 들리듯이, 절대와 진리는 오랫동안 동반 관계에 있었다. 절대를 논하지 않으려는 경향은 자동적으로 진리를 입에 담으려 하지 않는 결과를 가져왔다.

필자는 진리라는 단어를 의도적으로 전혀 사용하지 않고 철학박사 학위 논문을 시도하는 학생을 보았다. 그런데 약 4백 쪽 분량인 그의 논문 초고에서 명사로서의 진리(truth)는 발견하지 못했으나, 그 형용사(true)와 부사(truly)를 네 군데 발견하고는 웃으면서 지적해준 경험이 있다. 그리고 그가 진리라는 말을 사용하지 않을 뿐 '현실(reality)', '본질(essence)' 또는 '이다(to be)', '믿다(to believe)' 등의 개념으로 진리라는 단어를 대치함으로써 사실 진리를 의도하고 있다는 지적을 하기도 했다.

파이어아벤트는 말년에 그가 사람들의 사고와 실제 생활을 축소시키는 '진리', '현실', '객관성' 등의 추상적 개념들에서 사람들을 자유롭게 하기 위해 노력했지만, 불행하게도 자신의 저서에서 '민주주의', '전통', '상대 진리' 등 결국 앞의 개념들과 유사한 편협성과 완고함을 가진 개념들을 도입하게 되었다고 술회한 적이 있다.[39] 그는 철학자들에게 되도록이면 간단하고 구체적이며 친근감 있는 말들을 사용할 것을 주문한다.

파이어아벤트의 주장은 물론 현실적으로 중요한 면이 있다. 그러나 상당수의 추상적 개념은 이미 사람들의 일상생활에 들어와 있다. 자유·진리·무한·완전·영원·사랑 등의 말은 사람들을 피곤하게 할 수도 있지만, 이 말들을 전부 없애버리면 더 피곤해질 수도 있다. 또한 추상적 개념들은 완벽하게 정의되지 않음으로써 오히려 대화와 토론을 가능하게 하는 기능을 한다. 물론 자유와 진리의 존재를 인정하는 것은 비합리적인 믿음이다. 그것들은 완벽한 실증의 대상이 아니기 때문이다. 그것은 포퍼가 주장했듯이, 이성을 바탕으로 한 합리적 결정과 행위를 추구하는 입장이 사실 '이성에 대한 비합리적 신앙'을 전제하는 것과 마찬가지다.

사람들은 추상적 개념으로 존재하는 진리를 철저히 부정하기도 하지만, 진리는 존재하지 않는다고 하면서 진리를 주장하기도 하고, 나아가 진리를 자임(自任)하기도 한다. "진리가 너희를 자유롭게 하리라"는 성경 구절은 유명하다. 이는 진리의 존재를 인정하고 더 나아가 진리를 자임하는 것이라고 할 수 있다. 이 말은 서구 사회에서 자주 인용되고 건물에 쓰여 있기도 하다. 독일 프라이부르크(Freiburg) 대학 본관의 정면 아치 위에도 황금색으로 크게 새겨져 있는데, 이 도시의 중앙을 가로지르는 길가에서도 잘 보이는 위치에 있다. 어느 날 거리를 걷다가 이 문장을 보고 문득 '진리는 우리를 자유롭게 하겠지만, 자유가 있어야 진리를 찾아갈 것 아닌가?' 하는 생각이 들었다.

언젠가 진리가 우리를 자유롭게 하리라는 것을 믿더라도, 가만히 있을 수는 없다. 이것이 인간이 자신의 자유로 진리의 비밀을 지속적으로 묻는 이유이다. 그러나 자유와 진리 사이에는 무척이나 먼 길이 놓여 있다. 그 사이에 현실의 인간이 할 수 있는 것은 의미 추구와 포착이다. 의미 추구는 자유의 표현이고, 의미 포착은 진리의 편린(片鱗)을 모으는 것이기 때문이다. 자아를 가진 자유의 인간은 자유의 행위로 이루어지는 모든 것이 자신에게 그리고 타인에게 무슨 의미가 있는지 알고 싶어한다. 사람들은 자유와 진리 사이에서 의미 추구의 현실적 활동을 하게 되는 것이다.

누가 진리의 비밀과 그 해독 암호를 간직하고 있는지는 말할 수 없는지도 모른다. 다만 누군가 진리의 비밀을 물을 때, '진리의 편린이라도 줄 수 있는가', '모든 의미 추구가 일축당해 허무로 환원되는 상황에서 허무의 상처를 아물게하는 못하더라도 서로 상처의 고통을 줄여줄 수 있는가', 다시 말해 '아직까지도 끈질기게 또 하나의 의미를 줄 수 있는가'는 오늘날 인류의 과제이다. 따라서 이 세상의 다양한 공동체의 과제이며, 각 개인의 과제이기도 하다.

서로를 허무의 인간으로 방치할 것인가, 자아와 자유 그리고 진리에 대한 믿음을 가진 인간으로 동행할 것인가는 무조건 진리를 외치는 것이 아니라 서로 자유와 진리 사이에서 의미의 틈새를 제공하는 능력에 달려 있다. 허무의 유혹과 폭력을 벗어나, 의미를 위한 지속적인 이니셔티브를 창조하는 능력이 자유의지의 표현이기 때문이다. 또한 자유의지로 의미를 찾아내고, 모든 가능성 추구가 금지된 '유도된 한계'의 세계에서도 가능성을 찾아내는 것이 진정한 문화적 창조이기 때문이다.

진리의 일방적 주장은 허무의 냉소주의만큼이나 다른 가능성을 무시하고 타자와의 관계를 단절할 수 있다. 그러나 의미의 추구는 가능성의 폭을 넓히고, 타자와의 관계를 더욱 긴밀하게 할 수 있다. 의미는 상호 '소통 가능성'의 문제를 전제하기 때문이다. 이는 또한 자유와 진리가 인간 조건의 수수께끼이므로 현실적 소통 양식을 찾아내는 것을 필요로 하기 때문이다. 의미는 현실과 초현실 사이로 열려진 창이다. 의미의 추구는 '표현할 수 없는 것을 표현하고자 하는' 노력이며, 자유의 힘으로 진리의 자양분이 녹아 있을 물줄기를 끌어들여, 생존과 실존의 문제가 끊임없이 자라나고 스러지는 생명의 밭을 적시는 일이다. 그것은 결국 일상의 현실에서 '삶의 의미'와 '사람의 의미'를 경작하는 일이다.

만일 문화적 비자유 속에서 의미 추구의 문제를 부정한다면, 그 결과로 오는 것은 의미의 추방이 아니라, 현실의 삭제이다. 《난센스의 책》으로 유명한 19세기 영국 작가 에드워드 리어(Edward Lear)의 글은 어처구니없는 이야기들로 가득 차 있다. 하지만 그것은 단순히 무의미한 말들로 끝나지 않는다. 무의미한 듯한 '허튼소리'로 삶의 의미를 역설적으로 '꼬집어' 나타내고자 노력한다.[40] 누군가 말했듯이 사람들은 이렇듯 무의미 속에서도 의미를 찾는다.

문화의 서양어 어원은 '경작'이란 뜻을 지니고 있다. 수십 년 농사에

이력이 난 농부도 매년 농사를 시작하는 봄날 '무엇을 어떻게 심을 것인가' 생각한다. 생물학적 결정론과 현대 문화의 거대한 조류가 이미 '무엇'과 '어떻게'를 결정해놓았다 하더라도, 우리는 지속적으로 '무엇을 어떻게 심고 가꾸어서 수확할 것인가' 생각해야 한다. 그리고 이 문화가 '어디로' 흘러가고 있는지 되짚어보아야 한다. 그것이 의미를 추구하는 노력이며, 인간에게 주어진 자유의 임무라면 임무다. 그리고 인간 이해의 지평은 문화 비판의 경험을 거치면서 점점 더 넓어져갈 수 있다.

한편 문화 비판을 위해서는 문화 행위와 그 성과 위를 정찰하는 '의식의 비행'이 필요하다. 인간 역사에서 의식하지 않아서 입은 피해가 잘못 해결해 입은 피해보다 큰 경우가 많았기 때문이다. 그렇다고 삶을 무겁고 힘들게만 살자는 말은 아니다. 문화 흐름의 대세 속에서 삶의 어느 한 부분이라도 일축당할까 봐 염려하는 것일 뿐이다. 다시 말해 삶이 부정적 허무주의에 무시당하는 것을 막고자 한다. 그래서 의미의 '틈새'를 말하는 것이다. 삶은 재미있게 사는 것이다. 그리고 의미 있게 사는 것이다. 이에 감동이 있으면 더 좋다. "재미를 넘어 의미로, 의미를 넘어 감동으로 가는"[41] 삶이면 좋은 것이다. 삶은 몸과 머리와 가슴으로 사는 것이다. 그러면 그 '삶이 아름답다' 할 수 있다.

[ 8장 주석 ]

1) 이 장의 주제는 제7장의 주제와 연관되어 있다. 그러나 '창조자와 피조물의 변증법'이 피조물이라는 프리즘을 통해 본 창조자로서의 인간의 특성과 한계를 분석해본 것인 데 비해, 자유와 비자유의 조건과 현상으로서 '인간의 자유와 문화적 비자유'라는 주제는 굳이 창조자로서가 아니라 일반적으로 인간의 자유의지가 추구하는 것은 무엇이며, 그것이 개인적 삶에서 어떤 의미를 가지고 있는지와 문화사회적 맥락에서 어떤 양상을 띠는지를 살펴보고자 하는 것이다.
2) 문화 담론을 '존재냐 활동이냐'라는 화두로 풀어나가고자 하는 것은, 이 글의 서론인 '글 안으로'에서 은유적으로 제시한 바 있다. 이 주제는 제9장, 3항에서 별도로 다룰 것이다.
3) G. E. Lessing, *Nathan der Weise*, 4막 4장: "Es sind nicht alle frei, die ihrer Ketten spotten."
4) 이러한 차원들은 지식과 과학의 관점에서도 이 땅에서의 삶이 인간의 모든 것을 설명하지 않는다는 것을 의미하는지도 모른다. 어쩌면 인간의 초(超)지구성(trans-globality)은 인간 내재적 조건일지도 모른다. 미국의 왓슨(J. D. Watson)과 함께 1953년 DNA의 이중나선 구조를 발견한 영국 생물학자 크릭(F. Crick)이 한때 지구상의 생명의 기원은 지구 바깥에서 온 생명의 종자로부터 비롯한다는 이색적인 주장을 편 것은 하나의 에피소드로 끝날 일이 아닐지도 모른다. 어쨌든 인간은 '열린 동물'이고 그에 대한 지식도 열려 있다.
5) W. Shakespeare, *All's Well That Ends Well*, 1막 1장: "The hind that would be mated by the lion/Must die for love."
6) G. Lukács, "*Metaphysik der Tragödie*", ⟨Logos⟩ 2호(1911/1912년), Tübingen, 90쪽 참조: "Die tiefste Sehnsucht der menschlichen Existenz ist der metaphysische Grund der Tragödie."
7) A. Gehlen, *Anthopologische Forschung*, Rowohlts, Hamburg, 1961 참조.
8) Gehlen은 생물학적 기능의 입장에서 인간은 자연적 무기(예를 들면, 날카로운 발톱, 뿔 등)도, 공격과 방어, 도주를 위해 특별히 발달한 신체적 기관도 없다고 한다. 그래서 이러한 결핍된 존재로서의 조건을 극복하기 위해서 문화적 도약을 시도한다는 것이다. 이러한 관점에서 인간에 대한 총체적 이론의 기본으로 삼아야 할 것이 인간이 '결핍 존재'인 동시에 '프로메테우스'적 존재라는 것이다(앞의 책 외에 *Der Mensch. Seine*

*Natur und seine Stellung in der Welt*, Athenäum, Frankfurt a. M., 1966, *Philosophische Anthropologie und Handlungslehre*, V. Klostermann, F. a. M., 1983 참조). 그러나 오히려 인간은 신체적 기관의 덕으로 기술을 습득할 수 있었다. 예를 들면 손의 기능(엄밀히 말하면, 손의 기능은 손가락의 기능이다. 손가락 마디의 articulation, 곧 분절·연합이 갖는 엄청나게 다양한 기능이 그 효력을 발휘하기 때문이다)이 그것이다. 따라서 신체적 결핍을 '보완'하기 위해서 기술을 발달시킨 것이 아니라, 오히려 신체적 장점을 이용하여 기술과 문명적 발전을 이룰 수 있었다고 볼 수도 있다. 따라서 인간이 '결핍 존재'라는 것은 성급한 판단일 수 있다. 생물학적 기능의 면에서 일부는 다른 생명체에 비해 결핍되었다고 볼 수 있지만, 다른 부분에서는 더 잘 갖추어져 있다고 볼 수 있기 때문이다. 또한 인간이 고도의 문화적 발달을 이룬 것이 단순히 생존의 필요 때문이라고 보는 것은 너무 단순한 판단이다. 결론적으로 말해 인간의 여러 가지 차원을 '생존의 문제'로 환원하는 것은, 언뜻 보아 이론적 설득력이 있어 보일 수도 있으나, 인간 이해의 지평을 넓히는 것이 아니라 일정한 '오해의 지평'으로 관찰과 분석의 시각을 제한할 가능성이 더 크다.

9) Edward O. Wilson의 사회생물학 이론 등 생물학적 결정론을 주장하는 학자들에게는 인간의 자유는 존재하지 않는다. 윌슨에 따르면 인간의 행위는 '유전자의 명령'이다. 극단적으로 표현하면, 오늘날 윌슨이 그 이론을 내놓고 그것에 대해 강연을 하고 있는 것도, 지금 현재 이 글을 읽고 있는 이 순간 당신의 행위도 모두 결정되어 있는 것이다. 정말 그럴는지도 모른다. 우리의 현재 지식으로는 그렇지 않다는 증거를 댈 수가 없다. 하지만 윌슨도 그 어느 학자도 그렇다는 완벽한 증거를 대지는 못한다. 그런데 이 경우 '완벽한'이란 형용사는 별 의미가 없다. 결정론적 체계에서는 사실 조금이라도 불완전한 것은 없는 것과 마찬가지이기 때문이다. 어쨌든 나는 윌슨의 말대로 언젠가 지구에 존재하는 모든 사회성 동물을 조사하러 다른 행성에서 날아온 동물학자가 역사학·문학·인류학·사회학 등이 모두 인간이라는 한 영장류에 관한 사회생물학적 분과 지식에 불과하다는 것을 확인해주더라도(우선 그 확인을 내 머리로 인식할 능력이 있는지도 모르겠지만), 그의 연구의 대상으로만 남아 있지 않고, 그와 어떠한 방식과 형태로든 관계를 맺으려 하겠다. 마치 '어린 왕자'와 '여우'가 서로 길들이면서 관계를 맺듯이. 그리고 그 동물학자가 인간을 연구하다가 쉬는 동안, 그와 무슨 게임을 한번 해볼가 궁리할 것이다. 그리고 그와 사귀고, 게임을 궁리하는 것이 내가 하고 싶어서 하는 일이라고 믿을 것이다.

10) I. Kant, *Anthropologie in pragmatischer Hinsicht*, Akademie-Ausgabe, Band VII, Berlin, 1917 참조.

11) I. Kant, *Idee zu einer allgemeinen Geschichte in weltbürgerliche Absicht*, Akademie-

Ausgabe, Band VIII, Berlin, 1912 참조.
12) I. Kant, *Kritik der reinen Vernunft*, B373: "daβ jedes Freiheit mit der andern ihrer zusammen bestehen kann."(칸트에게는 자유를 실현하면 행복은 저절로 따라온다).
13) '함께 산다'는 것이 꼭 '모여 산다'는 의미는 아니다. 다만 '관계를 맺으며' 살아간다는 뜻이다. 더구나 앞으로의 시대는 문명의 발달이 개인별·소그룹별 생활 공간을 독립시켜가는 쪽으로 진행될 것이기 때문에, '관계를 맺는 방식'의 문제가 주가 될 것이다.
14) 윤리적 판단의 무용론과 윤리성에 대한 냉소주의는 전세계적인 경향이 아니고, 한국의 특별한 현상일 수 있다. 필자는 오랫동안의 해외 생활 끝에 최근 2년 여를 한국에서 지속적으로 거주했는데, 다른 어느 나라에서보다도 한국에서 도덕적 관심에 대한 '이죽거림', 즉 윤리에 대한 냉소주의가 팽배해 있다는 것을 관찰할 수 있었다. 그 이유는 아직 잘 모르겠으나, 이러한 경향이 상당수 지성인이나 문화 예술인들 사이에서 더욱 강하다는 것은 매우 특이하다. 최근에 서양이나 이웃 일본에서는 오히려 새로운 가치와 덕목의 필요성을 강조하는 윤리에 대한 관심이 급증하고 있다. 철학의 한 분야로서뿐만 아니라, 현재의 구체적 문제에 대한 학문간(學文間) 토론의 구심점으로서 윤리학은 각광을 받고 있다. 즉 일반 윤리 이론의 전반적인 재조명과 이론화가 주요 과업이 되고 있으며, 생명윤리학(Bio-ethics)·환경윤리학(Eco-ethics) 등 전문 윤리학 분야(이에 'Cyber-ethics'라는 분야도 추가되어야 할 것이다)의 연구와 대중화 및 여론화도 매우 활발하다.
15) 전통적 당위의 원칙에 바탕을 둔 윤리 체계와 그 행동 지침의 적용과 준수는 실재하는 각 종교의 유기적 시스템 안에서 아니면 적어도 그 역사적 증언을 믿는 범위 안에서만 가능하다는 것을 인정할 필요가 있다. 그리고 현대사회에서 나날이 대두하는 문제를 전통적 율법의 확실성만을 지닌 기존의 당위에 의존하여 해결할 수 없다는 것을 인식해야 한다.
16) B. Russell, *A History of Western Philosophy*, London, 1945 참조.
17) E. Cassirer는, 문화철학이 자신의 영역을 가지려면 '객관적 가치'와 '객관적 의미'를 그 연구 대상으로 해야 한다는 입장을 취했다. D. P. Verene이 편찬한 *Symbol, Myth and Culture. Essays and Lectures of Ernst Cassirer* 1935~45(Yale Univ. Press, New Haven & London, 1979) 가운데, 'Critical Idealism as a Philosophy of Culture'(64~91쪽)를 참조하기 바란다.
18) 독립적이라는 것은 '타인과 분리되어 홀로 있다'는 뜻이 아니다. 그것은 타인과 관계를 갖되 생각과 행동에서 '의존적'이 아니라는 뜻이다. 객관적 가치와 이상을 추구하는 것 자체가 어떠한 '관계'를 전제한다. 홀로 고립된 상태에서는 객관성이라는 것 자체가 무의미하기 때문이다.

19) G. Simmel은 이에 대한 맹아적 이론을 제시한 바 있다. 이른바 '문화철학'이 자기 영역을 가지려면 이 점을 주요 과제 가운데 하나로 삼아야 할 것이다. 그리고 이것을 앞에 언급한 E. Cassirer의 입장(이 장의 주 17) 참조)과 접목하면 이론화 작업에 도움이 될 것이다.

20) 'Negative-freedom'과 'Positive-freedom'에 대한 논쟁은 오래되었는데(그 하나로 I. Berlin, *Two Concepts of Liberty*, Oxford, 1958를 참조하기 바란다), 대부분 정치사회적인 맥락에서 다루어진 것이다. 필자는 이를 문화적 맥락에서 보고자 한다.

21) Lyman Frank Baum의 《오즈의 마법사》(원제는 *The Wonderful Wizard of Oz*, 제목 번역에 문제가 있지만, 관례를 따르기로 한다)는 20세기가 시작하는 1900년에 초판이 출간되었다. 그 자신이 초판의 서문에서 밝혔듯이, 창작 동화의 전기(轉機)를 마련한다는 뜻에서 'fairy tales'에서 'wonder tales'로의 전환을 시도한 작품이라고 볼 수 있다. 바움은 동화의 도덕적 메시지보다는 'Entertainment'와 'Enjoyment'를 강조한다. 하지만 그의 동화는 삶의 즐거움을 위해서는 정신적 자질이 필요하다는 것을 암시한다. 예를 들면, 지혜, 용기, 따뜻한 마음, 자신의 뿌리를 잊지 않는 것 등이 진정한 즐거움을 준다는 것을 전한다. 사실 바움 동화에 나오는 캐릭터들이 찾아 나서는 것은 물질적인 것이 아니라 앞에 열거한 정신과 마음에 관한 것이고, 그것이 그들의 자아 발견과 자기실현을 가능하게 해준다.

22) L. F. Baum, *The Wonderful Wizard of Oz*, Penguin(Signet Classics), New York, 1984, 105~109쪽 참조.

23) 같은 책, 53쪽: "It's a mystery, …… I suppose I was born that way."

24) 같은 책, 55쪽 참조.

25) 같은 책, 109쪽: "I come to you to beg that you give me courage, so that in reality I may become the King of Beasts, as men call me."

26) 허수아비는 오즈가 통치했던 '에메랄드 시티'의 영주가 되고, 양철 나무꾼은 나쁜 마녀가 통치했던 '윙키들(Winkies) 나라'의 영주가 되며, 사자는 '해머-헤드(Hammer-Heads) 산 너머 숲'의 왕이 된다(앞의 책, 214~215쪽 참조).

27) R. L. Stevenson, *The Strange Case of Dr. Jekyll and Mr. Hyde*(1886), Penguin(Popular Classics), London, 1994, 69쪽 이하 'Henry Jekyll's Full Statement of the Case' 참조.

28) E. Fromm, *Escape from Freedom*, Farrer & Reinhart, New York, 1941 참조.

29) 이것은 Penguin(Pelican Classics, Harmondsworth 1974)판 J. S. Mill의 자유론(*On Liberty*)을 위한 'Editor's Introduction'에서 Gertrude Himmelfarb가 한 말이다.

30) 이러한 그리스도교의 본질적 성격을 대변하는 문장들로서 《신약성서》가운데 '요한 복음서' 8장 32절과 '갈라디아인들에게 보낸 편지' 5장 1절을 들 수 있다.
31) 양(量)과 질(質)이 똑같은 두 더미의 건초(乾草) 한가운데에 놓여진 나귀는 양쪽의 자극이 똑같기 때문에 어느 것을 먹을 것인가 선택할 수 없어서 결국 굶어 죽을 것이라는 이른바 '뷰리당(Buridan)의 나귀' 예화는—동물과 사람의 의사 결정 능력을 구별할 때에도 인용되지만—자유의지를 부정하고 인간 의식의 심리학적 결정론을 주장할 때에 더 많이 인용된다. 이 예화가 현실성이 없다고 비판할 때, 흔히 삶의 조건이 어떠한 경우든 선택을 하지 않을 수 없게 한다는 이유를 들기도 한다. 하지만 이 예화의 비밀스런 허점은 나귀에 초점을 두면 볼 수가 없다. 그 허점은 건초에 있다. 바로 어느 누구도 완벽하게 동일한 두 더미의 건초를 놓을 수 없다는 데에 있다. 즉 그러한 조건은 형성될 수 없다는 데에 있다. '뷰리당의 나귀'의 비현실성은 반드시 한 가지 예정된 결론을 도출하도록 하기 위해 절대적 전제 조건을 내세우는데, 그 전제 조건이 현실적으로 불가능하다는 데에 있다.
32) 제5장 참조.
33) 이러한 관점에서 어떤 사람이 자신의 행위가 자유롭다는 것을 믿고 행동할 수밖에 없다면(다시 말해 자유롭지 않다고 생각하며 행동하지 않는 한), 바로 그러한 이유로 실천적 관점에서 그는 현실적으로도 자유롭다는 I. Kant의 입장은 일리가 있다.
34) J-P. Sartre는 사람은 자유를 추구할 수밖에 없다는 의미에서 "인간은 자유롭도록 선고(宣告)받았다"라고 했으며(*L' être et le néant*, Paris, 1943 참조), Mary Shelly 소설의 주인공 프랑켄슈타인은 인생의 마지막 순간에 자신이 누려왔던 자유의 역설을 느끼게 된다("Liberty had been a useless gift to me.", *Frankenstein*, 같은 책, 192쪽).
35) 필자가 '기술 왕국'이라고 부른 것은 왕국 또는 군주국을 뜻하는 그리스어 모나르키아(monarchía)를 염두에 둔 것이다. 어원이 뜻하는 바대로 모나르키아에서는 권력이 한곳에 집중되어 있다. 오늘날의 사회가 단순한 기술 중심 사회가 아니라, '과학과 결합한 기술 운용 체제'에 권력이 집중되어 있음을 은유한 것이다. 제6장에서도 보았듯이 Alkmaion에 따르면, 모나르키아는 그 자체로 파탄을 가져오므로 바람직한 상태가 아니다.
36) 이 책의 '글 안으로' 참조.
37) 그래서 어떤 사람의 자유를 일시적이나마 없애는 방법이 그를 속박하는 것이지, 추방하는 것이 아닌 이유가 여기 있다. 즉 가두둘 뿐 차버리지는 못하는 것이다. 그래서 자유의 개념과 실질적 자유가 발달한 시대에서는, 자유를 억압하는 방법으로 '추방'보다 '투옥'이 더 늘어나는 것이다. 반면 상대적으로 그렇지 못했던 고대에는 정적(政敵)이나 죄를 지은 사람에게 적용하는 벌로서 추방이 더 일반적이었다(고대 그리스 시대의 ostracism

을 그 예로 들 수 있다).
38) 이 장, 주 29) 참조.
39) P. Feyerabend, *Killing Time*, University of Chicago Press, Chicago & London, 1995, 179쪽 참조.
40) Edward Lear, *A Book of Bosh*, Penguin(Puffin Classics), London, 1992 참조: 리어는 'Limerick'이라는 독특한 각운(脚韻)을 사용하여, 마지막 연에서 체념한 듯한 아이러니로 현실의 부조리, 옳고 그름의 베일 등 삶의 역설스러운 의미를 보여준다. 한두 가지 예를 들면 다음과 같다: "There was an old man of Hong Kong,/Who never did anything wrong;/He lay on his back, with his head in a sack,/That innocuous old man of Hong Kong." (앞의 책, 48쪽); "There was an Old Man with a gong,/Who bumped at it all the day long;/But they called out, 'O law! you're a horrid old bore!'/So they smashed that Old Man with a gong." (57쪽).
41) 이 문장은 주철환 PD가 연예인 김국진을 "재미를 넘어 의미로, 의미를 넘어 감동으로 가는 행군의 남자"라고 평한 말에서 따왔다 (백현락, 〈연예가 파일〉, 〈조선일보〉 1999년 3월 17일자, 39면에서 재인용).

#  9

## '합리적 동물'과 '감각적 인간'

　사람을 이해하기 위한 방법으로 사람을 동물에 비유하는 것은 동서고금을 막론하고 공통적인 경향이라고 할 수 있다. 이것은 어느 나라에서든 우화(寓話)가 존재하는 것을 보아도 알 수 있다. 이러한 비유는 사람과 동물의 유사성을 보여주기 위해서도 시도되지만, 동물과 구분되는 사람의 특성을 나타내기 위해서도 자주 이용된다. 그 대표적인 경우가 아마도 인간은 '합리적 동물(animal rationale)'이라는 표현일 것이다. 이것은 고대 사상에서 현대 사상에 이르기까지, 이른바 인간 본성(Human Nature)을 나타내는 정언(定言)적 기능을 가지기도 했다. 하지만 이 말은 동전의 다른 면이라고 할 수 있는 인간의 비합리적 차원을 역설적으로 확인하는 말이기도 하다. 그래서 이 말의 진의는 인간은 '합리적일 수 있는 동물'이라는 기대치(期待値)와 희망 사항을 함의한다.
　최근에 와서는 이와 반대로 인간의 '동물적' 차원, 야성(野性), 감각성 등을 부각시킨 '감각적 인간(homo sentiens)'이 문화 담론과 인간론의 주제가 되고 있다. 이러한 관심은 문화적 변화에 따른 시대의 요구이다. 제1부에서 살펴보았듯이, 열린 세상은 인간의 모든 감각이 문화 변동에 열려 있다는 뜻일 수 있다. 또한 필요성과 욕구를 유도하는 통로도 상당수 인간의 감각이며, 미학혁명에 따른 미의 일상화는 감각의 차원을 확장시킨다. 이에 디지털 혁명과 사이버 문화의 효과는 합리적인 것에 대해 감각적인 것의 우위를 확인하는 계기가 되었다고 볼 수 있다. 직관·이미지·속도·자극·충동·감동 유발 등이 오늘의 문화적 특성을 대변하는 말들이고, '어른의 아동화'와 '엔터테인먼트 효과'가 현대 문화를 구성하는 주요 요소라는 것을[1] 상기하면, 감각적 인간이 문화의 중요 차원으로 등장하는 것은 당연한 현상일 것이다.

 '합리적 동물'과 '감각적 인간'이라는 표현에서, 단순히 전자는 합리성을 강조하고 후자는 감각성을 강조하는 것은 아니다. 이 두 표현이 모두 인간을 가리키는 한 감각적 인간이 합리적이길 바라고, 합리적 인간이 감각적이기를 바라는 의도가 담겨 있다. 요즈음(특히 한국에서) 이분법적 논지에 대해 '알레르기적 반응'을 보이는 경향이 있다. 하지만 이분법적 접근이 궁극적으로 '갈라놓기' 위한 것이 아니고, '맺어주기' 위한 시도의 과정이라면 그 나름대로 방법론적 가치와 효과가 있다. 이에 그 자체로 무언가 뒤바뀐 것 같은 느낌을 주는 두 표현과 연결사 '과'의 기능과 의미가 있다. 이 글에서는 오늘의 이슈라는 관점에서 '감각적 인간'에 초점을 맞추어 이야기를 끌어가겠지만, 그것은 동시에 '합리적 동물'을 염두에 둔 논지 전개이다.

## 범주로서의 대중과 대중문화

오늘날 인간을 이해하기 위한 지평 위에 '합리적 동물'보다는 '감각적 인간'이 더 부상하는 것은, 언급했듯이 현대 역사의 문화 추이와 깊이 연관되어 있다. 따라서 '감각적 인간'의 개념을 파악하기 위해 그 문화 추이를 살펴보는 것은 당연하다. 그것은 17세기에서 19세기까지의 과학 혁명과 기술의 발전 및 정치·경제·사회적 변혁을 거쳐, 20세기 서구 자본주의의 경제력 확산과 전달 매체의 발달에 힘입은, 서구의 이른바 '현대 대중문화'가 범세계적으로 지배적 문화 형태가 되는 현상과 맞물려 있다.

이에 오늘날 문화의 문제를 다루면서 빼놓을 수 없는 개념이 있다면, '군중' 또는 '대중'으로 번역되는 매스(mass)의 개념일 것이다. 실제로 이 개념은 매스 미디어, 매스 커뮤니케이션에 대한 연구와 논쟁에서 더욱 부각되었으며, 이제는 일반인들에게도 생소하지 않은 말이 되었다. 그러나 단어가 친숙한 만큼 그것이 지니는 역사적·사회적 의미가 친숙하고 단순한 것은 아니다.

19세기 중반 부르크하르트(J. Burckhardt)는 미래는 대중의 시대임을 예견했다. 그러나 이러한 예견은 매우 부정적인 관점에서였다. 이는 무능력하고 무책임하며 단순하고 이기주의적인 '보통사람'들이 집단적 형태를 갖출 가능성에 대한 비판의 화살이었다.[2]

현대 대중심리학의 효시라고 할 수 있는 구스타브 르 봉(Gustave Le Bon)도 그의 저서에서 대중(또는 군중)[3]을 부정적으로 묘사하고 있다. 르 봉 비판의 핵심은 군중에 흡수된 개인의 개인성 상실과 '군중의 혼(âme des foules)'에 따른 행동의 획일화이다.

스페인 철학자 오르테가 이 가세트(J. Ortega y Gasset)도 비슷한 입장을 취했다. 그는 현대인의 다양한 생활 현장 곳곳에서 "사람들이 모여 있다"[4]는 가시적 경험을 통해 대중의 출현을 중요한 현상으로 보기 시작했으며, 대중화 현상이 개인에게 심리적인 반대급부를 제공한다는 것을 관찰했다. 왜냐하면 대중에의 소속감이 사회문화적 욕구에 대한 일정 수준의 만족도를 느끼게 하기 때문이다. 이렇게 되면 개인은 정형화한 삶 외의 사회문화적 실현과 성취를 추구하지 않게 되고, 실질적으로는 사회문화적으로 수동적 태도를 취하는 결과를 초래하게 된다. 이 가세트의 입장은 이 사실에 주목한 것이었다.

대중의 부정적·긍정적 양면을 모두 분석한 대중심리의 심도 있는 연구는 프로이트(S. Freud)에 의해 이루어졌다.[5] 그에 의하면, 대중에의 참여는 개인에게 무의식적 본능의 충동을 해방시킬 수 있는 기회를 제공한다. 대중에 참여한 개인은 비합리적인 행위, 격정적 행동, 리더와의 동일시, 감동의 공유 등을 통해 본능적 충동을 발산할 수 있다. 이러한 의미에서 대중은 긍정적 의미를 지닌다. 그것이 억압된 리비도(libido)를 대리 분출하는 기회일 뿐 아니라, 개인적 주체와 대중과의 동일화는 사회적 감성을 유발하고, 이기주의적 개인성으로부터의 탈피와 타자에 대한 개방의 계기가 되기 때문이다. 또한, 이러한 사회적 동일화 현상은 언어·관습 등 문화의 창조를 가능하게 한다. 그렇다고 이러한 관점이 대중이 비합리성에 의해 지배되는 집단적 형태임을 부정하는 것을 뜻하지는 않는다. 프로이트는 대중의 형성 과정에서 긍정적 의미의 동일화 작용이 중지될 때에 대중의 공격적 충동이 발산된다고 보았다.

이상에서 살펴보았듯이, 역사적으로 대중에 대한 부정적인 해석은 개성이 없는 '보통사람'의 비합리적·감정적·과격적·통제 불능적·집단적인 측면을, 긍정적인 해석은 사회성과 연대성(連帶性)을 부각하고 있다.

그러나 어느 쪽이든, 거의 모든 이론이 대중의 정치적 맥락을 배경에 깔고 있다. 그것은 역사적으로 대중화 현상이 혁명운동 세력이나 정치적으로 조작된 군중을 지칭해온 데에 이유가 있다.

그러나 제2차 세계대전 이후 대중의 개념이 탈정치화하면서 그 관심의 축은 사회적, 문화적인 것으로 옮겨갔다. 그리고 대중전달과 대중매체의 광범위한 확산 및 이에 대한 이론과 그 비판 역시 대중문화[6]의 한 분야를 이루면서 대중의 개념은 점점 정치적 무관심의 차원으로,[7] 아니면 적어도 새로운 양상의 정치적 맥락[8]으로 이전해갔다. 또한 정치적 관점에서의 대중과는 달리, 문화적 대중을 이해하기 위해서 익명성 · 모방성[9] · 유행 · 취향 등의 화두가 부각되었다.

짐멜이 지적하였듯이, 대중 속에서 개인의 자아(自我)는 가면을 쓰고 행동하는지도 모른다. 그러나 현대사회에서 '자아의 가면'은, 대중 속의 개인이 일정한 사회적 틀 안에서 해낼 수 있는 자기 표상의 가능성이자 능력일 수도 있다. 그것은 정치적 군중의 단순화된 익명성과는 달리 주관적 선택에 의한 자기 변신의 요소가 가미된 것이라고 할 수 있다. 왜냐하면 하나의 가면만을 강요당하는 전체주의 아래 군중과는 달리 현대 문화 속의 대중은 다양한 가면을 활용하기 때문이다. 지적 인간의 이성적 주관만을 강조하는 입장에서는 이러한 선택을 부정할지 모른다. 그러나 감성적 주관의 선택 역할을 감안한다면, 마치 **사회 속의 가면무도회** 같은 현대 대중문화의 성격을 이해할 수도 있을 것이다.

이러한 대중문화의 성격은 인간학적 관점에서도 감각적 인간과 오락적 인간(homo ludens)에 대한 이해의 지평을 넓힐 것을 요구한다. 이는 여가(leisure), '놀이와 재미(entertainment)' 등이 대중문화 이해의 주된 요소가 되었음을 보아도 알 수 있다. 현대 대중의 삶에서 중요한 변수는 그들이 행위의 모방이 주는 오락적 재미에 적극적으로(꼭 능동적이라는 뜻은 아니다. 수동적일 수도 있다) 참여한다는 사실이다.

이것은 넓은 의미에서 유행이라는 구체적 현상으로 나타난다. 칸트도 인간은 생활 방식을 모방하려는 본성을 지녔으며, "유무익성과는 관계없이, 최소한 남들만큼은 자신을 내보이려는 목적을 지닌 모방 법칙이 유행(Mode)"[10]이라고 정의했다. 칸트는 또한 취향은 일정한 대상에 대한 '사회적 판단'이며, 취향에 따라 자신을 내보이려는 것은 사회적 상태, 곧 커뮤니케이션을 내포한다고 보았다. 모방과 유행은 개인적 취향의 구체적인 사회적 통로이다. 칸트가 유행의 허영을 비판하면서도 "굳이 유행을 따르지 않으려는 태도보다는 차라리 유행에 미치는 것이 더 낫다"[11]고 한 것은, 프로이트와 마찬가지로 대중과 유행이 사회화 과정에서 차지하는 기능을 의식했기 때문이다.

그러나 현대 대중문화가 인간의 감각적 욕구와 오락적 차원이 표현될 수 있는 사회적 공간을 제공한다 할지라도, 그것이 생산적 자본주의 사회의 소비적 인간이라는 차원과 연관되어 있으며, 대중문화와 연결된 정치경제적 이해관계가 각 방면에 상존한다는 점이 문제이다. 이러한 점들은 오랫동안 대중문화에 관한 논쟁을 야기했고 지금도 그러하다. 이에 권력에 의해 도구화되는 대중이라는 개념의 부정적 선입견과 고전적 개념의 문화 또는 상위 문화의 관점에서 평가한 대중문화의 천박성이라는 문제 때문에, 현대 대중문화에 대한 논쟁은 더욱 복합성을 띠게 되었다.

논쟁자들은 대중문화의 정체성, 가치, 영향에 대해 상반된 입장을 취하기도 해서, 에코가 표현했듯이 '종말론적 비관주의자'와 '세태에 편승하는 자'로[12] 나뉘어 극단적으로 대치하기도 한다. 이러한 논쟁이 첨예화하는 것은 그 배경에 대중과 대중문화를 하나의 특정한 범주로 보는 경향이 있기 때문이다. 이 경향은 20세기 전반에 비해 지금은 대중문화의 성격이 많이 바뀌었어도 고정관념으로 남아 있다.

대중과 대중문화를 특정한 범주로 보고자 하는 경향의 저변에는 여러 가지 고정관념이 깔려 있는데, 그중 하나가 '대중은 전적으로 수동적'이라는 선입견이다. 많은 사람들이, 대중문화 소비자들의 취향과 욕구는 사실 대중전달매체를 지배하는 문화생산자(특히 언론·출판사·방송국·음반·영화제작자·게임개발자 등)들의 이해관계에 따라 선택되고 조작된다는, 대중의 수동성을 강조한다. 물론 그러한 경향은 존재한다. 하지만 문제는 그렇게 간단하지 않다.

이러한 비판은 대부분 대중문화 생산물(또는 작품)의 내용을 분석하여 평가하는 데 바탕을 두고 있다. 반면 작품의 대중적 전달이 다양한 개인과 사회 그룹에 직간접적으로 불러일으키는 구체적 효과를 간과하는 경우가 적지 않다. 다시 말해 '내용=효과'라는 등식을 전제하여 마치 비평가의 입장에서 천박하고 폭력적이며 진부한 내용을 담고 있다고 평가된 작품의 메시지(출판·영상·음향 등의 형태를 지닌)가 그 내용의 수준을 작품의 수용자에게 있는 그대로 재생산하는 효과를 낸다고 간주한다. 하지만 이러한 입장은 인식론적 관점에서도 쉽게 수용할 수 없다.

여러 가지 이론적 근거가 있을 수 있지만, 두 가지 중요한 이유를 들 수 있다. 첫째, 인간의 인지(認知)와 감지(感知) 행위는 단순 전달식이 아니라, 복합적인 상황이 연계된 구조에서 이루어지는 현상이기 때문이다. 둘째, '그 원인에 그 결과(causa aequat effectum)'라는, 즉 원인의 입력과 결과의 출력을 등식적으로 보고자 하는 고전적 인과율은 과학철학과 진화 이론의 발달로 그 타당성이 흔들렸기 때문이다.[13] 효과는 원인이 제공하는 것보다 더 많이, 더 강하게, 또는 더 적게, 더 약하게도 일어날 수 있다. 아니면 전혀 다르게 일어날 수도 있다.

　대중문화를 하나의 범주로 보더라도, 대중문화의 양상이 수시로 바뀐다는 것을 주목해야 현실적 이해의 폭이 넓어진다. 예를 들면 전달 매체의 일방성에 대한 고정관념도, 상호성을 바탕으로 하는 매체(예를 들면, PC 통신과 인터넷, 컴퓨터 게임, 동영상 소통 등)가 등장하면서 조금씩 깨지기 시작했다. 현재의 문화 트렌드로 보아 몇 가지 양상은 기존 대중문화의 흐름을 바꿀 수 있는 단초가 될 수 있다는 면에서 예의 주시할 만하다. 그중 첫째, 앞서 말한 상호성을 바탕으로 하는 매체의 확산, 둘째, 토플러(A. Toffler)도 언급했던 프로슈머(pro-sumer)의 등장, 셋째, 이미 이루어지고 있는 클래식의 대중 예술적 리스타일링(restyling)과 함께, 역으로 대중 예술의 클래식적 리스타일링 등이 그것이다(예를 들면, 미술, 건축에서 다양한 형태의 고전주의적 경향의 부활, 음악에서 클래식-팝뿐 아니라 팝-클래식의 등장 등). 이것은 일반적으로 말하는 크로스오버나 퓨전 등의 개념보다 좀더 구체적인 것이다.

　물론 이러한 문화 추이가 일방적이던 문화 커뮤니케이션이 쌍방향의 시대로 전이되며, 전문 문화 창작자와 문화 소비자간의 경계가 소멸하여 문화 산업에서도 생산자 우위가 소비자 결정 시대로 나아가는 것을 곧바로 보장하진 않는다. 또한 집단적 문화 생산과 소비가 개성과 다양성의 차원으로 바뀌며, 대중 예술이 이른바 고품격화하는 것도 곧바로 보장하진 않는다.

　쌍방향 소통을 위한 도구와 프로그램은 정보화 산업의 상품화 전략에 의해 일방적으로 제공되며, 개별적 프로슈머의 작업이 대규모 문화 생산자의 이윤 극대화를 위해 흡수되고, 개성과 다양성이 조작되며, 이른바 고급문화와 대중 예술의 접목이 '우성의 매력적인 잡종'을 탄생시키는 대신에 '열성의 추한 돌연변이'를 양산할지도 모른다. 현대 문화는 항상 복잡한 문제를 제시하지만, 중요한 것은 문화적 실현이 인간을 위하는 방향으로 사회관계를 매개해나가느냐 하는 것이다. 그것이 더욱 중요한 이유는 오늘날의 이른바 대중문화는 이미 대중이라는 범주를 위한 문화가 아니고, 모든 사람을 대상으로 하는 문화가 되었기 때문이다.

## '사람들의 문화'

문화사가들은 이제 막을 내리고 있는 20세기의 중요한 특징 가운데 하나로 대중문화의 확산을 꼽는 데 주저하지 않는다. 어떤 사람은 금세기 후반의 마지막 10년은 고급문화에 대한 대중문화의 결정적 승리가 확인된 시기라고까지 말한다.[14] 대중문화 개별 장르의 예술적 가치에 대한 논쟁은 끊이지 않지만, 이제 그 영향력이 사회의 모든 영역에 깊숙이 스며들어 있다는 사실을 부정하기는 어렵게 되었다.

앞의 항(項)에서 살펴보았듯이, 서구에서는 19세기와 20세기 초에 이미 대중의 출현을 중요한 현상으로 보기 시작했다. 하지만 그때만 하더라도, 문화의 주역으로서 대중은 크게 부각되지 않았다. 당시의 논의는 주로 사회정치적 맥락에서 이루어졌으며, 대중에 대한 입장은 상당히 부정적이었다. 그렇다고 오늘날 '대중'이라는 단어가 모든 사람들에게서 호감을 얻고 있는 것은 아니다. 하지만 적어도 대중의 단순성·무책임성·비합리성·집단적 측면 등에 대한 일방적 비판의 시각은 많이 없어졌다고 할 수 있다.

대중의 지배는 존재하지 않고, 정치경제적으로 대중을 이용하여 세상을 지배하고 조정하고자 하는 세력이 존재할 뿐이라는 프랑크푸르트 학파의 경고나 대중은 실질적으로 존재하지 않고, 다만 사람들을 대중이라고 간주하는 방식이 존재한다는 윌리엄스(Raymond Williams)의 입장이 대중에 대한 시각을 폭넓게 하는 데 도움을 주기도 했다. 하지만 대중은 아직까지도 다각적 비판의 대상으로서 존재한다. 그래서 '대중은 대중을 비판하는 사람만 빼고 나머지 모두다'라는 역설을 낳기도 한다. 이렇듯 모두가 대중이거나, 아무도 대중이 아닌 상황에서 대중은 현실적으로 무의미해지기 십상이다.

다른 한편, 대중문화를 옹호하고 더 나아가 대중문화의 승리를 외치는 사람들 중에서는 이제 권력을 확보한 '대중'이라는 단어를 내세워 그것에 추종하지 않는 사람들을 역차별하고자 하는 경향을 보이기도 한다. 그래서 대중을 앞세운 문화적 권력 행사와 대중에 대한 아부라는 현상을 낳기도 한다. 엄밀히 말하면, 지금은 대중을 이용하는 것이 아니라, '대중의 개념'을 이용하고 있다고 할 수 있다. 역사적으로 대중(또는 군중)을 민족화하거나 조직화하여 이용하는 것이 정치적 맥락에서 이루어졌다면, 오늘날 멀티미디어의 언어 소통력을 바탕으로 대중의 개념을 이용하는 것은 가히 문화적이라 할 수 있다. 그래서 '대중성'이라는 더욱 추상화한 개념을 문화 논쟁뿐만 아니라 각종 평론에서도 앞세우는 것이다. 그러나 그 대중성이라는 것만큼 기만적인 표현도 드물 것이다.

어떻게 보면 실체가 없는 대중이 비판의 대상이 되거나, 아니면 막강한 힘을 발휘하는 것은 문화적 맥락에서 대중과 대중화가 갖는 어떤 특성 때문이다. 그 특성은 당연한 것처럼 느껴져 지나쳐버리기 쉽지만 비판의 대상으로서, 아니면 권력의 행사자로서(또는 권력의 대행자로서) 대중이 상존하는 가장 중요한 이유다. 그 특성은 오늘날 문화적 맥락에서 대중과 대중화가 진정한 의미의 총체성을 내포하고 있다는 것이다. 다시 말해, 현대의 문화적 대중화는 '모든 사람'을 그 영향권에 두는 현상인 것이다.

정치사회적 맥락에서 대중을 다루던 금세기 전반에는 대중의 개념이 그 부정적 의미만큼, 그 경계도 어느 정도 분명했었다. 대중이라는 범주의 구체적 대상은 산업화와 도시 집중화의 결과에 따른 도시의 서민이었고(예를 들어 농민은 고려 대상이 아니었다), 능력과 자질이라는 관점에서 보아 '보통사람'이 대중의 대명사였다. 정치·사회·경제·문화 각 분야에서 이른바 엘리트라고 불리는 계층은 확실히 구분되어서 이 카테고리에서 벗어나 있었다.

그러나 오늘날 대중매체의 보급에 따른 대중문화의 확산은 현실적으로 이러한 구분을 없앴다. 예를 들면 영화·방송·만화·사이버 분야 등 오늘날 주요 대중문화를 향유하는 사람들 사이에서, 지역적 측면에서나 계층적 측면에서 대중과 그렇지 않은 범주를 구분하기는 쉽지 않다. 오히려 사회에서 엘리트로 인정받고자 하는 사람들이 문화 생산자로서나 수용자로서나 이 분야에 참여하기를 주저하지 않는다. 현실적으로 대중문화는 여러 계층의 사람들을 흡수하며 문화를 대표하고자 한다.

따라서 문화 담론에서도 현대 대중문화라는 주제는 한정된 범주에 있는 것처럼 보이지만, 사실 오늘의 세상을 전체적으로 반영하는 주제이다. 이러한 총체성은 문화 담론이 곧 '대중문화 담론'이 되는 경향을 가져왔다. 그래서 많은 사람들은 문화가 대중화하는 것을 실감한다고들 한다. 그러나 '문화의 대중화'라는 표현 자체도 현실을 제대로 반영하고 있지 못하다는 것을 주목할 필요가 있다. 이러한 표현은 기존 문화가 대중에게 퍼져간다는 것으로 오해될 수 있기 때문이다.

엄밀히 말하면, 현재 상황은 문화가 대중화한 것이 아니라, '대중문화가 형성'된 것이다. 다시 말해, 새로운 형태의 문화가 형성되어서 현대 문화의 대명사가 되어가는 것이다. 오늘날 이 문화의 특징은 점진적 확산이 아니라, 형성 단계에서부터 '모든 사람'을 대상으로 한다. 과학·기술·산업·통상·소통, 여가 창출, 놀이 방식 등의 발달과 보조를 같이한 '현대 대중문화'는 사실 그 표현과는 달리 '대중'이라는 일정한 범주의 계층을 대상으로 하는 것이 아니라, 모든 사람을 그 대상으로 한다. 다시 말해 그것은 일정한 범주로서의 대중문화가 아니라, 굳이 표현하자면 '만인의 문화'인 것이다.[15]

이상의 관점에서 보면, '대중은 없으며', 따라서 '대중문화는 없다'고 할 수 있다.[16] 현실적으로 존재하는 것은 '사람들'이며 '사람들의 문화'인 것이다. 오늘날 문화 산업은 기본적으로 모든 사람들을 고려 대상으로[17] 하고 있으며, 문화 생산자들이 '대중성' 또는 '대중적 취향'이라고 말하는 것은 사람들의 성격과 취향 가운데 어떤 면을 필요에 따라 규정하고 부각시키기 위한 것이다. 이는 물론 문화는 '대중이 원하는 것을 제공해야 한다'는 문화 이데올로기를 전제한다.[18] 그러나 대중이 진정으로 원하는 것이 무엇인지 간단히 알 수 있는 것은 물론 아니고, 더 나아가 '대중이 원하는 것'이 모두 '대중에게 좋은 것'은 아니다.

그렇다면 대중의 이름으로 모든 '사람들'을 겨냥하는 '사람들의 문화'가 실질적으로 추구하는 것은 무엇인가? 그것은 출판·영화·음반·사이버 관련 사업 등과 이에 연관된 총체적 엔터테인먼트 비즈니스가 무엇을 겨냥하고 있는지를 보면 알 수 있다. 그것은 **사람들을 가만히 놓아두지 않을** 구체적 방식을 찾아내는 것이다. 사람들의 모든 감각에 지속적으로 '문화라는 이름'의 메시지를 보내 이른바 '문화 활동'을 하도록 하는 것이다. 이에 문화 담론도 '사람들의 문화'를 대상으로 하며, 그것이 '사람들을 위한 문화'인지를 논하고 비판하고자 한다. 즉 문화가 사람들을 위한 것인지를 지속적으로 묻고자 한다. 이 점에서 문화 담론은 인간론에 접목하게 된다.

## '존재냐 활동이냐'

'문화의 이름'으로 현대인의 활동량은 지속적으로 늘고 있다. 한 예로 이동 중에도 오관(五官)을 사용해 무엇인가 계속하는 현대인의 일상생활을 보아도 알 수 있다. 전에는 이동 중에 할 수 있는 문화 활동이라는 것이 기껏해야 대중교통 수단 안에서 독서하는 것이었다(트랜지스터 라디오가 개발된 지는 오래되었지만, 그것을 이어폰으로 듣는 사람은 극히 드물었다). 지금은 달리면서도 들을 수 있는 이동 카세트-CD 플레이어(이른바 '워크맨'), 소형 게임기, 노트북 컴퓨터 등의 사용으로, 적어도 인간의 청각·시각·촉각은 지속적으로 활동하고 있다. 이에 휴대전화기를 사용하여 언제든지 방송의 청취자 참여 프로그램에 접속하는 사람들의 숫자가 늘어나고 있는 것을 보면 '입'도 문화 활동에 참여하느라 바쁘다고 할 수 있겠다. "문학 팬은 인터넷에서도 **쉬지 않는다**"[19]라는 한 일간지 문화면 기사의 제목을 보아도 문화 활동의 양이라는 면에서 오늘날의 특징을 읽을 수 있다.[20]

근대 이전에 형이상학적·존재론적 물음의 틀이었던 '존재냐 비존재냐'를 원용(援用)한 '존재냐 소유냐'라는 실존적 질문은 산업사회의 주된 화두였다고 볼 수 있다. 이제 후기 산업사회, 정보지식사회, 오락 활성화 사회에서는 '존재냐 활동이냐'가 주된 물음이라는 관점을 가져볼 수 있다.

첫 번째 질문이 근본적 생존에 관한 것이라면, 두 번째 질문에는 명백히 경제성이 가미되어 있으며, 세 번째 질문은 문화성을 그 바탕에 깔고 있다. 물론 활동하지 않는 인간은 상상할 수 없다. 그러나 인간의 '활동(活動)'이 특정한 의미, 또는 지배적 의미를 갖게 된 것은 문화라는 것이 생산적 형태와[21] 소위 대중적 형태를 지니게 되면서부터이다. 이것을 바꾸어 말하면, 현대사회가 자신의 **특정한 문화성**을 갖게 되었다는 뜻이기도 하다.

아리스토텔레스에 의하면, 신(神)은 부동(不動)의 쾌락을 즐기는 존재이다. 신적 쾌락은 움직임보다 '부동의 행위'가 주는 정적(靜寂) 속에 있다.[22] 인간은 가끔 자신의 영적 고양을 위하여, 명상이나 기도 등의 행위로 신적 쾌락을 모방해보지만, 일상에서 범인(凡人)의 쾌락은 활발히 움직이는 데에 있다는 것을 부정할 수 없다. 인간은 움직여야 즐거운 경우가 많다. 이는 노래를 부르고 춤을 춘다거나, 놀이를 한다거나, 각종 스포츠를 즐기는 것 등을 보아도 알 수 있다. 아리스토텔레스도 '변화는 달콤한 것'이라는 시인 에우리피데스의 말을 인용했듯이[23] 움직임과 바뀜, 곧 활동과 변화는 사람에게 쾌락을 가져올 수 있다.

현대 문화는 인간의 외적 활동의 강도를 지속적으로 높여왔으며 활동으로서 문화의 범위는 점점 넓어져왔고 넓어져가고 있다. '형상의 창조'와 '의미의 전달' 등 다양한 형태의 문화적 생산과 표현이라는 활동과 그 활동에의 참여(이 역시 활동의 한 형태로서)는 인간 존재 이유 자체를 확인시켜주는 것처럼 보인다. 이러한 현상은 어떻게 보면 가장 인간적인 즐거움과 만족을 향한 열망과 질주를 나타내주는 것인지도 모른다. 따라서 인간이 자기실현하는 한 방법일 수도 있다. 또한 현대인은 그렇게 믿고 있는 것처럼 보인다.

갈릴레이(G. Galilei)가 '자연의 책'에 눈을 돌릴 것을 주장했을 때,[24] 그는 그 이후 약 4세기에 걸친 역사에서 인류가 자연을 얼마나 가만 놓아두지 않을 것인지 상상하지도 못했을 것이다. 과학의 세기가 시작하면서 인간은 자연을 철저히 이용해왔고, 환경론자들이 비판하듯 지구 자연을 소진(消盡)할 위험의 순간에까지 이르렀는지도 모른다. 아니면 적어도 현재 인류 역사의 흐름이 그러할 가능성을 배태하고 있다고 볼 수 있다.

이제 '문화의 세기'가 시작하면서 인간은 철저히 인간 자신을 가만 놓아두지 않으려 한다. 특히 인간의 오감(五感)은 다양하고도 잘(?) 조직된 문화적 자극에 쉴 새 없이 움직이고 있다. 구르고 또 굴러야 하는 '삼 년 고개'의 비밀과 역설이 이제 옛날 얘기가 아닌 현실로 다가오는 것 같다. 활동의 극대화 과정은 이미 시작되었으며, 그것은 인간 자신의 탈진(脫盡)을 향해 가고 있는지도 모른다. 앞으로 인류 역사의 주요 이슈가 '자연의 소진'에서 '인간의 탈진'으로 이동할지도 모른다.[25]

영국 작가 스티븐슨(R. L. Stevenson)은 사회문화 생활의 각 분야에서 '극도로 활동적인' 것은 오히려 '모자라는 활력(deficient vitality)', 또는 '부족한 생명력'의 표시라고 했다. 하기는 관조(觀照)와 명상 등의 단어가 낯선 골동품같이 여겨지고, 여가(餘暇)조차도 심한 활동으로 채워지는 시대에 스티븐슨의 통찰은 큰 관심의 대상이 아닐지도 모른다.

하지만 레크리에이션(recreation)의 진의가 여가를 이용하여 심신의 피로를 풀고 새로운 활력을 불어넣어 '인간의 탈진'을 방지하고 균형 잡힌 활동을 위한 인간의 조건을 재창조하는 것이라면, 여가 후에 더 피로를 느끼며, 여가를 보냈다는 것에만 의미를 두기 쉬운 현대인의 생활이 어느 정도까지 활동의 이름으로 정당화될 수 있는지 생각해보아야 할 것이다.[26] 우리가 일반적으로 문화 예술 활동이라고 하는 것도 활력 있고 균형 잡힌 생활을 위한 인간 삶의 조건을 재창조하는 데에 기여하고자 한다는 것을 염두에 두어야 한다.

'있음'과 '움직임'은 인류 사상의 저변에 면면히 흐르는 세계관을 형성하는 요소들이다. 이것은 특히 서양 사상사에서 부동과 운동, 고정과 진화, 정지와 진행, 불변과 변화, 존재와 생성, 현실과 과정 등의 도식적 구조로 개념화되고는 했다. '있음과 움직임'은 서로 대립 구조처럼 보이나, 사실 상호 보완적 구조를 이루고 있기도 하다. 있음은 움직임을 가능하게 하고, 움직임은 있음을 확인해준다. 운동과 변화는 존재를 부정하는 것이 아니라, 존재를 재인식하고 확인할 수 있는 계기를 준다. 활동으로 활동 자체를 확인하는 것이 아니라 활동하고 있는 나의 존재를 확인한다. 그것은 데카르트(R. Descartes)가 생각한다는 것으로 자신의 존재를 확인했던 사실("나는 생각한다. 고로 나는 존재한다.")과 일맥상통한다.

'내가 무엇을 하는지가 곧 나의 정체성'이라는 현대 사상의 주요 명제에서 강조점은 '한다'와 '정체성' 양쪽 모두에 놓여 있다. 즉 활동과 존재 모두에 그 중점이 있다고 할 수 있다. 다만 '내가 무엇을 하는지' 알고 깨달아야만 '나의 정체성'이 현실에서 존재할 수 있다. 즉 활동과 존재를 인식적으로 연결할 수 있다. 이에—아리스토텔레스적으로 표현한다면—'부동의 행위', 또는 '무운동의 활동'을 흉내 내는 순간들이 삶 속에서 필요하다. 감각적 활동과 함께 생각과 명상, 한가로움의 순간 등이 필요하다. 이것은 활동의 의미를 깨닫고 감각적 활동의 쾌락을 지속적으로 보장하기 위해서도 필요하다. 인간의 삶은 거의 활동으로 이루어져 있고, 그것이 삶의 균형을 이루는 활동이면 된다. 존재에 대한 인식은 순간적일 뿐이고 그래야만 한다. 다만 그러한 순간순간들이 삶 속에 최소한 보장되어야 한다.

## 이성과 감성을 껴안으며

'합리적 동물'과 '감각적 인간'이라는 두 표현은 그 의도에서 사실 상통(相通)하는 것이라고 볼 수 있다. 언급했듯이 두 표현이 모두 인간을 가리키는 한 감각적 동물인 인간이 합리적 능력을 발휘하기를 바라고, 합리적 인간이 동물적 감각력을 활용하기를 바라는 의도가 반영되어 있기 때문이다. 인간에게 합리적 능력을 주는 것은 이성이고, 인간의 감각적 능력은 감성에 연계된다. 물론 인간의 자질이 이성과 감성만이 아니듯 이 두 가지 차원이 인간을 전부 설명하지는 못한다. 하지만 이 두 차원으로 인간의 특성을 의미 있게 조명하고자 하는 방법론의 기능과 가치는 아직도 상당히 유효하다. 더구나 앞서 살펴보았듯이 현대 문화에서 인간의 감각적 차원이 부상하면서, 그와 떨어질 수 없는 합리성의 차원을 재고하지 않을 수 없게 되었다. 이 두 차원은 '존재와 활동'의 경우와 마찬가지로 대립적이기보다는 상호 보완적이기 때문이다.

많은 학자들이 급속하게 발전하는 문화와 사회 질서가 인간의 자연적 성향을 억압하거나 감소시켜왔다는 입장을 지니고 있다. 그러나 현대 문화는 오히려 인간의 자연적 성향을 자극하는 방향으로 흐르고 있지 않나 생각해볼 필요가 있다. 클라게스(L. Klages)의 영향을 받은 로렌츠도 문화의 급속한 발전이 사회 질서와 자연적 욕구 사이에 괴리 현상을 가져왔다는 입장이다.[27] 다시 말해 지성적이고 과학적인 것에 바탕을 둔 문화 발전이 자연 상태의 인간적 요소를 축소시킨다는 비판을 했다.

그러나 이것은 변하는 상황의 구체적 실례를 제대로 관찰하지 않은 도식적이고 포괄적인 판단이며 지나친 우려였다고 할 수 있다. 그러한 현상은 분야와 경우에 따라 다르게 일어날 수 있다. 영상·음악·미술·사이버·만화·디자인 등 현대 문화의 여러 분야에서 일어나고 있는 것은 어떤 의미에서 역현상이라고 할 수 있다. 곧 본능적 인간 및 감각적 인간으로서의 만족을 최대화하는 방향으로 문화가 진행하고 있다고 보는 편이 더 설득력 있다. 이는 성(性) 개방의 확산 및 그와 연관된 사회문화적 상황의 변화와 앞에서 언급했듯이 이른바 대중문화의 경향을 보아도 알 수 있다.

그것은 사실 인류가 항상 바라던 바였다. 사람들에게 정신세계가 필요한 것은 '정신적 삶'을 살기 위해서가 아니라, 감각적 삶을 '잘' 살고, 본능적 욕구를 부족하지도 않고 지나치지도 않게 무리 없이 잘 충족시키기 위해서이기 때문이다. 문제는 오늘날 감각성 충족 위주의 문화 조류가 정신적 차원을 전적으로 무시하고, 더 나아가 '생각'을 '사람들'에게서 분리하고자 하는 데에 있다.[28] 빗대어 말하면 몸의 다이어트에 몰두하다 정신과 영혼의 무게 조절에 실패할 수도 있다는 데에 있다.[29]

빠르게 다가오는 시대의 전환기에도 우리 몸이 지치지 않고 남들과 부딪치지 않으면서, 본능적·감각적·감성적 인간으로서 만족할 수 있으면 좋은 것이다. 그러나 앞으로의 시대는 인간의 감각적 욕구를 문화 산업의 개발 대상으로서 철저히 활용할 것이며, 점점 더 감각을 자극하는 지속적인 변화를, 더 나아가 '전환기의 연속'을 유도해낼 것이다. 이러한 상황 자체가 우리 몸이 지칠 가능성을 내포한다. 이때에 우리의 지친 몸이 기댈 수 있는 것, 우리가 능동적으로 사용할 수 있는 것, 곧 우리에게 어느 정도의 자유를 가능하게 하는 것, 그리고 타인과의 소통을 가능하게 하는 것은 무엇보다도 **생각**이다. 다시 말해 이성의 힘이 필요하다. 모두들 감성의 중요성과 감성 개발을 외치는 때에[30] 따돌림당할 주장 같지만 그것이 오늘의 시대적 요구임을 부정할 수 없다.

오른쪽의 그림은 고야가 1799년 '카프리초스'라는 이름으로 발표한 판화 80편 가운데 43번이다. 잠든 남자의 뒤에서 짐승들로 표현된 괴물들이 등장하고 있다. 반면 왼쪽의 그림은 바로 43번 판화를 준비하기 위해 펜으로 그렸던 스케치다. 짐승들 외에 사람들의 얼굴이 그려져 있는 게 특이하다. 고야는 악몽(惡夢) 속에 나타나는 괴물 같은 이성적 인간들을 상징하고 싶었는지도 모른다.

 헤겔은 인간 정신과 합리성의 중요성을 주장하느라 인간의 감성을 무시했다는 비판을 받는다. 하지만 헤겔도 단순히 '인간의 감성'을 무시한 것이 아니라, 고집스럽게 개인적 느낌(Gefühl)만으로 세상을 보고자 하는 태도를 경계한 것이었다.[31] 그러한 태도는 상호 소통과 실행을 위한 최소한의 동의도 불가능하게 할 위험성이 있다고 보았기 때문이다.

 물론 감성에 대해서와 마찬가지로, 이성에 대해서도 그 능력과 효용을 믿지만 그것을 경계할 필요는 상존한다. 이에 감각은 거짓말을 하지 않으며, 우리를 속이는 것은 판단이라는 괴테의 말은 귀담아들을 만하다. 파스칼은 이성의 최종적 과업은 이성을 넘어서는 수많은 것들이 있다는 사실을 인정하는 것이라고 했다. 수긍이 가는 말이다. 하지만 이에 덧붙여 말하자면 그러한 인정은 이성의 최종적 과업이 아니라 이성적 태도가 항상 염두에 두어야 할 것이다. 이렇듯 이성의 문제와 한계를 인정해야 하지만, 다른 한편 명민한 이성과 합리적 판단을 담은 언어의 소통으로 사회적 갈등과 문화적 권력의 문제를 해결할 필요성을 부정할 수는 없다. 브레히트(B. Brecht)가 말했듯이 사람들은 인간의 이성을 믿고 싶어한다. 그렇지 않다면 하루를 시작하면서 아침마다 잠자리에서 일어날 기운이 없어질지도 모른다.

이성과 합리성의 세계는 감성과 감각의 세계에 비해 더 복잡하고 더 자기 모순적인지도 모른다. 그래서 감성의 세계보다 이성의 세계에는 별로 호감이 가지 않는지도 모른다. 스페인 화가 고야가 1799년 발표한 판화에는 책상에 엎드려 잠든 남자(이성적 인간을 상징)가 있고 그 뒤로 온갖 괴물들이 그려져 있다. 고야는 그림 밑에 "이성의 꿈은 괴물들을 만들어 낸다"라고 써놓았다.[32] 고야의 그림이 상징하듯 이성은 그 나름의 어두운 구석이 있다. 이성은 '괴물'들의 허구를 밝혀낼 수도 있지만, 자만에 가득 찬 이성은 스스로 괴물이 될 수도 있다. 그래서 어떤 철학자는 이성이 가장 꿈꾸고 싶어하는 것이 비합리적인 상상들이라고도 했다.

'합리적 동물'이라는 표현도 인간의 자연적 본성을 단순히 확정적으로 나타내는 것은 아니다. 서양에서 전통적으로 라틴어 표현(animal rationale)으로 사용해온 이 말은 사실 고대 그리스 철학에서부터 사회성과 문화성을 내포하고 있었다. 아리스토텔레스가 인간을 정치사회적 동물이라고 정의한 바로 같은 저서의 같은 쪽에서, 인간을 유일하게 '말을 지닌 동물' 또는 '이성을 지닌 동물'이라고 표현한 것은 의미심장하다.[33]

아리스토텔레스의 의도는 이성과 언어가 합리성을 얻기 위한 수단이라는 것이다. 그에게 인간은 합리적인 존재 자체는 아니다. 아리스토텔레스는 인간이 말을 하는 존재, 즉 이성적 표현으로서 '의미의 소리'를 내 다른 사람들과 소통을 하고 그들과 함께 합리적인 공동체를 창조하는 존재라는 것을 강조하고 싶었다. 즉 인간은 합리성을 찾아 공동체를 만들어 가는 존재라는 것이다. 이러한 의미에서 칸트도 인간은 '합리적일 수 있는 동물(animale rationabile)'이며[34] 이성을 가진 존재로서 자유를 바탕으로 한 선택과 노력으로 현실에서 '합리적 동물'이라는 이상을 추구한다고 했다.

오늘날 감성을 거론하면, 비합리성을 곧 연상하게 하는 것 같다. 전통적으로 합리성을 근간으로 하는 자연과학도 20세기에 들어서 필연보다는 우연을, 확실성보다는 불확실성을, 정답보다는 확률을 즐겨 다룬다.[35] 카시러는 상징 형식의 연구를 통해 비합리성의 가치를 재고하기 위한 노력을 하기도 했다.[36] 그러나 사람들은, 감성을 거론하고 그것의 가치를 판단하며, 그것의 중요성을 역설하고 그것에 대한 의사를 소통하는 것이 이성의 작용이라는 것을 곧잘 잊어버린다.

필자는 이미 '문화의 풍요'를 논하면서 문화적 성과를 어떻게 효율적으로 이루어서 효과적으로 서로 나누어 갖는가 하는 것은, "감각적 인간 및 상징적 인간을 포함하는 인간의 다양한 차원의 욕구 실현을 위해 '합리적일 수 있는 동물'인 인간이 인간 자신에게 해줄 수 있는 일이다"[37]라고 언급한 바 있다. 현대뿐 아니라 인류 역사 전체를 살펴보아도 합리성의 영역은 사실 상당히 좁고 제한되어 있다. 근대사에서 인류의 합리성 추구가 그 영역이 넓고 전부인 것 같은 착각을 주었을 뿐이다. 실제로 사람들은 상당수 비합리적 세상에서 삶의 대부분을 보내고 있다. 하지만 비합리성이 지배하는 세상에서 또한 필요한 것이 합리적인 태도라는 것은 단순히 역설적인 이야기가 아니다. 그것은 오히려 삶을 균형 있게 살 수 있는 현실적 조건이다.

비합리성과 감각적 차원의 중요성이 증가하는 만큼 합리적 태도와 이성적 차원의 필요도 늘어난다. 그것은 비합리성을 경계하기 위해서도 아니고, 비합리성 자체를 이해하기 위해서도 아니다. 단지 합리적인 것들과 함께 비합리적인 것들의 공존 상황이 합리적일 수 있는지를 판단하기 위해서다. 또한 비합리적인 것들의 공존에서 상호 무리가 있거나 갈등이 있을 경우의 상황을 이해하기 위해서다.

이성은 칠흑 같은 어둠 속의 성냥불에 지나지 않는다. 그러나 그것이 유일한 불빛이라면, 바로 꺼질 것이라도 켜야 한다. 이는 또한 내가 켜지 않으면 누군가가 켤 것이기 때문이다. 이성이 깨어 있어야 하는 현실적인 이유는 감성을 비판하기 위해서가 아니라, 다른 이성적 태도를 이해하고 비판하며 경계하기 위해서다. 사람과 생각을 분리하고자 하는 이성적 권력이 존재하는 시대에(한 예로 문화 산업을 이끄는 권력은 소위 대중의 감성이 중요하다고 홍보하며, 자신은 철저하게 합리적인 조직, 경영, 이해관계를 추구한다), 각 개인의 이성적 판단은 그 어느 때보다 중요하다.

이성과 감성은 서로 공생(共生)하는 생물들과 같다. 우리는 복합적 사회에 살고 있을수록 이성의 불을 켠다. 그것은 모든 감성적인 것, 사람의 마음에서 나오는 모든 것을 잘 보기 위해서다. 인간의 감성이 안테나와 같이 모든 지평에 대해 열려 있다고 한다면, 인간 이성은 모든 지평에 대해 열려 있기 위해서 노력해야 한다. 이에 감성은 이성이 노력하도록 자극제가 되는 것이다. 이제 비합리성과 합리성, 우연과 필연, 감성과 이성은 구분되어 있을 뿐 떨어져 있는 것이 아니라는 것을 다시금 이해해야 할 때다. 이제 감성과 이성을 껴안으며 인간과 인간의 삶을 둘러싸고 일어나는 일들이 어떠한 상황에서 어떻게 일어나는지 잘 살펴보는 일이 중요하다. 그러한 일들이 일어나는 지평은 매우 널리 퍼져 있기 때문이다.

## '사람의 이름'이 명멸하는 지평

우리가 다양한 지평을 염두에 둔 인간론을 펴야 하는 것은 바로 '인간이란 무엇인가'라는 질문을 자연적 본질론에만 의존하지 않고, 인간이 처한 상황과 환경에 맞추어서 이해하려고 노력하기 때문이다. 필자가 이 장을 쓰면서 대중과 대중문화의 담론에서 시작하여 이성과 감성의 주제에 이르기까지 우회(迂廻)의 길을 택한 것도 바로 상황과 환경을 중요시했기 때문이다.

인간이 그 스스로에 대한 질문을 던질 때에 가장 많이 사용하는 은유는 아마도 '거울의 은유'일 것이다.[38] 인간은 역사 속에서 어쩌면 자신을 '있는 그대로' 비추어줄 수 있는 거울을 끊임없이 찾아왔고 지금도 찾고 있는지도 모른다. 하지만 그러한 거울을 원하는 마음은 너무 탐욕스러운 것일지도 모른다.

그리스 신화에 나오는 나르키소스는 자신을 그대로 비추어주는 샘물이라는 거울 때문에 목숨을 잃었다. 아름다운 나르키소스가 물에 빠져 죽은 것은 자기 자신에 대한 사랑에 빠졌기 때문이 아니다(신화는 그 해석에 대한 폭넓은 자유를 허용해 매력적이다). 그것은 물에 비친 자신의 이미지가 자신의 진실을 그대로 담고 있었기 때문이다. 그날—나르키소스에게는 불행이었지만—그 샘물은 미세한 파문조차 없는 완벽한 거울이었던 것이다. 나르키소스는 너무 놀랐던 것이다.

완벽한 진실은 우리를 놀라게 한다. 우리 자신을 완벽하게 비추어주는 거울을 보는 순간, 우리는 그 환함에 눈이 멀어 거울을 두 번 다시 못 볼지도 모른다. 그래서 거울의 은유를 택하는 것도 너무 욕심 부리는 것이라는 생각이 든다. 인간의 진실을 담은 '사람의 이름'은 멀리 지평선 또는 수평선 위에서 보였다 안 보였다 깜박거릴 뿐이다. 하지만 그렇게 함으로써 그것을 포착하고자 하는 인간의 열망과 노력이 인간의 삶을 더욱 생명력 있게 하는 것인지도 모른다. '사람의 이름'이 명멸(明滅)하는 지평은 우리가 다가갈수록 그만큼 멀어진다. 그래도(아니면 바로 '그래서') 우리는 그 지평을 유심히 주시한다. 될 수 있으면 폭넓게 지평을 관찰하고자 한다.

인간은 항상 관찰의 중심에서 벗어나지 않으려고 노력하며, 중심에서 멀어지면 곧 복귀해야 한다. 그래야만 전방위적(全方位的) 관찰과 조명이 가능하기 때문이다. 그래서 인간은 우주의 중심에 있고자 한다. 인간이 우주의 중심이라는 인간중심주의의 진의는, 서양의 일부 형이상학에서 인식하듯이 우주가 인간에 봉사하기 위해서 존재한다는 뜻이 아니다. 그것은 인간의 진실이 명멸하는 지평을 관찰하기 위한 중심이지, 우주를 관장하는 지배적 위치로서의 중심이 아니다("우주가 너를 위해 존재하는 것이 아니라, 네가 우주를 위해 존재한다"[39])는 플라톤의 말이 더 맞는지도 모른다). 인간에게는 그러한 능력도 권한도 없다. 다만 우주에서 자신의 위치를 잘 보살필 권리가 있는 것이다.

우리는 이제 새 밀레니엄을 맞아 부산하다. 시대의 전환기 때마다 인간의 문제는 재부상한다. 그것은 바로 인간이 우주의 중심으로 돌아오기 위해서다. 인간이 우주의 중심에 돌아오려고 노력하는 것은 관찰하고 묻기 위해서다(우주가 무한하다면 '위치적 개념'으로서 중심은 무의미하다. 그것은 도처에 있을 수 있기 때문이다. 다만 자신의 위치를 '관찰의 중심'으로 인식하는 것이 의미 있는 일이다). 그것은 인간이 인간 자신에 대해 묻고 생각하기 위한 방법이다. 그것은 모든 것을 사람의 기준으로만 생각하는 인간중심주의(anthropocentrism)도 아니며, 사람의 모습대로 상상하며 사람에 맞추어서 만물을 표상하는 의인관(anthropomorphism)을 확립하기 위한 것도 물론 아니다.[40]

우주를 보면서도 인간은 자신을 반추한다. 그것은 인간이 매일같이 자기 스스로를 재창조하기 위해서다. 인간은 대우주를 보면서 '요것을(?) 어떻게 해볼까' 구상하기 전에 자신의 소우주(microcosmos)를 끊임없이 재구성해야 한다. 그리고 자아의 재창조는 인간 진실의 편린(片鱗)들이 반짝이는 다양한 지평에 눈을 돌려야 가능하다. 하지만 그러한 노력으로 얻어지는 '사람의 이름'은 대문자로 쓰여질 수 있는 것은 아니다. 인류 역사에서 대문자로 쓰여진 신의 이름을 거부하기 위해서 사람의 이름을 대문자로 써야 했던 모순이 반복되는 것을 이제 우리는 더 이상 자랑스러워 하거나 즐거워하지 않는다.[41]

우리는 바로 우리 주위의 한 사람 한 사람에게서도 소우주를 관찰할 수 있어야 하고, '사람의 이름'을 읽을 수 있어야 한다. 영국 시인 포프 (Alexander Pope)는 자신의 《인간론》에서 인간이 가장 연구해볼 만한 대상은 바로 인간 자신이라고 했다. 《걸리버 여행기》의 저자 스위프트(J. Swift)는 절친한 친구인 포프에게 보낸 편지에서 "내가 갑돌이, 을돌이, 갑순이, 을순이를 진심으로 사랑한다고 할지라도, 나는 사람이라고 부르는 동물을 무엇보다도 증오하고 혐오한다네"[42]라고 썼다.

갑순이, 을순이, 갑돌이, 을돌이는 구체적인 사람들의 이름이다. 물론 스위프트처럼 인간에 대해 부정적이고 혐오적인 인식을 가질 수 있다. 그는 어쩌면 그와 동시대 작가 다니엘 데포(Daniel Defoe)의 소설 주인공 로빈슨 크루소처럼 무인도에서 홀로 살고 싶었는지도 모른다. 그러나 그도 현실에서는 사람들과 같이 살지 않을 수 없었기 때문에 어떤 사람들에 대해 마음을 나누어주지 않을 수 없었다. 다시 말해 인간을 혐오해도 구체적 존재로서 한 사람 한 사람은 사랑할 수 있으며, 그들 각자에 대해 각별한 관심을 가질 수 있다. 또한 그 속에서도 우리는 인간 진실의 편린을 읽을 수 있다.

이제 인간 이해의 다양한 지평을 위해서는 체계적 '인간학'에 대화적 '인간론'을 접목해야 할 때다. 학(學)으로만 다루기에 인간의 문제는 너무나 넓게 열려 있기 때문이다. 이성과 감성의 문제는 사람의 특성을 상당 부분 설명하지만, 그것은 결국 일부에 지나지 않는다. 그것은 몇 개의 범주로서 인간을 조명하는 것에 지나지 않는다.

등대는 수평선을 돌아가며 비출 뿐이다. 등대가 비추지 못한 순간의 수평선 위에서도 사람의 이름은 명멸한다. 지금까지 인간 자신을 이해하기 위해 노력해온 인류의 사상은 등대의 역할을 했을 뿐이다. 그것은 크고도 작은 역할인 것이다. 이제 철학적 인간학·문화인류학·심리학·인간행동학·사회생물학 등의 개별 과학적 편협성에서 '만인을 위한 인간론'으로 전환해야 할 때다. 이것은 매일의 생활에서 인간관계가 '너'의 실체 앞에 서는 '나'이기 위해서도 필요하다.

그리고 우리가 일상에서 너무 당연해서 아무렇지도 않게 지나쳐버리는 것들이, 사실은 이 우주 속의 한 생명체로서 인간의 특징이라는 것을 잊지 말아야 한다. 그것들에 대해 가끔 생각해보는 것은 우리의 삶을 풍부하고 보람 있게 하는 일일 것이다. 인간 이해의 지평은 일상에도 있기 때문이다. 그것은 또한 일상에서 사람이 사람만의 특징적 삶을 즐기는 방법이기 때문이다. 프랑스 극작가 보마르셰(P-A. Beaumarchais)의 《피가로의 결혼》에 나오는 대사 한 줄은 오늘날같이 정신없이 빠르게 돌아가는 삶 속에서도 우리 자신을 돌아보게 하는 청량제가 될 것이다. "목이 마르지 않아도 마시고, 계절에 관계없이 아무 때나 짝짓기 하는 것, 그것이 바로 우리를 다른 동물과 구별짓게 하는 특징이랍니다, 부인."[43]

인간은 감각적 충족과 본능적 욕구의 발현에서도 참으로 특이한 동물이다. 누가 이성과 합리성을 제외한 인간의 성격을 다른 동물들과 동일하다고 보았는가?

[ 9장 주석 ]

1) '어른의 아동화'와 '엔터테인먼트 효과'는 제4장에서 언급한 바 있다.
2) J. Burckhardt 비판의 주된 표적은 당시 부상하는 중산계급이었다(*Weltgeschichtliche Betrachtungen*, 1905. IV. V 참조). J. Ortega y Gasset가 명명한 'hombre medio'(*La rebelión de las masas*, 1930 참조)나, Wilhelm Reich가 말한 'little man' 또는 'common man' (*Listen, little man!*, 1948 참조)도 대중의 'mediocrity'를 비판하는 것이었다. 대중의 이러한 성격은 이후로도 줄곧 대중문화 비판의 주된 표적이 되었다. 그러나 이러한 비판의 관점은 한편으론 비판자가 지니고 있는 고전적 문화 개념의 관성(慣性) 때문이기도 하다.
3) Gustave Le Bon, *Psychologie des foules*, Paris, 1895 참조. 르 봉이 사용한 프랑스어 'foule'은 영어로는 'crowd', 독일어로는 'Masse'로 번역되었다. Freud도 자신의 저서 *Massenpsychologie und Ich-Analyse*(1921)에서 르 봉을 인용하면서 'foule'을 "단기적 현상의 Masse"라고 구분하고 있지만, 르 봉의 저서에서는 그 개념이 명확지 않다. 여기서는 대중이 군중의 개념을 포함한다는 의미에서 '대중'으로 통일해 쓰기로 한다.
4) J. Ortega y Gasset, *La rebelión de las masas*, Alianza Editorial, Madrid, 1992, 46쪽. 그는 이것을 "hecho de la aglomeración, del ⟨illeno⟩"라고 표현한다. 우리말로는 '만원(滿員) 현상'이라고 할 수 있다.
5) S. Freud, 앞의 책 참조.
6) 사실 대중문화라는 표현은 19세기까지의 'popular art', 'popular literature'등의 이른바 'popular culture'가 'mass media'와 'mass communication'의 발달과 연계되면서 'mass culture'라는 명칭으로 변신한 것이라고 볼 수 있다.
7) Edgar Morin은 바로 대중의 정치적 무관심이라는 점에 주목하여 자신의 '문화 산업론'과 '대중문화론'을 전개하였다(*L'esprit du temps. Essai sur la culture de masse*, Paris, 1962 참조).
8) 대중문화가 대중전달과 대중매체의 발달을 전제로 하는 한, 고비용의 문화 산업(방송·영화·종합 오락·게임·사이버 문화 등)과 이에 연관된 경제정치적 이해관계와 전혀 무관할 수 없다. 자유 민주주의와 진보된 자본주의가 정착된 사회에서는, 더욱 다양하고 복잡한 정치적 맥락이 형성될 가능성이 높아진다.
9) Jean-Gabriel de Tarde는 일찍이, 강압적이 아니고 설득적이며 공감대 형성을 바탕으로 하여 사회적 결속을 이루어내는 '모방의 법칙'(*Les lois de l'imitation*, 1890 참조)을 역설하

면서, 대중은 역사적·문화적 상호 관계의 산물(*L'opinion et la foule*, 1902 참조)이라고 보았다.

10) I. Kant, *Anthropologie in pragmatischer Hinsicht*, Akademie-Ausgabe, Band VII, Berlin, 1917, 193쪽 참조.

11) 같은 책, 같은 쪽 참조.

12) Umberto Eco, *Apocalittici e integrati. Comunicazione di massa e teorie della cultura di massa*, Milano, 1964 참조.

13) 현대 과학에 있어서 인과법칙을 비판한 Mario Bunge의 *The Causality*(Harvard Univ. Press, Cambridge, 1959)와 S. Alexander, C. L. Morgan의 Emergent Evolution 이론 등 참조.

14) 고생물학자 S. J. Gould는 새 밀레니엄의 시작이 '2000년인가 아니면 2001년인가' 하는 논쟁을 고급문화와 대중문화의 대립으로 설명하면서, 20세기의 시작이 1901년 1월 1일이라는 주장이 공식적으로 받아들여진 것은 고급문화가 우세한 시대였으므로 가능했고, 대중문화가 우세한 지금은 2000년 1월 1일이 새 밀레니엄의 시작으로 받아들여진다고 했다. 그의 표현을 따르면 "의사 결정의 법정으로까지 스며든 대중문화"의 위세를 실감한다 할 수 있겠다(*Questioning the Millennium*, 1997, 한국어판, 《새로운 천년에 대한 질문》, 생각의 나무, 서울, 1998 참조).

15) 이러한 의미에서 오늘의 현상은 언급했듯이 '문화의 대중화'가 아니고, 적어도 '대중의 문화화'나, 더 나아가 '만인의 문화화'라고 부르는 것이 현실을 더 잘 반영한다고 할 수 있다.

16) 오늘날 우리는 대중문화라는 표현을 많이 쓰고, 필자도 이 책에서 여러 번 사용했다. 그러나 '글 안으로'와 앞의 장들에서도 간단히 짚고 넘어갔듯이, 이제 '대중'이라는 수식어는 그 특별한 의미를 상실해가고 있다고 볼 수 있다. 필자가 이 글에서 그 단어를 사용하는 것은, 상식적으로 통용되는 단어를 쓰는 것이 아직까지는 소통과 이해에 도움이 되기 때문이다.

17) 물론 문화가 모든 사람들을 고려한다는 것은 바람직한 일이다. 그러나 문제는 '이것이 자본주의의 틀을 벗어나서 가능했고, 앞으로도 가능한가'에 있다. 지금으로서는 이에 부정(否定)적인 대답을 할 수밖에 없다. 과학과 기술의 발달, 자본주의 경제 체제 없이 이른바 문화 산업의 발달과 대중문화의 형성은 불가능했다. 이는 우리가 '문화의 세기'라고 기대하는 곧 다가올 21세기가 사실은 '경제의 세기'라는 인식을 하지 않을 수 없게 한다. 이에 '문화의 세기'라는 말이 공개된 사기(詐欺)처럼 완벽한 가식적 표현이 아니고, 조금

이라도 진정한 '문화의 세기'를 위한 것이 될 수 있는 가능성은 어디에 있는지 자문하게 된다.
18) 이는 정치에서 '국민의 뜻은 옳고, 국민의 뜻을 따라야 한다'는 현대 민주주의의 정치 이념이 형성된 역사적 맥락과 무관하지 않다. 이것은 인식적 상대주의의 대두와도 연관되어 있다. 따라서 학문과 예술도 대중이 원하는 바를 따라야 한다는 단순 논리가 전개될 수도 있다. 그러나 정치와 문화를 전적으로 동일한 맥락에서 본다면 인간의 삶을 이루는 수많은 것들이 우리의 생활에서 사라질 것이다. 그것은 창작의 의미, 아름다움의 존재, 깨달음의 기쁨, 옳고 그름을 논할 가능성 등이다.
19) 〈조선일보〉 1999년 7월 5일자, 19면 참조('쉬지 않는다'의 진한 표기는 필자가 첨가한 것임). 이에 덧붙여, 최근에 와서 NGO 등 시민 단체에 참여하는 사람들의 수가 증가하는 것도, 물론 그들이 훌륭한 의도를 가지고 하는 것이지만, 한편으로는 '활동을 위한 활동' 자체가 주는 영향이 무의식 중에 그들에게 작용하기 때문이라고 생각해볼 수도 있다.
20) 인류 역사에서 산업사회까지는 사람들이 '노동'이라는 활동에 전력했기 때문에, 인간은 지속적 활동을 하는 동물이라는 입장이 있을 수 있다. 하지만 오늘날은 사람들이 쉴 때에도 무엇인가 '하면서' 쉬어야 하는 상황이 되었다. 예를 들면, 여가 활용으로서 스포츠 활동은 더욱 강렬한 수준이 되어가고, 한가롭게(?) TV를 시청하거나, 컴퓨터 게임을 즐길 때 시력 활동이 상당하다는 것을 못 느끼고 살 뿐이다. 또한 오늘날 자동기기의 발달로 일정한 보수를 받기 위한 사람들의 노동 시간이 대폭 줄었거나 줄어들고 있다는 확실한 증거는 어디에도 없다. 그들은 다른 형태의 노동을 해야 한다. 오늘날 사람들은 '경제 활동'은 그것대로 하면서 이른바 '문화 활동'의 양이 증가하는 것을 일상에서 경험하고 있다. 인간의 오관이 쉬는 순간은 점점 축소되어 간다고 볼 수 있다. 만화를 보면서 동시에 이어폰으로 CD 플레이어에서 나오는 음악을 들으며 동시에 TV나 비디오를 켜놓고 화면이 흐르는 것을 흘끔흘끔 쳐다보면서 콘칩을 손가락 끝으로 조금씩 집어먹고 있는 사람들의 경우가 이제 그렇게 드문 것만은 아니다. 그는 시각에서 촉각까지 오감(五感)을 총동원하고 있는 것이다.
21) 이제까지의 상식적 개념에 의하면 경제는 당연히 산업의 의미를 내포한다. 그러나 역설적으로 문화는 이른바 '후기 산업사회'에 들어와서 '산업적 성격'을 더욱 강하게 띠면서, 문화 자신의 개념적 정체성에 관한 문제를 제기한다. 문화가 산업적 성격을 띠면서, 경작(耕作)의 은유를 내포한 문화는 환금작물(換金作物)을 경작하기 시작했다. 따라서 문화 산업이 대중성의 이름으로 되도록 많은 사람들을 그 대상으로 하고자 하는 것은 말할 나위도 없이 환금성과도 연관되어 있다.

22) 아리스토텔레스 철학에서, 통상 '부동의 행위' 또는 '무운동의 활동'이라 번역되는 '에네르게이아 아키네시아스(ἐνέργεια ἀκινησίας)'는 아마도 고대 사상의 가장 의미심장한 형이상학적 개념 중 하나일 것이다(아리스토텔레스, 《니코마코스 윤리학》, 1154 b 26~28 참조).
23) 같은 책, 1154 b 29~30 참조.
24) 자연법칙의 탐구가 인간 사고의 주된 과업이었던 근대사의 여명기에, 갈릴레이는 철학(당시에는 학문 전체를 대변하기도 했음)이 '자연의 책(libro della natura)'에 눈을 돌릴 것을 촉구하였다. Dialogo sopra i due massimi sistemi del mondo(1630)의 헌정문(獻呈文)을 참조하기 바란다. 이에 빗대어 필자는 오늘날은 '문화의 책'에 눈을 돌려야 할 때라고 말한 바('서문' 참조) 있다. 흥미로운 것은 갈릴레이가 자연의 중요성을 강조하기 위해서 '책'이라는 말을 썼을 때, 그도 이미 가장 문화적인 표현을 사용했다는 것이다. 앞으로 책의 소멸을 예측하더라도 지금까지는 책만큼 문화적 속성을 지닌 말을 찾기가 쉽지 않다.
25) 하지만 '지구의 소진(오늘날 환경론의 입장에서 자연이라고 말하는 것은 엄밀히 말하면 지구자연이다)'이 '탈지구성'(제5장 참조)의 필요성과 가능성을 가져온다면, '인간의 탈진'이 어떠한 필요성과 가능성을 대두하게 할 것인지 상상해보는 것은 흥미롭다. 아마도 구체적이고 실질적으로 '탈인간화'를 추구하게 되지 않을까 생각해볼 수 있다. 탈지구성의 시대에는 지금의 인간과는 특질이 다른 '신인류'의 시대가 될지도 모른다. 아니면 오히려 '탈인간화'를 적극적으로 방지하는 노력이 필요하게 될 것이다. 어느 방향으로 역사가 흘러가든, 인간성에 대한 고찰은 점점 더 중요한 과제로 부상할 것이다.
26) 이 장을 쓰면서 필자는 특히 한국의 상황을 염두에 두었다. 사실 소위 선진국에서는 문화 활동이 우리나라보다는 훨씬 균형을 이루고 있다고 볼 수 있다. 그것은 개인의 일상생활을 비교해보아도 알 수 있고 공공 문화 정책 지원을 보아도 알 수 있다. 이른바 고급문화와 대중문화의 논쟁도 우리보다는 훨씬 더 합리적이다. 우리나라에서 무엇이든 치우친 행동들을 하는 것은 서양 문명의 일부를 무조건 수용했기, '몰려다니기' 현상이 갈수록 심해지기 때문이라고도 하나, 무엇보다도 생각을 않고 사는 경향이 강하기 때문이 아닌가 사료된다. 그야말로 '생각 좀 하며 삽시다'라고 서로 자극을 줄 필요까지 생겼는지도 모른다.
27) L. Klages, *Der Geist als Widersacher der Seele*, Leipzig, 1929~1932와 K. Lorenz, *Der Abbau des Menschlichen*, München, 1983 참조. 이러한 입장들은 사실 18세기에 학문과 예술의 발전에 대한 계몽사상의 낙관주의에 철퇴를 가한 J-J. Rousseau로부터 구체적으로 시작되었다고 볼 수 있다. 루소는 초기 논문인 *Discours sur les sciences et les*

arts(1750)에서부터 자신의 입장을 밝히고 있다.

28) 제8장, 4항 참조.

29) 혹 독자들을 실망시킬지도 모를 말을 한마디 해야겠다. 로마제국의 융성기(隆盛期)가 지나가기 시작한 기원후 1세기 말과 2세기 전반에 살았던 풍자가(諷刺家) Juvenalius가 남긴 말 가운데 가장 유명한 것이 아마도 "건전한 신체에 건전한 정신(Mens sana in corpoe sano)"일 것이다. 이 말은 흔히 '건전한 신체'를 강조하는 것으로 해석되어서, 학교 교육의 모토뿐만 아니라, 국가의 이데올로기로 사용되기도 했으며, 오늘날에는 각 헬스클럽에서 남용하고 있다. 하지만 유베날리우스가 의도했던 것은 전혀 다른 뜻이었다. 그의 풍자시 제10편에 나오는 원문은 이렇다: "Orandum est, ut sit mens sana in corpore sano." 이것을 해석하면 "건전한 육체에 건전한 정신이 깃들이기를 기원해야 할 일이다"가 된다. 유베날리우스는 당시 로마제국의 미풍(美風)이 사라지는 것을 한탄했고, 그의 말대로 당시의 사회와 문화는 그로 하여금 "풍자시를 쓰지 않을 수 없게(Difficile est satiram non scribere)" 만들었다. 그의 말은 사실 "건전한 육체에 건전한 정신이 깃들이면 얼마나 좋겠냐마는" 현실에서는 그렇지 못하다는 것이다. 육체와 정신이 모두 균형 있게 건강하기를 바라는 것은 이상(理想)이다. 현실에서는 한쪽에 지나친 신경을 쓰다보면 다른 한쪽은 소홀하기 십상이다. 아주 건전한 육체에는 건강한 정신이 깃들 새가 없다는 것은 단순한 역설이 아니라 당연한 결론이라는 것이다. 유베날리우스는 육체에만 신경을 써서 정신이 피폐해지는 것을 비꼰 것이다.

30) 특히 한국에서의 '호들갑'은 유난하다. 합리성으로 가득 찬 서구 문명을 온통 받아들이고 나서 그것을 운용할 이성적 성숙이 보장되지도 않은 상태에서, 유행 따라 이제 감성의 중요성만을 외치는 것처럼 위험스러운 일도 드물 것이다.

31) 헤겔은 감성에만 집착하는 태도를 '반인간적' 또는 '동물적'이라고 지나칠 정도의 강한 어조로 비판한다: "Das widermenschliche, das tierische besteht darin, im Gefühle stehen zu bleiben und nur durch dieses sich mitteilen zu könnon"(G. W. F. Hegel, *Phänomenologie des Geistes*(1807), Gesammelte Werke Bd.IX, Hamburg, 1980, 'Vorrede' 참조). 이 같은 그의 단호한 입장과 그것을 체계화하려는 경향이 그에 대한 강한 역비판을 불가피하게 했는지도 모른다.

32) 고야는 1799년 Caprichos('돌연하고 변덕스러운 착상들'이라는 뜻)라는 이름으로, 이른바 '에칭(etching) 시리즈'라고도 알려진 판화 80편을 발표했는데, 그 가운데 43번 판화의 하단에 El sueñ de la razv produce monstruos라고 써놓았다(후에 이 판화의 타이틀처럼 사용되었다). 고야가 한때 계몽주의 사상의 영향을 받았다고 해서 이 그림을 '이성이 잠든

사이에 나타난 온갖 괴물들(스페인어로 'sueño'는 '잠'과 '꿈'의 뜻을 모두 지니고 있다)'이라고 해석하기도 하지만, 그것은 역사적 사건에 따른 고야 사상의 변화를 폭넓게 관찰하지 않은 오류이다.

33) 아리스토텔레스,《정치학》, 1253 a 1~20 참조. 원문을 직역하면 '로고스(λόγος)를 지닌 동물'이나, 여기서 로고스는 일차적으로 언어이고 더 나아가 인간의 이성적 차원을 나타내는 것이라고 볼 수 있다.

34) I. Kant, *Anthropologie in pragmatischer Hinsicht*, Akademie-Ausgabe, Bd.VII, Berlin, 1917, 321쪽 참조.

35) 과학의 발달이 모든 현상의 필연적 설명을 가능하게 하며 생활의 모든 분야를 합리화했다는 착각을 하기 쉬우나, 수학 공식처럼 완벽한 합리의 세계를 일상에서 찾아보기란 매우 힘들다. 사실 현대 과학이 하이젠베르크(W. K. Heisenberg)·모노(J. Monod)·프리고진(I. Prigogine)을 거치면서, 물리학·생물학·화학 등 자연과학의 모든 분야에서 공통분모로 찾은 것은 '우연(chance)'이다. 전적으로 우연이 만물의 근원이라고 주장하는 것은 아니지만, 적어도 '우연의 체험'이 과학에서도 주요 변수로 인정을 받은 것이다.

36) E. Cassirer는 비합리적이라는 것은 단지 사고와 언설(言說)의 대상이 아닐 뿐이라는 점을 강조한다: "The very term 'irrational(αρρητον)' means a thing not to be thought of and not to be spoken of." (*An Essay on Man*, Yale University Press, New Haven, 1944, 59~60쪽).

37) 제1장, 4항 참조.

38) 그 가운데 백미(白眉)는 아마도 문화인류학자 C. Kluckhohn의 저서명 '인간을 위한 거울'(*Mirror for Man*, Mcgraw-Hill, New York, Toronto & London 1949)일 것이다. 클럭혼은 '인간이란 무엇인가'에 대한 해답을 원시사회의 문화 연구로써 찾으려 했다. 그는 자신의 연구 성과가 인간을 비추어주는 거울이 되기를 바랐고, 그러한 의미에서 그렇게 책 제목을 붙인 것이었다. 철학자 Richard Rorty는 부정적인 의미로 '거울의 은유'를 사용하였으나(*Philosophy and the Mirror of Nature*, Princeton Univ. Press, 1979), 그 은유가 가지는 힘과 매력은 떨쳐버리지 못했던 것 같다. 물론 극한 상황에서 인간이 찾는 것이 궁극적으로 '자신을 비추어주는 거울'일 것이라는 생각을 해보기도 하지만, 어떤 이론이 거울의 역할을 하기에는 역부족일 것이다.

39) 플라톤,《법률론》, 903 c 참조. 플라톤은 "우주의 삶이 행복하기 위해서"라는 표현도 한다.

40) 20세기 후반에 들어서서 현대 과학이 특히 현대의 진화론과 생물학 및 유전공학이 인본

주의(人本主義)의 허구로부터 인간을 해방시키고 새로운 구원의 길을 열었다는 말들을 한다. 그러나 인본주의를 외치는 것은 인간의 오만 때문이 아니다. 예나 지금이나 그것은 생존의 문제다. 그것은 사람들이 서로의 목숨을 중요시하고 서로 해치지 않는 삶을 살기 위한 전략적인 문제이기도 하다. 이러한 의미에서 누군가 그것을 이데올로기라고 한다면, 그것이 이데올로기라는 것을 수용해도 좋다. 하지만 그것은 사람 모두의 목숨을 위한 이데올로기다. 철학과 과학이 사람의 본성을 파헤치고, 사람 없는 세상에서 사람을 해방시켜서 무엇하겠는가? 인류 역사의 시작에서 오늘날까지는 적어도 사람들의 목숨과 삶을 지키는 일이 내 목숨과 삶을 지키는 일이다. 그 사람들 속에 나도 있기 때문이다.

41) 현대사에서 그 대표적인 인물은 아마 L. Feuerbach일 것이다(*Das Wesen des Christentums*, Leipzig, 1841 참조). M. Stirner(J. K. Schmidt)는 포이어바흐의 인간학에서 '대문자화'한 인간의 이름에 가린 각 개인의 존재를 회복시킬 것을 외치며 극단적 개인주의를 주창하기도 했다(*Der Einzige und sein Eigentum*, Leipzig, 1844 참조). 하지만 그 또한 개인(그의 표현대로 하면 '유일자')을 대문자화했는지도 모른다.

42) *The Correspondence of Jonathan Swift*, Harold Williams, Oxford 1963~1965, 'Letter to A. Pope, September 29th 1725' 참조: "Principally I hate and detest that animal called man; although I heartily love John, Peter, Thomas, and so forth."

43) P-A. Beaumarchais, *La folle journée ou le mariage de Figaro*, 2막 중에서: "Boire sans soif et faire l'amour en tout temps, Madame, il n'y a que ça qui nous distingue des autres bêtes."

# 10

## 탈(脫)인간적 인간

　인간은 '열린 동물'이다. 우리는 인간에 대해서 아는 만큼 모르는지도 모른다. 하지만 바꾸어 말해서 모르는 것만큼 알고 있으니 그것은 희망적인 일이다. 우리가 볼 수 있는 '인간의 옆모습'을 잘 알 수만 있어도 좋은 일이다. **제2부**에서 지금까지 다룬 인간의 창조성, 비극성, 자유와 비자유, 이성과 감성 등은 인간성의 일부를 구성하는 것들에 지나지 않는다. 그것들은 다만 현재의 문화적 상황에서 우리가 눈여겨 보아야 할 인간 모습의 실루엣을 이루는 선들이다.

　인간성에 대한 질문은 마치 점성이 강한 거미줄 같다. 귀찮아서 떼어버리려 해도 쉽게 떨어지지 않는 점액질로 되어 있는 거미줄 말이다. 머리에 붙은 거미줄을 손으로 떼어낼라 치면, 손에 달라붙는다. 이번에는 다른 손으로 조심스럽고도 단호하게 떼어내지만, 다른 손 손가락에도 하늘하늘 거미줄 한 올이 끈질기게 드리운다. 결국은 벽이나 기둥에 손가락을 문질러 그 흔적조차 없애보지만 왠지 찜찜한 것이 거미줄과의 인연이다.

인간성에 대한 질문, 그것은 묵살하고 나면 왠지 겸연쩍은 것이다. 아니 어쩌면 인간 스스로가 거미줄의 점성처럼 그 질문에 연연(戀戀)한다는 것이 더 맞는 말일지도 모른다.

하이데거(M. Heidegger)는 《휴머니즘에 대한 서간문》에서 '인간적 인간의 인간성'을 논하고자 했다. 그 표현 자체에서 우리는 우리가 우리 자신에 대해 생각하고 말해보고자 하는 노력에 따르는 어려움과 고뇌를 읽을 수 있을 뿐 아니라, 인간이 얼마나 인간적이기를 바라는지를 느낄 수 있다.

다른 한편, 인간은 인간적이기를 바라면서도, '지금 이 순간의 인간과 다를 수 있는 가능성'의 추구와 그 상상 속에서 산다. 인간은 '인간 밖'으로 나가고자 한다. 그것은 인간을 벗어나보고자 하는 일종의 탈인간화(脫人間化)의 시도라고 할 수 있다. 이는 사실 인류 역사에서 줄기차게 지속되어온 경향 가운데 하나이며, 앞으로의 문화적 상황에서는 더욱 가시화될 것이다. 사람들은 '탈인간화'라는 인간적 시도를 통해 자기 자신을 다른 방식으로 비추어보고자 한다. 즉 인간 밖에서 인간을 보고자 하는 것이다.

현실적 삶에서 인간성에 대한 물음은 인간 자체에 대한 질문뿐 아니라, 인간 존재 이유와 인간이 바라고 지향하는 것에 대한 질문도 내포한다. 그것은 물론 역으로 비인간적인 것에 대한 질문도 포함한다. 우리는 일상생활에서 흔히 '인간적이다' 아니면 '비인간적이다'라는 말을 자주 한다. 인간성에 대한 질문은 이러한 말들이 어느 정도까지 정당한가를 묻는다.

그리고 사람들은 현재 인간의 능력을 뛰어넘는 우월한 힘을 상상하고 그것을 경험해보고 싶어한다. 강력하고 우월한 힘에 끌리는 인간이 당연한 것 같지만 사실은 인간성의 적지 않은 수수께끼를 품고 있으며, 아주 뛰어난 인간이 인간 세상에서 어떻게 살아갈 수 있는지의 문제도 제기된다.

또한 사람들은 인간성에 대한 이상향을 지니고 산다(이 점에서도 유토피아는 멸종하지 않았다). 그것은 인생의 황금시대에 대한 향수이며, 지속적으로 돌아오는 신화적 매력을 지닌다. 회귀 욕구를 유발하는 어떤 인간적 본질, 그것은 그 스스로 끊임없이 돌아오는 인간적 특성이다.

이 장에서는 비(非)인간성·초(超)인간성·환(還)인간성 등 인간의 탈(脫)인간성을 주제로 인간을 비추어보고자 한다. 이들은 지금까지의 인간학이 그 연구 대상으로 삼는 데 인색했지만, 21세기의 문화적 토양에서는 '만인을 위한 인간론'을 구성하는 간과하지 못할 요소들이 될 것이기 때문이다.


## 변신(變身) 이야기들

첫 번째 탈인간화의 상상과 시도는 변신의 이야기들에서 찾아볼 수 있다. 사람이 다른 존재로 변신한다는 것은(그 반대 경우를 포함하여) 고대 문학작품에서 현대 소설의 주제에 이르기까지 지속적으로 있어왔다.

### 메타모르포시스(metamorphosis)

사람들에게 많이 알려진 것만으로도, 로마제국 시대 작가 아풀레이우스(Apuleius)의 《변신》('황금 나귀'로도 알려짐)과 카프카(F. Kafka)의 《변신》이 있으며, 이 작품들은 시대와 주제는 다르지만, 모두 같은 소재와 제목을 가지고 있다.[1] 물론 로마신화의 전형을 만들어낸 아우구스투스 대제 시대의 오비디우스(Ovidius)의 서사시도 《변신》이라는 제목을 달고 있지만, 주로 신들의 변신을 다루고 있다. 이 작품은 신들의 변신을 다뤄 신들을 '인간화'했다는 평을 받기도 한다.

서양 문화에서 '늑대 인간(werewolf 또는 lycanthrope)'[2]의 전설은 메타모르포시스(變身·變貌·變形 등의 뜻)의 전형을 이루며, 서양인들의 심리 구조를 형성하는 요소 가운데 하나가 되기도 했다. 실제로 늑대로 변할지도 모른다는 믿음과 심리적 압박이 늑대 인간 신드롬이라는 정신 질환을 더욱 유발하게 했다는 기록도 있다. '늑대 인간'은 문학뿐만 아니라, 만화와 영화 등의 단골 소재가 되기도 했다. 팝가수 마이클 잭슨(Michael Jackson)도 자신의 뮤직비디오 '스릴러(Thriller)'에서 늑대 인간의 변신 이미지를 사용했다. 사람이 동물로 변신한다는 상상은 이상한 숙명적 사건에 빠진 인간을 암시하기도 하고, 사람에게는 없는 동물의 매력과 능력을 사람이 갖고자 하는 욕망과 그렇게 함으로써 얻는 대리 만족을 나타내기도 한다.[3]

적지 않은 경우 메타모르포시스는 비인간적 조건과 상황에 대한 알레고리로 활용된다. 그것은 또한 역설적으로 인간에 내재하는 속성을 까뒤집는 의도와 효과를 지니기도 한다. 그 대표적인 작품이 아마도 스티븐슨(R. L. Stevenson)의 《지킬 박사와 하이드 씨》일 것이다. 물론 이 작품에서 지킬 박사가 변신한 하이드 씨는 동물이 아니고, 한마디로 '괴물'이다. 그는 하이드라는 사람의 이름만 가졌을 뿐, 그것이 '과연 인간일 수 있는가' 하는 문제를 제기한다. 흥미로운 것은 처음에는 지킬 박사가 자신이 만든 약물을 복용하여 하이드가 되지만, 인격 분열 현상이 반복될수록 약의 효과 없이도 하이드로 변하게 된다는 것이다. 이것은 우리가 비인간적 요소라고 하는 것이 결국은 인간의 내재적 조건이라는 것을 암시한다.

**벌레로 변한 남자**

카프카의 《변신》은 너무도 유명해진 작품이라서 별도의 설명이 오히려 사족(蛇足)이 되기 십상이다. 주인공 그레고르 잠자(Gregor Samsa)는 밤새도록 악몽에 시달리다 깨어난 어느 날 아침, 보기에도 끔찍스러운 커다란 해충(害蟲)으로 변해 있는 자신을 발견하게 된다. 고달픈 외판 사원으로 사업에 실패한 아버지 대신 가족들의 생계를 책임져왔던 그가 어느 한 순간 온 가족에게 혐오의 대상이자 '악몽'이 된 것이다.

흉측스런 모습에 자기 방에 갇혀서 쓰레기 같은 음식으로 연명하던 그는 어느 날, '저 사람이 과연 나의 아버지인가?' 할 정도로 자기 때문에 화가 치민 아버지를 보고 달아나기 시작한다. 아버지는 그를 향해 폭탄을 퍼붓듯 무자비하게 사과들을 던지고 그 가운데 한 알이 그에게 치명상을 입힌다. 그레고르는 가족들의 버림 속에서 쓰라린 고독을 안고 죽어간다.

그는 죽어가면서, 등에 박혀 썩은 사과와 온통 먼지로 뒤덮인 곪은 상처가 주는 고통을 느끼기보다는 감동과 사랑으로 식구들을 회상한다. 그리고 그가 가족을 위해 없어져야 한다는 단호한 생각 속에서 숨을 거둔다. 곧 쓰레기통에 던져질 그의 시체 앞에서 가족들은 가엾은 그레고르에 대한 생각보다, 그로부터 해방되었다는 안도의 숨을 쉬고 신에게 감사하는 기도를 한다.

우리가 비인간적이라고 하는 것은 사실 반(反)인간적인 것이다. 그리고 인간적이라고 하는 것은 친(親)인간적인 것이다. 이때, 인간적이라는 말은 이미 중립적이지 않다. 비인간적인 요소도 결국 인간성을 구성하는 것이라면, 인간적이라는 말은 인간성 자체를 있는 그대로 나타내는 중립적인 개념일 수 없다. 살인은 반인간적인 것이다. 사람에 대한 폭력도 반인간적인 것이다. 그래서 이 모두 비인간적이라고 한다. 그러나 그것은 인간이 하는 행위들이다. 반면 이기심을 억누르고 서로를 아끼며 사랑하는 것은 친인간적인 것이다. 그래서 인간적이라고 한다.

사람들이 비인간적인 것을 배척하고 인간적인 것을 추구하는 것은 자기 생존을 위해서다. 그것은 인간 스스로 자애심과 자존심을 키워가는 방법이다. 그리고 인간의 이름 아래서 공존(共存)을 이루어가는 방식이다. 그래서 벌레로 바뀌어 비인간적인 인간들의 사회로부터 이탈한 주인공이 결국 맞게 되는 비인간적 최후는 아이러니의 상황을 넘어서는 섬뜩함을 느끼게 한다.

### 돼지로 변한 여자

프랑스의 신예 작가 마리 다리외세크(Marie Darrieussecq)의 소설 《트뤼이즘(Truismes)》[4]은 암퇘지로 변했다가 인간으로 되돌아오기를 반복하는 여주인공을 그리고 있다. 따라서 주인공은 사람도 돼지도 아닌 변신의 과정에 있는 상태에서 세태를 헤쳐나가야 하는 매우 미묘한 경우를 맞기도 한다. 주인공이 돼지로 변하려 하거나 변하는 경우는 그녀가 비인간적인 것을 목격하거나, 자신이 비인간적인 상황에 처할 때이거나, 아니면 그녀 자신이 짐승같이 행동할 때라는 것을 소설은 암시한다. 그 반대로 그녀가 인간적 대접을 받거나 인간적이려고 노력할 때에 그녀는 사람의 모습을 유지하거나 사람으로 변신한다.

그녀가 향수 가게 점원으로 일하면서, 고급 창녀와 다를 바 없는 역할을 하며(때론 그녀도 조금씩 즐기면서) 손님들과 지낼 때, 그녀는 이미 암퇘지의 특징을 보이기 시작한다. 그리고 손님들을 위한 마사지실(室)이 시골의 농장같이 되고, 남자 손님들이 그녀의 엉덩이에만 관심을 보이며, 어떤 손님들은 돼지들처럼 그녀를 향해 코를 벌름거리고 킁킁대기도 하면서 대충 네 발로 기어다니곤 할 때에, 암퇘지로 변신하는 징후는 그녀 몸 곳곳에서 나타난다.[5] 반면 그녀가 편안한 대접을 받고, 누군가와 친구 사이가 될 때에, 그리고 언어를 사용할 수 있게 될 때에,[6] 돼지로 변해 있던 그녀는 두 발로 서서 걸을 수 있게 되고 앞발에서는 다시 다섯 개의 손가락이 자라기 시작한다.

소설의 마지막 부분에서 주인공은 어머니에 대한 인간적인 정(情) 때문에 애인까지 잃게 되고 어머니를 찾아간다. 그리고 어머니가 진정으로 사랑하는 것이 그녀인지 돈인지를 묻고자 한다. 하지만 어머니가 위선적인 태도를 보이며 철면피한 행동을 하는 것을 보고, 다시 돼지로 변한 주인공은 어머니를 향해 '과연 당신이 나의 어머니인가?' 하며 절규하듯 이빨을 드러내며 으르렁거린다. 마침내 숲 속에서 돼지의 모습으로 야생 돼지들 속에서 살면서도, 옛 애인과의 추억에 잠기며 글을 쓸 때면 인간의 모습을 찾으려 하고 일시적이나마 되찾게 된다.

소설은 갖가지 변태적 성행위의 묘사로 점철되어 있다. 작가는 특히 사람들이 배위(背位) 같은 동물의 전형적 짝짓기 체위를 즐기는 장면을 여러 번 등장시킨다. 그들의 성행위에서는 흔히 삽입과 사정(射精) 이외의 행위는 생략되기 일쑤다.[7] 거기에는 사랑의 속삭임도 애무도 없다. 오직 살덩어리가 부딪치고 엉킬 뿐이다.

하지만 보름달이 뜨는 밤마다 늑대로 변하는 향수 제조 회사 사장 이반(Yvan)과 주인공이 첫 번째 관계를 맺을 때의 성행위 묘사는 가장 인간적인 것으로 돌아간다. 암퇘지로 변하는 여자와 늑대로 변하는 남자의 성행위가 가장 인간적이라는 것은 비인간적 인간들의 급소를 지르는 비웃음이다. 그것도 거대한 늑대로 변한 이반이 공원에서 행인을 잡아먹은 직후, 사람의 모습으로 있던 그녀와 성행위를 한다.

소설에서 유일하게 은은하고 따스한 미사여구로 묘사된 길고 긴 애무를 거쳐, 충분히 흥분한 이반은 두 발로 서서 그녀를 올라탄다. 그때 그녀는 몸을 뒤집어 돌아눕는다. 그들은 대면(對面) 체위로 성교를 하는 것이다.[8] 그들은 말 그대로 가장 인간적인 사랑을 나눈다. 그러고는 더할 수 없는 행복에 취해 서로에게 몸을 맡긴 채 오랫동안 그곳에 남아 있는다. 그들은 짐승으로 변신하는 운명 속에서도, 서로를 가장 인간적으로 대한 것이다. 인간적인 것에 대한 열망은 주인공의 마지막 독백에도 잘 나타나 있다. "달을 보고 늑대로 변신하곤 했던 이반의 방법을 나는 역으로 사용한다. 내가 목을 길게 빼고 달을 바라보는 것은 인간의 모습을 되찾기 위해서이다."[9]

변신의 이야기들은 탈인간화의 일면이다. 그것은 비인간적인 상황과 조건 때문에, 아니면 어떤 개인 자신의 비인간성 때문에 인간을 **벗어나** 다른 실체로 변하기 때문이다. 이러한 변신의 이야기들은 비인간성과 비인간적인 조건을 들추어내 '무엇이 인간적인 것인가' 하는 질문을 우리 의식에 던진다. 또한 인간이라는 사실이 곧바로 인간적임을 보장하지 않는다는 것을 보여준다. 인간이 인간답기 위해서는 무엇인가 노력을 해야 한다.[10]

리들리 스콧(Ridley Scott) 감독의 〈블레이드 러너(Blade Runner)〉(1982)에서 인조인간 사냥 임무를 수행하던 주인공이 너무도 인간적인 인조인간과 사랑에 빠진다거나, 장피에르 주네(Jean-Pierre Jeunet) 감독의 〈에일리언 4(Alien 4)〉(1998)에서 여주인공 리플리가 다른 사람들을 위해 위험을 무릅쓰는 인조인간에게 "너는 인간보다 더 인간적이다"라고 하는 것 등은 우리에게 하나의 메시지를 던진다. 바로 '인간과 인간적인 것은 등식이 아니다'라는 것이다. 그것은 인간은 변함없는 실체로 남아도 인간적인 인식과 행동은 변할 수 있으며, 반대로 인간적인 것은 변함없는 추구의 대상이지만, 인간이라는 실체는 변할 수 있다는 것을 의미한다. 전자가 지금까지의 주된 화두였다면, 후자는 새 밀레니엄의 화두가 될 것이다.[11]

## 초인간화(超人間化)의 아이러니

 탈인간화의 다른 일면은 인간이 인간으로서 능력을 벗어나는 어떠한 힘을 얻고자 할 때에 일어난다. 그것은 대부분의 경우 사람들의 초인간적 욕망을 투영한다(여기서 '초인간'이라는 표현을 쓴 것은, 현재 우리에게 익숙한 '초인'이라는 단어가 기존의 특정 의미를 너무 강하게 내포하고 있어서 오해의 여지가 있기 때문이다).

 인류 역사에서 초인간적 모델은 수없이 많았다. 그것은 일부 학자들이 말하듯이 이른바 민중과 보통사람들, 더 나아가 핍박받는 사람들의 상상 속에서만 지속적으로 있었던 것은 아니다.[12] 그것은 역사적으로 사회 계층에 관계없이 사람들의 공통된 욕구의 표상이라고 할 수 있다. 고대의 신화적 영웅 헤라클레스를 비롯하여, 현대 문화에서는 그 대표적인 경우가 문자 그대로 '슈퍼맨(Superman)'의 이야기일 것이다. 이와 유사한 캐릭터들은 '배트맨(Batman)'·'스파이더맨(Spiderman)'·'원더우먼(Wonder Woman)'·'6백만 불의 사나이' 등 매우 다양하다. 어쨌든 그들의 공통분모는 '초인간화'의 매력 내지는 마력일 것이다. 또한 그들이 만화·

TV·영화 등 현대 문화의 주류를 이루는 분야에서 다수의 사람들에게 '인기'를 끌고 있다는 사실은, 초인간성을 향한 탈인간적 욕구가 현대 문화에서는 일상화된 경향이라는 것을 엿보게 한다.

### 타잔의 고민

'슈퍼맨'의 초인간성은 말 그대로 절대적이다. 반면 탈인간화가 초인간적 표상만이 아니고, 미묘하고 복합적인 인간성을 나타낸다는 것을 보여주는 인물은 '타잔(Tarzan)'이다. 그것은 타잔의 창시자인 버로우(E. R. Burroughs)의 소설(1912년 출간)에서뿐만 아니라, 수많은 영화·만화·TV시리즈 및 리메이크 작품들에서도 관찰할 수 있다.

언뜻 보아 타잔은 동물의 왕국에서나 사람의 사회에서나 슈퍼맨 같아 보인다.[13] 그는 다른 동물들과는 달리 손가락을 쓸 줄 알므로 도구를 사용하고(그를 원숭이들과 구분하는 대표적인 도구는 바로 칼이다. 1999년 디즈니에서 제작한 애니메이션에서도 볼 수 있듯이, 바로 그 칼로 표범을 죽이고 고릴라들 세계에서 인정을 받는다), 머리를 쓸 줄 안다. 그리고 동물의 언어와 함께 사람의 언어도 배워서 필요에 따라 사용한다.

반면 인간의 입장에서 볼 때, 타잔은 자연적 힘과 미의 상징이다. 이데올로기적으로 볼 때에도 그는 '순수'라는 인간 사회에서 상위 가치의 화신이다. 또한 남성미를 대표하므로(거기에는 그가 성적으로는 짐승과 같은 야성과 정력을 지녔을 것이라는 암묵적 동의가 함께 작용한다) 뭇여성들의 선망과 열정의 대상이다.

다시 말해 타잔은 동물들의 자연적 세계에서는 문화적 요소로 우월할 수 있으며, 사람들의 문화적 세계에서는 자연적 요소로 우월할 수 있다. 그야말로 그는 성공한 '잡종'이며, 자연과 문화를 넘나드는 크로스오버의 선구자이다.

하지만 조금만 더 들여다보면, 타잔이 어중간한 '얼치기'라는 것을 발견하게 된다. 15년 전 런던의 한 영화관에서 휴 허드슨(Hugh Hudson) 감독의 타잔 영화를[14] 볼 기회가 있었다. 자신의 뿌리를 찾은 타잔은 영국에 온다. 할아버지의 영지와 작위를 물려받아 그레이스톡(Greystoke) 경(卿)이 되어서 영국에 머문다. 하지만 인간 세계에 적응하지 못하고 아프리카의 정글로 다시 돌아간다. 영화는 타잔이 이미 정사를 나누었던 사랑하는 제인(Jane)마저도 놓아두고 숲으로 돌아가는 것으로 끝난다. 타잔의 뒷모습이 나오는 영화의 마지막 장면이 페이드 아웃될 때, 옆좌석에 있던 한 소년이 "타잔은 그럼 짝짓기도 못하게 되잖아"라고 실망해서 중얼거린 소리를 필자는 지금도 기억한다. 그 소년의 머리에는 여러 가지 상상이 순간적으로 교차했을 것이다.

소년의 상상에 이어서 생각해보면 타잔은 사실 원숭이들의 세계에서 진짜 보스 역할은 못할 것이다. 그들 보스의 최고 권리는 짝짓기의 독점 내지는 짝짓기 질서를 지배하는 것이다. 타잔은 암컷들에게는 공동체의 일원일 뿐이다.[15] 그래서 타잔의 이성 파트너인 제인이 필요하지만, 사실 어떤 타잔 이야기에서도 제인은 지나치게 작위적인 인물이다. 사람 없는 동물들만의 세계에서 타잔은 슈퍼맨이 아니며, 그 말 자체가 아무 의미도 없다. 허드슨 감독의 영화는 또한 영국에서 타잔이 느끼는 문화 충격을 적나라하게 표현하며, 태어나면서부터 인간 세상에서 살지 않은 사람이 다른 사람들과 함께 그들이 이룩해놓은 문명과 접하면서 사는 것이 불가능하다는 것을 암시한다.

타잔은 동물들 사이에서는 의미 없는 슈퍼맨이며, 인간 사회에선 적응 실패자다. 타잔은 에코가 보았듯이[16] "자연으로 돌아가라"는 루소의 주장을 완벽히 실현한 자도 아니고(언급했듯이 자연에 문화적 요소를 도입했고, 그 때문에 동물들보다 우위에 있을 수 있었기 때문에), TV 시리즈에서 보듯 동물의 왕국과 인간의 도시를 넘나들면서 질서를 유지하고 정의를 구현하는 '세계의 경찰'도 아니다. 그는 실패한 '튀기'이며, 단순히 '원숭이들의 사람'인 것이다.

타잔이 이렇게 무력한 것은 '슈퍼맨'이 갖는 어떤 장점을 갖지 못했기 때문이다. 1938년 시겔(J. Siegel)과 슈스터(J. Shuster)에 의해 만화의 주인공으로 탄생할 때부터 슈퍼맨에게는 '일상생활에서의 인간'과 '임무 수행 시의 초인간'이 구별되어 있다. 일상에서 신문기자 클라크 켄트(Clark Kent)는 오히려 좀 모자란 듯한 보통사람이다. 그러나 그가 임무를 수행하기 위해서 변신한 슈퍼맨은 완벽한 초인간이다. 이러한 인물의 이중 구조는 철저하게 분리된 '두 집 살림'을 함으로써 타잔이 갖는 고민을 해소한다.

이것은 '원더 우먼'의 경우에도 마찬가지다. 원더 우먼이 초능력을 발휘할 때 입는 수영복과 서커스 곡예사 복장을 혼합해놓은 것 같은 차림으로 일상생활에서도 활보한다면, 그녀는 따돌림을 받고 말 것이다. 이렇듯 보통사람과 초인간 사이에 **변신의 요소**가 도입되어, 초인간화가 가져올 수 있는 일상적 거부감을 해소할 수 있다. 초인간의 능력은 문제를 해결할 때만 필요하다. 슈퍼맨도 일상에서는 보통사람의 모습과 생활이 필요한 것이다.

반면 타잔은 동물의 왕국에서나 인간의 사회에서나, 또한 일상의 생활 속에서나 임무를 수행할 때나 자신의 정체를 바꾸지 못한다. 원시와 문명을 넘나들어도 그의 모습과 행동은 언제나 '정글의 타잔'이다. 그는 일상에서도 '표를 내는' 것이다. 이것이 바로 타잔을 앞서 열거한 초인간적 모델들과 같은 범주로 다루지 않는 이유이다.

### 그리핀의 비애

보통사람과 초인간 사이를 필요에 따라 바꾸어가면서 살 수 없어서 갖게 되는 한계와 비애를 가장 잘 나타낸 작품은 웰스(H. G. Wells)의 《투명 인간》일 것이다.[17]

의학·생화학·물리학 등을 두루 섭렵한 과학자 그리핀(Griffin)은 생명체의 몸을 투명하게 하는 약을 개발하는 데 성공한다. 그는 자신을 직접 실험 대상으로 하여 투명한 사람이 된다. 그러나 그는 미처 원상태로 돌아오도록 하는 약을 개발하기 전에 투명한 사람이 되어 이 세상의 삶과 부딪치게 된다. 그에게 사람이 투명하게 된다는 것은 인간에게 '신비'와 '힘'과 '자유'를 주는 것이다.[18] 투명 인간의 비밀을 발견한다는 것은, 그리핀의 말대로 시골 조그만 대학의 무명 교수에겐 인생의 혁명적 전환 이상이다. 그러나 그리핀은 일상생활에서 투명한 상태로 계속 있다는 것이 얼마나 불리하고, 죽음까지도 초래할 수 있다는 것을 곧 실감하게 된다.

온몸이 투명하게 되었을 때, 그리핀은 자기 스스로도 불편해한다. 예를 들어, 눈을 감아도 눈꺼풀이 투명해져서 효과가 없으므로 이불을 뒤집어쓰고 자야만 했고, 자신의 손과 발을 볼 수 없어서 생활이 불편했다. 그러나 처음의 불편함과 어색함을 극복하고 투명하게 된 자신에게 익숙해진 다음 거리에 나섰을 때, 그는 마치 장님들만이 사는 도시에서 눈뜬 사람은 자기 혼자인 듯한 기분이 들었다. 그리핀은 투명 인간이 갖는 힘과 우월함을 시험해보고 싶은 '걷잡을 수 없는 충동(wild impulse)'을 느꼈다. 실제로 투명하다는 이점을 이용해 사람들을 골려주기도 했다.[19]

그러나 그리핀은 투명 인간이 갖는 불리한 점을 일상에서 뼈저리게 느끼기 시작한다. 투명하기 때문에 거리에서 가만히 서 있을 때에도 사람들이 다가와서 자기에게 마구 부딪친다. 이에 대비해서 항상 주의해야 한다. 투명하기 위해서는 몸에 아무것도 걸칠 수가 없으므로 생기는 불편함은 참기 어렵다.[20] 기온의 변화는 말할 것도 없다. 눈·비·안개 등은 자신을 노출시킬 뿐 아니라, 우스꽝스럽거나 흉물스럽게 한다.[21] 음식물이 완전히 소화되기 전까지는 장기 안에 있는 것이 그대로 드러나 보이므로 혐오스럽다.

그가 세상 사람들과 어울리기 위해서는 조금이라도 '사람다운 모습'을 갖추어야 한다. 그러나 연극 배우의 마스크를 쓴다거나, 옷을 입고 머리를 붕대로 감고 항상 진한 색안경과 장갑을 끼고 다녀야 하는 그는 스스로 불편할 뿐 아니라, 남에게 항상 '이상'하고 '의심스러운' 존재다. 투명 인간이 갖는 유리한 조건이 일상생활에서는 한순간에 불리한 조건이 되어버리는 것이다.[22]

그리핀이 투명 상태에서 원래 모습으로 복귀하는 약을 발명한다면, 모든 문제는 해결된다. 그는 '슈퍼맨'처럼 인간과 초인간, '일상생활'과 '특별한 성취'를 마음대로 넘나들며 보람되고 행복하게 살 수 있다. 그가 '슈퍼맨과 클라크 켄트'처럼 인간과 초인간의 '호환성'을 가지고 있거나, 아니면 '6백만 불의 사나이'처럼 보통사람의 모습으로 일상에서 생활하되 필요할 때만 초능력을 발휘한다면, 그에겐 아무 문제가 없다.

그러나 초인간으로만 살아야 하는 그리핀은 오히려 보통인간으로 있을 때보다 못한, 비하된 인간, 열등한 인간이 되기 십상이다. 그는 초인간적 능력과 보이지 않는 사람으로서의 이점을 충분히 즐기지도 못하면서, 일상생활에서 불리한 점을 수시로 경험해야 하며, 그래서 괴롭고 불행하다. 일상생활이 없는 초인간의 아이러니를 뼈저리게 느낄 수밖에 없는 것이다. 그래서 그는 동료의 도움과 숨을 장소를 필요로 한다. 자신의 '일상생활'을 마련해주고 그것을 보호해줄 장치를 처절할 정도로 찾는다.[23] 그러나 그것을 얻지 못하고 비극적인 최후를 맞는다.

### 초인간성은 일상의 일이 아니다

초인간성은 일상의 일이 아니다. 이는 지금까지 살펴보았듯이 초인간이 인간 사이에 같이 있는 방법은 바로 평상시에는 인간으로 있다가 필요할 때에만 초인간으로 변하는 것이라는 상상을 보아도 알 수 있다. 보통 사람들 사이에서 초인간은 불행하다. 소위 천재나 남보다 좀 뛰어난 능력을 가진 정도라면 몰라도 타잔도, 투명 인간도, 아니면 클라크 켄트로 돌아올 수 없는 슈퍼맨이라면 그 역시도 일상생활에서는 피곤하다. 그들은 따돌림을 당하거나 아니면 오히려 다른 사람들을 지배하려 할 것이다.

물론 지금까지 우리가 거론한 초인간들은 상상의 세계에 나오는 인물들이다. 그러나 앞으로의 세기에는 과학과 기술이 새로운 패러다임에 따라 발달하고, 현재로서는 상상하기 힘들 정도로 인간 활동의 폭이 확산함에 따라, 어떠한 형태로든 초인간성을 실제에서도 구현하려는 시도가 있을 가능성이 높다.[24]

그때에도 염두에 두어야 할 것은 초인간성은 일상의 일이 아니라는 것이다. 반면 인간성은 일상의 일이다. 초인간성을 실현하려는 시도와[25] 인간적 일상성의 존속 사이에서 일어나는 일들은 새 밀레니엄의 중요 주제 가운데 하나일 것이다.

# 돌아오는 신화: '피터 팬'의 웃음소리

변신 이야기들과 초인간화는 현실을 담고는 있지만, 지금까지는 '현상'이 아니라 사람들의 '상상'이었다. 다만 인간의 '시도'임에는 틀림없다. 하지만 조금 더 현실성을 지닌 탈인간성의 추구는 인간사에서 끊임없이 돌아오는, 그래서 사라지지 않는 어떤 신화에서 찾아볼 수 있다.

### 아이의 신화

그것은 '아이의 신화'이다. 인류의 역사 속에서 신화화와 함께 '탈신화화(de-mythologize)'는 지속적으로 있어왔다.[26] 특히 탈신화화 작업은 근현대 역사의 중요한 특징 가운데 하나였다. 그러나 탈신화화의 역풍 속에서도 끈질기게 그 생명력을 발하고 있는 것은 아이의 신화일 것이다. 이탈리아 작가 파베제(C. Pavese)는 모든 정열이 다 지나가버리고 소멸한다 할지라도, 어린 시절에 대한 정열은 살아 있다고 했다. 사람들은 어린 시절로 돌아가고 싶어한다. 그러나 어느 누구도 돌아갈 수 없는 어린 시절과 되찾을 수 없는 아이의 모습, 그것은 신화가 되어 돌아온다.

워즈워스(W. Wordsworth)는 '아이는 어른의 아버지'라고 했으며, 레오파르디(G. Leopardi)는 '아이들은 아무것도 아닌 것에서도 모든 것을 찾아낸다'고 했다. 이것은 아이의 신화를 대변하는 말들이다. 반면 아우구스티누스(Aurelius Augustinus)는, 아이들이 천진난만하여 해를 끼치지 않는(innocent)[27] 것은 그 영혼이 순결하고 고귀해서가 아니라, 아직 남에게 해를 끼칠 수 있을 만큼 힘이 없고 그 피해 범위가 한정되어 있기 때문이라고 했다. 심리학자 에릭슨(E. H. Erikson)은 사람 의식이 부분적으로나마 아이의 상태로 남아 있는 것이 인간 비극의 핵심이라고 했다.

이것은 낭만적 아이의 신화에 찬물을 끼얹는 말들이다.

사실 아이는 아이 이상도 아이 이하도 아니다. 아이들도 그들을 과장하거나 아니면 폄하하는 것을 원치 않는다. 그 무엇보다도 '아이는 아이'며, '아이가 하는 짓은 아이가 하는 짓'이다. 아이들은 어른들이 자신들에게 정체성을 부여하거나, 어른들이 자신들의 아이덴티티를 차용(借用)하는 것을 원하지 않는다. 아이의 신화화와 탈신화화의 교차점에서 '영원한 아이' 피터 팬(Peter Pan)의 이야기는 '아이는 아이'일 뿐이라는 메시지를 전해준다.

### 피터는 어떤 아이인가?

제임스 배리의 희곡과 소설의 주인공 피터 팬은[28] '자라지 않는 아이'이자 '성장하기를 거부하는 아이'이다. 곧 아이의 정체성을 영원히 유지하는 존재다. 그만큼 피터 팬의 이야기는 아이의 특성을 잘 나타내 보여준다. 매년 '봄을 위한 새 단장(spring cleaning)'을 위해서 아직 요정이 있다는 것을 믿는 아이들의 영혼과 함께 네버랜드(Neverland)로 날아가는 피터 팬과 그를 따라 여행하는 아이들의 성격은 간단하게 세 마디로 표현된다. 그들은 "쾌활하다. 그리고 천진난만하다. 그리고 매정하다(gay and innocent and heartless)."[29]

아이들이 명랑하고 천진하다는 것은 쉽게 받아들일 수 있지만, 아이들이 얄미울 정도로 정이 없다는 것은 이상하게 여겨질 수도 있다. 그러나 배리의 피터 팬 이야기를 읽어보면, 피터가 '무정하다는 것 (heartless)'이 무엇을 뜻하는지 알게 된다. 배리가 묘사한 대로 보면 피터는 잔인하며, 이기적이고, 오만하기 짝이 없다. 무책임하기까지 하고(사실 그는 책임 따위에는 관심이 없지만), 당연히 남의 감정 따위는 거들떠보지도 않으며, 남을 괴롭히면서 즐거워하고, 소름 끼칠 정도로 냉소적이다. 잔꾀를 잘 부리고, 항상 복수의 피가 들끓으며, 부하들에게는 지독한 폭군이다. 그리고 그는 무엇이든지 잘 잊어버린다.

피터의 이 마지막 특성에서부터 그를 다시 살펴보자. 그가 기억하지 않는다는 것은 네버랜드에 있는 다른 아이들과도 크게 구별되는 것이다. 그에게는 추억도 향수(鄕愁)도 없다. 그는 아무것도 간직하지 않는다. 기억하지 않기 때문에 그에게 특별히 중요한 사람이나 중요한 일도 없다. 자신의 이러한 특성 때문에 다른 사람이 목숨을 잃어도 상관하지 않는다.

피터가 웬디(Wendy)와 그 형제들을 유혹해서 그들과 네버랜드로 첫 번째 여행을 떠나던 중, 그들은 바다 위를 날게 된다. 웬디와 형제들은 이제 막 피터에게서 나는 법을 배웠다. 피터의 도움과 안내 없이는 네버랜드에 무사히 도착할 수가 없다. 그들은 날아가기에 바쁘지만, 피터는 새들과 놀기도 하고, 하늘 높이 올라가 별들과 장난을 치고 오기도 한다. 하지만 그는 별들과 장난으로 무슨 말을 했는지 곧 잊어버릴 뿐만 아니라, 웬디에게 돌아와서는 그녀가 누구인지조차 기억하지 못한다. 그녀가 안달하며 "나 웬디야"라고 기억을 되살려주지만, 피터의 이러한 점은 오로지 그에게 의존해서만 망망대해를 건너야 하는 웬디와 형제들을 여간 불안하게 하는 것이 아니다.[30]

피터는 커다란 사건도 잘 잊어버린다. 웬디가 "네가 후크(Hook) 선장을 죽이고 우리들의 목숨을 구해주었잖니! 기억 못해?"라고 물었을 때, 피터는 "나는 사람들을 죽이고 나서는 곧 잊어버려"라고 아무렇지도 않은 듯이 대답한다.[31] 심지어 분신처럼 그를 따라다니며, 그 때문에 웬디에게 지독한 질투심을 보였던 요정 팅커 벨(Tinker Bell)의 소식을 물었을 때도, 그는 기억하기는커녕, "요정은 수없이 많은걸. 아마 죽었겠지 뭐"

라고 대답한다.[32]

피터의 다른 몇 가지 특성도 예를 들어 살펴보면 이렇다. 네버랜드에서 후크 선장의 해적들과 싸울 때 피터와 아이들은 해적들 못지않게 잔인하다. 다만 그들은 잔인하다는 것에 연연하지 않을 뿐이다. 또한 어른들에 대해 항상 분노의 감정을 지니고 있는 피터는 나무 위의 자기 집에 혼자 있을 때, 의도적으로 1초에 약 다섯 번씩 짧고 빠르게 숨을 내뱉는다. 네버랜드의 전설에 따르면, 아이가 숨을 한 번 내뱉을 때마다 어른이 한 명씩 죽는다고 한다. 피터는 잔인한 복수심으로 최대한 빨리 많은 어른들을 죽이고자 하는 것이다.[33]

네버랜드의 아이들에게 피터는 그야말로 폭군이다. 네버랜드의 아이들은 일정한 수를 넘지 않아야 하는데, 초과할 경우 피터는 수를 넘는 아이들을 가차없이 제거해버린다. 피터가 자신의 모험담을 이야기할 때에 아이들은 재미있어해야 한다. 그러지 않으면 그에게 되게 혼이 나기 때문이다. 피터 스스로 "피터 팬이 말했다"라고 한번 말하면 아무도 이의를 제기할 수 없고, 아이들에게는 복종하는 일만 남는다. 아이들을 더욱 짜증나게 하는 것은 그가 이 모든 것이 옳다고 여긴다는 사실이다. 더구나 피터와 아이들이 후크 선장과 해적들의 배를 차지한 다음, 피터는 극도로 폭군처럼 행동한다. 선장이 된 피터는 선원들을 개처럼 마구 다룬다. 하지만 아무도 이의를 제기하지 못하는 것은 물론 단체로 항의할 엄두도 못낸다.[34]

후크 선장이 그 조그만 피터를 그토록 증오하고 그에 대한 복수심에 불탔던 것은, 피터가 그의 손을 잘라 악어 먹이로 주었기 때문만이 아니다. 그의 용기와 능력을 시기해서도 아니다. 진실은 이렇다. 후크 선장은 피터의 오만함(cockiness)을 도저히 참을 수가 없다. 피터는 그 오만함으

펭귄판(Signet Classic, 1987) 《피터 팬》을 위한 마르티네즈(S. Martinez)의 삽화는 특출나지는 않지만, 몇 장 안 되는 삽화로 책의 중요한 내용들을 묘사하고 있다. 특히 지금 이 그림에서처럼 태어나서 한 번도 갈지 않은 유치(乳齒)를 들어내 보이며 신나게 웃고 있는 피터 팬의 모습은 그의 성격을 잘 나타내주고 있다. 피터는 아기처럼 까르르 웃는다. 피터의 '벨이 울리듯 하는 웃음소리(ringing crow)'는, 후크 선장에게는 소름끼치는 소리지만, 네버랜드의 아이들에게는 피터가 돌아오고 있다는 신호다.

로 제멋대로 행동하고, 또한 얼마나 많은 사람들을 골려주고 마음에 상처를 남겼으며, 남의 공(功)을 자기 것처럼 차지했는가? 후크는 피터가 자는 모습에서도 오만함의 화신을 본다.[35]

피터 팬의 이 모든 특성을 종합하는 말은 그가 아이라는 것이다. 그의 말대로라면 그는 태어나는 날 바로 집을 나간 아이다. 그는 엄마를 그리워하지도 않고, 그가 필요로 하지 않는 한 엄마 없이도 잘 살아가는 아이다. 그래야만 '완벽한 아이'일 수 있기 때문이다. 그는 아이로 남아 있음으로써 족한 아이다. 피터가 가장 철저하게 아이로 남아 있다는 사실은 네버랜드의 아이들 중 그만이 읽고 쓸 줄 모른다는 것을 보아도 알 수 있다. 그는 문화니 사회니 하는 것 따위와는 관계가 없다. 그에게는 환상과 현실의 세계가 동일하며 허구가 바로 진실이다.

피터는 아직 한 번도 갈지 않은 유치(乳齒)를 가지고 있으며, 마치 자기가 영원한 아이라는 것을 강조하듯 바로 그 이빨을 드러내 보이며 웃는다. 그는 아이처럼 깔깔거리며 웃는다(crow). 벨이 울리듯 하는 피터의 웃음소리(ringing crow)는 어디론가 모험의 여행을 떠났던 그가 돌아오고 있다는 뜻이다.[36]

### 무정(無情)한 피터, 유정(有情)한 후크

오늘날 우리들에게도 피터 팬의 웃음소리처럼 '아이의 신화'는 끊임없이 돌아온다. 어떤 사람들에게는 상당히 현실감 있게 돌아온다. 배리가 주인공 이름을 피터(Peter)에 목양의 신 팬(Pan)을 합성해 만든 것처럼, 피터 팬은 조그맣고 매혹적인 '아이의 신'이 되어, 신화의 이야기를 가지고 아이의 마음이 남아 있는 어른들에게 쉬지 않고 돌아온다. 그리고 그들의 귀에 속삭인다. 네버랜드에 같이 가자고.

사람들이 어린 시절을 동경하는 것은 당연하다. 아이는 쾌활, 천진난만함, 신선함, 기쁨, 책임질 일 없는 생활 등 '행복'의 상징이다. 독자들이 기억하겠지만(제2장), 케니스 그레이엄의 《버드나무에 부는 바람》에 등장하는 '아이 어른' 같은 다른 주인공들과는 달리, 가장 아이다운 그래서 가장 행복한 말썽쟁이 토드는 항상 쾌활하고(gay) 책임감 없는 생활을 즐긴다.37) 물론 피터는 토드와는 비교가 안 될 정도로 제멋대로 산다(그것은 그가 네버랜드에 있기 때문에 가능한 일이기도 하다).

그러나 사람들은 자라면서, 무정할 수 있는 피터와는 달리 가슴과 머리가 활발하게 움직이면서 유정(有情)하게 되고 생각하게 된다. 대부분의 사람들은 사실 제임스 후크 선장과 더 많이 닮았다. 후크 선장은 산전수전 다 겪은 사람이다. 그는 매우 신중하며 누구보다도 뜨거운 가슴을 가지고 있다. 그래서 그는 고독을 느끼고 고뇌한다(이것은 후크의 인간적인 면이기도 하다). 그는 꽃과 감미로운 음악을 사랑한다. 또한 유명한 공립학교에서 교육도 받았다. 후크는 이미 피터처럼 제멋대로 살 수가 없다.

유정한 후크와 무정한 피터는 숙명적으로 대결할 수밖에 없다.38) 그리고 《피터 팬》의 독자들도 눈치 챘겠지만 승부는 이미 결정 나 있다. 피터는 혹독하고 잔인한 싸움에서 이길 수 있는 모든 요건을 갖추고 있다. 네버랜드에서는 적어도 그렇다. 그래도 사람들은 불쌍한 후크가 아니라 피터를 응원한다. 사람들은 현재의 자기 모습을 **벗어나고** 싶은 것이다. 어느덧 나이를 먹어 후크가 되어 있는 자신을 무정한 피터가 빨리 해치우길 바란다. 인간의 탈인간적 욕구는 여기서도 또 한 번 꿈틀댄다. 후크 선장은 현재 인간상의 화신이다. 그래서 '너무도 인간적인' 후크는 비정한 피터에 의해 제거되어야 한다. 인간적 후크 선장의 죽음은 탈인간적 욕구의 실현이다.

하지만 우리 모두가 피터 팬처럼 완벽한 아이가 되어버리면, 지금 우리가 사는 땅은 물론이고 아마 네버랜드도 온통 살육의 땅이 될 것이다. 앞서 보았지만 네버랜드에서도 제멋대로 살 수 있는 완벽한 아이는 오직 피터 하나뿐이다. 피터 자신은 다른 아이들이 자기와 같은 모습으로 치장하는 것조차 철저히 금지한다.[39] 다른 한편 피터의 이러한 유아독존(唯我獨尊)적인 삶은 사람들이 은근히 감추어놓은 욕망을 끄집어낸다. 그래서 많은 사람들이 현실 속에서 피터를 꿈꾼다.

피터 팬의 또 다른 매력은 그가 자족(自足)한다는 것이다. 그는 아무도, 아무것도 필요로 하지 않는다. 그래서 그는 그의 이름(Pan)처럼 신의 속성을 갖고 있기도 하다. 또한 그는 이상향의 상징이다. 그는 완벽하게도 유토피아(utopia)와 유크로니아(uchronia)를[40] 동시에 누린다. 그가 사는 네버랜드는 '없는 나라' 유토피아를 다르게 부른 것일 뿐이다. 또한 피터는 '시간이 존재하지 않는' 삶을 산다. 그는 자라거나 변하지 않으므로 시간의 지배를 받지 않으며, 시간에 의존한 삶의 본질적 차원인 기억이 없다. 그는 완벽하게 유크로니아의 세계를 즐긴다.

### 신화를 즐겨라

이렇듯 아이의 신화가 어른의 세계에 계속 돌아오는 것은 단순히 행복했던 어린 시절에 대한 동경 때문만은 아니다. 그것은 매우 복합적인 현상이다. 또한 다른 이유들도 있다. 인식론적으로 보면, '시작의 조건'이 사람의 의식을 지배하기 때문이다. 오랫동안 사람들은 시작이 있는 곳에 진리의 원천이 있다는 인식의 지배를 받아왔다.[41] 아이는 인생의 시작이고 그곳에 진리의 실마리가 있다고 생각하게 된 것이다.

미학적으로 보면 흔히 말하듯 아직 때묻지 않은 아이가 쉽게 자연적 미의 상징이 되기 때문이다. 아이들이 그 자체로 예쁘다고 하는 것도 자연관적 미의 기준과 연관되어 있다. 힘들이지 않고 있는 그대로 예쁠 수 있으니 어른들 입장에서는 부러울 수밖에 없다.

또한 인간의 욕심이라는 관점에서 보면, 아이는 시간을 거슬러 올라가야 하는 '영원한 젊음'의 연장선상에 있다. 젊은이로 성장하고 있는 어린아이는 늙고 죽어가는 것과 반대 상황에 있다. 더구나 '영원한 아이'라면 그보다 더 이상적인 것은 없을 것이다. 이러한 것들도 현재의 인간 조건을 벗어나고자 하는 탈인간적 욕구를 확연히 나타낸다.

이제 아이들을 보고 아이들에게서 배우라고 주장하는 사람들에게, 즉 아이의 신화를 현실에서 구체적 이데올로기로 삼으려는 사람들에게 말하고 싶다. 배운다는 생각으로 아이들을 관찰하지 말라고. 아이들의 행동이 배움의 대상이 아니기도 하지만, 사실 어른들이 아이들에게서 배우는 것은 거의 어른들이 투영한 세계와 가치들이기 때문이다.[42] 그리고 무엇인가 자꾸 배우게 되면, 점점 더 어른이 되지 흔히 기대하듯이 아이의 순수함으로 돌아가지는 않는다.

어른들이 아이들을 바라보는 것은 아이들에게서 무엇을 배우기 위해서가 아니다. 아이를 느끼기 위해서다. 그리고 감동하기 위해서다. 파베제가 자신의 일기집에 남긴 말처럼, 아이가 되는 것은 아름답지 않다. 나이가 들어서 어린 시절을 회상하는 것이 아름다운 것이다. 나는 아이가 되려 하지 말고, 아이를 꿈꿀 줄 알라고 말하고 싶다. 아이의 신화에 파묻히지 말고, 아이의 신화를 즐기라고 권하고 싶다.

아이의 신화는 항상 돌아온다. 그것은 21세기에도 사라지지 않는 신화일 것이다. 그 신화에는 우리가 꿈꾸고 즐기는 인간의 모습이 있다. 신화와 함께 끊임없이 돌아오는 '환(還)인간성' 같은 것이 있다. 오늘도 피터의 웃음소리를 듣는 사람들이 있다. 오늘 밤 나도 그 청명한 벨 소리 같은 웃음소리(ringing crow)를 듣고 싶다. 웬디와 그 형제들처럼 네버-네버-네버랜드로 날아가고 싶다. 그러나 그곳에서 무엇인가 배워 오려 가는 것이 아니다. 지금의 나를 잠시 **벗어나** 또 하나의 나에게 돌아가기 위해서 가는 것이다. 자아는 단수가 아니고 복수이기 때문이다. 그리고 내일 아침이면 지금의 나로 돌아와 있을 것이다.

## 네 번째 질문

비인간성·초인간성·환인간성 등 탈인간적 차원들은 또한 인간적 시도이고 인간적 발현이다. 그만큼 인간성은 복합적이고 모순적 성격을 내포하고 있다. 오스트리아 작가 크라우스(K. Kraus)는 초인에 대한 생각은 아직 너무 이르다고 했다. 초인은 인간을 전제하기 때문이라고 했다. 이것은 인간에 대해서도 제대로 모르면서 초인을 논하지 말라고 비꼬는 말이다(물론 그 공격의 대상은 초인을 말하면서 인간을 잊은 사람들이겠지만). 하지만 언제 인간이 자신에 대해 완전히 안 적이 있었나? 또한 완벽히 안다고 확신할 수 있는가?

인간의 앎과 삶이란, 살면서 알아가고 알아가면서 사는 것이다. 또한 모든 탈인간적 차원은 이미 인간에 대한 질문과 사고에 내포되어 있다. 인간에 대한 물음이 아프도록 어려운 것은 그것이 자기 밖의 대상에 대한 질문이 아니라 자기 스스로에 대한 질문이기 때문이다. 그리고 질문자와 질문의 대상이 항상 같이 있음으로 해서 피할 수 없는 질문이기 때문이다.

**"인간이란 무엇인가?"**

칸트는 《순수이성비판》에서 자신의 이성이 갖는 모든 관심(사변적 관심뿐 아니라 실천적 관심도)은 세 가지 물음에 집약된다고 했다. 그 물음들은 "1) 나는 무엇을 알 수 있는가? 2) 나는 무엇을 해야 하는가? 3) 내가 무엇을 바라도 되는가?"⁴³⁾ 였다.

그리고 그가 76세 되던 해 출판한 《논리학》을 위한 서문에서 앞의 세 물음에 제4의 물음을 첨가했다. 그것은 길고 긴 연구 생활 끝에 노학자가 한 말이어서 더욱 값진 것이었다. 이 네 가지 물음은 더불어서 유명하게 되었다. 칸트가 첨가한 '네 번째 질문'은 "인간이란 무엇인가?"⁴⁴⁾ 였다. 그리고 앞의 세 질문들은 모두 네 번째 질문에 귀결된다고 했다.

칸트는 전문 학술적 개념에서 위와 같이 철학의 영역을 설정한 것이 아니었다. 그는 '세계시민적 의미(weltbürgerliche Bedeutung)'에 준하여, 이성을 지닌 인간 사고의 영역을 그와 같이 설정한 것이다. 칸트는 이미 《순수이성비판》에서 철학의 '세간적 개념(Weltbegriff)'을 '학술적 개념(Schulbegriff)'과 구분했는데, 세간적(世間的) 개념이란 "누구라도 반드시 관심을 갖는 일에 연관된 개념"을 의미한다.⁴⁵⁾ 칸트에게 '인간이란 무엇인가?'라는 물음도 누구든 반드시 관심을 갖는 물음인 것이다.

왜냐하면 그에게는 인류가 추구하는 최고의 목표가 '더불어서 보다 나은 삶을 이룰 수 있는' 세계시민적 사회(weltbürgerliche Gesellschaft)를 건설하는 것이기 때문이다.⁴⁶⁾ 그것은 인간이 인류로서 또한 각 개인으로서 자아실현을 하는 것이다. 그리고 그 사회의 구성원은 모두 인간이고, 그렇기 때문에 인간을 알아야 한다. 또한 그래야만 인류가 그 목표를 실현해나갈 것인지 아니면 도중에 자멸(自滅)할 것인지를 알 수 있기 때문이다.

칸트에게 인간에 관한 지식은 결국 '세계시민으로서의 인간'에 관한 지식이다. 거창한 표현을 잠시 접어두고라도, 나도 사람이고 내 옆에도 사람이 있으며 오늘도 사람을 만날 것이니, 사람에 대해 생각한다는 것은 당연한 일일 것이다. 다만 칸트는 그 당연함을 체계적으로 설명하고, 그것에 폭넓고 다양한 차원을 부여한 것이다. 그리고 그것은 21세기 지구촌화에 따라 '세계시민'적 가치를 추구하는 오늘날 귀담아 들을 만한 관점이다.

### 인간은 묻는다

흔히 칸트를 인식론의 철학자, 또는 '모든 과학의 과학적 근거'를 탐구한 학자라고 평한다. 하이데거도 그를 '과학 이론의 이론가'라고 했다.[47] 그러나 그는 무엇보다도 사람과 사람들의 삶을 연구한 학자이다. 그리고 비판철학으로 대표되는 그의 인식론은 그의 인간학과 정치철학의 성과를 위한 기능적 역할을 한 것이다. 이는 칸트 자신이 학자로서 고백한 것을 들어보아도 알 수 있다. "나는 《순수이성비판》으로부터 철학이 표상·개념·이데아의 학문 또는 '모든 과학의 과학(eine Wissenschaft aller Wissenschaften)', 아니면 이와 유사한 학문이 아니라 '인간에 관한 학문(eine Wissenschaft des Menschen)', 즉 인간의 자기 표현, 인간의 사고, 인간의 행동에 관한 학문이라는 것을 배웠다."[48]

그리고 칸트는 인간이 유한한 존재로서 현실적 한계를 갖고 이성과 감성을 가진 존재로서 가능성을 지니고 있다는 것을 배웠다. 또한 그는 자기 이전까지의 철학이 이 세상에 인간의 자리를 잘못 마련해주었다는 것을 깨달았다. 그 잘못은 인간을 이 세상에서 수동적 존재로 자리 매김한 것이었다. 하지만 그는 비판철학으로 인간이 이 세상에서 "전적으로 능동적인 존재"⁴⁹⁾라는 것을 확인했다. 따라서 칸트가 찾아낸 인간은 그 자신이 어느 누구보다도 자기 자신을 표상하고 자기 행동의 주인공이며, 의미와 지식의 창조자일 뿐 아니라, 나아가 그 스스로 '인간의 개념'을 지속적으로 만들어가는 존재이다.

칸트가 능동적 존재로서 인간을 발견한 것은 어떤 의미에서는 이탈리아 르네상스 시대의 휴머니즘을 계승 발전한 것이다. 1486년 피코 델라 미란돌라(G. Pico della Mirandola)가 《인간의 존엄에 대하여》[50]에서 주장한 핵심도, 인간이 자신의 모든 선택과 행위의 주인공이며 그 선택과 행위의 결과라는 것이었다. 피코의 글이 휴머니즘의 선언문(manifesto)으로 간주될 수 있는 것은, 그가 '신이 인간을 우주의 중심에 놓았다'고 주장해서가 아니라, 바로 능동적 인간의 운명을 선언하기 때문이다.

이제 인간은 자기실현뿐만 아니라 자기 파괴에 대해서도 자결권을 가진 존재라는 것이 밝혀졌다. 그리고 인간이 그 스스로 인간의 개념과 그 존재 의미와 인간 삶에 대한 지식을 찾고자 하는 한, 인간에 대한 물음도 피할 수 없는 사건(?)이 된 것이다. 인간이 능동적 존재라는 의식이 부상하는 것과 함께 진정한 의미에서 인간학이 탄생한 것이다. 능동적 인간은 인간 자신에 대해 묻지 않을 수가 없다. 그것은 '네 번째 질문'이 아니라 이미 '첫 번째 질문'이다.

사실 질문의 순서는 별로 중요하지 않다. 중요한 것은 그것이 빼놓을 수 없는 물음이라는 것이다. 다만 칸트의 시대에 '인간이란 무엇인가?'라는 물음이 반영하는 현실적 상황과 오늘날의 그것이 다를 수 있을 뿐이다. 칸트의 시대에는[51] 인간학의 저변에 종(種)으로서 인류라는 의식, 변하지 않는 인간 본성(Human Nature)의 추구라는 학문적 욕구, 그리고 지구인으로서의 인간이라는 당시에는 너무도 당연한 인식이 깊숙이 뿌리내려 있었다.

그러나 오늘날 그 동일한 질문은 다른 차원과 요소들을 흡수하고 있다. 그 새로운 차원 가운데 하나가 바로 인간의 다양한 탈인간적 발현이다. 그리고 우주로부터 인간에 대한 새로운 패러다임의 가능성이 오게 되면 그 동일한 질문은 또 다른 새로운 차원을 흡수하든가 아니면 그 차원에 흡수될 것이다. 뿌리가 태풍을 못 견디면, 태풍은 뿌리를 뽑아낸다.

## 당신은 사람을 보았습니까?

알렉산더 대왕과의 일화로 유명한 그리스 철학자 디오게네스는 그 외에도 갖가지 기행(奇行)의 주인공이다. 항상 지저분하고 더러운 장소를 마다 않고 찾아가는 그를 보고 사람들이 빈정대면, "햇빛이 뒷간에 들어온다고 햇빛이 더러워지나?"라고 대답했다는 일화에서도 그의 냉소적 총명함은 번득인다.

### 디오게네스의 호롱불

'디오게네스의 호롱불'이라는 유행어를 남긴 일화에 따르면, 그는 밝은 대낮에 호롱불을 켜들고 "사람을 찾고 있다"고 중얼거리며 여기저기 돌아다녔다고 한다.[52] 그의 눈에는 거리에서 만나는 수많은 사람들은 사람이 아닌 것이다. 그는 계속 보이지 않는 사람을 찾는다. 아니 당시 있지도 않는 사람을 찾는지도 모를 일이다. 그가 찾는 사람은 '정직한 사람'도, '용감한 사람'도, '똑똑한 사람'도, '성실한 사람'도 아니다. 다만 사람일 뿐이다.

디오게네스는 어떤 하나의 형용사로는 나타낼 수 없는 총체적이며 본질적인 의미에서 사람을 찾는다. 그야말로 '사람다운 사람'을 찾는다.[53] 이것은 '인간이란 무엇인가?'라는 물음으로 인간 문제의 정곡을 찌르고 들어오는 태도를 뛰어넘는 것이다. 칸트가 우선적으로 '사람의 개념'을 찾는다면, 디오게네스는 직접적으로 그 개념에 상응하는 삶을 사는 사람을 찾는다.

디오게네스는 인간에 대한 자신의 앎과 기대를 인간의 삶 속에서 확인하려 한다. 칸트와 디오게네스의 공통점은 인간 이해와 인간적 삶의 실현을 위해 변하지 않는 어떤 인간의 본성을 전제하고 있다는 것이다.[54] 이것은 인간이 끊임없이 '인간 안'으로 여행하면서 자신의 정체를 찾고자 하는 방식이다.

**우주의 호롱불**

그러나 오늘날의 문화적 상황 속에서는 인간이 '인간 밖'으로 퍼져나가면서 자신의 정체성을 찾고자 하는 시도도 점점 그 영역을 넓혀간다. 이러한 의미에서 인간을 벗어나고자 하는 탈인간적 상상과 시도는 점점 다양화한다. 1970년대 후반과 80년대 초반에 집중적으로 제작된 SF(Science Fiction)영화가 세계 영화계에 새로운 바람을 일으키자,[55] 그에 대한 관심은 유럽의 전통적 영화제에서도 확인될 수 있었다. 필자는 80년대 초반 '베니스 영화제'를 둘러볼 기회를 가졌었는데, 어떤 잡지 기자는 "SF는 결국 인류가 다른 별나라의 주민들과 만날 것에 대비해서 필요한 모든 준비를 시도하는 것"이라고 정의했다. 그 기자가 말하고 싶었던 것은 SF의 소재는 다양하고 많지만, 결국은 이 주제가 그 저변에 깔려 있다는 뜻일 것이다. 아니면 그것이 중심 주제라는 뜻으로 한 말일 것이다. 하긴 '과학적 허구'가 언젠가 일어날 수 있는 일을 지금 꾸며내는 '현실적 환상의 세계'에 관한 것이라면, 충분히 납득이 가는 정의이다.

위의 정의는 우주론적 관점에서뿐만 아니라 인간학적 관점에서도 매우 흥미롭다(그 기자는 이렇게까지 생각하지 않았겠지만). 인간이 다른 별나라에 거주하는 존재들과 만나는 방식은 여러 가지 있을 수 있다. 외계의 존재들이[56] 인간을 찾아올 수도 있고, 인간이 그들의 별나라로 찾아갈 수도 있다. 아니면 우주 여행 중에 우주 공간 어디에선가 서로 만날 수도 있다.

그 어떤 경우든 이러한 만남은 인간을 재인식하게 하고, 인간을 변하게 하거나, 아니면 그 시점에 우리 자신들이 이미 변해 있을 가능성을 내포한다. 첫째로 이것은 15~16세기 지리상의 발견(유럽인의 입장에서) 때, 유럽인들이 신대륙 원주민들과 만나면서 자아비판을 하게 되었고(많은 희생과 긴 시간이 필요했지만), 인간으로서 자신의 정체를 더 잘 알게 되었다는 것과 비슷한 성격의 효과를 가져올 것이다. 물론 그 경험의 강도와 파장은 상상 외로 훨씬 더 클 것이다.

둘째로(이 점이 더 중요하다) 인간이 우주로 나갈 경우, 인간의 성격과 자질이 바뀔 가능성은 매우 높다. 그것은 인간이 실체적으로 우주에 진출할 때에 이미 변해 있거나, 우주의 상황이 인간을 획기적으로 변하게 할 것이기 때문이다. 우주적 패러다임이 인간을 빨아들인다는 것은 이런 뜻이다. 아니면 적어도 인간이 그 패러다임에 적응하여 변화해야 할 것이다. 그것은 인간의 지속적 생존과 실존적 자각을 위해서 필요하다.[57]

이러한 관점에서 오늘날 인간과 외계 존재와의 만남에 대한 상상이 갖는 의미를 재조명해보면, 그것은 사실 '인간 자신이 미래의 어느 시점에서 현재의 인간을 **벗어나** 그것과 **다를 수 있는** 가능성과 희망을 투영하는 것'이라고 볼 수 있다. 나와 다른 존재와의 만남은 내가 다를 수 있다는 것을 의미하며, 그 만남을 준비하는 과정에서 나는 이미 '지금의 나'와 '다른 나'가 되어 있을 수 있기 때문이다.

필자는 전통적 인간 본성론에 별로 호감을 갖고 있지 않다. 그러나 위와 같은 전환이 실제로 온다면, 그것은 인간의 본성이 변한다고 볼 수도 있고, 아니면 결국은 감추어져 있던 본성이 특수한 상황에서 발현되는 것이라고 주장할 수도 있다. 그것은 별로 중요하지 않다. 인간의 본성이 불변이라고 할지라도 인간 본성에 대한 지식은 변하기 때문이다. 중요한 것은 지속적 생존과 실존적 자기 만족을 위해 인간이 현재의 자기와 다를 수 있는 가능성을 스스로 모색하거나, 아니면 그것을 강요받는 상황이 항상 조성될 수 있다는 것이다.

사람이 '인간 안'으로 파고들면서 자신의 정체를 찾든, 아니면 '인간 밖'으로 퍼져나가면서 자신의 다양한 가능성을 찾든, 그것은 '인간의 의미'를 찾는 일이다. 우리가 탈인간성을 상상하고 시도해도 그것은 결국 인간적 인간이 하는 일이다. 그리고 거기서 얻어내는 것은 인간의 의미다. 그러한 가운데서 우리는 인간다운 인간의 삶을 살려고 한다.[58] 디오게네스의 우스꽝스러운 행동이 찾은 것도 그러한 의미이고 그러한 삶이었다.

오늘날 우리도 디오게네스처럼 '인간의 의미', 즉 '사람다운 사람'이 어떤 것인지 끊임없이 찾고 있다. 우주 시대에도 '디오게네스의 호롱불'은 쉽게 꺼지지 않을 것이다. 다만 지금 마음 같아서는 언제 어디서 어떠한 문화 상황에서든 호롱불을 든 사람들끼리 만나, '당신은 사람을 보았습니까?'라고 서로가 서로에게 물어야 하는 상황이 일어나지 않기를 바랄 뿐이다. 우주에서 부는 바람의 방향과 속도, 그 변신의 기기묘묘함을 오늘 누가 다 알겠는가?

## [10장 주석]

1) Apuleius, *Metamorphoses(Asinus aureus)*, 기원후 2세기, F. Kafka, *Die Verwandlung*, 1915.
2) 'werewolf'는 중세 시대 영어 wer(사람)+wulf(늑대)에서 유래하며, 'lycanthrope'는 그리스어 lykos(늑대)+anthropos(사람)에서 유래한다.
3) 'Animal Man'이라는 TV 시리즈에서는 주인공이 필요에 따라 매·표범·말 등 갖가지 동물로 변한다. 이는 동물들이 갖는 능력을 상상 속에서 차용하는 것이다.
4) Marie Darrieussecq, *Truismes*, P. O. L, Paris, 1996. 소설 제목은 외형상 자명한 이치라는 뜻인 truisme의 복수형이지만, 작가가 암퇘지란 뜻의 truie가 부각하도록 의도적으로 선택한 일종의 말놀이다. 따라서 다른 언어로 번역하면 그 의미 전달 효과를 상실하게 되는데, '암퇘지 이야기를 통해 본 자명한 이치들' 정도로 이해할 수 있다.
5) M. Darrieussecq, 앞의 책, 17~37쪽 참조.
6) 같은 책, 118~119쪽 참조. 주인공이 책을 읽고, 말을 하고, 글을 쓸 때에는 인간의 모습을 갖추게 되는데, 작가가 말하고, 읽고, 쓰는 것을 인간적 조건으로 이야기의 곳곳에서 은연 중 강조하는 것이 흥미롭다.
7) M. Kundera가 말했듯이 오르가슴의 우상만이 지배하는 성생활과 엑스터시적 폭발에 이르기 위해 안달하는 성행위에서는 성교 자체가 가능한 한 빨리 뛰어넘어야 하는 장애물로 되어버리는지도 모른다(*La lenteur*, Gallimard, Paris, 1995, 11쪽 참조). 이런 상황에선 애무도 전희(前戱)도 방해물일 뿐이다. 사랑을 나눈다는 말이 무색해지는 것이다.
8) 같은 책, 126~127쪽: "······Yvan riait de bonheur, il me léchait partout, il se cabrait sur moi et je roulais à la renverse, ······." 이 소설 속의 이미지는 J-J. Annaud 감독의 영화 〈Quest for Fire〉(1981)의 한 장면을 연상하게 한다. 어떤 원시 종족의 남자가 다른 종족의 여자와 이른바 배위(背位)로 성교를 시도하지만, 여자가 돌아누우면서 '대면 체위 (흔히 의학 용어로 '정상위'라고 하는)'로 바뀌고, 그것은 그 남자에게 찾아온 인간으로서 일대 전환점을 상징하는 장면이었다.
9) 앞의 책, 158쪽. 사실 이반이 달을 보고 늑대가 되곤 한 것은 역설적으로 짐승 같은 세상으로부터 도피하기 위한 한 방식이었다(앞의 책, 123쪽 참조). 여주인공의 말대로 그들은 변신의 방법을 반대로 썼지만, 비인간적인 것에서 탈피하고자 시도했던 것은 마찬가지였다.

10) '무엇인가 나쁜 것은 절로 되고, 좋은 것은 일부러 애를 써서 해야 이루어진다'는 옛 스승의 말을 기억하게 된다. 음식은 그냥 놓아두면 썩지만, 신선함을 유지하기 위해서는 보관방법을 찾아내는 등 애를 써야 한다. 자연을 바라보고 있으면, 절로 건강함과 아름다움을 유지하고 있는 것 같지만, 자연을 구성하고 있는 모든 생명체뿐만 아니라, 유기물과 무기물조차도 무엇인가 그 나름대로 애를 쓰고 있다는 생각이 든다.

11) 이것과 연관하여 '부록' 3, 4항을 참조하기 바란다.

12) U. Eco는 슈퍼맨의 상징적 이미지를 연구하면서, 초인적 능력을 지닌 영웅은 민중 또는 대중적 상상 속에서 변함없는 상수(常數)라는 입장을 가지고 있었다(그의 저서 *Apocalittici e integrati*와 *Il superuomo di massa* 참조). 그는 A. Gramsci의 이론을 받아들여서, 슈퍼맨은 핍박받는 민중을 위해 '사회적 복수'를 행하는 자라는 입장에서 논지를 전개했다. 그러나 이러한 관점은 사람의 초인간적 욕구를 정치사회적 이데올로기의 맥락에서만 파악하는 편협성을 지니고 있다. 초인적 능력의 욕구와 상상이 왕과 귀족들에게는 없었다고 할 수 있겠는가?

13) 그래서인지 U. Eco는 자신의 저서 《대중의 슈퍼맨(*Il superuomo di massa*)》에서 대표적 슈퍼맨 중의 하나로 '타잔'을 다루고, 더 나아가 그 책(제5판, *Tascabili Bompiani*, Milano, 1990)의 표지 그림으로 정글 속에서 줄을 타는 타잔의 디지털 그래픽을 넣고 있다. 그러나 이것은 앞으로 살펴보겠지만 단순한 생각일 수 있다.

14) Hugh Hudson의 〈Greystoke-The Legend of Tarzan Lord of the Apes〉(1984)는 타잔 영화 치고는 '생각을 하게 하는' 작품이다. 평론가들이 말하듯 이제까지의 단순한 타잔 이야기에 '철학적 충전'을 한 작품이라고 할 수 있다.

15) 이것은 J. R. Kipling의 *Jungle Books*(1894~1995)에서도 관찰할 수 있는데, 늑대들 사이에서 자라난 주인공 Mowgli는 외로운 짝짓기 철에 다시금 자신이 있을 곳은 사람들 곁이라는 사실을 깨닫고 그들의 세계로 돌아간다.

16) U. Eco, *Il superuomo di massa*, 앞의 책, 112~113쪽 참조.

17) 또한 이 작품은 구세주, 정의의 사도, 약한 사람들의 수호자 등의 이미지를 갖고 있는 슈퍼맨, 배트맨, 원더 우먼 등과는 달리 초인간적 욕구와 행위가 갖는 '인간적' 측면을 드러내 보인다.

18) H. G. Wells, *The Invisible Man*(1997), Dover Thrift Editions, New York, 1992, 66쪽: "I beheld ...... a magnificent vision of all that invisibility might mean to a man,—the mystery, the power, the freedom."

19) 같은 책, 74쪽 참조.

20) 투명 인간을 주제로 한 몇몇 영화나 TV 시리즈물에서 투명 인간은 자신이 걸치고 있는 옷과 몸에 함께 지니고 있는 것까지도 투명하게 변한다. 좀더 완벽에 가까운 초인간성이 부여된 것이다. 그리고 투명한 상태와 원래의 모습 사이를 자유자재로 왔다 갔다 할 수 있는데, 이것은 그를 '슈퍼맨'이나 '원더 우먼'적 존재 방식에 맞춘 것이다. H. G. Wells 의 원작에 어느 정도 충실하게 제작된 영화는 1933년 James Whale 감독의 작품이다. 당시 영화계에서 괄목할 만한 특수 효과를 이루어냈고, 마지막 순간을 제외하고는 '보이지 않는 주인공' 역할을 하면서 '얼굴 없는 멋진 목소리' 역을 해낸 Claude Rains를 일약 스타로 만들었다.

21) 같은 책, 82쪽: "And the snow had warned me of other dangers. I could not go abroad in snow—it would settle on me and expose me. Rain, too, would make me a watery outline, a glistening surface of a man-a bubble. And fog—I should be like a fainter bubble in a fog, a surface, a greasy glimmer of humanity."

22) 같은 책, 82~83쪽 참조.

23) 투명 인간이 완벽한 초인간이 아니고 다만 '이상한' 존재여서 겪는 어려움과, 그것 때문에 자신에게 도움을 줄 사람과 편안히 있을 장소와 시간을 갈구한다는 것은, 그가 대학 동창인 Kemp 박사를 만났을 때뿐 아니라 이야기의 곳곳에서 나타난다: 앞의 책 21~22, 27, 33, 58~60, 90~91쪽 등 참조.

24) 초인간성을 비롯해 탈인간성의 다양하고도 구체적인 실현 시도는 물론 인간이 하는 일이다. 따라서 인간성의 문제를 항상 전제하는 것이다. 그렇다고 그것이 꼭 고정된 인간성을 의미하지는 않는다. 지속적인 변화 과정(process)에 있는 인간성을 의미할 수도 있다.

25) 그 한 예가 유전자 조작에 의한 '맞춤 아기'일 것이다.

26) 제1장, 1항 참조.

27) 일반적으로 '죄가 없는', '순진한', '단순한' 등으로 번역하는 영어의 'innocent'는 어원적으로 라틴어의 'innocens' 즉 in(부정의 뜻)+nocens('해를 끼치다'는 뜻의 동사 noceo 또는 구어체 nocere의 현재분사형)에서 유래한다. 즉 남에게 '해를 끼치지 않는' 또는 '나쁜 짓을 하지 않는'의 뜻을 가지고 있다.

28) 피터 팬은 J. M. Barrie의 소설집 *The Little White Bird*(1902)에 처음 등장했으며, 그 가운데 한 장이 후에 *Peter Pan in Kensington Garden*(1906)이라는 제목으로 독립적으로 출간되었다. 1904년에 연극 〈Peter Pan, or the Boy Who Wouldn't Grow Up〉 초연이 있었고, 1911년 Barrie는 이 연극의 줄거리를 바탕으로 다시 소설 형식으로 Peter and Wendy를 출판했는데, 오늘날 피터 팬 이야기는 대부분 이 책을 바탕으로 한다.

29) J. M. Barrie, *Peter Pan*, Penguin(Signet Classics), New York, 1987, 200쪽 참조. 배리의 피터 팬 이야기는 이 세 형용사로 끝나는데, Penguin판에 작품 해설을 쓴 Alison Lurie는 피터가 정이 없고 무엇이든지 잘 잊어버리며 자기중심적이고 변덕스럽다는 것 등을 들어 이러한 면들을 그의 'dark side'라고 설명했다. 그러나 필자는 그것은 특별히 피터의 '어두운 면'이 아니라 바로 피터 팬이라는 인물 자체를 구성하는 요소들이라고 생각한다. 그리고 배리가 의도했던 것도 필자의 입장과 같았을 것이라고 생각한다. 피터 팬의 이야기들은 바로 그러한 인물적 특성을 중심으로 이루어지고 있기 때문이다. 배리의 피터 팬은 아이의 유별난 측면을 보여주는 것이 아니다. 배리는 아이 자체를 보여주고 싶었던 것이다.

30) 같은 책, 42~43쪽 참조.

31) 같은 책, 183쪽: "I forget them after I kill them." he replied carelessly. 배리의 책에서 피터 팬의 언행을 수식하기 위해 가장 자주 쓰이는 단어 중 하나가 'careless'일 것이다. 그것은 어른들과 반대되는 아이들 언행의 특징이기도 하다(이 세상을 헤쳐나가기 위해 어른들은 항상 'careful'해야 하니까).

32) 같은 책, 같은 쪽.

33) 같은 책, 120~121쪽 참조.

34) 같은 책, 53, 89, 108, 168쪽 참조.

35) 같은 책, 130~138쪽 참조.

36) 같은 책, 67쪽 참조.

37) K. Grahame, *The Wind in the Willows*, Wordsworth Classics, Hertfordshire 1992, 'VI. Mr. Toad'(121~143쪽) 참조.

38) 후크와 피터가 극과 극 같지만, 배리의 작품이 숨기고 있는 또 하나의 메시지는 후크와 피터가 어떤 의미에서는 서로 'alter ego'일 수 있다는 것이다. 그것은 서로 죽도록 미워하면서도 상대방의 특성을 흉내 내는 장면에서 엿볼 수 있다(앞의 책, 138, 168쪽 참조). 배리는 피터의 비정함에 대해서도 모순적 메시지를 남겨놓았는데, 크게 세 군데에서 발견할 수 있다. Tinker Bell이 피터 대신 독약을 마시고 죽어가는 것을 보고 요정의 존재를 믿는 자들 모두에게 박수를 치라고 애원할 때, 피터가 후크 선장을 악어 밥으로 만들고 최후의 승리를 차지한 후 웬디의 품에 안겨 꿈을 꾸며 흐느낄 때, 웬디와 그 형제들이 집에 돌아와 가족들과 상봉하는 모습을 피터가 창틀에 몸을 숨기고 훔쳐볼 때 등이다(관심 있는 독자들은 앞의 책 141~142, 164~166, 174~177쪽을 참조하기 바란다). 이에 덧붙여 하나 더 든다면, 이미 성숙한 여자가 된 웬디가 여러 해 만에 돌아온 피터 앞에서 자신의

모습을 보여주기 위해서 불을 켜려고 할 때 피터는 처음으로 두려움을 느낀다. 그리고 부인이 된 웬디와 그녀의 딸의 모습을 보고는 땅바닥에 주저앉아 흐느끼고 만다(188~189쪽).

39) 앞의 책, 53쪽 참조.

40) 유크로니아(uchronia)라는 단어의 생성과 그 개념에 대해서는 제5장, 5항(특히 주 44)를 참조하기 바란다.

41) 이러한 인식은 언어 사용에서도 관찰할 수 있는데, 고대 그리스어 'αρχή'는 '시작'과 '원칙'의 뜻을 모두 가지고 있다. 역사관에서도 '황금 시대(Golden Age)'는 항상 태초에 있다는 인식이 절대적이었다. J-J. Rousseau가 '자연으로 돌아가라'라는 명령의 시행 모델로 아이의 교육을 주장하는 것이나, S. Freud가 어린아이의 심리 분석 결과를 인간 심리로 일반화하고자 하는 것 등에서도 '시작의 조건'이 갖는 인식론적 위상을 관찰할 수 있다.

42) 제2차 세계대전 직후 '육아 상식'을 출간하여 선풍을 일으킨 Benjamin Spock는 아이를 '어린 어른'으로 보지 말라는 육아법을 주창했다. 요즈음 어른들에게는 어른이 '어른 아이'가 되려고 너무 애쓰지 말라는 조언이 필요한지도 모르겠다.

43) I. Kant, *Kritik der reinen Vernunft*, Akedemie-Ausgabe, Bd.III: "1) Was kann ich wissen? 2) Was soll ich tun? 3) Was darf ich hoffen?" (B 833). 세 번째 질문은 "나에게는 무엇을 바라도록 허가된 권리가 있는가?"라는 의미를 내포하고 있기도 하다.

44) I. Kant, *Logik*(1800), Akademie-Ausgabe, Bd.IX, 25쪽(A25): "4) Was ist der Mensch?" 《논리학》은 그의 강의를 제자가 편집 출판한 것이다. 칸트는 1793년 한 친구에게 보낸 편지에서 이러한 철학적 의도를 '철학적 과업 수행을 위해서 오래전부터 설정해놓은 계획'이라고 밝힌 바 있다.

45) I. Kant, *Kritik der reinen Vernunft*, B 866~867 주(註): "Weltbegriff heißt derjenige, der das betrifft, was jedermann notwendig interessiert." 칸트는 Weltbegriff에 라틴어로 'conceptus cosmicus'라고 첨가 설명하고 있는데(여기서 칸트가 말하는 'cosmicus'는 독일어의 'allgemein'의 의미에 가까우며 '범세계적인'으로 이해할 수 있다), 《논리학》에 나오는 'weltbürgerliche Bedeutung'이라는 표현은 이와 같은 뜻으로 사용한 것이다. 번역어 세간적(世間的)은 불교 용어로도 사용되는 말이나, 세간이 '사람들이 살아가는 곳'이라는 의미에서 위의 뜻에 적합하다고 생각한다.

46) 이것은 I. Kant의 실용적 인간학(*Anthropologie in pragmatischer Hinsicht*)의 결론 부분을 이루고 있으며(그는 여기서도 라틴어로 cosmopolitismus 라고 첨가 설명하고 있다), 칸트는

《인간 역사의 가설적 기원론》에서도 이와 유사한 입장을 밝히고 있다(*Mutmasslicher Anfang der Menschengeschichte*, Akademie-Ausgabe, Bd.VIII, Berlin, 1912, 117쪽 주(註) 참조).

47) M. Heidegger, *Kant und das Problem der Metaphysik*, Bonn, 1929 참조. R. Rorty도 칸트를 주로 인식론의 철학자로 다루고 있다(*Philosophy and the Mirror of Nature*, Princeton Univ. Press, 1979, 특히 제3장 참조).

48) I. Kant, *Der Streit der Fakultäten*, Akademie-Ausgabe, Bd.VII, Berlin, 1917, 69쪽(작은 따옴표는 필자가 첨가한 것이다).

49) 앞의 책, 70쪽: "eine durchaus active Existenz."

50) G. Pico della Mirandola, *De hominis dignitate*, 1486 참조.

51) 칸트는 '과학의 세기'에는 살았지만, '기술의 세기'에는 살지 않았다. 그는 I. Newton 이후 사람으로 17세기 과학혁명의 파장 위에 있었으나, 18세기 중반에 일어난 산업혁명과 각종 기술의 급속한 발전이 생활의 거의 모든 영역을 바꾸어놓기 이전의 사람이다. 다시 말하면 오늘날같이 과학과 기술의 밀월여행이 본격적으로 시작되기 전의 사람이다. 이것은 그와 당시의 학자들이 오늘에 비해 '세계관적 한계'를 가질 수밖에 없다는 것을 말해준다.

52) Diogenes Laërtius, 《저명한 철학자들의 생애》, VI, 41 참조. 어떤 명사(名士)는 디오게네스의 일화를 소개하면서 그가 '정직한 사람을 찾는다'고 말했다고 한 적이 있다. 그러나 문헌에는 단순히 "Ἄνθρωπον ζητῶ(나는 사람을 찾는다)"로 되어 있으며, 이 경우 번역 시 다른 수식어를 붙이게 되면 원래의 뜻을 근본적으로 바꾸게 된다.

53) 사람다운 사람이라든가, 부모다운 부모, 정치인다운 정치인, 국가다운 국가, 예술품다운 예술품 등 '답다'는 개념은 고대 그리스 사상에서 핵심적인 것이었다. 그것은 기원전 6세기에 파르메니데스에 의해 이미 구체적으로 정립되었고('존재는 존재이고, 존재가 아닌 것은 존재가 아니다'라는 명제로 대표된다) 논리학에서 동일률(principle of identity)을 세우는 근거를 제공한 사상적 배경과 연관되어 있으며, 오늘날 흔히 '덕(德)'이라고 번역하는 그리스어 아레테(ἀρετή)의 개념과 밀접하다. 디오게네스(대략 기원전 4세기에 활동)도 그러한 사상적 영향 아래 있었던 것이다.

54) I. Kant에 있어서 '인간 본성'의 개념은 매우 복합적이고, 칸트가 자신의 여러 저서에서 사용한 개념들은 상충되는 것들도 있다. 이것은 칸트의 '자연' 개념과 연관되어 있는데, 별도의 전문적 연구와 논의를 필요로 한다.

55) 그 예로 'Star Wars' 시리즈는 1977년, 'Superman' 시리즈는 1978년, 'Star Trek' 시리

즈와 'Alien' 시리즈는 1979년, 'The Terminator' 시리즈는 1984년에 각각 시작되었으며, ⟨E.T. The Extra-Terrestrial⟩과 ⟨Blade Runner⟩는 1982년에 제작되었다.

56) 인간 외의 우주 어디엔가 있을 '외계 존재'를 한국어로 흔히 '외계인(外界人)'이라고 한다. 그러나 그 말에는 '사람(人)'이란 뜻이 확연히 포함되어 있어서(물론 그 존재가 사람과 동일하거나, 사람이라 할 정도로 지구의 인간과 유사할 가능성도 꽤 높다), 서양어보다는 불편함이 있다(영어의 'alien'은 '다른' 또는 '그 외의'라는 뜻의 어원에서 유래한다). 그래서 필자는 '외계 존재'라고 표현한 것이다.

57) 인간은 이미 탈지구적 모험의 길에 들어섰다. 그것은 인간이 가야 할 길인지도 모른다. 다만 그것이 멋진 모험이 되느냐, 아니면 불행한 참극이 되느냐는 상당수 인간 자신의 손에 달려 있다.

58) 다만 '인간답게'에 대한 해답의 열쇠가 과거에 있는 만큼, 미래에도 있고 이 순간에도 있다는 것을 인식할 필요가 있다. 또한 '인간적'이라는 수식어에서 가치 개념을 어느 정도까지 배제할 수 있는지는 지속적인 논란이 될 것이다. 지금으로서는 그것을 완벽하게 배제할 수 있는 가능성은 참으로 희박하다. 우리가 앞서 비인간성, 초인간성, 환인간성을 이야기할 때에도 가치 개념으로서 인간적이라는 수식어는 어느 정도 논지 전개에 개입되고 있었다. 완벽한 탈가치적 논지 전개의 구조를 미리 철저히 설정하지 않는 한 그것은 불가피하다. 인간의 삶을 논하면서 어느 정도까지 그러한 시도가 가능한지도 의문이다. 앞의 세 가지 탈인간적 성격과 연관하여 오늘의 사상적 입장에서 확실하게 말할 수 있는 것은, 살인과 폭력은 반(反)인간적이라는 의미에서 비인간적이라는 것이다. 그리고 일정한 수의 사람들이 초인간적 능력을 실현한다는 가정에서는 그 초인간적 능력이 보통 사람들을 도와주는 데 쓰여야 하며, 그들이 일상에서는 다른 사람들과 같이 생활을 한다는 것이 가치적 개념에서 인간적이라고 할 수 있다. 또한 환인간적 아이의 신화가 존속하는 상황에서는 그것이 '어른의 아동화'를 실현하는 것이 아니고, 신나고 아름다운 상상의 세계를 즐기는 것이어야 인간적인 보람을 가질 수 있다고 본다.

| 글 밖으로 |

공기를 손으로 잡을 수는 없다. 꽉 잡는 순간 공기는 이미 손안에 없기 때문이다. 손을 쫙 펴고 있으면 공기와 손이 닿는 면적이 가장 넓어질지도 모른다. 하지만 그렇게 하고는 오래 있을 수도 없고, 공기를 '잡는다'는 기분은 하나도 들지 않을 것이다. 기실 손을 앙가조촘하게 오그리는 것이 손바닥과 손가락이 공기와 같이 있게 하며, 공기를 잡고 있다는 기분이 들게 할 것이다.

## 모호성과의 게임

철학자들 사이에서는 '개념의 주먹'이라는 말이 있다. 하지만 주먹으로 공기를 잡듯이 개념으로 현실을 잡았다고 무모하게 생각한 철학자는 사실 없었다. 그렇게 생각하는 순간 철학적 자세는 이미 상실되기 때문이다. 그것은 철학적 농담이었을 뿐이다. 개념의 모호성은 자연과학에도 해당된다. 닐스 보어(Niels Bohr)의 양자 이론이 관심을 두었던 것도 바로 모호성이었다. 모든 것이 명확하면 공부할 필요도 없고, 더 나아지기 위해 바꿀 필요도 없다. 모호성이 없으면 변화도 없다. 이제 독자들 각자가 지은 '개념의 집'도 손님을 위해 개방되어 있으며, 공기를 갈기 위해 창은 수시로 열릴 것이다.

특히 문화에 대해 이야기할 때는 문화라는 말 자체가 다의미어적(多意味語的) 성격을 가지고 있기 때문에 모호성을 피하기 어렵다. 꼭 필요한 경우는 그때그때 어떤 뜻으로 사용하는지 정의하고 넘어가든가, 아니면 상식이 어느 정도 보장해주는 사용 언어의 '묵계적 정의'에 기대는 것이 실용적이다(오늘날은 이것이 폭넓게 가능해졌다). 또 하나의 방법은 이야기 속에서 오히려 그 모호성과 다의성을 이야기의 요소로 이용하는 것이다. 즉 모호성과 다의성이 이야기를 더욱 풍부하고 흥미롭도록 하는 것이다(독자들이 필자가 제1부 서문에서 제시한, "문화 담론은 문화라는 화두를 통한 담론"이라는 조금 수수께끼 같은 말을 지금까지 버리지 않고 온 것에 대해 감사한다). 그러기 위해서는 그들과의 게임을 잘 이끌어가는 능력이 필요하다. 이런 의미에서 문화에 관한 담론은 문화의 모호성과의 게임이라고 볼 수도 있다.

그렇다고 해서 언어가 일반적으로 비지칭적이 되고 과학이 탐구이기를 포기하며 보편 가능성을 추구하지 않는 것은 아니다. 객관성이—명제나 이론의 객관성을 의미하는 것이 아니라—객관적이고자 노력하는 것 자체라는 것은 이미 칸트의 가르침이다. 오늘날의 변화는, 좀더 확실한 것을 추구하고자 하는 태도에 모호성과 다의성에 대한 의식이 함께하게 된 것일 뿐이다. 경계(confines)가 사고의 주된 기준점이던 것에서 중첩

(overlap)이 중요한 인식적 관심의 대상이 된 것이다. 그것은 현재의 문화적 상황이 요구하는 것이기도 하다.

21세기는 '문화의 세기'라고들 한다. 문화의 세기의 특징은, 문화라는 말이 가지는 다의성 때문에 사람들이 내세우는 모토나 슬로건에서부터 모호성을 내포하고 있다는 것이다. 이 점을 쉽게 지나치기 쉬우나 이에 대해 의식하는 것은 매우 중요하다. 모호성을 상대하기 위한 전략과 태도는 앞으로의 시대에 주된 실천적 과업일 뿐 아니라, 인류가 추구해야 할 목표로 내세운 문화 자체가 그 전략의 일차적 대상이기 때문이다.

흔히 문화의 시대라고 일컬어지는 21세기에는 여명(黎明)과 황혼(黃昏)이 밤과 낮에 속하는가 아니면 아침과 저녁에 속하는가에 대한 해답을 치열하게 추구하는 사람은 시대에 뒤떨어질 것이며, 흑과 백이 아닌 잿빛의 우아함을 포착하는 감성을 가진 사람은 시대를 선도할 것이다. 문화는 임의로 진리를 생산하고 주장하는 것이 아니라, 상호 의미를 소통하고 향유하는 것이기 때문이다. 또한 문화의 주요 과업 중의 하나가 표상의 모호성을 삭제하고자 하는 폭력적 정의와 지배적 의지를 순화하는 것이기 때문이다. 앞으로의 세대는 모호성을 숭상할 필요도 없지만, 모호성을 감내하고 모호성과 놀 줄 알아야 한다.

## 달아나는 지평

'인간이란 무엇인가?' 이것은 인간 자신의 끊임없는 질문이고, 수많은 사상가들의 저서와 논문의 주제이며, 유명인사들의 강연 제목이기도 하다. 그러나 이러한 질문을 던지는 것은 그 말의 실체적 대상이 모호하거나, 아니면 대상의 실체적 감지가 불가능해서가 아니다. 우리는 실체적으로 인간이 무엇인지 안다. 우리가 어떤 사람을 보고 "저건 인간이 아냐"라고 말하기도 하지만, 그 실체가 돼지나 나무토막이 아니고 사람인 줄 안다.

우리가 그 물음을 던지는 것은, 복합적 존재로서의 인간에 대한 궁극적이고 본질적인 질문이 계속 남아 있기 때문이다. 또한 인간 자신에 대한 끊임없는 회의와 변화하는 상황에 따른 인간상을 세우고자 하는 것이 인간적 삶 그 자체이기 때문이다. 사람은 묻는 존재다. 인간이 질문하는 존재가 아니라는 주장이 설득력을 얻은 적은 없다. 해답을 주지 못할 바에는 입을 다물라고 말한 철학자도 있지만, 그 자신 내면의 질문은 계속된다. 인간이 왜 묻는지 그 근본적 이유는 나도 모른다. 하지만 그것이 꼭 심오한 실존적 문제라서가 아니라, 우선적으로 인간 생존의 문제이기 때문이라는 것은 알 수 있다. 묻지 않고 지나간 날들이 얼마나 있는지 세어 보라.

인간의 진실을 담은 '사람의 이름'이 명멸하는 지평은 우리가 다가가는 만큼 달아난다. 그래도 인간은 달려가기를 멈추지 않는다. 달아나는 지평은 새로운 전망들을 계속 보여주기 때문이다. 그리고 새롭게 떠오른 지평에서 명멸하는 '사람의 이름'은 또 다른 빛으로 반짝이기 때문이다. 오늘 완전한 해답을 얻지 못했다고 실망하지 말라고 하는 것은 별 의미가 없다. 오늘 완전한 해답을 얻지 못했기 때문에 즐거워하라고 말하는 것이 진실에 더 가까울 것이다. 내일 또 새로운 지평을 볼 수 있기 때문에.

인간의 욕심은 지평을 달아나지 못하게 붙들어놓고 달려가 지평 저편을 보고 싶을지도 모른다. 인간 자신이 편재성(ubiquity)을 가지고 있어서 지평의 이편과 저편에 동시에 존재하고 싶을지도 모른다. 하기는 동시

다발적으로 각기 상이한 장소에 존재하는 편재성은, 투명하게 되어 어느 곳에도 존재하지 않는 것처럼 되어버리는 불가시성(invisibility)과 함께 인간의 오랜 욕망이었지 않은가. 아니면 적어도 순간 원격 이동(teleportation)의 초능력으로 지평의 이곳과 저곳을 마음대로 넘나들고 싶을지도 모른다. 하지만 독자들도 그 실현 가능성(또는 불가능성)에 대해서는 잘 알고 있으리라.

다만 독자들에게 희망적인—하지만 독자들의 심기를 건드릴지도 모를—말을 하나 한다면, 우주 시대와 함께 '지평의 메타포'는 더 이상 유효하지 않다. 문학작품뿐만 아니라 수많은 글에서 지평의 메타포는 상당한 효과를 보아왔지만, 지구 밖 우주 공간에서 지구를 바라보는 데 익숙하게 될 미래의 세대들에게 은유적 감동을 주기에는 역부족일 것이다. 하지만 (필자를 너무 나무라지 말기 바란다) 그 세대들은 인간 자신에 대해 끊임없이 묻지 않을 수 없으면서도 그 정답의 얼굴을 정면에서 볼 수 없는 모순적 조건의 인간을 표현하기 위해서, 새로운 우주적 메타포를 만들어낼 것이다.

## 꿈과 다른 해몽

어렸을 적에 누나의 바이올린을 전부 분해하여 무척 혼이 난 적이 있다. 나는 바이올린에서 어떻게 그렇게 아름다운 소리가 나올 수 있는지 궁금했다. 아직 그 안에 팅커 벨 같은 요정이 있어서 소리가 난다는 말을 믿을 만큼 어린 나이였기에, 나는 바이올린 줄을 뜯고 우선 몸체 안을 잘 들여다보기로 했다. 그러나 그래도 구석구석까지 잘 살펴볼 수가 없게 되자 마침내 통을 뜯고 말았다. 그러고는 통 안이 비어 있는 것을 알고 나뭇결을 따라 통의 껍질을 벗겨 살펴보았다. 바이올린의 활도 예외가 될 수 없었다. 처음에는 활을 느슨하게 풀고 미세한 줄들을 한 올 한 올 살펴보다가 마침내는 줄까지도 뜯어내고 말았다.

나는 책을 읽을 때에도 마치 해부하듯이 읽을 때가 많다. 그것은 나의 호기심 때문이기도 하겠지만, 사실은 작가가 그 책에 기울인 심혈을 잘 알기 때문이다. 상당수의 작가는 밤을 새면서 피 말리는 작업을 했으리라는 것을 나는 안다. 또한 남의 책을 읽고 얻어낼 수 있는 기발한 아이디어는 갑자기 떠오르는 것이 아니라, 끈질긴 노력의 어느 한 순간에 주어지는 보상이라는 것도 잘 안다. 그래서 줄 사이만 읽는 것이 아니라 단어 사이, 글자 사이까지도 읽을 때가 많다. 그렇게 해서 작가도 모르게 묻어놓은 생각과 감동의 편린들을 찾아낸다.

이러한 책 읽기는 물론 작가의 의도를 캐내기 위한 것은 아니다. 굳이 바르트나 에코 같은 학자들의 이론을 들먹이지 않더라도, 그렇게 해서 작가의 의도가 쉽게 파악되는 것이 아니라는 것도 안다. 또한 작가도 모르게 묻혀 있는 것들에서 작가의 의도를 캐낼 수 있는 것도 아니지 않은가. 독자는 작가가 의도하지 않은 것도 캐어낸다. 그렇게 해서 얻어내는 것은 대부분 '꿈과 다른 해몽'이다. 이 경우 독자는 무언가 의미의 전이(轉移) 효과를 노리는 것이다. 내가 본문에서 제시한 몇몇 작품의 해석들도 꿈과 다른 해몽일 수 있다. 아니 그러기를 은근히 바라고 제시한 것이다.

이러한 의도에서 보면, 작가가 꾼 '꿈보다 나은 해몽'이나 '꿈보다 못한 해몽'을 논하는 것은 별 의미가 없을 것이다. '낫거나 못하다'는 기준을 성급하게 도입하면 '다른' 것이 출현할 가능성을 줄이기 때문이다. 이 관점에서 보면 '작가의 꿈'을 비롯하여 꿈에 대한 해석은 모두 '꿈과 다른 해몽'일 수 있다. 문제는 그 해몽이 '다른 것'으로서 의미가 있는지에 있다. 곧 다른 것으로서 자격이 있는지가 중요하다.

그것은 이 책에서도 마찬가지다. 이 책을 읽고 인간과 문화에 대해 독자 나름대로 무엇인가 의미 있고 흥미로운 것을 이야기해줄 수 있는지가 중요하다. 그렇게 되면 그것은 '다른 것' 또는 '이상한 것'으로서 충분한 자격이 있다. 아리스토텔레스는 철학자가 모자라서 이상한 것이 아니라, 뛰어나서 이상한 것이라고 했다. 나는 이 책을 읽고 난 독자들이 일상생활의 어느 한 순간에서나마 '뛰어나서 이상한 사람으로서의 철학자'가 되어 있기를 바란다.

한편 전문가로서의 철학자는 이렇게 각기 다른 '해몽'들을 네트워킹하는 과업을 수행한다. 철학은 일리(一理)들을 네트워킹하는 것이다. 철학이 네트워킹적 사고라는 것은 고대로부터 있어왔던 전통이다. 학술적 맥락에서 '다른 것'들과 교류하고자 하는 것이 학제성(學際性, interdisciplinarity)이라면, 위와 같은 철학적 태도는 일상적이고 좀더 현실적인 맥락에서 '다른 것'들과 교류하고자 하는 '철학의 교제성(交際性)'이라고 할 수 있다.

전문적 학제성과 일상적 교제성은 철학적 사고의 생명이다. 그것은 오늘날 그렇게 된 것이 아니라, 고대에서 현대까지 철학 정신에 내재해왔다. 다만 최근의 상황이 그 필요성을 더 느끼게 했을 뿐이다. 내가 나도 모르게 독자들이 '꿈과 다른 해몽'을 할 수 있도록 생각과 감동의 편린들을 충분히 묻어놓았는지는 모르겠으나, 이 책을 끝까지 읽은(적어도 이 '글 밖으로'를 읽고 있을 독자들은 그러하겠지만) 독자들과 철학의 일상적 교제성을 실현할 수 있기를 기대한다.

## 조용히 꿰뚫는 생각

　어떤 학자는 학문과 글쓰기를 상투에 비유했다. 머리카락이 많고 그 갈래가 복잡하게 흐트러져 있는 것을 모아서 감아 맴으로써 간단히 정리가 되고 명확해진다는 것이다. 그것이 또한 결론의 의미라는 것이다. 그래서 한자어의 결(結)은 '맺는다'는 뜻이고, 서양어의 결론(conclusion)은 '닫는다' 또는 '잠근다'는 뜻의 어원을 가지고 있다. 이것은 고전적 학문관으로서 가치가 있다.

　하지만 다른 한편 비틀어 맨 상투 끝만 보면 그 밑의 현실은 모르게 된다. 오늘날 우리에게 필요한 것은 단순하게 작업 완료된 상투 끝이 아니라, 상투를 만들기까지의 과정과 어려움의 의미, 단단히 붙잡아 맨 상투 밑에 숨겨진 머리카락 한 올 한 올의 현실과 그 밑에 기생할 수 있는 해충과 박테리아의 서식 상황까지도 놓치지 않는 것이다.

　다시 말해, 오늘 우리에게 더욱 긴요한 것은 정답을 전해 듣는 것이 아니라 상황을 보고 답을 스스로 찾아갈 수 있는 능력을 갖추는 일이다. 그러기 위해서 각 개인은 스스로의 생각을 가질 필요가 있다. 이 책도 독자들에게 사람과 문화에 대한 정답을 준 것이 아니라 생각의 자료를 준 것일 뿐이다. 비틀어 맨 상투 끝을 보여준 것이 아니라 개개의 머리카락이 잘 보이도록 흐트러놓은 것에 비유될 수 있다.

　본문에서도 언급했듯이 오늘날의 문화 조류는 사람들에게서 생각을 분리하려는 경향을 갖고 있다. 소수의 철저한 사고와 기획이 다수를 비판적 사고 없는 주체로 재구성하면서 지속적으로 즐거운 변화와 새로움의 물결 위에 띄우고자 하는 경향이 반복되고 있다. 이런 때일수록 세태를 헤쳐나가는 데 '조용히 꿰뚫는 생각'은 더욱 요긴할 것이다.

한때 자연적 결정론에 바탕을 둔 기능주의가 인류 역사를 주도하기도 했다. 오늘날은 문화적 기능주의가 모든 것은 다 잘 돌아갈 것이라며, 문화적 '보이지 않는 손'의 순기능적 마력을 내세운다. 더욱이 디지털과 인터넷으로 대표되는 사이버 문화에서는 이미지·소리·말로 이루어진 인간 사이의 복합적 상호 작용이 거의 자연스런 메커니즘 속에서 공동체 자체를 구성할 것이라고 예상한다. 또한 그러한 문화를 이용한 생활환경은, 그동안의 문명 속에서 억눌려 있던 인간의 모든 감각이 회복되어서 있는 그대로 모두 발현될 수 있도록 하는 공간이 될 것이라고 기대한다.

그렇게 되면 골치 아프게 생각할 것도 없이 감각적 충족이 주는 삶의 쾌적함을 즐기면 된다. 그것은 어떤 의미에서 매우 바람직한 공동체 공간이다. 문제는 이렇게 감각의 완벽한 해방을 약속하는 공간이 철저하게 합리적인 기획과 '생각에 대한 생각'을 바탕으로 하는 인공지능 과학을 수단으로 하여 만들어진다는 것이다(벌써 30년 전에 오늘날 정보지식사회 이론가들의 대부 격인 다니엘 벨이 후기 산업사회를 주도할 지식으로 내세운 것이 이론적 지식과 인식론적 지식이었다는 것을 생각해보라. 또한 "어떤 것에 대해 생각하는 것을 생각하지 않고는 사고에 대해 생각할 수 없다"는 것을 스승에게서 배웠다는 디지털 문화의 전도사 네그로폰테의 말을 한번 생각해보라). 또한 그렇게 자연스런 메커니즘의 부작용 없는 성공 여부도 문제로 남는다. 앞으로의 문화 논쟁은 이 점에 집중할 것이다.

이러한 비판이 문화 변동에 대한 구태의연한 비관주의를 의미하지는 않는다. 나는 내가 선천적으로 낙관적이라고 느끼며 산다. 비판은 계속적으로 낙관적이기 위해서 하는 것이다. 피터 유스티노프(Peter Ustinov)는 낙관주의자란 이 세상이 얼마나 슬픈 장소가 될 수 있는지 이미 알고 있는 사람이라고 했지만, 나는 그렇게도 생각하지 않는다. 나는 이 세상은 즐거운 장소이고 계속 즐거울 수 있는 장소라고 생각한다.

　나는 진리의 존재와 행복의 가능성에 대해서도 낙관적인 입장을 가지고 있다. 사상사적으로 진리의 존재에 대한 일반적 견해는 진리란 끊임없이 찾아가는 것이거나, 아니면 먼 태초의 기원에서 오는 것이라는 두 입장으로 대별될 수 있다. 하지만 나는 진리는 '지나가는 것'이라는 생각을 많이 한다. 누구 약올리려고 하는 소리냐고 하겠지만, 그것은 과거에도 그렇고 현재에도 그렇다. 행복도 찾아가는 것이거나 어디서 오는 것이 아니고 지나가는 것이라는 생각을 가지고 있다. 그래서 나는 지나가는 진리의 존재와 행복의 가능성을 포착하기 위해서 '조용히 꿰뚫는 생각'을 계속 가질 수 있으면 좋겠다고 생각한다.

　지금 쓰고 있는 이 장을 굳이 우리 고유어로 표현한다면 '글을 마치며', 또는 '글을 맺으며'라고 하는 것이 이제까지의 관례에 더 맞을 것이다. 하지만 '글 안으로' 들어왔으면, '글 밖으로' 나가는 것도 필요하다. 그리고 내가 무엇을 결론 내린 것도 없고, 논쟁의 가닥들을 맺어준 것도 별로 없다. 독자들과 함께 글 안으로 들어가서 지루하기도 했고 재미있기도(희망사항이지만) 했던 이야기의 긴 터널을 지나 글 밖으로 나오면서, '생각'을 할 수 있었고 미래를 위한 생각의 화두를 몇 개 주었다면 만족한다. 이제 글 '밖'으로 나가자. 글 밖이 있음을 확인하고 즐기자. 세상은 '안'이 있는 만큼 '밖'이 있어서 좋고, 세상은 그렇게 넓다.

| 부록 |

# 신천년기를 맞이하는 인간

뉴 밀레니엄의 시작이 2000년 1월 1일인가 아니면 2001년 1월 1일인가 하는 논쟁에도 불구하고, 세계 인구의 대다수는 2000년 1월 1일 0시를 기해 새로운 천년을 맞는 축제를 펼쳤다. 그 시점까지 지난 수년 동안 줄기차게 우리의 일상을 동반했던 밀레니엄이라는 이야깃거리는 이제 곧 급속하게 사라져갈지도 모른다. 그중에서도 종말론적 예언은 다음 기회(?)를 기약하며 이미 그 꼬리를 감추고 있는 듯하다. 하지만 미래 예측이라는 시대적 논의는 당분간(적어도 2000년에는) 강도 높게 지속될 것이다. 그것은 신천년기(新千年紀, New Millennium)[1] 전체에 대한 거의 환상적 미래의 그림 그리기에서 신세기라는 조금 더 구체적인 시대의 초상에 이르기까지 다양한 양상을 띨 것이다.

하지만 우리가 미래에 대해 그릴 수 있는 시대의 초상은 구체적 형상과 다양한 색채를 지닌 세밀한 구상화이기보다는, 명암과 굵고 가는 선 등으로 특징만을 표현하는 소묘(素描)에 가까울 것이다. 한 시대를 조명하는 데 소묘의 방식을 택하는 것은 그 시대가 품고 있는 의미의 정수(精髓)만을 뽑아내 표현하고자 하는 의도이며, 인간이 지닌 시대 예측 능력의 한계를 인식하는 태도이기도 하다. 더구나 시대 구분의 단위가 몇 년, 몇십 년이 아니고 세기(century)나 천년기(millennium)일 경우는 더욱 그러하다. 우리가 지금 시점에서 한 세대 후를 전반적으로 예측하는 데에도 상당한 어려움과 무리수가 따르는데 그보다 훨씬 더 긴 시간의 단위일 경우는 말할 나위도 없다.

따라서 앞으로 얼마간 지속될 이른바 '밀레니엄 논의'의 장(場)은 미래 시대의 역사적 발전 내용에 관한 예측적 논쟁이 대립하는 장소이기보다는, 새로운 천년기의 도래와 그 의미에 대한 다양한 입장들을 교환하는 **만남의 광장**이 되어야 할 것이다. 사실 미래라는 주제로 그리는 시대의 소묘는 결국 '인간의 소묘'일 것이다. 즉 인간**의** 작품이자 인간**에 관한** 작품이 될 것이다.[2] 어떤 이는 인간이 우주를 비추어보기 위해 들고 서 있는 거울에 비친 것은 결국 명백한 인간의 얼굴이라고 했다. 이에 빗대어 말하면 인간이 시대를 비추어보기 위해 들고 서 있는 거울에 비친 것은 흐릿하지만 결국 인간의 모습이 아닐까 생각한다. 새로운 세기 역시 '인간의 시대'라는 것은 인간이 인간 자신에게 솔직할 수 있는 기회를 갖는 시대라는 뜻일 것이다.


## 계기를 필요로 하는 동물

유구하게 흐르는 시간을 인간이 자의적(恣意的)으로 구분한 것이 세기나 천년기이니, 숫자적 신비주의에 탐닉하는 인간의 모습이 우습다고 할 수도 있다. 과학자들은 연월일은 자연의 주기적 현상에 근거한 숫자적 구분이지만, '1000'이라는 숫자를 적용하여 시간을 구분 지을 아무런 근거도 자연에서는 찾을 수 없으며, 천문학적 주기에는 '1000'이라는 숫자에 의한 구분이 전혀 적용되지 않는다는 사실을 역설하기도 한다.

밀레니엄이라는 개념은 인간이 이 세상에 질서를 부여하기 위해 사용하는 '정신적 전략'에서 비롯한다는 주장도 있다. 0년을 계산하지 않은 그레고리력의 문제점도 계속 논란의 대상이 되고, 예수 탄생연도에 대한 논쟁은 역사가들이 빼놓지 않는 과업이다. 또한 새 밀레니엄의 시작이 2000년인가 아니면 2001년인가 하는 논쟁은 각기 다른 사회문화적 의도를 숨기고 있기도 하다.

지금까지의 인류는 백 년에도 못 미치는 수명을 가진 유한한 존재이면서도 천 년을 생각한다. 최소한 지난 몇 년 동안은 세계 도처에서 어떤 사람은 희망과 설렘 속에서, 어떤 사람은 종말론적 두려움 속에서, 어떤 사람은 미래에 대한 구체적 실행 계획을 세우면서, 또 어떤 사람은 시대의 조류에 애써 태연한 듯 냉소를 지으며, 새 밀레니엄을 기다려왔고 마침내 그 전환기의 문턱을 넘어섰다(물론 2001년을 그 시작으로 믿고 주장하는 사람들은 시대 구분에 대해 신앙심 같은 확신을 갖고 앞으로 1년을 더 기다리며 더 큰 축제를 준비하고 있는지도 모른다. 우리는 그들의 믿음과 결정을 존중한다).

또한 이 전환기에 이른바 '밀레니엄 신드롬'이라는 병동화(病棟化)의 이데올로기를 등장시키며, 세태에 초연할 수 있는 계층과 그러지 못해 세태에 들떠 있는 경박한 계층을 구분하려는 시도가 음모(陰謀)처럼 은근히 꿈틀대기도 했다. 그러나 지식 수준이 높은 사람들일수록 간혹 잊어버리는 것이 있다. 대다수의 사람들이 시대의 조류와 속세의 소란함에 초연할 수 있는 각자(覺者)이거나 냉소적 지자(智者)가 아니라는 사실이 바로 그것이다. 밀레니엄의 계기같이 천 년에 한번 찾아오는 순간을 생전에 맞이할 수 있는 것도 행운이라고 설레는 건, 고고(孤高)하지는 않더라도 너무도 순진한 마음이 있기 때문이다.

인간은 계기를 필요로 하는 동물이다. 그리고 그 계기마다 시간적·공간적 변화에 의미를 부여하고자 한다. 새 밀레니엄을 둘러싼 논의나 각종 사업도[3] 이러한 맥락 위에 있다. 인간은 계기를 필요로 하는 만큼, 그 계기를 구체화하는 활동을 또한 필요로 한다. 곧 사람은 행사와 축제를 필요로 한다. 생텍쥐페리(A. de Saint-Exupéry)의 《어린 왕자》에는 여우와 왕자가 서로 사귀는 대목이 나온다. 여우는 왕자에게 마음을 곱게 단장하기 위해서도 "의식(儀式)이 필요하다"고 말한다. "의식이 뭐야?"라는 왕자의 질문에 여우는 대답한다. "그건 어떤 날을 그 외의 날들과 다르게 만들고, 어떤 시간을 그 외의 시간들과 다르게 만드는 거지."[4]

우리는 행사와 축제 덕에 거울 앞에 서서 우리 자신을 다시 살펴보고 마음을 단장해볼 수 있다. 그리고 수많은 평범한 날들과 다른 특별한 행사의 날, 축제가 의미 있도록 선물을 주고받는다. 당분간 지속될 밀레니엄 논의는 이 시기가 전환기의 시점이 되도록 '의미의 선물'을 하는 것, 그 이상도 그 이하도 아니다. 그것은 '새 즈믄해'를 맞는 커다란 계기에서 각 개인이 할 수 있는 조그만 선물이지만, 그 선물의 행위에 대한 기억이 오래 가슴에 남는 것이 될 수 있다. 2000년이 변혁과 변화의 한 획이 '되는' 것이 아니라, 우리가 2000년을 변화의 한 획으로 '만드는' 것이다. 우리의 손으로 의미의 한 획을 긋는 것이다. 역법적 밀레니엄 논쟁에서 2000년이 제2천년기의 마지막 해인지 아니면 제3천년기의 첫 해인지 상관없이 2000년은 의미 있는 해가 될 것이다.

## 미래 예측이라는 아이러니

서구에서 밀레니엄 논쟁이 가장 활발했던 시기도 어떠한 계기에서 비롯한다. 그러한 계기를 사회 전반에 제공한 시점은 1984년이었다(학계에서는 이미 1960년대에 구체적 관심을 보이기 시작했지만). 잘 알려져 있듯이 《1984》는 조지 오웰(George Orwell)의 소설 제목이다. 우습게도 그 제목은 오웰이 소설을 집필하던 해인 '1948'의 마지막 두 숫자를 서로 바꿔 정한 것이었다.

오웰은 자기가 살던 시대에서 약 한 세대 남짓한 시기 후를 현대 소설사에서 가장 암울한 페시미즘으로 그렸다. 1984년, 오웰이 소설 속에서 예언했던 해를 현실 역사에서 맞이한 서구인들은 오웰의 예언이 적중하지 않았다는 안도감(?)과 함께 과거를 돌아보고, 현재를 재조명하며, 자신들의 미래에 대한 예측적 논의를 하는 계기를 가졌다.

한 세대 남짓한 시대적 거리를 두고 있었지만, 오웰의 시대에서 미래를 바라보던 입장과 80년대 초반의 입장 사이에는 미래 전망이라는 관점에서 큰 차이가 있었다. 80년대의 미래 전망은 환경 문제와 핵전쟁에 대한 우려를 제외하고는 전반적인 문명의 발전이라는 면에서 비관적이기보다는 사실 낙관적이었다. 물론 오웰의 시대는 제2차 세계대전의 참상을 막 겪었고, 동서 냉전 체제가 자리를 잡아가던 시기였기 때문에 페시미즘의 그늘에서 벗어날 수 없었다.

반면 1960년대 말에 인류는 달 착륙에 성공했다. 그리고 과학 혁명이 절정에 이른 것 같은 착각을 주는 수많은 문명 이기의 개발은—과학 기술 발전과 각종 산업 확산의 부작용을 감안하더라도—거시적 관점에서 미래 문명에 대한 낙관적 전망을 가능하게 하였다. 또한 대중의 생활에 직접 개입해 편안함을 제공하고 생체적 욕망을 충족시켜주는 '과학과 접목한 의학 기술'의 발달과 '오락적 요소가 강하게 가미된 대중문화 트렌드'는 이러한 낙관적 전망에 더욱 가산점을 주게 했다.

오웰의 시대에 미래를 상상하던 것과는 달리 1980년대 초반은 21세기의 문명적 변화를 주도할 이론적, 기술적 요소들이 이미 시작되어 진행되고 있던 시기였다. 당시 상당수 예측의 내용들은 오늘날 그대로 진행되고 있으며 21세기에도 계속될 것들이었다. 예를 들면, 멀티미디어, 디지털 혁명, 사이버네틱스, 정보지식사회, 생명 복제 등 유전공학의 성과, 레이저 광학 기술, 지구촌화, 우주 산업 등이 그것이다.

오늘의 시대가 21세기의 문명적 변화의 발전 선상에 있다는 것은 SF(Science Fiction)의 관점에서 보아도 알 수 있다. 1800년대와 1900년대 초반의 공상 과학적 제시들은 구체적이지 못했으며 과학적, 기술적 근거가 미약한 것들이었다. 그러나 오늘날의 SF는 아주 세부적인 것까지 구체적이며 단기간에 기술적 실현 가능성이 있는 것들을 다루기도 한다는 점에서 매우 다르다.

그리고 1980년대 초반에는 미래학이라는 것이 상당한 방법론적 진전을 이루었고 학문적 유행이 되다시피 했다. 그랬기 때문에, 당시의 2000년대에 대한 문명사적 미래 예측은 오늘날 보아도 상당수 타당성이 있다.

그러나 "등잔 밑이 어둡다"는 속담처럼, 임박한 역사적 대사건은 당시 학자들의 논란에서 빠져 있었다. 그것은 같은 80년대 후반에 일어났던 구소련을 비롯한 동구권의 실재 사회주의의 붕괴와 미·소 냉전 체제의 종식이었다. 그것은 역설적으로 미·소 핵전쟁이 언제 어떻게 일어날 것인가 하는 가상적 논쟁 뒤에 가려져 있었던 것이다.

미래에 대한 그림 그리기가 복합적 현상의 일부분만을 나타내는 데

그칠 수밖에 없다는 것은 인류의 달 착륙에 대한 상상과 예측의 경우를 보아도 알 수 있다. 인류의 최초 달 착륙에 대한 상상은 오래전부터 해왔지만, 오늘날 보면 너무도 당연한 사실이 19세기와 20세기 전반의 예측에서는 빠져 있었다. 1969년 인류가 달 표면에 첫 발을 내딛는 순간을 지구에 남아 있는 사람들이 지켜볼 것이라는 것(더군다나 각자의 집에서 TV를 통해)은 공상 과학 작가들도 작품의 구성과 줄거리에 넣지 않았으며, 미래 예측에서도 고려되지 않았다.

그래서 어떤 사람은 미래학자들의 미래 예측이란 일기예보 못지 않게 비예측적이라는 조롱 섞인 비판을 하기도 한다. 하지만 적지 않은 미래 예측의 경우 의도적으로 유비무환(有備無患)의 전략을 사용하여 예측의 결과는 적중하지 않지만 반대로 미래에 일어날 수 있는 재앙을 미리 차단하는 효과를 노리기도 한다.[5] 환경오염도 증가 예측이나 Y2K에 연관된 예측의 경우가 이에 해당된다. 반면 미래 예측이 자기 확인(self-confirmation)적 효과를 주는 경우도 있다. 즉 어떤 예측이 사람들을 예측 방향으로 유도하게 되어 예측의 내용이 미래에 실현되는 경우도 있다.[6] 어떻게 보면 미래학의 임무는 미래 예측보다 미래를 만들어가는 데 있는지도 모른다. 따라서 미래학자는 사실 미래 구상의 기술자나 예술가라고 할 수 있다. 그리고—이 글에서 곧 알아보겠지만—인류의 삶에 강하게 자리 잡은 패러다임을 벗어나는 예측은 항상 어려운 법이다.

### '인간=지구인'의 패러다임

'예측'이라는 것은 현대의 산물이다. 어떤 사람이 "서기 1000년을 맞아 당시 사람들은 새로운 천년기에 대해 어떠한 예측을 했을까?"하는 질문을 한다면, 그것은 걸맞지 않는 질문이 될 것이다. 서기 1000년에 종말론적 기류가 서구 사회를 휩쓸었는가 하는 문제는 역사학자들 사이에서 오랫동안 찬반 논쟁을 불러일으켜 왔다. 하지만 전문적 의미에서 '예측'이라는 것은('예언'은 있었지만) 당시의 지적 활동에서는 생소한 것이었다. 이와 마찬가지로 '패러다임 전환'이라는 것도 현대의 언어이고 현대의 인식적 관점이다.

토플러는 한 인터뷰에서 "한 세기라면 몰라도 천 년 내내 유효했던 정신이나 패러다임을 찾기는 어렵다"고 했다. 토플러는 근시안적이다. 천장을 살펴보기는 쉬워도 지붕 위를 살펴보는 것은 항상 어려운 법이다.[7] 인류 역사가 시작된 이후 지금까지 천 년이 아니라 수천 년, 아니 그보다 훨씬 더 긴 단위의 세월 동안 지속되어온 것이 있다면 그것은 '인간은 지구인이다'라는 패러다임일 것이다.

패러다임이라는 말을 사용할 때에는 그것이 바뀔 수 있다는 것을 전제한다. 그러나 사람들은 너무나 당연한 인식과 실존의 틀이기 때문에 그것이 하나의 패러다임이고, 그래서 그것이 바뀌리라고 생각하거나 느끼지 못하는 것 같다. 1980년대의 미래 담론도 '지구에서의 삶'이라는 것을 항상 바탕으로 하고 있었다. 그것은 지금도 마찬가지다. 환경 운동가들이 지구 살리기에 총력을 기울이는 것도, 정보화 시대와 무한 경쟁 시대의 추종자들이 지구촌화를 외치는 것도, 과학자들이 우주 개척을 계획하면서도 '지구 기지'를 고집하는 것도, 그들이 '인간=지구인'의 등식으로 표시될 수 있는 패러다임 안에 있기 때문이다.

많은 미래학자들이 인류의 미래가 삶의 모든 수준에서 총체적 변화와 맞물려 있다는 점을 강조한다. 그러나 초고속 종합 통신망, 디프레닐

(deprenyl)을 개발하여 만든 불로초, 머리가 좋아지는 약, 인간 게놈 프로젝트 같은 포괄적 생명 공학, 전지구적 유통과 결재의 인터넷 마켓, 스머그(SMUG, smart, mobile, upward, global)세대의 등장, 정치 커뮤니케이션 혁명 등이 폭넓은 지역에서 높은 수준으로 실현될지라도, 이러한 것들은 '인간=지구인'의 패러다임이 깨지는 것만큼 총체적 변화가 되지 못한다. 집 안에서 일어나는 어떠한 변화도, '집을 떠나는 것'만큼 총체적이지 못하다.

적지 않은 학자들이 새로운 천년기에는 인간 정체성에 대한 문제가 가장 크게 대두할 것으로 보고 있다. 다시 말해 인간의 개념과 정의가 획기적으로 달라질지도 모른다고 한다. 그 이유로 '인간과 기계 사이에서 정체성의 혼란', '인간보다 더 인간적인 인조 인간', '유전자 조작에 의한 인간', '복제 인간', '비인간적 요소로 이루어진 인간', '초능력의 인간', 더 나아가 인간 이후의 존재자, 즉 '포스트휴먼(post-human)' 등의 대두를 들고 있다. 그러나 그 어느 것도 '인간=지구인'의 패러다임이 깨지는 것 및 이와 연계하여 일어날 수 있는 인간 속성 변화의 사건들만큼 획기적일 수 없으며, 그것만큼 인간 정체성의 문제를 총체적으로 제기하며 인간학의 혁명을 촉구하는 것도 없을 것이다.

따라서 그것은 인간의 사고와 인류의 사상에 지대한 영향을 미칠 것이다. 지금까지의 상당수 인류 사상들은 지구성(globality)의 패러다임 안에 있다. 동양 사상의 '자연과 동화'나 무위자연(無爲自然) 등도 지구에 사는 인간의 삶을 전제한다. 탈지구성은 종교적인 차원에서도 큰 변혁일 것이다. 동서고금의 종교 가운데 '인간=지구인'의 명제를 묵시적 또는 명시적 진리로 내포하지 않은 종교가 얼마나 되는지 살펴보면 알 수 있는 일이다.[8]

여기서 주목해야 할 점은, '현재 지구에 사는 인간이 어느 날 지구인이 아닐 수 있다'는 가정과 '지구인만이 인간은 아니다'라는 가정은 동일하지 않다는 것이다. 전자는 현재 지구인인 인간이 자신의 삶의 터전을 지구 외의 곳으로 옮길 수 있다는 것이고, 후자는 현재 지구에 사는 인간과 똑같은 생명체가 우주 어디인가에 존재할지도 모른다는 것이다.

외계 존재에 대한 상상은 많이 해왔다. 간혹 어떤 외계 존재가 인간과 동일한 모습과 특성을 지닌 존재일 것이라는 상상과 가정도 있어왔다.[9] 그러나 그들의 존재는 우리 손에 달려 있는 것이 아니다. 우리가 무엇을 하든 상관없이 그들이 존재한다면 존재하는 것이고, 존재하지 않는다면 존재하지 않는 것이다. 그것은 문자 그대로 기(旣)-존(存)의 문제이지, 우리 인간이 만들어내는 것이 아니며 우리가 일으키는 미래의 문제가 아니기 때문이다.

중요한 것은 현재 인류의 입장에서 '인간=지구인'이 아닐 수 있다는 것, 즉 '인간≠지구인'의 가능성은 인류의 손으로 이루어갈 수 있다는 것이다. 즉 우리가 '저지르는 일'이다. 그것은 인간이 유발하는 변화이고 거시적 관점에서 인류 문명 발전 단계의 하나일 수 있기 때문에, 그것에 관심을 두는 의미가 있다.

현재 세계의 시대적 화두는 인류가 전(全)지구화 또는 지구촌화(globalization)를 이루어가고 있다는 것이다. 전지구화는 인류가 지구에서 이루는 역사 발전의 마지막 단계일지도 모른다. 그 이후의 역사는 지구 밖에서 시작할지도 모른다. 전지구화가 완결되기 전에 인류는 탈지구를 위해 준비한다. 다시 말해, 전지구화의 완성 작업과 탈지구 시도의 준비 작업은 동시에 이루어지는 것이다. 탈지구 시대를 전제하는 입장에서는 너무도 당연하게, '전지구성(globality)'은 '탈지구성(post-globality)'

인간이 지구 전체의 모습을 한눈에 볼 수 있게 되는 순간부터 사실 탈지구성(post-globality)은 실현되기 시작했다. 인간은 이제 지구에서 '외계 존재'의 방문을 기다리는 것이 아니라, 인간 스스로 외계인(外界人)이 되는 것이다.

의[10] 전(前)단계이다.

이러한 것들을 논하는 것은, 인류 전체 또는 그 일부가 삶의 터전을 지구가 아닌 다른 별(달을 포함하여)로 옮길 수 있다는 가능성이 반드시 실현될 것인가 아닌가의 이유 때문만이 **아니다**. 그것의 실현 가능성 여부와 관계없이 그러한 발전 기준과 방향에 따라 인류의 문명과 역사는 진행되어나갈 것이라는 예측 때문이다(새 밀레니엄이 진정한 의미에서 우주 시대의 개막이라는 것은 이것을 의미해야 할 것이다). 그리고 그 효과와 부산물들이 우리의 정치 경제 사회 문화 체제뿐 아니라, 우리의 조그만 일상까지도 크게 변화시킬 것이라는 이유 때문이다. 또한 새 밀레니엄 시대의 주된 대립 구조가 '인간=지구인'의 패러다임과 '인간≠지구인'의 패러다임이 구심력과 원심력처럼 맞서는 양상이 될 것이라는 예상 때문이다. 양쪽 진영의 대변자들로 지구 환경 보호론의 신봉자들이 전자의 편에, 과학 기술 발달의 신봉자들이 후자의 편에 설 것이다. 이렇게 보면 **포스트-글로브(Post-Globe)**의 시대는 이미 도래해 있다고 할 수 있다.

필자는 지금도 18세기의 철학자 칸트의 《영구 평화론》[11]에 나오는 메타포를 머리에 떠올리곤 한다. 그에 따르면 지구의 모양이 둥글기 때문에 사람들은 무한정 멀어질 수 없으며, 서로 정반대 방향으로 멀어질수록 지구라는 구체의 표면 어디에서인가 다시 만나도록 되어 있다는 것이다. 그가 하고 싶었던 말은 인류는 지표 위에서 공존할 수밖에 없으므로 이 땅에서 평화적 공존의 길을 찾아야 한다는 것이었다. 불과 2백 년 전에, 칸트는—자기 자신이 인간의 창조력과 문명적 성취에 대해서도 연구한 학자였지만—인간이 스스로 만든 문명의 이기로 지구를 떠날 가능성을 가진 생명체라는 것은 예상하지 못했다. 그의 머리에는 지구 표면에 달라붙어 사는 인류만이 있었던 것이다.

'인간=지구인'의 패러다임이 언제 깨질 것인가는 아무도 모른다. 2999년일 수도 있고, 21세기가 다 가기 전일 수도 있다(그것은 인간의 '시간 정복 능력'에 직결되어 있다. 지금같이 태양계 안의 혹성을 여행하는 데도 몇 년씩 걸릴 경우 탈지구성은 이루어지지 않을 것이다. 사실 공간의 정복은 시간 정복에 달려 있다). 어쩌면 영원히 깨지지 않는 진리, 즉 패러다임이 아니라서, 인류로 하여금 이 땅에 어떻게 해서든지 잘 붙어사는 방법을 강요할지도 모른다. 그것은 여러 가능성 중의 하나에 지나지 않는다. 그러나 하나의 가능성임에는 틀림이 없다. 그리고 그 가능성이 실현된다면 그것은 새 밀레니엄에서 이루어지는 진정한 **패러다임 전환**일 것이다.

이러한 이야기는 그것이 아무리 근거가 있다 하더라도, 어느 영화의 한 장면에 나오듯[12] 돌가루로 그린 만다라(曼茶羅)처럼 손가락 끝으로 또는 옷소매에 이는 바람으로 한 번에 날려버릴 수 있다. 필자도 새 밀레니엄을 맞는 축제에 미래 예측적 관점에서 의미의 선물을 하나 한 것에 지나지 않는다. 진짜 중요한 선물은 그것이 아니기 때문이다.

## 천 년의 염원

오늘날같이 변화의 속도가 빠른 이른바 격동의 시대에 가장 많이 인용되는 학자는 기원전 5~6세기의 그리스 철학자 헤라클레이토스다(기원후 3천 년기를 맞이하면서 기원전 1천 년기에 살았던 철학자의 말이 폭넓게 설득력을 갖는 것은 매우 흥미롭다). 그가 남긴 단편(斷編)들에서 발췌하여 전용한 "모든 것은 변하며, 끊임없이 지속되는 것은 변화 그 자체뿐이다"라는 말은 이제 약방의 감초가 되어버렸다.[13]

지금까지의 거의 모든 미래 예측은 두 가지 특성을 가지고 있다. 첫째로, 당연한 말 같지만 '변화'를 전제로 한다. 다시 말해, 시간의 흐름에도 '변화하지 않을 것이 무엇인가'를 예측하고자 하는 것이 아니라, '변화할 것이 어느 것이며 어떻게 변화할 것인가'를 예측하는 것이다. 둘째로, 문명사적 입장에서 세상을 다루며, 앞서 살펴보았듯이 그러한 입장의 중심에는 항상 과학과 기술의 발달 추이가 자리 잡고 있다. 따라서 오늘날 어느 누구도 마음의 변화에 대한 진화적 추론은 할지라도 사람의 마음에 대한 미래 예측을 하지는 않는다. 한 길 사람 속을 헤아리기 어려워서가 아니라, 우리 마음에는 변하지 않는 것들이 너무나 많기 때문이다.

격동의 시대에도 인간은 누군가와 함께 산다. 인간은 어차피 서로 비비며 살게 되어 있는 동물이다. '인간=지구인'의 패러다임이 깨져 지구를 떠나, 서로 다시 만날 것 같지 않은 우주 여행을 하더라도, '우주의 로빈슨 크루소'를 원해 홀로 가는 사람은 없을 것이다. 세상이 끝없이 변해도 '나'는 '너'가 있기에 의미가 있는 것이기 때문이다. 변화와 변혁의 시대일수록 '함께 사는 삶'에 대한 비전을 위해서는 우리 마음이 수천 년 동안 변하지 않고 바란 것은 무엇인가 되뇌어보아야 할 것이다.

새 밀레니엄을 맞아 누구든지, 새로운 시대에는 전쟁의 공포, 헐벗음과 굶주림, 착취와 불평등, 살인과 살육이 없는 세상을 만들 것을 다짐한다. 그리고 더 나아가 진리의 이름으로 행하는 폭력과 억압이 없는 세상, 자유를 희생시키는 행복의 유혹이 없는 세상을 추구한다. 그런데 앞서 열거한 것들은 인간에게 무엇을 주는가? 한마디로 '고통'을 준다. 이 세상에서 고통을 없앨 수는 없지만, 고통이 조금이라도 적은 세상을 만드는 것은 지난 수천 년간 인류가 바란 것이고, 앞으로 오는 천 년에도 변함없는 염원이다.

서로 비비며 무엇인가를 계속 만들면서 사는 삶 속에서도 인간이 끊임없이 바라는 것은 '어떻게 하면 고통이 적은 사회와 삶을 이루어나갈 것인가'이다. 우리가 선사시대부터 지금까지 수천 년간 변함없이 바랐던 것은 슈퍼컴퓨터도 우주선도 아니었다. 어느 철학자의 말대로 "지금 이 순간의 고통을 없앨 뿐 아니라, 다시 소환될 수 없을 만큼 지나가버린 고통조차도 소환해 없앨 수 있는 세상의 건설"이다. 더 나아가 인간은 앞으로 올 고통도 미리 차단할 수 있는 세상을 바란다. 그러한 세상을 바라는 우리 정신과 마음의 염원은 문명 발달의 이름으로 지워질 수 있는 것이 아니다.

우리 마음의 '천년의 염원'을 아는 것, 그것이 진정한 미래 예측이다. 우리는 천 년 후에, 아니 5백 년 후에 인류가 어떠한 문명의 이기를 사용하고 있을지 정확히 예측할 수가 없다. 그러나 5백 년 후에도 인류가 고통의 피와 눈물을 조금이라도 아낄 수 있는 세상을 바라리라는 것은 어김없이 예측할 수가 있다. 이 염원을 상기하는 것이야말로 우리가 시대에게 매년 잊지 않고 줄 수 있는 작지만 진정한 의미의 선물이다. 이제 밀레니엄은 매 천 년의 기간 끝에 찾아오는 전환기가 아니라 인류의 진정한 염원을 상기하는 천 년의 지속된 기간을 의미한다는 너무도 당연한 정의를 되새겨본다.

[ 부록 주석 ]

1) 필자는 '뉴 밀레니엄'의 한국어(순수 고유어란 뜻이 아니고) 표현으로 '신천년기(新千年紀)'를 쓸 수 있다고 생각한다. 이것은 우리가 '신세기(新世紀)'를 아무 무리 없이 사용하는 것과 마찬가지다. 그리고 'The 3rd Millennium'은 '(제)3천년기'로 쓸 수 있다. 또한 '기원전 1세기' 등과 마찬가지로 '기원전 1천년기', '기원후 2천년기' 등의 표현도 가능하고, 앞으로 그것의 사용이 필요해질 것이다. 처음에는 혹 어색할지 모르나, 습관의 문제라고 생각한다. 이것은 한글로 '새 즈믄해'라고 표현하는 경우에도 마찬가지다. 하지만 새천년, 새 즈믄해 등의 표현은 2000년 한 해만 나타낼 가능성이 큰 반면, 세기가 백 년의 기간을 말하듯이 천년기는 천 년의 지속된 기간을 의미하며, 3천년기는 2000년 한 해가 아니라 그것에서 시작하여 천 년의 기간을 뜻한다.
2) 이 글에서는 '인간의 소묘'라는 표현에서 조사 '의'가 사실 영어의 'of'와 'about'의 뜻을 모두 가지고 있음을 의도한다. 즉 인간이 그리는 그림이지만 결국 인간에 대해서 그리게 된다는 뜻을 갖는다.
3) 몇 년 전에 독일 바이에른 왕국의 Ludwig 2세의 궁들을 관광할 기회가 있었다. 그의 왕궁들은 화려하기로 세계적인 명성을 얻고 있다(Neuschwanstein궁은 디즈니랜드에 있는 마법의 궁의 모델이 되기도 했다). 그때 독일 북부에서 온 관광객들과 같이 여행을 하게 되었는데, 현란하게 장식된 Herrenchiemsee궁의 중앙 홀에서 두 독일인의 대화가 인상적이었다. 한 노인이 "이 왕궁들을 짓느라고 얼마나 많은 국민의 세금과 노동력의 낭비가 있었겠는가?"라고 말하자, 친구인 듯한 다른 노인이 "하지만 국민의 혈세와 젊은이들의 목숨을 전쟁에 바치는 것보다는 낫지! 그래도 이 왕궁들은 지금까지 남아서 우리가 구경이라도 할 수 있잖은가. 루트비히는 국민들을 좀 고생시켰지만, 쓸데없는 전쟁은 안 했어"라고 대답했다. 각자 의견은 다를 수 있다. 어쨌든 같은 돈을 써야 한다면 효과적으로 좀더 의미 있는 데에 쓰는 것이 나을 것이다. 또한 그때 필자가 흥미롭게 느낀 것은, 루트비히 2세의 왕궁들은 거대하고 웅장하기보다는 작고 아기자기한 아름다움에 신경을 많이 썼다는 점이다(특히 Linderhof궁은 '넓음 안에 작음'이라는 조화를 이루어낸 뛰어난 예라고 할 수 있다). 새 밀레니엄을 맞아 세계 각국은 각종 사업을 기획했고 지금도 계속 추진 중인 것들이 많이 있다. 각 나라마다 역사에 길이 남을 기념비적 건축물을 세우는 것이 가장 큰 사업 중 하나다(우리나라도 '새천년준비위원회'의 계획에 따르면 백 년 간의 대역사로 평화의 12대문을

짓는다고 한다). 대부분 거대한 건축물들이다. 필자의 소견으로는 '마이크로'한 것이 21세기의 특징 가운데 하나라면, 거대한 기념물에만 집착하지 말고 '마이크로'하면서 특별한 의미를 갖는 기념물을 짓는 것도 아이디어라고 생각한다.

4) A. de Saint-Exupéry, *Le Petit Prince*(1943), Gallimard, Paris, 1996, 70쪽 참조: "Il faut des rites" […] "Qu'est-ce qu'un rite?" […] "C'eŝt ce qui fait qu'un jour est différent des autres jours, une heure, des autres heures."

5) 일기예보와 미래 예측의 유사성은 유비무환적 전략에서도 관찰된다. 영국의 한 조사에 따르면, 악(惡) 기상에 대한 일기예보의 34%는 과장이었으며, 특히 지역 방송의 경우 과장 예보가 70%를 넘었다고 한다. 이는 예보 구역이 좁아질수록 지형적 특성에 따라 날씨의 변수도 그만큼 커지기 때문이기도 하지만, 예보관들이 자칫 닥칠 재앙보다는 유비무환 쪽을 택했기 때문이라는 해석이 있다.

6) 선거 전략에서 일정 후보가 우세할 것이라는 통계적 예측을 지속적으로 해서 결국은 투표자들이 그 후보를 찍도록 유도되는 것을 정치사회학 용어로 '자기 확인적 예언(Self-confirmation Prophecy)'이라고 하는데, 미래 예측에서도 이러한 현상을 관찰할 수 있다. 일정한 예측이 지속적으로 반복되면, 사람들이 그 예측의 내용을 실현하려는 경향을 갖게 되기도 한다. 예를 들면 한국에서 앞으로 3년 안에 이동 전화 가입자가 3천만 명을 넘을 것이라는 예측이 지속적으로 반복되면, 실질적으로 가입을 가속화하는 효과를 줄 수 있다.

7) 천장을 살펴보기 위해서는 집 밖으로 나갈 필요도 없으며, 천장 전체를 한눈에 보고자 할 때에도 방바닥에 드러눕는 것으로 족하다. 하지만 지붕을 살피기 위해서는 집 밖으로 나가는 것은 필요조건일 뿐 그것으로 충분하지 않으며, 지붕 전체를 조망하기 위해서는 지붕보다 높은 곳에 위치해야 하거나 지붕 위를 떠다녀야 한다. 이렇듯 틀 밖으로 나와 틀 전체를 관찰하는 것은 항상 어려운 일이다.

8) 오늘날의 종교계는 17세기 초 갈릴레이(G. Galilei)의 지동설 주장에 대한 카톨릭 교회의 태도보다는 훨씬 성숙한(?) 자세로 이러한 변혁을 맞을 것으로 기대되지만, 그 파장은 클 것이다. 그 밖에 탈지구성과 함께 올 수 있는 인간 속성의 변화 가능성에 대해서는 **제5장**, **10장** 등에서 언급했으므로 참조하기 바란다.

9) 지금까지 SF의 주된 소재도 사실 지구인이 외계인과 조우하는 것이라고 볼 수 있다. 필자의 입장에서 흥미로운 것은, 상당수 SF는 외계인이 지구를 찾아오는(방문이든 침공이든) 플롯으로 되어 있다는 것이다. SF영화의 경우 그 대표적인 것으로, 방문의 경우는 S. Spielberg 감독의 〈E. T. The Extra-Terrestrial〉(1982)을, 침공의 경우는 R. Emmerich 감독의 〈Independence Day〉(1996)를 들 수 있다. 그리고 지구인들이 특수 우주선을 개발하여 우

주 곳곳을 여행하는 이야기에서도, 지구인들은 지구의 본부와 연락을 유지한다든지 아니면 지구로의 귀환을 전제로 한다. 다시 말해, 총체적 의미에서 지구인의 이주(移住)라는 주제는 별로 눈에 띄지 않는다. 이는 그만큼 지구가 지금까지 인간 정체성의 근저를 이루어 왔던 요소라는 것을 아주 잘 나타내는 것이기도 하다. 또한 이것은 인간 스스로가 지구를 떠난 인간을 상상하기 힘들기 때문이라는 것을 보여준다.

10) **제5장**에서도 언급했듯이, '탈지구성'이나 'post-globality'는 기존에 사용되던 용어는 아니다. 이것은 필자가 시대의 변화를 예측하면서 이해를 돕기 위해 제시해보는 것이다. 탈지구성은 globality를 실체적으로 벗어나고 그다음 단계라는 점에서, 'post-globality'라고 표현할 수 있다. 또한 '지구를 넘어서는' 현상이라는 점에서 'meta-globality'나 'trans-globality'의 의미를 전제한다고 할 수 있다.

11) I. Kant, *Zum ewigen Frieden*, 1795(1796²), II-3 참조.

12) 상당수의 사람들은 영화가 끝난 후, 제작에 참여한 사람들에 대한 '크레디트(credits)'의 자막이 나오기 시작하면 자리를 뜬다. Bernardo Bertolucci 감독의 〈Little Budha〉(1994)를 인내심을 가지고 'credits'가 끝난 후까지 한번 보라.

13) 노자(老子)도 변하지 않는 것은 모든 것이 변한다는 사실임을 역설했으며 이 같은 만물의 법칙을 도(道)로 인식했다. 그 역시 변화와 불변을 동시에 본 것이다. 이렇듯 변화에 대한 불변의 인식에 대해 생각해보면, 변화와 불변의 비밀스런 역설은 이제 너무도 당연해 보인다. 사실 변화의 욕구는 이미 불변의 기획 안에 있으며, 불변의 인식은 변화의 과정에 수반한다. 그래서 현실적 삶에서 중요한 것은 불변의 타성에 감추어진 변화의 기운과 변화의 현란함 속에 망각되는 불변의 숨결을 포착하는 태도이다.

| 글 뒤에 |

# 시대를 위한 후기

　사람은 시대의 소란함에 조금은 초연할 수 있을지언정, 무심(無心)할 수는 없다. 이제 그 소란함도 어떤 계기와 행사가 지나가면서 조금은 누그러질 것이다. 그러면 우리는 우리가 어떠한 시대에 살고 있으며, 어떻게 살아가고 있는지 살펴보게 될 것이다. 그것 역시 문화와 인간에 연관된 이야기가 될 것이다. 그리고 그 이야기의 일차적이고 구체적인 맥락은 역시 우리 자신이 살고 있는 이 나라이며 이 나라 사람들의 삶일 것이다.

## 변화 자본의 시대에

　우리가 살고 있는 이 시대는 단순히 급변하는 시대가 아니다. '변화를 앞세운 시대'이다. 현대사회와 문화는 변화를 기획, 창출, 경영하는 전문가들의 지식과 그 적용에 거의 절대적 영향을 받고 있다. 다시 말해, '변화 자본'을 운용하는 능력이 세계의 흐름을 주도하고 있다고 해도 과언이 아니다.

'변해야 산다'는 말은 현시대에서 생존을 위한 모토이기도 하지만, 변화 자본의 경영자들이 그들 상품(단순히 물질적 제품만이 아니고 넓은 의미에서)의 소비자들을 의식적으로 훈련시키고 변화가 습관이 되도록 하기 위해 사용하는 이데올로기이기도 하다. 이른바 지식 경영자들의 상당수 임무도 지식으로 변화를 창출하기 위한 것이다. 무엇인가 변화하는 것이 아니라, 그들이 변화시키고 있다.

변화가 매력적일 수 있는 이유는 바로 '새로움'이라는 것 때문이다. 그래서 '신세대', '신지식인', '신상품', '새 물결' 등의 언어적 상징성이 사람들을 유혹한다. 경제가 문화적 기획과 동맹을 맺으면서 제품 생산과 상품 판매의 전략적 기준도 이미 '질(質, quality)'에서 '신(新, novelty)'으로 급속히 이동하고 있다.

그러나 사람들은 신세대, 새 물결 등의 표현이 사실 무의미한 동어반복일 수 있다는 것을 간과한다. 유기적 자생력을 지니지 않은 물체인 헌 책상과 새 책상은 분명한 구분의 의미가 있지만, 세대와 물결처럼 유기적 변화를 품고 있는 자생적 역동성이 그 존재의 본질적 요소라면 자라남 속에 있는 세대는 모두 신세대이고, 흐름 속에 있는 물결은 모두 새 물결이다. 장강(長江)의 뒷물결이 앞물결을 밀어내는 것은 너무나 당연하다. 그러지 않으면 장강은 존재하지도 않기 때문이다.

자연에서 새로움이 솟아나는 것은 단순한 변화가 아니다. 존재를 유지하기 위한 방식이다. 강이 강이기 위해서는 흐름이 있어야 한다. 곧 뒷물결이 앞물결을 끊임없이 밀고 가야 한다. 그러나 그것은 강의 변화를 위한 것이 아니다. 강의 존재를 위한 것이다. 인간 세상에서도 생명이 태어나고, 소멸하는 것이 인간 세상을 존재하게 한다. 이 세상에 새로움이 있는 것은 세상의 변화를 위해서가 아니라, 세상의 존재를 위해서이다. 모든 것이 변해도, 변한다는 사실만은 불변인 이유는 변화가 이미 존재에 귀의(歸依)해 있기 때문이다.

우리가 전지구적 변화 자본의 파상적인 침투 속에서 놀아나고 '호들 갑 떨기'에 바쁘다면 우리는 영원히 수동적 신세를 벗어나지 못할 것이다. 선진국은 그들이 변화 자본 운용의 주도권을 쥐고 있기 때문에 항상 대비하고 있다. 그들은 물질적으로만 대비하는 것이 아니라, 정신적으로도, 개념적으로도 그리고 상징성의 해석과 적용이라는 차원에서도 대비하고 있다. 밀려오는 변화의 정곡(正鵠)을 가로지르는 혜안(慧眼)이 없이는, 우리는 변화 자본의 피착취자가 될 뿐이다.

## 유크로니아의 시대에

오늘날 '시간이 없는' 세상을 갈구하는 이유는 크게 두 가지다. 첫째는 본문에서 다루었듯이 속도에 대한 극단적 욕구 때문이고, 둘째는 '영원한 젊음'을 위한 끝없는 열망 때문이다. 전자는 시간을 따라잡아 극복하고자 하는 것이고, 후자는 아예 시간을 정지시키고자 하는 것이다.

이것은 인류 역사의 시작에서부터 지금까지 계속되어온 시간에 대한 투쟁의 일면이다. 한때 인류는 영원이라는 개념으로 시간의 의미를 없애려 했다. 영원 앞에서는 아무리 긴 시간도 무의미하기 때문이다. 즉 영원이나 영겁은 무한의 개념을 그 바탕으로 하여 시간의 개념을 극대화함과 동시에, 시간의 의미를 없앤다.

흔히 '속도와의 전쟁'이라고 말한다. 그러나 사실은 속도를 앞세워 '시간과 전쟁'을 하는 것이다. 그리고 서로 더 빠르기 위해서 사람끼리 전쟁을 방불케 하는 경쟁을 하는 것이다. 속도로 시간을 극복하겠다는 소위 앞서가는 사람들은 한때 유토피아의 세계를 내세웠던 것처럼, 이제 시간이 소멸된 유크로니아(Uchronia)의 세계를 약속한다. 이상시(理想時)의 세계는 사람들의 모든 욕구를 실시간에 만족시키며, 기다림을 추방한 즉각성의 세계를 보장한다고 유혹한다.

시간을 없애고자 하는 또 다른 시도는 고대로부터 인간이 품어왔던 영원한 꿈을 반영한다. 1962년 미국인 최초로 지구 궤도 여행을 한 존 글렌(John Glenn Jr.)은 최근에 78세의 나이에 다시 한 번 지구 궤도 여행을 하고 돌아왔다. 그리고 "이제 우리는 더 이상 캘린더에 맞추어서 살아서는 안 된다"고 힘주어 말했다.

무한한 시간이 흐르는 것이 아니라 유한한 인간이 시간 위를 걸어가고 있다는 말이 있다. 이제 인간은 시간 위를 거꾸로 돌아가고 싶은 것이다. 아니면 최소한 더 이상 걷고 싶지 않은 것이다. 이는 '문화의 시대'를 대표하는 인간의 행동인지도 모른다. 그것은 늙어간다는 자연의 흐름에 역행하려는 시도라고 볼 수도 있기 때문이다.

조금 도식적으로 표현한다면, 20세기는 공간 정복의 시대였고 21세기는 시간 정복의 시대일 것이다. 다시 말하면 시간 정복을 바탕으로 한 공간 확장의 시대일 것이다. 인간이 언제 또한 얼마만큼 '정복의 의지'로부터 자유로울 수 있는지는 누구든 말하기 어려울 것이다. 어쨌든 우리 주위에서 일어나고 있는 대세는 이렇다.

우리도 그것을 열심히 따라가고 있다. 다만 차이점은 우리에게는 일상적인 의미에서 정말로 '시간이 없다'는 것이다. 다시 말해, 써야 할 시간이 없다. 우리는 쫓아가기 위해서 항상 서둘러야 한다. 그래서 이러한 흐름이 가져올 부작용을 생각할 겨를이 없다. 유크로니아의 시대를 선도하는 사람들의 속도는 '기능의 속도'이다. 그들이 '생각의 속도'라고 하는 것은 생각을 급하게 한다는 뜻이 아니다. 그것은 생각과 실행, 아이디어와 적용 사이에 있는 시간 소요를 최소화한다는 뜻이다. 그들은 여유있게 철저히 생각한다. 우리는 급하게 대충 생각한다.

## 탈지구성의 시대에

사람들이 전지구화(globalization)와 지구촌의 시대를 맞이하고 있는 때에 '탈(脫)지구성'을 이야기한다는 것이 너무 성급하게 보일는지도 모른다. 하지만 전지구화는 이제 시작된 것이 아니라, 그 실현의 정점에 와 있다는 인식을 가질 필요가 있다. 서양인들이 세계라는 의미에서 전지구를 상상하고 논한 지는 오래되었다. 다만 20세기 전반까지만 해도 하나의 세계로서 지구는 메타포적 성격을 가지고 있었다. 오늘날 그것은 더이상 메타포가 아닐 뿐이다.

그러나 지구(Globe)와 세계(World)를 동일시하는 경향이 아직 남아 있는 것으로 보아 탈지구성(post-globality)이 일반 사람들의 의식에 들어오지 않은 것은 분명하다. 아직까지는 전지구성의 위력에 흡수되어서 그것이 주는 즐거움을 만끽하는 데 자족하고 있는지도 모른다. 하지만 본문과 부록에서 언급했듯이, 곧 '지구=세계'라는 인식은 극복될 것이며, 전지구성은 탈지구성의 전(前)단계라는 것을 의식하기 시작할 것이다.

사실 전지구화의 기획은 필름이 감겨 있는 하나의 릴(reel)에 비유될 수 있다. 즉 전지구화의 과정에서 발생할 수 있는 모든 상황과 사건은 필름에 녹화되어 릴에 감겨 있다고 할 수 있다. 남은 일은 릴에 감겨진 필름을 천천히 영사하기만 하면 된다. 그 영사의 과정이 곧 실현화이기 때문이다.

이미 그 필름은 자동 장치의 영사기에 걸려 있다. 이제 전지구화가 어떻게 진행될 것인지 그 커다란 흐름에 대해서는 특별히 예측할 것이 없다. 물론 그것이 개별적인 지역에서 일으킬 수 있는 현상과 부작용에 대해서는 관심을 두어야 하겠지만, 그것도 대세에 묻혀버릴 가능성이 높다. 전지구화를 주도한 세력은 기획한 대로 진행되는 필름을 걸어놓고, 한편에서 탈지구성의 준비에 착수하고 있다.

탈지구화의 효과로 우주적 패러다임이 들어오면 예기치 못한 일들이 많이 벌어질 것이다. 그 가운데 하나가 물론 현재 전지구를 지배하고 있는 서구적 정신의 패러다임이 붕괴하는 것이다. 나는 그것을 희망적으로 기대하고 있다. 지금 구체적인 탈지구성의 실현을 기획하고 있는 사람들에게는 그들 스스로 불러오는 우주적 패러다임이 '트로이의 목마' 같은 역할을 할 것이다. 인류는 이미 모험의 길에 들어섰다. 그것은 인간이 가야 할 길인지도 모른다. 다만 그 모험의 여정을 주도하는 것이 얼마나 인간의 손에 달려 있는지, 아니면 얼마나 인간의 손에서 떠나 있는지 지금으로서는 말하기 힘들 뿐이다.

그런데 우리는 지금 무엇을 하고 있는가? 불과 몇 년 전까지만 해도 '국제화'와 '세계화'의 개념 혼돈이 주요 이슈였던 것을 나는 기억한다. 그 당시 언어 혼돈 상황은 이 나라의 국제화와 세계화 수준을 반영한다. 언어와 개념은 언제나 세태를 잘 보여주는 성능 좋은 센서의 역할을 한다. 간단한 개념의 구분도 못해서 그것이 국가적 이슈가 되는 세태에서는 자라나는 아이들도 답답해한다. 우리는 언제까지 이래야 하는가? 우리는 무엇인가 열심히 하는데 무엇 때문에 무엇을 위해 그 일을 하는지 모르고 하는 때가 많지 않은가 자문해본다.

## 아무도 날지 않았다

이제 우리는 우리들 삶의 성실한 조감도(鳥瞰圖)를 그려야 할 때다. 부당한 힘으로 밀어붙이고, 큰소리로 지배하려 하며, 뻔뻔함으로 출세하고, 잔꾀 부리기에만 능한 세상에서, 한 사람 한 사람의 생명적 욕구가 살아 있으며 우리 모두의 염원을 담아내는 조감도를 가식 없는 정성으로 그려내야 한다.

조감도를 그리기 위해서는 날아야 한다. 그러나 지난 십수 년 동안 아무도 날지 않은 것 같다. 그것은 이 나라 사람들이 일상에서 쓰는 말을 보아도 알 수 있다. '중력으로부터의 이탈을 시도'하는 표현이 지난 몇 년 동안 '튀자', '뜨자'였을 뿐이다. 누가 '날자'라는 표현을 들어보았는가? 표현만 없었던 것이 아니다. **아무도 날지 않았다.**

튀고, 뜨기에 바빠 아무도 비행을 준비하지 않았다. 비행을 전제하지 않은 이륙은 즉각적 추락을 의미할 뿐이다. 그리고 날지 않으면 상황을 볼 수가 없다. 튀거나 뜨기의 시도는 상황의 노예가 됐기 때문이다. 상황을 관찰하고 해결하려는 노력이 아니라, 상황 속에서 자기만 어떻게 해보자는 시도가 난무했을 뿐이다. '튀는 것'과 '뜨는 것'은 전형적인 이기주의의 표현이다. 진정한 개인주의는 '나는 것'에 있다. 개인주의는 자유를 바탕으로 하며 비행은 자유의 상징이기 때문이다. 자유로운 인간은 생명의 손짓을 포착하기 위한 비행을 준비한다.

　나는 어렸을 적 동요를 지금도 기억한다. "떴다, 떴다, 비행기, 날아라, 날아라……." 아이들도 떴으면 떨어지지 말고 날아야 한다는 것을 안다. 그리고 잘 날기 위해서는 잘 떠야 한다. 요즈음 연착륙(軟着陸)이라는 말을 많이 한다. 반대로 잘 뜨는 방법은 연이륙(軟離陸)을 하는 것이다. 그러기 위해서는 이륙을 위한 활주가 충분해야 한다. 또한 그래야만 온몸에 공기를 품으며 흔들림 없는 위용으로 비상할 수 있다. 그러고는 온 세상을 굽어보는 기분 좋은 비행을 하는 것이다.

　송골매의 비상(飛翔)을 보았는가. 우리 삶의 성실한 조감도를 그리기 위해서는 골과 골 사이의 기류를 온몸으로 음미하며 영원히 착륙할 것 같지 않은 송골매의 비행을 연습해야 한다. 송골매는 때론 높게, 때론 낮게, 천천히 소리 없이 난다. 송골매의 이 느릿한 긴장의 비행은 목표를 놓치지 않는 관찰과 공격 준비를 가능케 하고, 소리 없는 하강은 실패 없는 공격 성공률을 보장한다. 송골매 같은 비상으로 정성스레 그린 우리 삶의 조감도는 모든 비판의 표적을 놓치지 않으며, 쉽게 소외되는 주변부를 상세히 보여주고, 우리 모두가 천년을 간직할 염원들을 일깨워줄 것이다.

## [ 인명 색인 ]

인명이 본문에 나올 경우에는 보통체로, 주석에 나올 경우에는 이탤릭체로 썼다. 이해를 돕기 위한 예외는 있으나 원칙적으로 한글로는 성만을, 원어로는 성과 이름의 이니셜을 표기했으며, 오해의 여지가 있을 경우에는 이름 전체를 풀어 썼다. 고대 그리스인일 경우 그리스 알파벳으로 별도 표기하지 않았다.

ㄱ

갈릴레이(Galilei, G.) 307, *323*, *393*
갈림베르티(Galimberti, U.) *198*
게이츠(Gates, Bill) *204*
겔렌(Gehlen, A.) 267, *287*
고야(Goya y Lucientes, F.) 312, *324*, *325*
곰페르츠(Gomperz, H.) *231*
괴테(Goethe, Johann. W. von) *133*, 311
굴드(Gould, S. J.) *321*
그람시(Gramsci, A.) *360*
그레이엄(Grahame, Kenneth) 100, *112*, *113*, 348
그리핀(Griffin) 339, 340
글렌(Glenn Jr., John) 398
김국진 *292*

ㄴ

네그로폰테(Negroponte, N.) 187, *199*, 200, *203*, 375
네이스비트(Naisbitt, J.) *116*, 203
노자(老子) *394*

노천명 266
뉴턴(Newton, I.) *364*
니체(Nietzsche, F.) *260*

ㄷ

다리외세크(Darrieussecq, Marie) 332, *359*
데모크리토스 80, 95
데이비스(Davis, Fred) *133*
데카르트(Descartes, R.) 308
데포(Defoe, Daniel) 318
덴슬로우(Denslow, W. W.) 274
도밍고(Domingo, P.) *261*
뒤메질(Dumézil, Georges) *88*
드러커(Drucker, Peter F.) *115*
디오게네스 355, 356, 358, *364*
디즈니(Disney, Walt) 142, 143, *152*, 336, *392*
디카프리오(DiCaprio, Leonardo) 209, 211, 212, *229*

## ㄹ

라이히(Reich, Wilhelm) *320*
라파엘로(Raffaello Sanzio) *230*
러리(Lurie, Alison) *362*
러셀(Russell, B.) 270, 271, *289*
레비스트로스(Lévi-Strauss, C.) *88*
레싱(Lessing, G. E.) 265, *287*
레오나르도 다 빈치(Leonardo da Vinci) 180, 208, 209, 211, 212, 216, 218, 220, *229*, *230*, *231*, *261*
레오파르디(Leopardi, G.) 342
로댕(Rodin, A.) 180
로렌스(Lawrence, D. H.) 234
로렌츠(Lorenz, K.) *231*, 253, 254, *262*, 309, *323*
로빈슨 크루소(Robinson Crusoe) 188, 318, 390
로씨(Rossi, Aldo) 120
로티(Rorty, Richard) *325*, *364*
루소(Rousseau, J-J.) *323*, *324*, 337, *363*
루카스(Lucas, George) 60
루카치(Lukács, G.) 100, 238, 246, *260*, 267, *287*
루크만(Luckmann, T.) 149
루트비히 2세(Ludwig II) 392
르 봉(Le Bon, Gustave) 295, *320*
르페브르(Lefebvre, H.) 120, *132*, 135, 138, 139, *152*

리어(Lear, Edward) 285, *292*
리프킨(Rifkin, Jeremy) 203

## ㅁ

마르크스(Marx, K.) 96, 97, *111*, *113*, *114*, *198*, *257*, *260*
마르티네즈(Martinez, S.) 346
말리노브스키(Malinowski, B.) 93, *111*
맥그리거(McGregor, Iwan) 60
머튼스(Mehrtens, Susan E.) 116
메를로퐁티(Merleau-Ponty, M.) *196*
메이너드(Maynard Jr., Herman B.) *116*
모건(Morgan, C. L.) *321*
모노(Monod, J.) *325*
모레티(Moretti, Nanni) 65
모렝(Morin, Edgar) 320
모리악(Mauriac, F.) *134*
모어(More, Thomas) 193, *204*
미켈란젤로(Michelangelo Buonarroti) 207, 212, 218
미텔슈트라스(Mittelstraß, Jürgen) *261*
밀(Mill, J. S.) *290*

## ㅂ

바띠모(Vattimo, Gianni) *133*, *134*
바르트(Barthes, Roland) 74, *88*, 372
바움(Baum, Lyman Frank) 272, 274, *290*
바움가르텐(Baumgarten, A. G.) *132*
바자리(Vasari, Giorgio) *229*

박정현 *200*
발레리(Valéry, P.) 133
배리(Barrie, James M.) 141, 143, *152*, 343,
347, *361*, *362*
백현락 292
버로우(Burroughs, E. R.) 336
버튼(Burton, Tim) 240
벌린(Berlin, Isaiah) *290*
베르그송(Bergson, H.) *260*, *262*
베르니니(Bernini, G. L.) 182
베르톨루치(Bertolucci, Bernardo) *394*
베케트(Beckett, S.) *260*
벤야민(Benjamin, Walter) 121, 122, *132*,
186, 213
보드리야르(Baudrillard, J.) 103, 105, 106,
*111*, *112*, *113*, *114*, *262*
보마르셰(Beaumarchais, P-A.) 319, *326*
보어(Bohr, Niels) *368*
부르크하르트(Burckhardt, J.) 295, *320*
붕해(Bunge, Mario) *321*
브레스트(Brest, Martin) *113*
브레히트(Brecht, B.) 312
비트겐슈타인(Wittgenstein, L.) *195*

## ㅅ
사르트르(Sartre, J. P.) *291*
생텍쥐페리(Saint-Exupéry, Antoine de)
136, 139, *152*, 223, *232*, 380, *393*
서로우(Thurow, Lester C.) *115*, 249

서치맨(Suchman, L. A.) 198
셰익스피어(Shakespeare, W.) 148, 211,
*260*, 267, *287*
셸리(Shelley, Mary W.) 240, 241, 242, 250,
*258*
소크라테스 72, 73, *88*, 119
쉐퍼드(Shepard, Ernest H.) 102
쉴더(Schilder, P.) *198*
슈스터(Shuster, J.) 338
슈티르너(Stirner, M.) *326*
슈퍼맨(Superman-Klark Kent) 335, 336,
337, 338, 340, 341, *360*, *361*
스위프트(Swift, J.) 317, *326*
스콧(Scott, Ridley) 334
스티븐슨(Stevenson, R. L.) 276, *290*, 307,
330
스포크(Spock, Benjamin) *363*
스필버그(Spielberg, S.) *393*
시겔(Siegel, J.) 338

## ㅇ
아노(Annaud, J-J.) *359*
아도르노(Adorno, T. W.) 74, 219
아리스토텔레스 160, *195*, *260*, 306, 308,
312, 313, *323*, *325*, 373
아리에스(Aries, P.) *153*
아믈랭(Hamelin, Octave) *257*
아우구스티누스(Augustinus, Aurelius) 342
아풀레이우스(Apuleius, Lucius) 329, *359*

안데르센(Andersen, Hans C.) 76, 77, *88*, 187
알렉산더(Alexander, Samuel) *321*
알크마이온 227, *232*, *291*
앨리스(Alice) 117, *132*, 139, 140, 141, 142, 143, 149, *152*, 274
야스퍼스(Jaspers, K.) 222, 246, *261*
에릭슨(Erikson, E. H.) 342
에머리히(Emmerich, R.) 393
에코(Eco, Umberto) 271, *231*, 238, 298, *321*, 337, *360*, 372
오르테가 이 가세트(Ortega y Gasset, J.) 295, *320*
오비디우스(Ovidius Naso, Publius) 330
오웰(Owell, George) 381, 382
와일드(Wilde, Oscar) 256, *263*
워즈워스(Wordsworth, W.) 342
웰스(Wells, H. G.) 339, *360*
윌리엄스(Williams, Raymond) 302, *326*
윌슨(Wilson, Edward O.) *288*
유베날리스(Juvenalis, Decimus Junius) *324*
유스티노프(Ustinov, Peter) 375
윤동주 *152*
융(Jung, K. G.) *88*

## ㅈ
자무시(Jarmusch, Jim) 221
자미야찐(Zamjàtin, Evgenij I.) 80, *88*
잭슨(Jackson, Michael) 330

제임스(James, Henry) 86, *90*
조동진 179, *201*
주네(Jeunet, Jean-Pierre) 334
주철환 *292*
짐멜(Simmel, G.) 106, *114*, 119, *132*, *231*, 243, 244, 245, *259*, *260*, *290*, 297

## ㅋ
카레라스(Carreras, J.) *261*
카뮈(Camus, A.) *260*
카시러(Cassirer, Ernst) 218, 219, *231*, *259*, *289*, *290*, *325*
카이유와(Caillois, R.) 184, *201*, *257*
카탈라노(Catalano, Grace) 210, *229*
카프카(Kafka, F.) *260*, 329, 331, *359*
칸트(Kant, I.) 87, 127, *132*, *201*, 268, *288*, *289*, 313, *321*, *325*, 352, 353, 356, *363*, *364*, 368, 385, 394
칼로프(Karloff, Boris) *258*
캐롤(Carroll, Lewis) 117, *132*, 139, *152*
캐머론(Cameron, J.) 211
케레니(Kerényi, K.) 73, *88*
콜로디(Collodi, Carlo) 234, *257*, *258*
쿤(Kuhn, Thomas S.) 160, *197*
쿤데라(Kundera, Milan) *231*, *359*
큐브릭(Kubrick, Stanley) 183, 207, *229*, 240
크라우스(Kraus, K.) 351
크로체(Croce, Benedetto) 128, 130, *133*,

*134*
클라게스(Klages, L.) 287
클럭혼(Kluckhohn, C.) 309, *323*
키에르케고르(Kierkegaard, S.) 325
키플링(Kipling, J. R.) *360*

## ㅌ

타르드(Tarde, Jean-Gabriel de) *320*
타잔(Tarzan) 45, 50, 336, 337, 338, 341, *360*
태니얼(Tenniel, John) 141
토르발즈(Torvalds, Linus) 275
토메(Thome, Rudolf) *200*
토플러(Toffler, A.) 108, *115*, *116*, 300, *384*
트웨인(Twain, Mark) 144, *153*
틸리히(Tillich, P.) 216, *231*, 242

## ㅍ

파르메니데스 *364*
파바로티(Pavarotti, L.) *261*
파베제(Pavese, C.) *342*
파스칼(Pascal, B.) 311
파이어아벤트(Feyerabend, P.) 82, 85, *89*, 283, *292*
페라로티(Ferrarotti, F.) *116*
페킨파(Peckinpah, Sam) *113*
펠만(Fjellman, S.M.) *152*
포스터(Poster, Mark) 175, 176, *200*, *202*
포이어바흐(Feuerbach, L.) *326*
포플러(A. Toffler) *114*
포퍼(Popper, K. R.) 75, 80, 82, 84, *88*, *89*
포프(Pope, Alexander) 317
프랑켄슈타인(Frankenstein, Victor) 240, 241, 243, *258*, *259*, *291*
프레게(Frege, G.) *231*
프로이트(Freud, S.) 296, 298, *320*
프롬(Fromm, E.) 277, *290*
프리고진(Prigogine, I.) *325*
플라톤 *88*, 119, *132*, *230*, 316, *325*
피노키오(Pinocchio) 234, 235, 236, 237, 238, 239, 245, *257*, *258*
피셔(Fisher, Terence) *258*
피카소(Picasso, P.) 130, *134*, 219
피코 델라 미란돌라(Pico della Mirandola, G.) 354, *364*
피타고라스 *201*, *232*
피터 팬(Peter Pan) 141, 143, *152*, 342, 343, 345, 346, 347, 348, 349, *361*, *362*

## ㅎ

하이데거(Heidegger, M.) 328, 353, *364*
하이젠베르크(Heisenberg, W. K.) *325*
허드슨(Hudson, Hugh) 125, 337, *360*
헤겔(Hegel, G. W. F.) 96, *111*, 119, *132*, *257*, 311, *324*
헤라클레이토스 186
헬러(Heller, Agnes) 120, *132*, 138, *152*, *153*

호르크하이머(Horkheimer, M.) 186
호이징가(Huizinga, Johan) 84
홉스봄(Hobsbawm, Eric J.) *115*
훼일(Whale, James) *258*, *361*
히포크라테스 129
힘멜파브(Himmelfarb, G.) 282, *290*

## [ 사항 색인 ]

사항 색인에는 저자의 조어나 특별한 개념으로 사용된 용어만을 나열했다. 주석에 나올 경우에는 이텔릭체로 쪽번호를 썼으며, 그 용어의 개념을 별도의 장이나 항에서 다룰 경우에는 진한 글씨로 표시했다.

### ㄱ

간(間)의 미학(美學) **179-187**
기술 왕국 277-282, 291
기축성(機軸性) 81, 89, 156
기호의 미학 124

### ㄷ

다의미어적(多意味語的) 성격 368
다차원적 복수 문화 83-86, 91, 100, 107
닫힌 문화 254, 281
대중의 문화화 321

### ㅁ

만인을 위한 인간론 318
만인의 문화 304
매개학(Mediology) 159
문화관(文化觀) 216
문화 권력 229
문화 놀이 255
문화성 306, 312
문화의 조감도 69

문화의 책 10, 12
문화적 비자유 279, 281, 285
문화 환경 균형론 224-228
미래구상의 기술자 383
미시적 동태성 166
미학혁명 118, 123, 131, 132

### ㅂ

배치의 미학 124
변화의 미학 124
변신의 요소 297, 338
변화자본 **395-397**
복수(複數)의 자아 276
비극적 해학(諧謔) 247
비인간성 334, **335-342**, 351

### ㅅ

사람의 이름 258, 315-319, 330
사이버 에틱스(Cyber-ethics) 289
'사이'의 문화 **155-194**
사이 친화성 190

사회관계의 중첩(重疊) 현상 **172-175**
사회 속의 가면 무도회 297
서로의 사회 **170-179**
선행적 발전 250
세계 만들기 **187-194**, 280
소비의 거울 104
소유의 미(美) 126-128
소통 가능성 285
소통 양식(Mode of Communication) **175-177**, 285
수직적 열망 268, 271
순환적 조건 250
신천년기(新千年紀) 377, 392

## ㅇ

양서류 같은 책 8, 9, 53
어른의 아동화 107, 153, 294
엔터테인먼트 효과 294
열림의 미학 185
예술의 과학화 123
예술의 서자(庶子) **123-126**
유도(誘導)된 필요성 92, **95-99**, 100, 106, 147
유도된 한계 277, 280, 285
유크로니아(Uchronia, 理想時) 153, **192-194**, 204, 349, **397-399**
의미성체 214, 218, 243
의미의 소리 313
의미의 틈새 285, 286
의식의 비행 286

이차적(二次的) 창조 **215-217**, 236, 237
인간 자기 보존론 252-256
'인간=지구인'의 패러다임 **383-389**
인간의 소묘(素描) 378, 392
인간 존재 균형론 227
인간의 책 10, 12
인간의 탈진(脫盡) 307
인물의 신화 212
인터(Inter)와 인트라(Intra) **158-189**
인터 효과 159, 191
인트라 환경 159, 179, 191
일상의 미학 117, 131
일상의 사이 149-151, 221, 231
일상의 시인(詩人) 87, 147

## ㅈ

자아실현의 다발성(多發性) 276
자아의 가면 297
자아의 재창조 317
작품의 신화 212
지평적 욕구 267

## ㅊ

창조성의 유배(流配) **220-224**
창조의 비극성 234, 242, 247
철학의 교제성(交際性) 373
초인간성 329, **335-341**, 351, 361, 365

## ㅌ

탈(脫)인간성 66, **327-358**, 361, 365

탈지구성(Post-globality) 66, 188, 201, 323, **356-358**, 386, **399-401**


## ㅍ

'+α'의 문화 124, 127

피조물의 도전 **239**


## ㅎ

환경의 미학 184

환경학(Environology) 159, 197

환(還)인간성 329, **342-351**

## 문화적인 것과 인간적인 것

**첫판 1쇄** 펴낸날 2000년 1월 20일
**2판 1쇄** 펴낸날 2010년 1월 29일

**지은이** 김용석
**펴낸이** 김혜경
**문학교양팀** 이재현 이진 김미정 이정규 백도라지
**디자인팀** 서채홍 전윤정 김명선 지은정
**마케팅팀** 모계영 이주화 문창운 강백산
**홍보팀** 윤혜원 오성훈 김혜경 김현철
**경영지원팀** 임옥희 김점준 양여진

**펴낸곳** (주)도서출판 푸른숲
**출판등록** 2002년 7월 5일 제 406-2003-032호
**주소** 경기도 파주시 교하읍 문발리 파주출판도시
529-3번지 푸른숲 빌딩, 우편번호 413-756
**전화** 031)955-1400(마케팅부), 031)955-1410(편집부)
**팩스** 031)955-1406(마케팅부), 031)955-1424(편집부)
www.prunsoop.co.kr

ⓒ김용석, 2010
ISBN 978-89-7184-830-2 (03100)

* 잘못된 책은 구입하신 서점에서 바꾸어 드립니다.
* 본서의 반품 기한은 2015년 1월 31일까지입니다.

이 도서의 국립중앙도서관 출판시도서목록(CIP)은 e-CIP 홈페이지(http://www.nl.go.kr/cip.php)에서 이용하실 수 있습니다. (CIP제어번호: CIP2010000206)